山东省社会科学规划研究项目文丛・一般项目(13CGMJ04)
山东省高校思想政治理论课教学改革项目(14CDGXSZKKG11)
山东省社会科学规划研究专项(18CKPJ08)

"形势与政策"伴我行

——铸就"中国梦・青春梦・成才梦"

主　编　陈海燕　李　伟
副主编　王晓梅　王　晨
　　　　李寒梅　孙红霞

山东大学出版社

图书在版编目(CIP)数据

“形势与政策”伴我行:铸就“中国梦·青春梦·成才梦”/陈海燕,李伟主编.—济南:山东大学出版社,2019.9

ISBN 978-7-5607-6440-5

Ⅰ.①形… Ⅱ.①陈… ②李… Ⅲ.①时事政策教育—高等学校—教学参考资料 Ⅳ.①G641.4

中国版本图书馆 CIP 数据核字(2019)第 232109 号

责任编辑:姜　明
封面设计:张　荔

出版发行:山东大学出版社
社　址　山东省济南市山大南路 20 号
邮　编　250100
电　话　市场部(0531)88363008
经　销:新华书店
印　刷:山东和平商务有限公司
规　格:720 毫米×1000 毫米　1/16
20.5 印张　379 千字
版　次:2019 年 9 月第 1 版
印　次:2019 年 9 月第 1 次印刷
定　价:58.00 元

前　言

“中国梦”是对中华民族近代以来追求国家富强、民族振兴、人民幸福的一种理论升华，是对坚持中国道路、弘扬中国精神、凝聚中国力量、维护世界和平的国家宣示，也是对坚定中国特色社会主义道路自信、理论自信、制度自信、文化自信的直接表达。本书是对山东省社会科学规划项目文丛·一般项目“全球化视域下中国梦实现路径研究”（项目批准号：13CGMJ04）、山东省高校思想政治理论课教学改革项目“高校思政课实践教学资源整合与多元化实践教学体系构建研究”（项目批准号：14CDGXSZKKG11）和山东省社科规划研究专项“习近平新时代中国特色社会主义思想大众化实现机制研究”（项目批准号：18CKPJ08）联合研究的最终成果，是理论研究与实际践行相结合的一次探索性尝试。

从历史维度来看，中国梦凝聚了几代中国人实现中华民族伟大复兴的共同夙愿，不仅记录着中华民族从饱受屈辱到赢得独立解放的非凡历史，具有最大限度为实现国家富强、民族复兴、人民幸福而凝聚人心的价值意义；而且还为探索人类文明多样化发展道路开辟了更加光明的前景。毫无疑问，中国梦是历史的、现实的，也是未来的；是我们这一代的，更是青年一代的。中华民族伟大复兴的中国梦终将在一代一代青年的接力奋斗中变为现实。党和国家历来重视关心和爱护青年人的成长成才，千方百计地为青年们实现人生出彩搭建舞台。高校作为培养社会主义接班人的摇篮，在培养青年大学生为实现中国梦而努力储备各种知识和技能的同时，更要重视对其进行理想信念教育，培养他们坚定理想信念，志存高远，脚踏实地，勇做时代的弄潮儿，在实现中国梦的生动实践中放飞青春梦想，在为人民利益的不懈奋斗中书写人生华章。高校思想政治理论课作为对大学生进行系统的马克思主义理论教育的主渠道，是巩固马克思主义在高校意识形态领域指导地位、坚持社会主义办学方向的重要阵地，是全面贯彻党的教育方针、落实立德树人根本任务的核心课程，是加强和改进高校思想政治工作、实现高等教育内涵式发展的灵魂课程。

党的十八大以来，以习近平为核心的党中央高度重视思想政治理论课建设，多次召开专门研究高校党建和思想政治教育问题的工作会议，2016 年 12 月

7～8日在北京召开了全国高校思想政治教育工作会议,中共中央总书记、国家主席、中央军委主席习近平出席会议并发表了的重要讲话。中宣部、教育部先后印发了《关于进一步加强和改进学校德育工作的意见》《关于进一步加强和改进大学生思想政治教育的意见》《关于加强和改进高校青年教师思想政治工作的若干意见》《普通高等学校辅导员队伍建设规定》(教育部24号令)、《高等学校辅导员职业能力标准(暂行)》(教思政〔2014〕2号)、《关于进一步加强和改进新形势下高校宣传思想工作的意见》(中办发〔2014〕59号)、《关于印发〈普通高校思想政治理论课建设体系创新计划〉的通知》(教社科〔2015〕2号)、《教育部关于加强新时代高校"形势与政策"课建设的若干意见》(教社科〔2018〕1号)、《教育部关于印发〈新时代高校思想政治理论课教学工作基本要求〉的通知》(教社科〔2018〕2号)等文件,2019年8月14日,中共中央办公厅、国务院办公厅又印发了《关于深化新时代学校思想政治理论课改革创新的若干意见》的通知,构建了新时代高校思想政治教育工作体系,明确了高校思想政治教育的指导思想、目标原则、主要任务、途径方式等具体内容。

习近平总书记在全国高校思想政治工作会议讲话强调指出:做好高校思想政治工作,要因事而化、因时而进、因势而新。要紧扣时代脉搏、顺应时代潮流、反映时代要求,把准学生的思想脉搏,积极回应学生思想关切,帮助学生解疑释惑,引领学生成长成才。当前,无论是教育引导学生正确认识世界和中国发展大势,从我们党探索中国特色社会主义历史发展和伟大实践中认识和把握人类社会发展的历史必然性,认识和把握中国特色社会主义的历史必然性,不断树立为共产主义远大理想和中国特色社会主义共同理想而奋斗的信念和信心;还是教育引导学生正确认识中国特色和国际比较,全面客观认识当代中国、看待外部世界,准确把握基本国情,正确认识历史规律,理性认同科学理论,都要充分运用马克思主义理论的真理力量、逻辑力量"钳住"学生,要从社会主义革命、建设和改革"可感触到的物质事实",从"全部事实的总和",从"事实的联系"去"掌握的事实"及时廓清学生的模糊认识。要引导广大学生从整体上和丰富的相互联系的事实中感悟没有共产党就没有新中国,没有共产党的领导就没有中国特色社会主义道路的开创,没有中国特色社会主义就没有今天的幸福生活,从而不断增强广大学生对中国特色社会主义的道路自信、理论自信、制度自信、文化自信,激发广大学生对中国特色社会主义事业的信心和热情,为成为社会主义事业合格的建设者和接班人奠定坚实的理论基础和智力储备。

在党和国家关于高校思想政治教育方针政策指导下,高校内部思想政治理论课教学改革如火如荼地开展。一方面是关于十八大和十九大精神、习近平新时代中国特色社会主义思想进教材、进课堂、进头脑"三进"工作的开展,确保习近平新时代中国特色社会主义思想在课堂上讲得清、讲得透，凸显理论优势，走在研究阐释党的十九大精神的前列；另一方面是思想政治理论课教学改革的深化，特别是实践教学力度的增强，真正使学生对习近平新时代中国特色社会主义思想内化于心，外化于行。我们积极响应党和国家关于加大高校思想政治理论课实践教学改革的要求，申请了全省高校思想政治理论课教学改革招标项目“高校思政课实践教学资源整合与多元化实践教学体系构建研究”并得以立项，成立了以校党委书记为组长，以校长为副组长，由宣传部、团委、学生处、教务处、科研处、财务处、设备处、马克思主义学院等部门负责人为指导，由专任教师参加的思想政治理论课实践教学项目研究团队，严格按照教育部对思想政治理论课实践教学的学时要求，整合校内外资源，加大实践教学力度，开展多样性实践教学，将学术研究成果及时运用于教学之中，取得了一系列研究成果。期间开设的“国是讲坛”被评为全省高校思想政治工作优秀教学案例，荣获全省高校组织工作创新奖；形成的《以全球化视野整体推进思想政治理论课教学改革研究》成果，被评为山东省教学成果二等奖；发表的学术论文《论社会主义与资本主义两制并存的自发性与博弈的自觉性》和《全球化视域下社会主义与资本主义两制关系发展规律探讨》分别获山东省高校思想政治教育优秀成果二等奖、山东省社会科学优秀成果二等奖，产生了积极的社会影响。

《“形势与政策”伴我行——铸就“中国梦·青春梦·成才梦”》，就是在上述研究基础上形成的一项理论与实践相结合的成果。主要特点是契合“形势与政策”课的政策性、综合性、时效性和针对性强的特点，遴选实时发生的对社会经济政治有重大影响，并且是全社会及大学生普遍关注的国际国内热点问题作为典型案例，通过组织和带领学生深入学习和调研实践，以帮助学生正确认识新时代国际国内形势的变化，全面了解党和政府出台的各项重大政策，深刻领会党和国家事业取得的历史性成就、发生的历史性变革、面临的历史性机遇和挑战，正确认识党和国家肩负的历史任务，以增强大学生执行党的路线、方针和政策的自觉性和责任感，激发学生为实现中华民族伟大复兴的中国梦而奋斗的激情和动力。

本书共选择了十六个典型案例，由项目组成员组织和带领学生在理论学习和研究的基础上，进行深入探究和社会实践调研，形成相应的调研报告或学习体会。内容包括实践教学目标、实施内容、实施过程、学生评价、同行评价、任课教师自我反思和来自学生的实践感悟选编等，其目的是为了实现以教师为主导、以学生为主体、师生共同参与的思想政治理论课教学改革目标，成效显著。突出特点就是要达成思想政治理论课教学“知行合一”的目标，把铸就“中国梦”和大学生的“青春梦”“成才梦”有机统一起来，体现在学生身上就是落实“听、看、读、说、行、写"六个字。听,包括听教师讲、听专家报告;看,包括看材料、看视频、看社会发展变化,就是多观察,全面看;读,包括读经典、读相关书籍;说,包括结合课程内容举办辩论会、演讲比赛、小品表演等;行(做),包括做志愿者、实地考察、举办画展、制作微电影等;写,主要是把看的、读的、做的、说的等实践活动的体验、感悟写出来,形成文字,发挥引领或辐射作用。

本书内容结构由项目负责人陈海燕教授设计,项目组成员共同组织和带领学生实施实践教学全过程。具体写作分工如下(以内容排列为序):陈海燕教授(齐鲁师范学院马克思主义研究中心主任,山东师范大学合作博士生导师)撰写前言、专题三、专题十四、专题十五;孙红霞博士(齐鲁师范学院马克思主义学院副教授)撰写专题一、专题二、专题十一;王晨博士(浙江大学城市学院副教授)撰写专题四、专题八;王晓梅教授(齐鲁师范学院马克思主义学院党总支书记)撰写专题五、专题七;李伟博士(齐鲁师范学院马克思主义学院教授)撰写专题六、专题九、专题十;李寒梅博士(山东师范大学马克思主义学院教授)撰写专题十二、专题十三;全书由陈海燕教授负责修改定稿。

在项目研究过程中,中共山东省委宣传部、山东省教育工委、山东省高校思想政治理论课教师培训基地的领导和老师们给予了悉心的指导和关怀,齐鲁师范学院党委宣传部、教务处、科研处、学生处、团委、马克思主义学院的各位领导和管理人员给予了大力支持和热情帮助,马克思主义学院思想政治理论课教研室主任鞠忠美教授、思想政治教育教研室副主任崔勇副教授、办公室主任赵欣老师和辅导员王雅文老师都给予了多方面的协助和学生实践活动的组织指导。书稿撰写修改过程中,还参阅并吸收了大量国内外相关研究成果。在此我们一并向各位表示衷心的感谢!同时,还要感谢山东大学出版社姜明老师的支持与帮助,使书稿付诸出版。

虽然我们做了很大努力,但由于思想政治理论课实践教学动态性、时效性的特点,本书所涉猎的内容仅仅是青年大学生追梦、筑梦、圆梦华美乐章中的零星片断,写作形式也是一次探索性尝试,加之我们水平所限,书中不免有很多不足和疏漏,恳请各位专家和同行批评指正。

陈海燕

2019 年 8 月 26 日

目　录

专题一　放飞青春追筑中国梦

习近平总书记在十九大报告中指出:“实现中华民族的伟大复兴是近代以来中华民族最伟大的梦想。”①这个梦想终将在一代代青年的接力奋斗中变为现实。提高作为国家未来建设者的当代大学生的主人翁意识和社会责任感,坚定为实现中华民族伟大复兴梦这一宏伟目标的信心,成为中国特色社会主义事业的合格建设者和可靠接班人,就成为“形势与政策”课程的一个重要目的。

“放飞青春追筑中国梦”实践教学专题,就是通过引导学生科学把握中国梦的多维内涵,了解中国梦提出的背景及意义,明确构筑中国梦的举措,探究当代大学生在实现中国梦的征程中的地位和作用,以引领学生在筑梦、追梦中绽放自己的青春年华。

一、教学目标

(一)知识目标

中国梦是国家富强、民族振兴、人民幸福梦,也是每一个大学生的成才之梦。通过本专题的学习,使学生在了解中国梦提出的历史背景基础上,准确把握中国梦的多维科学内涵,明确中国梦既是历史的,又是现实的,也是未来的;既是国家的,社会的,也是个人的;既具有民族意义,又富有世界价值。

(二)情感目标

通过本专题的学习和各项活动的开展,使学生能够确信和理解中国梦的提出是在解放思想、实事求是的思想路线下作出的伟大战略选择,树立坚持和发展中国特色社会主义强烈的自豪感和自信心;珍惜历史机遇,胸怀实现中华民

① 习近平:《决胜全面建成小康社会　夺取新时代中国特色社会主义伟大胜利——在中国共产党第十九次全国代表大会上的报告》,人民出版社 2017 年版,第 13 页。

族伟大复兴的中国梦，肩负接续奋斗的光荣使命，坚定理想，增强本领；体现出既能享受新时代人民主人的幸福感，同时又有勇于担当的责任感，立志在共产党的领导下为实现中国民族伟大复兴的中国梦贡献聪明才智和青春力量。

（三）能力目标

通过本专题的学习，使学生能够明确实现中国梦的路径，用马克思主义的基本观点和方法，观察和分析国家社会问题，在面对我国经济、政治、文化、社会和生态文明建设的实践及各种问题时作出理性判断和选择；能够珍惜美好时代，奋发有为，成为走在时代前列的奋进者、开拓者、奉献者，以锐意进取的态度和负责任的行动为中国梦的实现贡献青春才干。

二、教学内容

（一）了解中国梦的提出及其重要意义

了解中国梦的历史成因和重要意义是本专题内容的前提和基础。通过观看《百年潮·中国梦》、"'中国梦'主题新创作歌曲"《千年之约》以及专题讲授，在视听影像记录和解说中，追溯历史，直面现实和追索未来，确认中国梦提出的标志性事件，在体现中华民族千年的回响、百年的渴望的中国梦实践的历史过程中体验中国的发展进程，明确中国梦提出的客观背景，在专家采访和真实历史镜像以及世界对此的回响中理解中国梦提出的伟大意义。

2012 年 11 月 29 日，习近平总书记在参观中国国家博物馆"复兴之路"展览时指出："实现中华民族伟大复兴，就是中华民族近代以来最伟大的梦想。"① 2017 年 10 月 18 日，习近平同志在十九大报告中再次强调："实现中华民族伟大复兴是近代以来中华民族最伟大的梦想。"②

这一教学内容，特别注重强调立足于中国和国际视野，着重了解历史上和现实上的中国在世界中的发展，强调在这一基础上生根发芽的中国梦的提出，揭示中国梦的理论价值和实践意义，进而探讨其世界价值。要让学生在深入理解视频和授课内容的基础上，结合大学生的实际生活，对中国梦的提出和意义进行全面系统的理解，以提高学生的学习兴趣和理解能力。

---

① 《习近平谈治国理政》第 1 卷，外文出版社 2018 年版，第 36 页。

② 习近平：《夺取新时代中国特色社会主义伟大胜利——在中国共产党第十九次全国代表大会上的报告》，人民出版社 2017 年版，第 13 页。

中国梦的提出具有深刻的历史源起、历史背景、时代背景及理论和制度背景。中国古代的灿烂文明和辉煌成就是中国梦的历史源起和丰富资源;中国近代以来半殖民地半封建社会救亡图存的民族使命,即争取民族独立、人民解放,是中国梦的最现实的历史背景;在中国共产党领导下进行的社会主义建设和取得的巨大历史成就,即国家富强、人民富裕是中国梦提出的时代背景;不断拓展的中国特色社会主义道路、不断创新的中国特色社会主义理论、不断完善的中国特色社会主义制度以及不断增强的中国特色社会主义文化,即道路自信、理论自信、制度自信和文化自信是中国梦提出的理论和制度背景。

中国梦,既饱含着对近代以来中国历史的深刻洞悉,又彰显了全国各族人民的共同愿望和宏伟愿景,为党带领人民开创未来指明了前进方向。中国梦,不仅具有重要的理论价值和现实指导意义,同时它已经超越了一国层面,对世界的发展和构建人类命运共同体都产生了积极的影响,因而具有重要的世界价值意义。因此,认识中国梦还需要从国际战略高度回答中国梦的价值意义。

(二)把握中国梦的多维内涵

通过共读《习近平关于实现中华民族伟大复兴的中国梦重要论述摘编》基础上的中国梦专题讲授,并在其中穿插"中国梦主题纪录片展播"以及《我的中国梦》《中国梦》MV 赏析,从习近平论述和中国的历史发展以及人民个体的中国梦等多方面科学把握中国梦的多维内涵。

"实现中华民族伟大复兴"的中国梦,核心目标可以概括为"两个一百年"的目标,也就是:到 2021 年中国共产党成立 100 年全面建成小康社会和 2049 年中华人民共和国成立 100 周年时建成社会主义现代化国家,逐步并最终顺利实现中华民族的伟大复兴,具体表现是国家富强、民族振兴、人民幸福。中国梦最基本地可以从三个维度来理解:一是国家梦——富强;二是民族梦——振兴;三是人民梦——幸福。从指定群体来看,中国梦是全体中国人民集体意识的意义表达。2013 年 3 月,习近平在接受金砖国家媒体联合采访时谈道,中国人民发自内心地拥护实现中国梦,因为中国梦首先是 14 亿中国人民的共同梦想。

中国梦的特色:中国梦的最大特点就是把国家、民族和个人作为一个命运的共同体,把国家利益、民族利益和每个人的具体利益都紧紧地联系在一起。

在这部分内容中着重强调中国梦的中国内涵,但同时,要引导学生意识到中国梦的全球视野和国际胸怀,即中国梦也是追求和平和世界发展的梦,正如 2015 年 9 月 8 日习近平在联合国总部举行的第七十届联合国大会讲话中指出的:"13 亿多中国人民正在为实现中华民族伟大复兴的中国梦而奋斗。中国人民的梦想同各国人民的梦想息息相通……中国人民圆梦必将给各国创造更多机遇，必将更好促进世界和平与发展。"①

(三)明确构筑中国梦的历史进程及其举措

中国梦是必将实现的梦。习近平在参观《复兴之路》展览的讲话中特别强调："我坚信，到中国共产党成立100年时全面建成小康社会的目标一定能实现，到新中国成立100年时建成富强民主文明和谐的社会主义现代化国家的目标一定能实现，中华民族伟大复兴的梦想一定能实现。"②

实现中国梦必须走中国道路。梦想的实现需要一条坚实的道路，这就是中国特色社会主义道路，即在中国共产党领导下，立足基本国情，以经济建设为中心，坚持四项基本原则，坚持改革开放，解放和发展社会生产力，巩固和完善社会主义制度，建设社会主义市场经济、社会主义民主政治、社会主义先进文化、社会主义和谐社会、社会主义生态文明，促进人的全面发展，逐步实现全体人民共同富裕，建设富强、民主、文明、和谐、美丽的社会主义现代化强国。

实现中国梦必须弘扬中国精神。梦想的实现，正确道路的实践，需要精神的支撑。习近平同志指出："实现中国梦必须弘扬中国精神。这就是以爱国主义为核心的民族精神，以改革创新为核心的时代精神。这种精神是凝心聚力的兴国之魂、强国之魂。"③在这里，需要强调中国精神是对中国优秀传统文化核心理念的继承和发扬，是中国人精神家园不竭的源泉。

实现中国梦必须凝聚中国力量。中国梦是民族的梦，也是每个中国人的梦。"实现中国梦必须凝聚中国力量。这就是中国各族人民大团结的力量……只要我们紧密团结，万众一心，为实现共同梦想而奋斗，实现梦想的力量就无比强大……"④习近平同志的这些论述，深刻提示出实现中国梦的力量源泉。要特别引导学生意识到凝聚中国力量，基础是经济力，核心是文化力量，关键是制度保障。

实现中华民族伟大复兴梦，凝聚中国力量基础上弘扬中国精神坚定地走中国道路，在当前，集中坚持"四个全面"的中央战略布局，即全面建成小康社会、全面深化改革、全面依法治国、全面从严治党。全面建成小康社会是实现中国梦的基础，全面深化改革是实现中国梦的动力；全面依法治国是实现中国梦的支撑；全面从严治党是实现中国梦的关键。

---

① 《习近平谈治国理政》第2卷，外文出版社2017年版，第36页。
② 《习近平谈治国理政》第1卷，外文出版社2018年版，第36页。
③ 《习近平谈治国理政》第1卷，外文出版社2018年版，第40页。
④ 《习近平谈治国理政》第1卷，外文出版社2018年版，第40页。

(四)探究大学生如何成为担当民族复兴大任的时代新人

中国梦是国家的、民族的,也是个人的,需要每一个社会成员尽其才、奋其志。本实践教学专题不仅仅是了解国家民族层面的知识和战略,而是要实现中国梦的落地,要将中国梦落实到每个大学生的日常学习生活中,通过组织学生以"传递青春梦想,共话民族复兴"为主题的探究活动和"放飞中国梦,青春勇担当"的演讲比赛,探究大学生与中国梦的关系,让学生们意识到,中国梦的实现是当代大学生的责任和使命担当。

大学生要真正成为担当民族复兴大任的时代新人,承担起自己的历史使命和时代责任,须认识到自己与国家和时代的关系。"故今日之责任,不在他人,而全在我少年。少年智则国智,少年富则国富,少年强则国强,少年独立则国独立,少年自由则国自由,少年进步则国进步,少年胜于欧洲则国胜于欧洲,少年雄于地球则国雄于地球。"①

大学生要真正成为担当民族复兴大任的时代新人,承担起自己的历史使命和时代责任,须处理好个人理想与中国梦的社会理想的关系。大学生应用中国梦引领自己的人生航向,用社会理想指引个人理想,将实现中华民族伟大复兴中国梦的历史使命内化为担当的自觉,外化为实际的行动,从容自信、坚定自励。

大学生要真正成为担当民族复兴大任的时代新人,承担起自己的历史使命和时代责任,应把学习作为首要任务,勤奋学习,增强本领才干,全面发展,让勤奋学习成为青春远航的动力,让增长本领成为青春搏击的能量。

大学生要真正成为担当民族复兴大任的时代新人,承担起自己的历史使命和时代责任,需要努力把握时代脉搏,迎接时代挑战,增强创新创造的能力和本领,勇做改革创新的实践者,将弘扬改革创新精神贯穿于实践. 中、体现在行动上。做忠诚的爱国者和走在时代前列的奋进者,用实际行动展现出中国精神的青春风采。

三、教学实施

(一)观看视频:《百年潮·中国梦》

带领学生观看和体验《百年潮·中国梦》,这是由中央宣传部学习出版社、中央电视台联合拍摄,于 2014 年播出的一部追思历史、观照当下、憧憬美好未

① 梁启超:《少年中国说》,中国言实出版社 2017 年版,第 7 页。

来的大型电视政论片。该片多维度诠释了中国梦的历史成因和时代内涵,是全面、生动解读中国梦的精品力作。作品以图文并茂、形声互动的方式,以赤子情怀和中国气派,倾情讲述了亿万中国人正在努力实践的中国梦。整部片子大气磅礴、雄浑深厚,既有政治与思想的高度和深度,又有文学与艺术的精度和力度,堪称中国梦宣传的精品力作。通过观看视频,着重让学生体验到中国梦的历史发展进程,体会中国梦从何而来,中国梦的内涵及其实现,具有怎样的重要意义,为正式讲授中国梦专题奠定历史史实和现实社会基础。

(二)专题讲授:中国梦

在观看《百年潮·中国梦》的基础上,教师从宏观的层面系统讲授中国梦就成为本专题的重要路径,只有在全面理解和科学解读中国梦的前提下,才能达到激发情感、奋力践行的动力。

第一,中国梦提出的背景:(1)寻根:古代中国的辉煌文明和成就,包括辽阔的疆域、经济的发达和对世界文明的巨大贡献。(2)萌芽:近代中国以来的屈辱和苦难,以及为此进行的一系列救亡图存的革命运动。在这期间,中国共产党领导中国人民取得了新民主主义革命的胜利,建立了新中国,实现了站起来的目标。(3)逐梦:中华人民共和国成立后的社会主义建设和改革开放以来的中国特色社会主义建设的奋斗,不可逆转地结束了内忧外患、积贫积弱的悲惨命运,实现了富起来和开启了不断发展壮大强起来走向复兴的历史进程。(4)圆梦:实现中华民族伟大复兴。具有制度自信,理论自信、道路自信和文化自信的中国,圆梦正当时。

第二,中国梦的多维内涵:国家富强梦(经济科技现代化等等)、民族复兴梦(与其他任何民族都能平等有尊严地交往)、人民幸福梦(改善民生)。

第三,中国梦的实现路径:走好中国道路、弘扬中国精神、凝聚中国力量。

第四,中国梦的意义:凝聚社会共识、呈现奋斗目标、激发奋斗勇气和昭示世界意义。

(三)歌曲赏析:《我的中国梦》MV(张明敏)、"中国梦"主题新创作歌曲等

习近平总书记在文艺座谈会上指出,文艺是时代前进的号角,最能代表一个时代的风貌,最能引领一个时代的风气。一首好歌不但具有较高的艺术性,而且具有丰富的思想内涵,是内容与形式的完美统一,在形势政策实践课中,赏析一首好歌不仅能够发展智力,提高艺术素养,还能够激发学生艺术与现实政治生活结合的兴趣,给予人以强烈的情感共鸣,提高教育效果。

《我的中国梦》旋律简约,歌词朴实易懂,从张明敏作为海外游子的角度出发，演绎了个人梦想与祖国梦想的连接情怀，小中见大，体现出中华儿女的民族情感和集体荣誉感，抒发了“中国梦”的国家与个体的一致性，同时也唤醒了很多人的时代记忆和梦想。具体赏析如下：

小时候妈妈常问我/你的梦想是什么/我抬起头望着天空说/要把青春献给中国

第一句歌词讲述了童年的梦想和憧憬：把青春献给祖国，这也是中国梦的个体体现，在社会中实现自我的理想和价值。

这些年努力地拼搏/坚强勇敢地生活/一步一步实现了自我/梦想依然在我心窝

第二句歌词讲述了成年的奋斗和坚持的梦想：努力拼搏，勇敢生活，初心未改，哪一个有理想的人不是如此地成长呢？

我的中国梦/永远在我心中/任岁月匆匆带不走初衷

我的中国梦/把握每一分钟/国家的兴旺是我的光荣

第三、四句歌词点睛坚持的梦想即是“中国梦”：国家繁荣富强是我的光荣，也是每个人的中国梦和自豪感的缘由。

转眼间半世纪奔波/双脚走遍了山河/风风雨雨共同经历过/血脉连接每一个我

第五句歌词抒发了人过中年的爱国情感和集体意识，也隐含着走过半个世纪的磕磕绊绊经历了风风雨雨，围着一个目标全体中国人团结一心的梦想。

四海通　五洲同/华夏儿女让世界歌颂

第六句歌词强调我们的世界愿景，将中国梦放到了四海五洲的世界格局中，为世界的和平发展做出贡献。

心与共　爱相容/中华一家同圆一个梦

最后一句歌词凝练中国梦的实现具有中国的力量，既是一种感召，又体现了自信，中华一家同圆一个民族复兴的梦。

以上音乐赏析的实施过程中，有条件的可以邀请音乐专业老师，鉴赏音乐的艺术性，同时在 MV 展示中，画面中的建筑记录事件等，或者设疑让学生自我体会，或者给学生做一个解说，达到音乐欣赏、政治分析和社会体察的完美融合。

另外，80 首“中国梦”主题新创作歌曲汇聚了韩红等全国音乐创作骨干力量，讴歌中国梦、阐释中国梦、唱响中国梦。这些歌曲把理念和价值观念融汇在艺术语言、艺术情感中，融汇在艺术形象的塑造中，以巧妙的艺术性和强烈的感染力展现中国梦的精神内涵。“中国梦”主题新创作歌曲内容接地气、入人心，鼓舞士气，振奋人心，既有歌唱小人物朴实无华的追梦视角，也有解读中国前进道路上经历沧桑与磨难的宏大叙事，更有展现“中国梦”引领下中华儿女努力奋斗的宏大愿景，对于凝聚各方力量投身实现"中国梦"具有重要意义。这 80 首由学生自己选择其中最喜欢的一首进行赏析，将歌曲之中融入家国情怀，有自己的体悟，言之有情就说明收到了良好的效果。

北京大学、清华大学的专家学者认为，精心打造中国梦主题创作歌曲，讲好中国故事、传播好中国声音、阐释好中国特色，是时代赋予广大艺术工作者的神圣使命，是当前文艺工作的一项重要任务，需要继续努力不断推动。这也是当代大学生需要理解的一点。

（四）主题探究：组织学生以"传递青春梦想，共话民族复兴"为主题的研讨

在探究研讨前，先带领学生一起观看挑选出来的更加贴近学生实际的"中国梦主题纪录片展播"，让纪录片中每一个活生生的中国人将其梦想和脚踏实地的努力结合起来，其真实的生活和经历实践对学生具有强烈的震撼力，为探究当代大学生和中国梦的关系探究提供启示和感染力意义。

按照每组 6～8 人的标准进行分组，各小组分别形成自己的探究研讨实践报告，选出比较好的进行展演。具体见本专题的第五部分。

（五）演讲比赛："放飞中国梦　青春勇担当"

演讲比赛实施方案

活动名称："放飞中国梦　青春勇担当"演讲比赛

主办单位：＊＊学院　＊＊学院

活动宗旨：为深入学习和领会"中国梦"精神内涵，引导当代大学生理解实现国家富强、民族复兴、人民幸福的"中国梦"，培养朴素爱国感情，激励广大学生志存高远，锤炼意志，让生命在时代进步中焕发出绚丽的光彩，现决定在学生中开展"放飞中国梦　青春勇担当"主题演讲活动，旨在教育引导广大学生深刻领会实现中华民族伟大复兴"中国梦"的基础上，如何真正实现青春担当并为之努力奋斗。

活动对象：＊＊学院全体学生

活动要求：高度重视，加强组织；加大宣传，精心做好方案，认真实施，切实保证取得实效；做好材料收集和总结工作。

四、教学评价

(一)来自学生的评价

学生评价有的言简意赅,有的娓娓道来,都表达了对课堂的喜欢。

学生甲:这样的实践活动真的让我耳目一新,尤其是歌曲赏析的活动,从没有想到还能如此有内涵,培养了我们的艺术情操和政治情怀,而且这一组专题活动将中国梦这一宏大主题落实到每一个人的具体的生活中,深受启发。我们要好好学习,为将来自我价值的实现和国家的复兴贡献一份力量。

学生乙:老师,我太喜欢这个课堂了,本来以为实践活动嘛就是写写文章交付作业了事,没想到一系列活动下来真的让我深受启发。希望以后的课堂教学也能如此进行。

学生丙:不忘初心,牢记使命。我们一定担当起民族复兴梦的大任!

学生丁:这堂课有意义,很有趣,非常棒。希望以后多开展这样的教学。

(二)来自同行的评价

以“放飞青春,追筑中国梦”为主题的实践教学,其内容设置基于大学生主体,契合新时代要求,既对“中国梦”进行了宏大的解读,又展示了普通人物朴实无华的追梦历程,最后又能从大学生的实际学习生活出发,将宏大愿景和微观实践结合起来,真正实现了培养担当民族复兴大任的时代新人的目标。这样的课堂有趣,有料,有情怀。

(三)教师自我评价

优秀的课堂,不乏教师对学生的深刻了解和对教材内容的独到设计。90后的大学生,他们有的生活条件优越,有的家境贫困,对自己的生活更为关注,对于政治则比较缺乏兴趣。这就需要在本讲的内容中贴近学生所思所想,让内容设置一方面体现国家层面的理论认识,另一方面又能贴近学生生活实际,将国家发展和个人发展结合起来。本专题的设计中,教师先对专题内容进行了解读,对知识进行分解,然后结合每个知识点要达到的目的,运用设计不同的体验方式引导学生感悟中国梦的宏大与具体。

本专题的实践活动设计环环相扣,从感官视听到理论解读,从宏大叙事到微观体验,从音乐情感共鸣到生活探究实践,层层递进,在具体实施过程中,设计目的都达到了预期,效果很好,个人比较满意。首先通过观看《百年潮·中国梦》以及专题讲授，让学生在视听基础上对中国梦有了宏观把握和理解，进而通过歌曲《我的中国梦》、"'中国梦'主题新创作歌曲"《千年之约》等的赏析又使得学生从单纯的政治话语情境中进入到一个艺术的美的世界，又达到情感的提升和共鸣，最后将宏大理论和情感共鸣落脚到学生的实际生活中，激发学生在学习和工作中践行中国梦。

本专题还尚有改进之处，比如第五个实施内容的演讲活动，本想达到锦上添花的效果，可有些院系同学囿于专业限制等原因参与的积极性不高，可根据学生实际情况，酌情删减这一环节。

五、来自学生的报告

(一)中国梦不是纸上谈兵

2012 年 11 月 29 日，这是寻常的一天，天安门城楼依旧蔚为壮观，长安街车水马龙。这又是不同寻常的一天，在国家博物馆这一厚重庄严的圣土之上，在中华民族五千年历史文明积淀的殿堂，习近平总书记向全世界庄严宣告要"实现中华民族伟大复兴的中国梦"。此后，"中国梦"成为人们热议的话题。为了更好地学习中国梦，理解中国梦，老师组织我们课堂讨论，并发表自己的感言。课堂上同学们精彩的发言，让我对"中国梦"的理解从一个抽象的名词变成一幅内涵丰富、充满希望的动态画卷……

1. 千人梦想同心聚，万里征程共志坚

中国梦是民族振兴，国家富强、人民幸福的梦；中国梦是你的梦、我的梦、大家的梦。中国梦的提出引起很大的反响，远到世界各国，近到每一个小家，大到中华民族伟大复兴的梦想，小到每一个人的梦想。中国梦把国家、民族和个人作为一个命运的共同体，把国家利益、民族利益和每个人的具体利益都紧紧地联系在一起。

一个人总要有梦想才能走得更远，国家也是如此。中国梦，是对近现代以来中华民族复兴、艰苦奋斗道路的深刻总结，反映了一代又一代中国人民的美好夙愿；是对现今中国特色社会主义道路的指引，揭示了当代中国的发展道路；更是对美好未来的伟大畅想，指明了中华人民共同的奋斗目标，激励人民的斗志，激发社会的正能量。

2. 前事不忘，后事之师

1840 年的鸦片战争，西方列强用坚船利炮打开中国大门，中华民族开始沦为半殖民地半封建社会，中国社会风雨飘摇。在黑暗无边的深夜里，在满目疮瘠的土地下，一粒满怀梦想的种子顽强地汲取养分和阳光破土而出，这就是中华民族的复兴。一个多世纪以来，多少有志之士心怀天下、舍生取义；多少英雄豪杰顽强拼搏、视死如归。中华民族的复兴之路布满荆棘、坎坷曲折。

洋务运动、维新变法的失败表明在半殖民地半封建的旧中国，企图通过统治者自上而下的改良是根本行不通的。血和泪的教训让以孙中山为代表的资产阶级认识到要想争取国家的独立、民主、富强必须用革命的手段，推翻帝国主义、封建主义。武昌起义，推翻了封建腐朽的清王朝，终结了笼罩中国两千多年的封建专制，建立了资产阶级临时共和政府。然而革命果实被不怀好意之人窃取，中国继续处在水深火热之中。

经过辛亥革命，民主共和的思想从此深入人心，人们对革命的追求绵延不绝。接受这场革命洗礼的中国先进知识分子带领着中国人民继续坚持不懈探索着民族复兴的道路。辛亥革命后 10 年，中国共产党破茧而出，掀起了一场彻底的反帝反封建的新民主主义革命。南昌起义、秋收起义、广州起义开创了我党独立领导武装斗争夺取政权的新局面。井冈山农村革命根据地的建立，成功地实现了中国革命的伟大战略转变，开辟了农村包围城市、武装夺取政权的新道路。遵义会议确立了以毛泽东为代表的马克思主义的正确路线在中共中央的正确领导地位。长征，一部伟大的革命英雄主义史诗，它向全中国和全世界宣告，中国共产党及其领导的人民军队，是一支不可战胜的力量。抗日战争，是近代以来中华民族第一次取得完全胜利的反侵略战争和民族解放战争，促进了中华民族的觉醒和团结。1949 年 10 月 1 日，天安门广场上升起第一面五星红旗，向全世界庄严宣告了中华人民共和国的成立，中国人民从此站起来了。在长达 28 年的抗争中，中国共产党带领着中华民族开辟出一片新天地。

3. 路漫漫其修远兮，吾将上下而求索

中华人民共和国的成立，开启了中华民族历史的新纪元。中华民族为了实现国家富强、人民共同富裕的美好愿望，开始探索适合中国国情的社会主义道路。一只沉睡的雄狮正在慢慢苏醒，国家富强的“中国梦”由此开始。

“三大改造”开启了社会主义革命，促进了农、工、商业的发展，为国民经济注入了活力，实现了把生产资料私有制向社会主义公有制的转变，创造性地实现了由新民主主义到社会主义的转变，从此全面建设社会主义拉开序幕。中共十一届三中全会，以邓小平为代表的中国共产党人创造性地提出改革开放，创新了社会主义经济体制，转变经济发展方式，确立了社会主义初级阶段的基本路线——以经济建设为中心，坚持四项基本原则，坚持改革开放。基本路线的确立，为中国特色社会主义道路指明了方向。江泽民郑重提出“三个代表”的重要思想，概括了我们党和国家全部理论活动、实践活动，开创了全面改革开放新局面，成功把中国特色社会主义推向21世纪。胡锦涛代表党中央提出的科学发展观，坚持以人为本，树立全面、协调、可持续的发展观，促进经济社会和人的全面发展，提出构建社会主义和谐社会，推动了党的执政能力建设和先进性建设。党的十八大以来，习近平总书记从全局出发，高瞻远瞩发表了一系列的讲话，形成了全面建成小康社会、全面深化改革、全面依法治国、全面从严治党的战略布局，表明了全面深化改革的决心和信心。

4.长风破浪会有时，直挂云帆济沧海

现在比历史的任何时期都更加接近中华民族伟大复兴的梦想，我们比任何时期都有信心去实现这个梦想。中国梦是每个人的梦想，只有每个人的梦想实现了，中国梦才能实现，人民幸福的"中国梦"开始茁壮成长。

同样我们比任何时代都更有优势谈梦想，处于和平的年代，没有战火硝烟，没有军阀混战；对外国际环境大好，"一带一路"打开筑梦空间，对内综合国力提升、科学技术进步，生活幸福，所有的一切都在朝好的方向发展。

然而在看到这些的同时，不能忽略在经济高速运转的背后引发的问题：经济发展不平衡，贫富差距加大，脱贫目标还未完全实现；城乡二元结构拉大，三农问题突出；尤其在城市的角落、偏远的山区、没有人注意到的地方还有很多弱势群体。

民乃国之根本。人民富则国家富，人民强则国家强。党的十八届三中全会更注重民生，抓住人民最关心最直接最现实的利益问题，抓住最需要关心的人群，为人民谋利，解人民之忧，拓宽农村的经济发展途径，为农村的经济发展注入活力。

每一个时期都有它时代所赋予的梦想，不管是民族复兴梦、国家富强梦、还是人民幸福梦，都与14亿人民息息相关。作为新时代的大学生，我们更应该肩负起时代赋予我们的使命，在追梦的道路上不断前行。我们要努力将书本知识与实际行动密切联系起来，思维和行动统一、脚踏实地；要把个人的"小我"融入国家和集体"大我"之中；在学习上，刻苦钻研，不畏艰难，孜孜不倦；在生活上，艰苦朴素，奋发图强。只有如此，才无愧于当代大学生的使命和责任，不负明天的梦想和追求。

"少年强则国强，少年弱则国弱。"我们在深知自己重大历史使命的同时，更应严格要求自己，努力学习文化知识，提高自己的综合能力，不仅会学知识，还要用知识来武装自己的头脑。为把自己培养成合格的社会主义建设者和接班人，为实现中华民族伟大复兴的中国梦贡献自己的力量。所谓"人间正道是沧桑"，实现梦想必然要经历一些曲折的过程，但是不管怎样，只要我们心中有梦，脚下有力量，就会在中国梦这盏明灯的指引下不断前行。

历史告诉我们，每个人的前途命运都与国家和民族的前途命运紧密相连。国家好、民族好、大家才会好，国家、民族、个人是一个共同体，只有14亿人民团结起来，才能铸造钢铁长城，接受住时代的考验。一滴水滴入大海，只能泛起层层涟漪，一江水涌入大海才能掀起惊涛骇浪。同样，一个人的梦想也许微不足道，而整个民族的梦想加起来就会汇聚无比强大的力量。只有凝聚中国力量、弘扬中国精神、坚持走中国道路，我们才会离"两个一百年"的中国梦越来越近。

（2014级思想政治教育本科班姚瑶撰写）

（二）当代大学生中国梦的构建

古人云："天将降大任于斯人也，必先苦其心志，劳其筋骨，饿其体肤，空乏其身，行拂乱其所为，增益其所不能。"①细想想，我们的中华民族不正是如此吗？我相信每个中华儿女都知道我们的民族曾经灾难深重，我们的人民曾生活在水深火热之中，然而我们却从未放弃过对美好梦想的追求和向往。登高不是某一个人的专利，当太阳在地平线升起的那一刻，同样会照耀着你我他。

"梦想"，一个充满着未知和神秘色彩的词语，也是我们拼搏奋斗的动力。人有所思才有所梦，梦是追求，梦是希望。而在"中国梦"的背后，是什么呢？是千年的回想，回想曾经的繁荣与辉煌，铭记昨日的屈辱与教训；亦是百年的渴望，渴望中华民族的伟大复兴，为我辈的披荆斩棘注入历史的力量。

中国梦包含三个层面的内容，分别是国家富强、民族振兴、人民幸福。因此，我们可以概括成"国家梦""民族梦""个人梦"。"国家梦"源于"中国心"，一颗纯粹真挚的心。俗话说，"大树底下好乘凉"，只有祖国真正强大起来，才会有为人民遮风挡雨的能力。遥想抗日战争时期，中华民族落后无能，强敌环伺，只有被动挨打的份儿，每个中国人甚至面临着充当亡国奴的危险。试问当民族遭逢大难，国将不国时，个人的生命和尊严又谈何保障呢？犹记得1940年5月的枣宜会战，我军部队陷入敌军层层包围中，抗日名将张自忠与敌寇拼死搏杀，最后身中7弹，壮烈牺牲。独留一句"我力战而死，自问对国家、对民族、对长官可告无愧，良心平安"长存人间，他的那颗"中国心"令人肃然起敬，只道一声"这才是中国人的气节"。

"民族梦"源于"民族情"，一份深沉厚重的情。血脉相连的中华儿女，无论是大陆人民，还是台湾同胞、海外侨胞，无不期盼着中华民族在世界民族之林中昂首自立。曾经中国弱小时，别人给予中国人的只有不屑、蔑视的眼神；而当中

---

① 万丽华、蓝旭译注：《孟子》，中华书局2010年版，第210页。

国的国际地位提高时，面对世界的我们终于能够挺起胸膛，能够因为自己是中国人而自豪，我们也拥有了尊严和话语权。

中国梦也是“个人梦”，是数以万计农村人的“城市梦”、莘莘学子的“大学梦”、普通家庭的“汽车梦”和“房子梦”……就大学生而言，国家就提出过很多优惠政策，例如就业方面的“休学创业”。生活在我们伟大祖国和伟大时代的中国人，共同享有人生出彩的机会，共同享有梦想成真的机会。但梦想不是说说而已的，否则，它就只能停留在“梦”的层面。新时代的大学生作为社会新技术、新思想的前沿群体、国家培养的高级专业人才，作为知识的承载者、传播者，作为未来建设的排头兵和中坚力量，理应承担起这份建设国家的重任。

第一，明确中国梦与“个人梦”的关系，将“个人梦”与“国家梦”有机结合。家是最小国，国是千万家，国的每一寸土地，家的每一个足迹，国与家连在一起，创造地球的奇迹……由此可见，汉语中的“国”与“家”是一个命运共同体，总是密切相连，形影不离。同样的，“宏大叙事”的中国梦，也是千千万万个“具体而微”的个人梦。中国梦给予了个人梦无限的成长空间，使我们每一个“家梦”在“国梦”的“总指挥”下向前发展；而中国梦的实现，也依赖于每个人最大限度地发挥自己的个人价值，从而创造无限的社会价值，最终达成实现中华民族伟大复兴的一代夙愿。

第二，立足专业特点，发扬个人所长。大学相比于高中以及高中之前的学习阶段而言，更具有专业性、自由性、开放性，选择的专业在一定程度上表现了个人的爱好和未来的发展方向。每个大学生在性格和思想意识方面都会有其普遍性和特殊性，我们应该立足于自己的专业，掌握该专业的特点和学习规律，依据自己的实际情况去发挥个人所长，并利用一切积极的条件提高自己的知识能力和技术能力，为了以后更好更快地适应职业环境奠定一个良好的基础。

第三，培养创新精神，适应时代需求。创新精神就是那一口“活水”，是一个民族保持旺盛生命力的源泉，是一个国家兴旺发达的不竭动力，更是时代精神的核心要求。对于大学生群体来说，应该在日常学习中多多留意时代需求的变化，了解中国针对目前的国际局势和国内情况而采取的各种应对之策，增强专业知识积累，锻炼和拓展自己的思维能力，有意识地培养创新精神和创新能力。我们现在正处于储备理论知识的阶段，只有真正地了解国家的政策和方针，根据国家和社会的需要有针对性地培养自己，将来踏入社会后，我们才能更好地将理论与实际相联系，为社会主义现代化事业添砖加瓦。

中国梦的提出，带有历史长河中或辉煌灿烂或灾难深重的痕迹，也倾注了中华民族对于明天的美好期望，它连接了过去、现在和未来，为中华民族实现伟大复兴，以及更好地展现中国面貌提供一个良好的契机。身为国家未来希望的传承者和社会主义事业的接班人，大学生群体应该承担起自身的使命和责任，在最美好的年华奋发拼搏，为实现中华民族伟大复兴积蓄力量，努力构建属于大学生的“中国梦”。

（2015 级思想政治教育本科班陈子伟撰写）

（三）中国梦是历史的、现实的，也是未来的

党的十八大以来，一个新鲜响亮的词汇开始活跃在华夏大江南北，开始欢腾在中华儿女的生活中，这个词，就是“中国梦”。梦想，是一种神奇的力量，它能够让人在漫漫人生征途中看清自己脚下的路，引领人们披荆斩棘，拨云见雾，更何况，中国梦是我们 14 亿中国人共同的梦想。这个梦，是历史的，现实的，也是未来的。

中国梦，是泱泱中华五千年来不懈追求的梦想融合，是历史梦的继承。中华民族，有过繁华万千的历史，有过屈辱抗争的过往，但，纵观世界历史长河，只有中华文明，在世界历史上燃烧着经久不息的文明之火，传承着不灭的希望之光，不断追梦。从夸父逐日、女娲补天、嫦娥奔月这些上古神话故事中，便可以看出，中华民族是一个有理想有梦想的民族，是一个向往前进的民族。无论历史中的哪一个发展阶段，哪一个朝代，其所追求的也是国家的蒸蒸日上，长盛不衰。就这一点来看，不断发展的这一条主线在我们现如今的中国梦中也是有所体现的。中国梦，是实现中华民族的伟大复兴，是为人民谋幸福，其中融合了以爱国主义为核心的伟大民族精神。爱国，爱民，是历史不变的至高真理，如今的中国梦，也是历史的中国梦。

回望历史，终究是为了所立足的现在。中国梦，是实实在在的“现实的”。在中国梦的指引下，中国人民正在大踏步向前。近年来，我国的综合国力正在大幅度提升，无论是在国际地位上还是在处理各方面的外交事务上，我国都表现出了大国应有的风范与立场，当初那个“无外交”的“弱国”如今已赫然立于世界。人民的经济文化生活水平正在逐步提升，越来越多的人不再只追求基本的温饱，越来越多的人注重去追求更高质量的生活、更高层次的享受。我们的生活，越来越好，我们离梦想，越来越近。

发展，是世界一直的追求；未来，是不可否认的历史走向。中国梦无疑也是未来的。历史和现实告诉我们，中华民族是一个善于传承、善于包容、善于学习、善于创新、善于在逆境中奋起的民族。梦想源于现实，又高于现实，中国梦的实现，任重而道远。未来的发展，离不开对中国梦的践行。坚持走中国特色社会主义道路，是我们的复兴之路、追梦之旅，这条路，是要向未来延续的，而这,也正是中国梦的依托。中国梦的实现,要坚持在未来的发展中坚持实现"两个一百年"奋斗目标基础,努力实现祖国完全统一的,坚持和平发展、合作共赢、参与全球治理,坚持推动建设公正、民主、和谐的世界秩序,力求中国人为人类做出更大贡献,用中国力量汇聚世界力量,将世界和平发展紧密联系在一起,这一切,是需要我们在走向未来的过程中去不断追寻的。

作为新时代的大学生,我们有责任也有义务为中国梦贡献力量,树立正确的思想观念,练就过硬本领,勇于创新创造,矢志艰苦奋斗,锤炼高尚品格,播种梦想,点燃梦想,敢于有梦,勇于追梦,勤于圆梦,用青春热血渲染梦想中国红。

(2015 级思想政治教育本科班范紫盼撰写)

(四)用社会主义核心价值观引领铸就美好中国梦

中华民族的价值观是支撑中华民族不断前进的精神动力。党的十八大从国家、社会和公民三个层次高度概括了时代所需要的核心价值观——社会主义核心价值观。倡导富强、民主、文明、和谐,倡导自由、平等、公正、法治,倡导爱国、敬业、诚信、友善。社会主义核心价值观引领国家的发展道路,有助推动中华民族伟大复兴的中国梦的实现;社会主义核心价值观引领社会的前进方向,促使整个社会实现和谐美好;社会主义核心价值观引领每个公民的生活,引领每个公民的幸福观。作为一名当代大学生,既要深刻领会社会主义核心价值观的思想内涵,更要用社会主义核心价值观来指导自己的行动,把社会主义核心价值观的基本内容内化于心,外化于行,为铸就美好中国梦点亮青春,放飞理想。

1. 全面领会社会主义核心价值观的思想内涵

"富强、民主、文明、和谐"是社会主义核心价值观在国家层面的内容要求,也是国家在新时期提出的新的建设目标。富强,即国富国强、民富民强。国富体现在国家的经济建设上,表现为国家整体的经济水平和经济实力;国强以国富为基础,最终达到经济、军事、文化、科技等全方位的强大;民富指的是全面建成小康社会,即使人均国民生产总值达到中等发达国家水平,贫富差距缩小;民强指的是国民精神文化、道德素质等方面的强大。民主,即人民当家作主,是社会主义的生命。习近平总书记在群众路线教育实践活动讲话中提出的"人视水见形,视民知治不"名言,充分揭示了民主在政治治理中的重要地位。文明,从国家层面讲就是国家发展的状态,即国家创造的物质财富和精神财富的总和,而国家整体的文明表现在整个社会和每个人的文明,所以文明又指的是社会秩序的建立和人的教养和开化状态。文明最重要的表现即为国家的文化建设,当前我国的文化建设的核心是以人为本，着力提高全民族的思想道德和科学文化素质，使全社会不断提升新的精神高度和新的审美境界。和谐即稳定，是一个国家整体上达到良好状态后并稳定发展，和谐是国家富强、民族振兴、人民幸福的重要保证，是我们不懈奋斗的目标。

“自由、平等、公正、法治”是中国社会的核心价值观，也是对美好生活的表述。自由主要是行为自由和意志自由，《共产党宣言》曾用“每个人的自由发展是一切人的自由发展的条件”来描述未来理想社会，由此看出自由是马克思主义者追求的社会价值目标，是对美好生活的期待与向往。平等指的是人和人之间的一种关系、人对人的一种态度，是人类社会的终极理想状态。公正，即社会公平和正义，它以人的解放、人的自由平等权利的获得为前提，是国家、社会应然的根本价值理念。近年来我国实行的城乡“同票同权”、补齐西部这块国民经济的短板等政策都体现了公正。法治，一方面指的是治国的方略、社会调控方式，另一方面指的是一种法律价值、法律精神。法治与依法治国紧密联系在一起，依法治国是党领导人民治理国家的基本方略，是发展社会主义市场经济的客观需要，是社会文明进步的重要标志，也是国家长治久安的重要保障。

“爱国、敬业、诚信、友善”是每一个中国公民的核心价值观，也是每一个中国公民的道德规范。爱国即是热爱祖国，爱国是中华民族的优良传统。爱国不是说出来或写出来的，需要每个人在实际行动中有所体现，自觉报效祖国。敬业，是一个道德的范畴，是一个人对自己所从事的工作负责的态度。只有热爱和坚持自己的职业，才可能做好自己的工作。科学上没有平坦的大道，真理长河中有无数礁石险滩。只有不畏攀登的采药者，只有不怕巨浪的弄潮儿，才能登上高峰采得仙草，深入水底觅得骊珠。诚信即是诚实守信，是中华民族的优良传统，是最基本的道德规范，是我们在人际交往中需要具备的最为重要的品格之一。诚实守信需要我们做到诚实劳动、信守承诺、诚恳待人。友善也是中华民族的优良传统，是处理人际关系的基本准则。友善强调公民之间应互相尊重、互相关心、互相帮助，和睦友好。在人际交往中，人与人之间的友善会使人们感受到社会的温暖和生活的美好。

2.社会主义核心价值观是实现中国梦的强大精神力量

实现国家富强、民族振兴、人民幸福的中国梦，是中华民族近代以来最伟大的夙愿，是全国人民的奋斗目标。社会主义核心价值观在筑梦、圆梦过程中具有特殊意义，是实现中华民族伟大复兴的价值引领和强大精神力量。

社会主义核心价值观是中国梦的价值引领。中国梦是伟大的，但是实现中国梦的过程却是艰辛的。我们要选择前进的方向，我们要走正确的道路，我们要用正确的方法，我们还要面对无数的困难，所有这些都需要一个价值观帮我们衡量和选择。社会主义核心价值观作为为实现中国梦的价值引领，是由其内涵与特性所决定的。社会主义核心价值观把个体和集体、整体的利益追求更好地联结起来，明确了不同社会阶层、群体、个体的价值目标，凝聚了国家、社会、个人不同层面的价值认识，能够引领整合多样化社会思想意识，激发广大人民群众投身改革开放事业、实现中国梦的积极性主动性创造性，对促进经济持续健康发展和社会和谐稳定、实现中华民族伟大复兴发挥重要的保证和支撑作用。

社会主义核心价值观是中国梦的精神支撑。核心价值观鲜明体现了一个社会主导性的价值准则，以及所追求的价值理想，能最大限度地整合各利益相关者及行为主体的积极性主动性创造性，发挥激励其为实现远大理想而团结奋斗的作用，因而构成一个民族、国家发展进步须臾不可缺失的精神支柱。

中国梦和社会主义核心价值观相辅相成，相互渗透，同步推进。中国梦从理想变成现实的过程同时也是社会主义核心价值观一步步落地生根的过程，社会主义核心价值观所倡导的价值理念，在为中国梦提供精神力量的同时，必将影响人们的生活，使人们更自觉地认同和遵循。

3.努力践行社会主义核心价值观，为实现中国梦贡献力量

梦想变为现实，需要人们付诸实干。中国梦的实现离不开每个人的参与，包括我们每一位学生。作为一名当代大学生，要努力践行社会主义核心价值观，用我们的青春年华谱写构筑中国梦的美丽篇章。

其一，自觉加强爱国主义教育，增强民族自尊心、自信心和自豪感。实现中华民族伟大复兴的中国梦，首先需要我们对祖国充满信心。在充满信心的情况下，我们还要学会理性爱国，要清楚的了解我们社会的发展现状，在哪些方面与发达国家还存在差距，在哪些方面需要加强发展力度，提高综合实力。做到面对历史不气馁，正视现实不自傲，面向未来充满信心，时刻保持一颗理性的心。作为受过科学教育、具有一定知识水平的大学生，我们要积极行动起来，自觉参与到自己所在学校、社区、城市的建设之中，为中国梦的实现贡献自己应有的力量。

其二，努力学习科学文化知识，提高自己的文化素质。作为学生，我们的本职任务是学习。当今世界，经济和科技的竞争主要是围绕人才和知识展开，所以拥有现代科学知识的大学生在未来经济科技发展中将发挥重要作用，在未来国际竞争中将发挥重要作用。大学生作为新一代的社会发展的主力军，应树立宏伟的目标，怀揣远大的理想，为国家的富强而奋斗，为中国梦的实现而奋斗。

其三，自觉继承中华民族的传统美德，形成优良的品格，提高自己的道德素质。中华民族的传统美德是中国优秀古老文明的体现，它包括中华民族优秀的道德品质、优良的民族精神、崇高的民族气节、高尚的民族情感以及良好的民族

习惯。中国梦的实现需要以这些传统的美德为依靠，我们年轻人要继承和发扬中华民族的传统美德，让这些优秀古老的文化在实现中国梦的过程中显现出不一样的力量。我们还要学习诚实守信、待人友善等优秀的品格，使我们在与世界其他国家的年轻人交往中展现出中国深厚的文化底蕴。

其四，加强国际交流，把中国介绍给世界，让世界了解中国。中国梦既是民族复兴梦、国家富强梦、人民幸福梦，也是世界和谐梦。实现中国梦需要取世界之精华，与世界各国人民友好相处，共同建设和平安全的美好世界。作为大学生，要自觉加入到世界文明的交流中，把中国介绍给世界，让世界任何一个国家和地区都了解中国；学习先进，吸收来自世界上任何一个国家或地区优秀的文化发展自己，为中国梦的实现增添光彩。

其五，自觉遵守民族平等、民族团结、各民族共同繁荣原则。中国各民族的大团结是中国梦实现的重要前提。作为大学生，我们要把民族团结落实到自己的学习生活，尊重少数民族学生和少数民族的风俗习惯，在学习和生活中乐于帮助少数民族学生。我们还要热爱和平，积极宣传和平与发展，推动中国梦的实现。

中国梦抒发着中国人民奋发向上的情怀，寄托着中华民族伟大复兴的期望，是所有中国人的梦寐以求的夙愿。社会主义核心价值观是实现伟大美好中国梦的精神力量和动力支撑。作为一名大学生，我们要深刻领会社会主义核心价值观的内涵特点，用实际行动践行社会主义核心价值观，把社会主义核心价值观的要求落实到我们的学习和生活之中，用我们的青春年华谱写构筑中国梦的美丽篇章。

（2014 级思想政治教育本科班刘镇玮撰写）

专题二　践行社会主义核心价值观

社会主义核心价值观是我国全体人民的共同价值体现，是当代中国精神的集中体现。只有认同社会主义核心价值观，才能真正坚持中国道路、弘扬中国精神、凝聚中国力量，为实现中华民族伟大复兴中国梦而奋斗。2018 年 3 月，十三届全国人大一次会议通过宪法修正案，把国家倡导社会主义核心价值观正式写入宪法，凸显了社会主义核心价值观的重大意义。

“践行社会主义核心价值观”实践教学专题，就是贯彻落实习近平总书记在党的十九大报告中提出的“要以培养担当民族复兴大任的时代新人为着眼点，强化教育引导、实践养成、制度保障，发挥社会主义核心价值观对国民教育、精神文明创建、精神文化产品创作生产传播的引领作用，把社会主义核心价值观融入社会发展各方面，转化为人们的情感认同和行为习惯”①的精神，引领大学生自觉践行社会主义核心价值观。

一、教学目标

（一）知识目标

“践行社会主义核心价值观”实践教学专题的知识目标，就是通过本专题的学习和各项实践活动的实施，使学生深刻领会社会主义核心价值观的科学内涵及其重要意义，厘清社会主义核心价值观和社会主义核心价值体系两者的关系，对社会主义核心价值观丰厚的历史底蕴、坚实的现实基础、强大的道义力量有坚实明确的把握。

---

①　习近平：《决胜全面建成小康社会　夺取新时代中国特色社会主义伟大胜利——在中国共产党第十九次全国代表大会上的报告》，人民出版社 2017 年版，第 42 页。

(二)情感目标

大学生的价值取向,不仅与自身的成长成才密切相关,而且与未来社会的发展密切相连,甚至对于未来社会的整体价值观取向具有决定性作用。“践行社会主义核心价值观”实践教学专题的情感目标,就是将理论的价值观化为鲜活的情感现实生活,在引领学生通过对见义勇为学生案例的分析以及“做一天环卫工人”的体验等实践活动的开展,使学生在自身的体验中和先进模范人物的事迹感召下,加深对社会主义核心价值观的认同,激发学生努力成为社会主义核心价值观的坚定信仰者、积极传播者和模范践行者。

(三)能力目标

大学生需要始终走在中国特色社会主义的新时代前列,成为培育、弘扬和践行社会主义核心价值观最积极、最活跃、最充分的青年先进代表。“践行社会主义核心价值观”实践教学专题的能力目标,就是通过社会主义核心价值观内容体系的学习和各项实践的开展,使学生在日常学习和生活中养成自觉践行社会主义核心价值观的行为习惯,崇尚英雄,学做英雄,充分发挥青年大学生在社会上的表率作用。

二、教学内容

(一)全面了解社会主义核心价值观的必要性和重要性

核心价值观,承载着一个民族、一个国家的精神追求,体现着一个社会评判是非曲直的价值标准。全社会积极弘扬和践行社会主义核心价值观,才能有效凝聚社会价值共识,解决化解社会矛盾,它是汇聚起建设社会主义现代化强国的磅礴力量,是保证实现中华民族伟大复兴的中国梦的价值支撑。

通过对社会主义核心价值观动画解读和微电影展示,结合社会主义的认识,引导学生了解培育和践行社会主义核心价值观是坚持和发展中国特色社会主义的价值遵循。从国际国内面临的变化来看,国际敌对势力一直在思想文化领域对我们进行长期渗透,尤其是面对我国改革开放和意识形态多元的状况和网络的发展兴盛,其西化分化图谋正利用互联网加紧实施。因此,在全社会大力弘扬社会主义核心价值观,明确中国特色社会主义事业到底追求什么、反对什么,要朝着什么方向走、不能朝什么方向走,坚守我们的价值观立场,坚定中国特色社会主义的道路自信、理论自信、制度自信和文化自信,为社会的有序运行、良性发展提供明确价值准则，保证中国特色社会主义事业始终沿着正确方向前进，是中国特色社会主义的铸魂工程。

通过对"长沙两名大学生被当成骗子仍坚持见义勇为"案例的探讨，帮助学生认识到，培育和践行社会主义核心价值观是提高国家文化软实力的迫切要求。"核心价值观是文化软实力的灵魂、文化软实力建设的重点。这是决定文化性质和方向的最深层次要素。"①文化的力量，归根到底来自于凝结其中的核心价值观的影响力和感召力；文化软实力的竞争，本质上是不同文化所代表的核心价值观的竞争。现在，越来越多的国家把提升文化软实力确立为国家战略，价值观之争日趋激烈。培育和践行社会主义核心价值观，用最简洁的语言介绍和说明中国，有利于增进国际社会对中国的理解，扩大中华文化影响力，展示社会主义中国的良好形象；有利于增强社会主义意识形态的竞争力，掌握话语权，赢得主动权，逐步打破西方的话语垄断、舆论垄断，维护国家文化利益和意识形态安全，不断提高我们国家的文化软实力。

结合社会主义核心价值观动画解读和案例探讨，引导学生认识到，培育和践行社会主义核心价值观是提升民族和人民精神境界，增进社会团结和谐的必然选择。核心价值观是精神支柱，是行动向导，对丰富人们的精神世界、建设民族精神家园，具有基础性、决定性作用。一个人、一个民族能不能把握好自己，很大程度上取决于核心价值观的引领。发展起来的当代中国，更加向往美好的精神生活，更加需要强大的价值支撑。要振奋起人们的精气神、增强全民族的精神纽带，必须积极培育和践行社会主义核心价值观，铸就自立于世界民族之林的中国精神。实现"两个一百年"的奋斗目标，实现中华民族伟大复兴的中国梦，必须有广泛的价值共识和共同的价值追求。习近平说："我国是一个有着13亿多人口、56个民族的大国，确立反映全国各族人民共同认同的价值观'最大公约数'，使全体人民同心同德、团结奋进，关乎国家前途命运，关乎人民幸福安康。"②培育和践行社会主义核心价值观，能够在具体利益矛盾、各种思想差异之上最广泛地形成价值共识，有效引领整合纷繁复杂的社会思想意识，有效避免利益格局调整可能带来的思想对立和混乱，形成团结奋斗的强大精神力量。

（二）深刻理解社会主义核心价值观的内涵

通过社会主义核心价值观的动画解读和案例探讨，初步了解其内涵，而后在"做一天环卫工或者义工"的活动中去体验，在交流感想中感悟和认同。核心

① 《习近平谈治国理政》第1卷，外文出版社2018年版，第163页。

② 《习近平谈治国理政》第1卷，外文出版社2018年版，第168页。

价值观是一定社会形态社会性质的集中体现，在一个社会的思想观念体系中处于主导地位，体现着社会制度、社会运行的基本原则和社会发展的基本方向。

党的十八大提出，要倡导富强、民主、文明、和谐，倡导自由、平等、公正、法治，倡导爱国、敬业、诚信、友善，积极培育和践行社会主义核心价值观。这与中国特色社会主义发展要求相契合，与中华优秀传统文化和人类文明优秀成果相承接，是中国共产党凝聚全党全社会价值共识作出的重要论断。社会主义核心价值观的提出，鲜明确立了当代中国的核心价值理念，生动展现了中国共产党和中华民族高度的价值自信与价值自觉。

社会主义核心价值观把涉及国家、社会、公民的价值要求融为一体，体现了社会主义本质要求，继承了中华优秀传统文化，吸收了世界文明有益成果，体现了时代精神，是对我们要建设什么样的国家、建设什么样的社会、培育什么样的公民等重大问题的深刻解答。

富强、民主、文明、和谐。坚持和发展中国特色社会主义，实现中华民族伟大复兴的中国梦，凝结着中华民族和中国人民对富强、民主、文明、和谐的价值追求。这一价值追求回答了我们要建设什么样的国家的重大问题，揭示了当代中国在经济发展、政治文明、文化繁荣、社会进步等方面的价值目标，从国家层面标注了社会主义核心价值观的时代刻度。

自由、平等、公正、法治。其反映了人们对美好社会的期望和憧憬，是衡量现代社会是否充满活力又和谐有序的重要标志。这一价值追求回答了我们要建设什么样的社会的重大问题，与实现国家治理体系和治理能力现代化的要求相契合，揭示了社会主义社会发展的价值取向。

爱国、敬业、诚信、友善。爱国才能承担时代赋予的使命，敬业才能创造更大的人生价值，诚信才能赢得良好的发展环境，友善才能形成和谐的人际关系。爱国、敬业、诚信、友善，这一价值追求回答了我们要培育什么样的公民的重大问题，涵盖了社会公德、职业道德、家庭美德、个人品德等各个方面，是每一个公民都应当遵守的道德规范。有了这样的价值追求，人们才能更好地处理个人与国家、社会、他人的关系，不断提升自己的人生境界。

（三）充分认识培育和践行社会主义核心价值观的路径

从我们正在实施的教学中让学生看到，我们正在做的就是培育践行社会主义核心价值观的路径体现。

其一，加强教育和宣传，促进内化和认同。只有做好全面了解并尽可能深入认识其必要性和科学内涵等基础性和前提性工作，才能提高社会成员对社会主义核心价值观的内化和认同。在教学实施过程中，需要在案例讨论和动画视频解读中深化对社会主义核心价值观的理解和认同，而非表面地知道就是24个字。

其二，人人参与，积极实践。一种价值观要真正发挥作用，必须融入社会生活，让人们在实践中感知它、领悟它。这就要求在培育和弘扬的过程中，下好落细、落小、落实的功夫。对于大学生而言，就是要切实做到勤学、修德、明辨、笃实，使社会主义核心价值观成为一言一行的基本遵循。在实践活动中，让学生从理论到现实，从现实再上升到新的理解和认识，更加了解到践行的重要性。

其三，从政策制度等长效机制建设上为培育和践行社会主义核心价值观提供政策导向、利益导向和制度保障。把社会主义核心价值观的要求贯穿到依法治国的实践中，落实到立法、执法、司法、普法等方面，用法律的权威推动社会主义核心价值观转化为人民群众的自觉追求和行动。

(四)辩证认识社会主义核心价值观和中国优秀传统文化的关系

在教学中，要注重让学生了解到，社会主义核心价值观和中华优秀传统文化的关系。任何一种价值观都不是凭空而来，中华优秀传统文化是社会主义核心价值观的历史底蕴和精神命脉。正如习近平总书记所提出的，要"深入挖掘和阐发中华优秀传统文化讲仁爱、重民本、守诚信、崇正义、尚和合、求大同的时代价值，使中华优秀传统文化成为涵养社会主义核心价值观的重要源泉"①。

因此，要让学生认识到，培育和弘扬社会主义核心价值观，必须立足中华优秀传统文化。社会主义核心价值观，是对中华优秀传统文化的继承和升华。它把涉及国家、社会、公民的价值要求融为一体，赋予中华优秀传统文化以新的时代内涵。培育和弘扬社会主义核心价值观，必须从中华优秀传统文化中汲取丰富营养，深入中华民族历久弥新的精神世界，把长期以来我们民族形成的积极向上向善的思想文化充分继承和弘扬起来，坚持历史唯物主义立场，坚持古为今用、推陈出新，有扬弃地予以继承；推动中华优秀传统文化创造性转化和创新性发展，激活其生命力，增强其影响力和感召力，把跨越时空、超越国度、富有永恒魅力、具有当代价值的文化精神弘扬起来，把继承优秀传统文化又弘扬时代精神、立足本国又面向世界的当代中国文化创新成果传播出去。

① 《习近平谈治国理政》第1卷，外文出版社2018年版，第164页。

三、教学实施

(一)情境体验与案例探讨:长沙两名大学生被当成骗子仍坚持见义勇为

2015 年 5 月 3 日《中国青年报》第 2 版,刊发了《长沙两名大学生被当成骗子仍坚持见义勇为》一文,讲述长沙理工大学两名学生在楼道内遇一男子头部出血躺地上无人伸出援手的情况下毫不犹豫救人,在联系伤者家属的过程中,李升志和赵新攀 4 次被当成了骗子,正是他们的坚持,找回了那份可贵的“信任”。在此后,他们还带动众多学生为被救伤者的巨额医疗费献出爱心。而长沙理工大学负责人表示,两位学生的义举难能可贵,而且学校会根据具体情况,对正在创业的李升志予以支持和扶助。

案例教学实施中,教师特别尊重学生的主体性,注重情境体验式教学。老师不是简单地将案例展示出来,而是根据真实事件设置这样的情境:“请大家现在假设自己是在教学楼道上,遇到了一名男子头部出血躺地上却无人伸出援手”,将学生带入案例中让大学生依据自己内心的真实感受作出自己的判断和选择,“在面临无人伸出援手情况下,你们会怎么做?”“在面临手机不能解锁情况下你会怎么做?”“在遇到电话那端好多人一次一次的不信任情况下,你会不会生气? 会不会放弃?”“在男子父母当面礼貌地提出‘是否是你们和这位伤者因争执而发生了推搡?’你们二人无法解释清楚的情况下,你会不会为之前的选择后悔了呢? 你会选择怎么做?”等等问题,在这样情境设置下不带有任何道德绑架和评判地让学生作出自己的选择并予以阐述说明,从而深刻理解社会主义核心价值观的意义、必要性及其内涵认同。

在情境体验导入之后,教师再将这个案例真实地表述出来:长沙理工大学的这两位学生是怎样做的。这一典型现实案例,既贴近学生实际,又具有价值观的引导意义。老师与同学们一起探讨两位同学作出的选择:“抢救生命比什么都重要。看到来往的行人只是看看就离开了,我们就觉得,如果我们也不救,他很可能有生命危险,其他的事情,等这个人救活了再说。”两位同学如是说,同学们是什么看法呢? 两位同学所作所为和整个事件体现了什么样的价值观呢?

最后我们再来讨论一下这个事件的结果和学校社会的反应方式:一方面男子被救,另一方面两个人的义举带动了全体学生的爱心奉献,同时,学校给予了支持,社会新闻报道也在宣传,引导学生意识到体现了社会主义核心价值观的培育和弘扬路径。

另外,还要讲清楚,为什么我们大学生面临被质疑的情况下仍坚持见义勇为,为什么其他学生也被带动奉献爱心,学校社会予以支持,引导学生认识到,之所以有这样的结果,从侧面反映了这是我国优秀传统文化的血脉精神,流淌于全体中国人的血液中的,也体现了个人社会国家各个层面都对核心价值观是有深切的认同和希望的。

(二)微电影展播与解读:用社会主义核心价值观凝聚民族复兴的强大力量

微电影作为"微时代"的重要传播方式,短小精悍,参与性、互动性强,在课堂上也非常适用于内容的讲解和案例展示,对于课堂有效性和提升社会主义核心价值观教育的吸引力感染力,具有十分重要的作用。

中宣部宣教局、中央新闻纪录电影制片厂(集团)共同推出一批优秀核心价值观主题微电影。这些优秀作品主题鲜明突出、感情充沛真挚、表现手法多样:既有真实演绎的纪实作品,也有原创作品和动漫作品;既有故事微电影,也有纪录片微电影,着力反映日常生活中的凡人善举,充满向上向善的正能量。通过展播与解读,贯穿本专题的各内容。

在课程实施中需选取能跟学生密切相关产生共鸣同时又能具有价值引领和领悟的微电影。《懵懂的代价》讲述了刚毕业的大学生面临着就业和爱情的压力,一心想赚钱,遇到了昔日被迫退学的同学,而心存侥幸去做违法行为,对于法治和友善的价值观,如果缺乏深刻理解,就无法体会这一核心价值观的真正意蕴所在,更无法在当下"朋友之道"的歧路上迷途知返,而女友则因为爱,因为懂法,做出了最好的选择,也是对爱情的最好交代。《"时代工匠"陆建新》讲述了从一名施工测量员成长为世界一流的钢结构施工专家。陆建新扎根建筑工程一线 35 年,爱岗敬业,忠诚奉献,勤于学习新知识,积极钻研新技术,以精益求精的工匠精神,率领团队破解了成百上千个大大小小的技术难题,将中国超高层钢结构施工技术推向了世界一流水平的故事。在讲述和讨论过程中,引导学生看到时代的发展进步,如何真正地践行社会主义核心价值观,需要在日常的工作生活中才能体现。

(三)带领学生做一天环卫工人或义工

城市的美丽,离不开环卫工人的辛劳。为让学生体验新角色,真正体味环卫工人如何在平凡岗位给城市带来芬芳,体会社会主义核心价值观如何贯穿于日常工作和生活中,我们与章丘市环保局环卫管护中心积极联系、密切配合,组织了"当一天环卫工"的环保体验活动。

在给学生做了充分动员和安全保障后,由教师带领学生参与实践教学活动。学生们在环卫工人的指导和帮助下进行路面清理工作,包括捡拾绿化带

"白色垃圾",帮助清运工人清运垃圾,全方位体验环卫工作。同时,学生们以访谈的形式分别对环卫工人、行人和学生进行了调查采访和数据的分析。最后学生们还向环卫工人赠送爱心口罩,并对行人和学生进行了尊重环卫工人、爱护环卫工人的宣传活动,表达了对具有社会主义核心价值观中的敬业精神的环卫工人的敬意。

在本次实践活动中,学生们充分发扬"吃苦耐劳,乐于奉献"的敬业精神,以实际行动给自己上了一堂别开生面的社会实践课。活动收到了良好的实践教学效果,受到了广泛的社会舆论关注。

(四)以《做一天……》为题交流体会感想

在实践活动之后,需要一个总结,让大家真的去交流一下体会感想,内容可以包括但不限于所见所闻所感。很多学生谈了对于这个职业的认识,对于环卫工的认知,学生们一致认为环卫工人辛勤努力和坚守付出让他们很感动,不怕苦不怕脏不怕累如此敬职敬业是需要学习的,只是低廉的工资收入也让学生认识到现代科技社会更需要大学生拥有科学技术本领;有的学生认为自己在这个过程中还有很多畏难情绪,抹不下面子吃不了苦,同时意识到平时要多多保护城市卫生,每个人都可以为城市建设贡献一份细微的力量;还有的学生体会到了赚钱的不易,想到了父母,因而自己现在要好好学习,如何为未来好好奋斗,以后能报答父母养育之恩。这些都是培育和践行社会主义核心价值观的很好的体现方式。

四、教学评价

(一)来自学生的评价

学生甲:通过亲身体验以及和环卫阿姨的交流,我真的没想到工作会这么苦,这么累,赚钱这么不容易。我对自己平时花钱大手大脚感到愧疚,觉得对不起我的父母。我特别想跟我的父母说一声,你们辛苦了。老师,这一活动改变了我很多以前一些不谙世事的幼稚的想法,好像一下子成长了。

学生乙:虽然很累,但我还是喜欢这样的学习方式,有理论学习,还有亲身实践,再回过头来看看,很值得。

学生丙:现实生活永远是残酷的,但也具有温情,这样的课堂有趣有料,非常棒。

(二)来自同行的评价

社会主义核心价值观只有在践行中才能真正体现其价值意义。本专题依据长沙两名大学生见义勇为事件设计教学情境,而后进行案例分析,探讨社会主义核心价值观,随后从大学生关心的问题进行探讨和解读,进而提供机会亲身体验,可以说整个实践活动实施无缝衔接。尤其是大学生应多参加这样的体验活动,从书本走进实践中,学习书本中那些"小道理""大真理"。理论和实践结合更易于提高大学生的社会责任感、家庭责任感和个人素质。实践活动设计实施合理,教学目标得到实现,是非常好的实践实施方案。

(三)教师自我评价

"纸上得来终觉浅,绝知此事要躬行。"这一实践活动看似简单,实则收获非常大,不仅仅是于学生而言,于我们而言也是一个震撼。没有想到实践活动如此受学生欢迎,没有想到学生交流感触很深,没有想到学生在实践完成后更加珍惜拥有的生活,更加尊敬爱父母,并且激发了他们的职业生涯规划和现在的努力拼搏。通过此次活动,学生们切身体验环卫工作的辛苦、城市管理的艰辛,同时,增强了他们的环保意识,养成爱劳动、爱护环境的好习惯,更重要的是对于个人和家庭的认知有了新的提升。可以说,这个实践活动非常成功,也更加验证了,真实的实践体验活动对于学生的成长至关重要。

本专题的实践活动是带领学生做一天环卫工人或者义工。在课程设计时,我们尽量让这个活动不流于形式,因此特别强调了准备动员的重要性。为激发起学生的兴趣和好奇,提前做好活动的准备工作,如开展动员,联系好相关公司或者环卫工人,确定好时间地点,将学生分组进行,同时就主要安全交通问题以及出现意外情况的应对措施进行了预估预防。

五、来自学生的报告

(一)践行社会主义核心价值观的大学生楷模

在我国传统的价值观中就有修身成己、民为邦本、大同社会的理念,到了近代,中华民族在深受"三座大山"的压迫下,仍然重铸了民族精神,对爱国主义进一步升华。所以,现代我们所提倡的"富强、民主、文明、和谐""自由、平等、公正、法治""爱国、敬业、诚信、友善"的社会主义核心价值观是基于中国优秀传统文化所形成的中华民族的价值观,是当代中国人民在共同的社会实践基础上所形成的价值共识。

少年强则国强。回顾历史，青年是时代进步最有力的推动力。无论是清代举人的“公车上书”还是近代北平学生的“五四运动”，这薪薪相传的为民族振兴、国家富强而奋斗不息的热血精神，激励着我们大学生成为实现社会主义核心价值观的有生力量。

作为新时期的大学生，我们怎样身体力行地践行社会主义核心价值观呢？

长沙理工大学的两名学生为我们上了很好的一课。在一名男子躺在路边，头部面部都有血迹而过往的行人却漠视不管的情况下，李升志和赵新攀毫不犹豫地出手相救。在联系伤者家属的过程中，他们连续四次被当做骗子，但仍未放弃求援，在无人承担医疗费用，伤者病情得到耽搁的情况下，他们自行垫付部分费用让伤者得到最及时也是最关键的救援，他们的行为足以作为我们大学生的楷模。细想案例，是什么力量支撑他们即使承担着被委屈、被误解甚至被冤枉的风险，也要去救助一个和自己毫无关系的人呢？仅仅是因为他们是大学生，具有良好的道德品质和果断的处理应急事务的能力吗？显然不是，他们之所以奋不顾身地见义勇为，是对社会上人与人之间善意的信任，是对自己心中价值观的信仰。社会主义核心价值观向我们传达的就是这样的精神：在信任危机摧毁内心深处对身处困境之人的同情时，坚守善良的价值观并不是强者对于弱者的施舍怜悯，更不是智者对愚者的约束戏弄，而是双方都站在平等的水平，在信任理解，相互包容的准则中，共同促进个人、社会和国家的协调发展。

如果把大学生比喻成树苗，那么核心价值观就是哺育树苗不可或缺的土壤和阳光，树苗要想茁壮成长，就必须从努力从土壤中吸取养分和接受阳光的照耀，倘若没有这一系列养分的滋养，树苗最终只会枯萎而亡，而“少年雄于世界则国雄于世界”的梦想只能沦为空想。可见，社会主义核心价值观对大学生的意义就在于建设强有力的精神支柱。在人人在内心善意筑起一道警惕的防火墙、温情信任不断内耗的社会背景下，李升志、赵新攀两位大学生为我们践行社会主义核心价值观提供了借鉴。

首先，国家兴亡，匹夫有责。作为大学生更是首当其冲，所以我们要对国家有责任和担当。习近平在对青年的期望中讲过，近代以来，青年不懈追求的美好梦想，始终与振兴中华的历史进程紧密相连。我们要高举爱国主义伟大旗帜，思民族之存亡，想国家之安危，与人民同甘共苦。在路人围观但无人敢去救援时，李升志和赵新攀没有选择袖手旁观，而是将患者送到医院治疗，为救援赢得了宝贵的时间。每个人的社会实践都与国家命运息息相关，唯有成就小家才能建设好我们的大家。

其次，作为社会正能量的主体，大学生要以信任的眼光看待世界，相信人与人之间交往的互助友爱。在与家属联系中,见义勇为的英雄被接连当作骗子,但防范的语言没有冷了他们的心,正是他们对信任氛围的构筑在这个需要消除人与人之间篱笆的社会显得更难得可贵。信任的海洋需要人与人之间善意的溪流涌入,对于媒体在夸大社会黑暗性的个例报道中,我们要以辩证的眼光看待社会不公,用法律的手段而不是一味偏激地对抗罪恶。

最后,我们要将社会主义核心价值观贯彻落实于公民的日常生活中,并身体力行地去践行。在伤者周围,很多人停留在想帮的善意层面,却又害怕被讹被骗,宁愿良心受谴责,也不敢走向文明一点点。公民是国家的根基,"民为邦本,本固邦宁",没有公民个人的"爱国、敬业、诚信、友善",整个社会国家的发展,无论描绘得多么金碧辉煌,最终只会是无源之水、无本之木。当社会需要我们传递善意和信任,传递见义勇为敢于担当的正能量时,我们要勇敢地走向前,冲破人们防范的栅栏。以每个人释放的微弱的正能量,汇聚在一起形成巨大的社会洪流。

只有将社会主义核心价值观转化为我们的道德行为准则,植根于思想意识深处,并落实到生活中,真正践行,才能提高我国的综合素质,才能结出人类理想价值的硕果。

(2014级思想政治教育本科班郑玉超撰写)

(二)做一天环卫工人的体验

作为当代大学生,我们的角色定位与其他社会群体是不一样的,我们有思想,有道德,具有年龄优势和知识才能优势。但是如何践行"社会主义核心价值观",提高自身的道德和修养却是一个值得思考的问题。最终,我们经过讨论之后得出:要在生活的点点滴滴中去践行社会主义核心价值观。"纸上得来终觉浅,绝知此事要躬行。"只有在实践中,社会主义核心价值观才能真正闪现出它的价值,它的光彩。所以,我们选择当一天环卫工人,从劳动中去学习,去践行,去感悟。

早上7点钟,我们简单吃过早饭后就来到了餐厅东边的宿舍楼下。此时,环卫工人们已经开始了忙碌的一天。我们向两位环卫工人说明我们的来意后,两位环卫工阿姨欣然让我们加入了她们的工作。让我们感到羞愧的是,在早上7点前,两位环卫工阿姨就已经处理完了她们负责的区域内的垃圾。看到几乎与我们一样高的垃圾桶,我们暗下决心,一定要努力适应环卫工作,再累也要坚持下去。

环卫阿姨们接下来的工作是清扫卫生区域内的落叶。此时正值秋天,金黄的落叶簌簌而下,铺满了大街小巷。如果不是以环卫工人的身份,我们一定会为这样的美景赞叹。但此时的我们却欣赏不起来。因为落叶不仅难以清扫，而且清扫之后也很快又会铺满一层。虽然麻烦，我们也硬着头皮开始了工作。我们先用大扫帚将落叶扫成一堆，再用麻袋收集起来。我们几乎都没有用大扫帚扫马路的经验，连怎么拿都要研究半天。环卫阿姨们看到我们的窘状，忙接过我们手里的扫帚，给我们示范起来，教我们如何拿起来顺手，如何清扫起来既快又省力。于是我们就照着阿姨交给我们的方法开始了清扫。开始我们还是扫得既费力又不干净，但是经过半个小时左右的工作，渐渐地我们也能扫得有模有样了。我们分组进行，一组清扫落叶，一组收集落叶。环卫工人在收集落叶时使用的是两片薄薄的木板。阿姨也拿它给我们做了示范：只见阿姨将两片木板拿在手里，夹起一大把落叶，然后稳稳地放入麻袋中。我们一边感叹劳动人民的智慧，一边跃跃欲试。我们也像阿姨一样开始收集落叶，但是我们要么夹得太少，要么放入麻袋中时往往洒出许多。看来简单的事情做起来也不是那么简单啊。

扫完了一条街后，我们的身上已经出了一层薄薄的汗。阿姨们在我们扫落叶的时候也没闲着，一边给我们的工作查漏补缺，整理垃圾，一边不停地问我们累不累，要不要休息。我们看到阿姨们尚且没有休息，我们又怎么能休息呢。我们也不禁感叹，这样辛苦的工作阿姨们要做一整天实在是不容易啊。一边工作，我们也与阿姨们聊起天来。从交谈中我们得知，阿姨们每天 6 点多就起床，6 点半就要到学校报道，之后就要开始一天的忙碌，直到夜幕降临，她们才结束一天的工作。在忙碌的一天中，环卫工人们要不停地重复单调的工作：扫落叶，捡垃圾，倒垃圾……而阿姨们却没有一声抱怨，也没有一丝懈怠。甚至在我们工作的同时她们也不曾停下休息。阿姨们在得知我们社会实践的目的后，也热情地为我们提意见，为我们讲解之前大学生的实践是怎样的……阿姨们的亲切使我们感到很放松，我们也很快熟悉起来。

扫完落叶之后，我们又去卫生区域内捡垃圾。这项工作比较简单，带着夹子和垃圾袋将卫生区域内的垃圾捡干净就可以了。我们忙带着工具开始了工作。卫生区域内的垃圾不算太多，说明大家平时还是比较注意保持环境整洁的。但是卫生区域的面积比较大，所以我们捡完一遍垃圾也用了半个多小时的时间。期间我们也遇见了不少同学，他们都向我们投来了赞许的目光，有的还会夸我们一句真勤快。我们也笑着回应，感觉自己的辛苦没有白费。

下午我们的工作依然是扫落叶，捡垃圾，倒垃圾，可是我们一点也不觉得单调，我们从劳动中获得了书本上学不到的知识，也对环卫这个职业有了更深刻的了解。

当一天环卫工人的经历让我印象深刻，也让我对社会主义核心价值观中个人层面的敬业和友善有了更深的感悟。

敬业是对公民职业行为准则的价值评价，要求公民忠于职守，克己奉公，服务人民，服务社会，充分体现社会主义职业精神。但是“敬业”二字，说起来容易，做起来却十分不易。尤其是环卫工人这样一份十分辛苦的工作，能将“敬业”二字贯穿于每一天的工作中更是不简单。环卫工人们要在天亮之前就赶到学校报到，随后就开始忙碌一整天。他们不停地重复着单调而繁琐的工作，还往往被人忽视，可是他们却将“敬业”二字展现得淋漓尽致。单调枯燥的工作中他们从未想过在某个角落里偷偷地停下来休息一下，也不曾放过工作区里的一块垃圾。他们只是一群最普通的人，干着最普通的工作，却能做到如此敬业，我们又怎能不努力，不进取呢？

在这当环卫工人的一天里，我从环卫阿姨那里充分感受到了友善的温暖力量。在我们面对卫生工具不知所措时，阿姨耐心地教我们，给我们做示范；在我们工作中出现遗漏时，阿姨们细心给我们指出，帮我们改正；在得知我们做社会实践时，阿姨们热心的给我们提意见。我们只是刚刚认识，但阿姨们的亲切友好使我们沟通起来毫无障碍。直到现在回想起来，阿姨们的热情、亲切仍然使我们感动。友善不仅仅体现在人与人之间友好的态度上，更应该体现在人与人之间的相互尊重上。时代在发展，我们也早已对环卫工人的工作表示理解和尊重，但是要自己去做一天环卫工人却需要很大的勇气。因为大家一提起环卫工人，印象中总是与垃圾为伴。但是只有当自己真正地去体验了，去做了环卫这份工作，我才感受到，环卫工人是真正值得我们去尊敬的。收入低、社会保障差的环卫工人是我们校园里最不可缺少的一环，他们是校园的美容师，没有他们就没有干净整洁的学习生活环境。我们要尊重环卫工人的劳动，更要自觉保持环境的整洁，配合他们的工作。

当了短短一天的环卫工人，却使我收获颇丰。我感受到社会主义核心价值观不是“高大上”的，不是飘在天上的，而是实实在在从我们身边中能体现出来的。我们从大街小巷中看到社会主义核心价值观的宣传语时，不应该让它停留在眼睛上，我们更应该做的是将它内化于心，外化于行。我们是幸福成长的一代，无法体会老一代的艰苦生活，但是我们可以从劳动中去学习、感悟。当代大学生不应该是四体不勤、五谷不分的一代，不应该是被保护起来的温室的花朵，而应该是有责任有担当的一代。我们要在学校接受知识的同时亦从生活中接受劳动的教育，从劳动中学到劳动知识与技能，从实践中感悟社会主义核心价值观。

（2014级思想政治教育本科班李颜雯撰写）

（三）以实际行动践行社会主义核心价值观

相对于宇宙而言，人们只是初来乍到。我们在当今社会走着，跳着，微笑，哭泣，看时光一去不复返，任悲欢离合无可压抑地发生。作为宇宙的过客，我们无比幸运的见证了太多瞬间，他们平凡而改变着生命的力量。新时代，我们践行社会主义核心价值观以自己的一种方式进行着。

从小到大我们所了解的核心价值观可能就是那“二十四字”，而随着视野的开阔，我们越来越能更加深刻了解社会主义核心价值观所带给我们的变化。由此，我们也意识到要以实际行动践行社会主义核心价值观。

大学生，作为一个新的主体被社会所认可，不仅因为有着青春活力，更因为我们在传递社会正能量，而且在社会上善与恶出现时，我们的决定也起到了很重要的作用。社会主义核心价值观对我们的发展有着重要影响。我们会遇到生活中并肩往前的同伴，或许与我们在面对问题时作出的选择不同，有些人的行动也可能被说成“不明智”，但我们尽力去做社会主义核心价值观要求做的事，去做个人层面的事情，才能更加使我们的行动有真正的意义。

从古代的“天道酬勤”“地道酬善”“人道酬诚”到“神舟十一号”景海鹏、陈东返回地球后首次亮相，我们明白了，中国是强大的，中国正在向新的领域探索。社会主义核心价值观凝聚了民族复兴的力量，在路边我每每抬头看到关于社会主义核心价值观的宣传就会感到骄傲。我们的国家，我们的人民在进步，我们的思想在向前发展，行动也会受其影响。尽管这其中的过程必然付出艰辛但是我们敢于探索、敢于创新。我们在思考：我们大学生这一个新的主体，在我们走向就业岗位之前，对于这个社会对于我们的周围能带去什么。我想至少我们的心态，我们的敢于承担责任，我们的诚信和友善，我们的爱国之心会带给这个社会美好的一面。我们在成长的过程中有着社会主义核心价值观为保障。有社会主义核心价值观这面旗帜，我们会走得更高更远。社会主义核心价值观一直指引着我们大学生成长，当我们对于社会主义核心价值观的履行成为一种习惯时，我们便真正融入了它带给我们的精神。

社会主义核心价值观的发展，社会主义核心价值观的凝练，对我们大学生有着重要的作用。有了社会主义核心价值观带给我们的优秀传统，有了社会主义核心价值观带给我们精神上的一种指导。我们会从当下做起，从自我做起，去贯彻履行社会主义核心价值观。让社会主义核心价值观与我们的思想与我们的行动，相辅相成。我们应该充分发挥社会主义核心价值观的基础作用，不断以此为基础在行动中提升我们的精气神，凝聚社会共识，引领社会风尚，铸就中国气魄！

（2015 级思想政治教育本科班　左娟凡撰写）

（四）“正义不灭，理想不朽”的启示

2016 年 11 月 25 日，古巴前领导人菲德尔·卡斯特罗与世长辞。这个领导古巴革命取得胜利的最后一名游击战士就这样悄悄走了，这个以理想信念坚守社会主义的老朋友走了，这个一生致力于实现社会公平正义的领袖走了。尽管这位有着90岁高龄、充满传奇式的老人已逝，但他的精神永放光芒。正如卡斯特罗生前在古巴共产党第七次全国代表大会闭幕式上所说："我终将离去，但理想不朽。"①

纵观卡斯特罗的一生，无疑是为共产主义信仰、理想和他曾渴望的自由、正义而战斗着的一生。无论最终能否达成，无论其后继者能否保持初心，无论他能否坚定走下去，卡斯特罗一直都在努力着。卡斯特罗的一生都致力于实现国家独立、民族解放和人民幸福，一生都在诠释"我们用生命梦想乌托邦，我们用死亡实现理想国"的誓言。而今，他虽已离去，但"正义不灭，理想不朽"的执着精神必将鼓舞着一代又一代人为之奋斗。这里的"正义"和"理想"主要是指古巴的共产主义思想，以及卡斯特罗毕生表现出来的以追求自由平等、弘扬爱国敬业、坚持公正法治、秉持诚信友善为代表的理想信念，这与中国所倡导的社会主义核心价值观不谋而合。可见，社会主义核心价值观不仅内涵丰富，而且魅力非凡，需要我们深刻领会和自觉践行。

实现中华民族的伟大复兴离不开社会主义核心价值观。"富强、民主、文明、和谐"是国家层面的价值目标和价值标准，在社会主义核心价值观中居于最高地位和层次，统领社会层面和个人层面的价值理念。具体来说，富强就是国富民强，它是社会主义现代化建设的基本价值目标，是实现国家繁荣昌盛、人民幸福安康的物质基础和基本保障。只有国富民强，才能确保顺利建成小康，进而为实现中国梦奠定良好基础。民主就是人民当家作主，它是社会主义始终高扬的旗帜，是中国特色社会主义民主的本质和核心，是创造人们美好幸福生活的政治保障。只有确保实现人民当家作主，才能让社会主义现代化建设充满生机和活力。文明就是社会进步，包括人的素质的提升和社会的良性健康可持续发展，它是社会主义的重要特征，是实现中华民族伟大复兴的重要支撑。和谐就是安定团结，它是中国特色社会主义的本质属性，有利于形成学有所教、劳有所得、病有所医、老有所养、住有所居的生动局面。

实现社会的有序运行离不开社会主义核心价值观。"自由、平等、公正、法治"是从社会层面对社会主义核心价值观基本理念的凝练，反映了中国特色社会主义的基本属性和价值取向。一般来说，自由就是自我作主，它是社会主义的价值理想和价值目标，是人的意志自由、存在和发展的自由，也是自我发展、自我实现的权利和机会。平等就是标准如一，它是社会主义制度的基本原则，

① 曹元龙：《斯人已逝，理想不朽》，《光明日报》2016年11月27日。

是公民平等参与和发展各项事业的基本条件。公正就是公平正义,它是社会主义的基本价值取向和价值理念,是全面深化改革的出发点和落脚点,是构建和谐社会和实现科学发展的必要前提,也是中国特色社会主义的内在要求。法治就是法律至上,它是现代社会治理的基本方式和制度保证,是通过法制建设来维护和保障公民根本利益的有力武器,是治理国家和社会的最高准则。

实现每个人自由而全面的发展离不开社会主义核心价值观。“爱国、敬业、诚信、友善”是从公民层面对社会主义核心价值观基本理念的概括,它是公民为人处世的基本道德规范和价值准则。爱国就是爱社会主义,它是民族精神的核心,是要求公民遵循以促进民族团结、维护祖国统一、自觉报效祖国的行为准则。敬业就是忠于职守,它是职业道德的灵魂,是对公民做到克己奉公、服务人民、服务社会的正面价值评价,也是中华民族的传统美德。诚信就是诚实守信,它是公民道德的基石,是强调公民诚实劳动、信守承诺、诚恳待人的第一要义。友善就是友好相助,它是社会和谐的润滑剂,有利于公民之间树立待人宽厚、互相尊重、互相帮助、和睦友好的新型人际关系。

古巴在卡斯特罗领导下,形成了以自由平等、爱国敬业、公正法治为代表的古巴社会主义核心价值观,这为中国社会主义核心价值观的形成提供了借鉴。回顾历史,伴随着中华民族长期屹立于世界先进民族之林的不仅仅是强大的物质基础和庞大的人口,更为根本的是以“仁义礼智信”为核心内容引领民族和世界潮流的先进价值观念,创造了古老的、精深的东方文明。展望未来,实现中华民族伟大复兴的中国梦,也不能仅凭高度发达的经济水平,更需要突出文化发展,实现中国特色社会主义文化大发展大繁荣,这就需要突出社会主义核心价值观引领文化发展的关键地位,更好更快实现国家富强、民族振兴、人民幸福。作为当代大学生,我们应该积极响应党的号召,以卡斯特罗为表率,弃恶扬善,身体力行,自觉践行社会主义核心价值观。

其一,正确认识社会主义核心价值观的本质,并付诸实践。这对教育也提出了更高的要求。一方面,从自身做起,将社会主义核心价值观理念融入到教育全过程,就要定期召开社会主义核心价值观主题班会,举办社会主义核心价值观知识竞赛,在学习、体验、感悟中践行社会主义核心价值观。在这一过程中,教师也要向表现优秀的同学学习,让社会主义核心价值观在师生良性互动中得到有效践行。另一方面,从中华优秀传统文化中汲取营养和智慧,它积淀着中华民族最优质的基因,代表着中华文化生生不息、历久弥新的前进方向。它的核心道德观“仁、义、礼、智、信”和“温、良、恭、俭、让”的外在表现就是倡导公民所践行的社会主义核心价值观——“爱国、敬业、诚信、友善”。这就要求教师要做到内仁外礼、利己利人、所做合道、当做则做。除此之外,还要组织学生观看《感动中国》年度评选有关活动，让学生们了解当下中国老百姓对社会主义核心价值观的"内化于心，外化于行"，并让他们在其中感受鼓舞和震撼。再结合配套的践行活动，社会主义核心价值观就会在老师和学生身上得到有效树立和践行。针对有人认为社会主义核心价值观"又高又大又遥远"，与自己无关，有的对社会主义核心价值观心存怀疑，否定其价值和作用等现象，教育还要对其不良现象进行及时修正和监督，确保对社会主义核心价值观形成正确的解读和认同。

其二，坚定理想信念。坚定理想信念，首要的就是坚定内心信仰。"信仰是经历严肃的思考和学习、严格的训练、完全清醒和节制、谦卑、将自我服从于一个更高的绝对意愿的结果。"①在现阶段，它最直接的表现就是坚信社会主义核心价值观。信念是价值观念的核心，坚定理想信念是践行社会主义核心价值观的核心。公民个人的理想信念不仅涉及对社会主义核心价值观的认可和树立，更多的是对其信仰和实践。首先，就要原原本本、老老实实研读马克思主义中国化最新成果，认真学习习近平总书记系列重要讲话精神，积极参加有关社会主义核心价值观的讲解活动，把理想信念建立在对社会主义核心价值观的理论认同和现实实践上。其次，要坚信社会主义核心价值观对国家、社会以及个人发展的巨大作用，能够做到"以人为本"，这是与西方所谓的"普世价值"有着根本区别，因而社会主义核心价值观的有利倡导也提升了国家形象，提高了国家软实力。同时，由于党和政府给予公民的合法正当权利，并且积极解决公民现实生活中所遇到的难题，使得自由、平等等理念在公民身上均得到了保障。

其三，加强道德修养，注重道德实践。蔡元培先生说："若无德，则虽体魄智力发达，适足助其为恶。"②社会主义核心价值观为公民个体道德修养奠定了道德底线和行为方向。这种修养既内化于人的世界观人生观、价值观，又外显于人的行为选择和实践。道德修养与社会实践相联系，既需要依靠实践来加强，又需要在实践中自觉接受检验和反思。为此，我们必须要努力提高自身道德素质，即在日常生活中自觉学习中华优秀传统文化，一方面要做到正心诚意，另一方面要做到慎独自律。正心诚意就是端正动机，纯化心意。"修身、齐家、治国、平天下"的根本在于正心、诚意。只有心得其正，才能知性之善。慎独自律就是洁身自好，省察克制。正如曾子曰："吾日三省吾身，为人谋而不忠乎？与朋友交而不信乎？传不习乎？"③只有善于及时反思自己的言行，才能防止出现语言上的巨人、行动上的矮子。因此，加强道德修养，就要力争达到"违法的事不做，

① 公方彬：《我们为什么信仰共产主义》，《新湘评论》2016 年第 13 期。

② 蔡元培：《在爱国女学校之演说》，《蔡元培全集》第 3 卷，中华书局 1984 年版，第 8 页。

③ 张燕婴译注：《论语》，中华书局 2012 年版，第 3 页。

亏心的事不做，不论能力有大小，要尽可能地多做些好事”①。此外，要老老实实向人民群众学习，人民群众在道德实践中创造了许多弘扬社会正能量的“最美”人物，是我们践行社会主义核心价值观的重要精神财富。

因此，践行以“爱国、敬业、诚信、友善”为公民层面的社会主义核心价值观，首要的就是要有一颗追求真善美的心，对国家无论是言语上还是行动上都要不辱骂、不反动，自觉弘扬爱国主义精神。爱国就是爱社会主义，就是不仅要爱社会主义的指导思想、制度选择，还要爱社会主义建设的方方面面，包括爱自己。尤其是置身国外的时候，更要严格要求自己，发现有损国家形象出现的时候，要运用恰当手段进行交涉。敬业首要的就是要继承发扬工匠精神，遵守职业道德，不歧视任何工作，确保自己的工作保质保量完成，若有不明白的地方，更要及时请教别人，力求做到精益求精。诚信就要做到不说谎话，答应别人的事情就努力兑现承诺，做到有错必纠，讲求信誉。尤其在社会主义市场经济背景下，参与市场活动的任何个人和单位都应当尊重合同、诚实守信。友善就要做到互帮互助，对待任何人都要待人真诚，多服务群众，为群众着想。中国古人说过：“渐也、顺也、靡也、久也、服也、习也，谓之化。”②也就是说，如果一个人没有经过长期反复的熏陶、磨炼、强化以及反思的过程，自身的道德境界就不可能得到超越，也就不可能使自身的道德素质得到提高。因此，社会主义核心价值观的树立和践行也需要日积月累，日渐形成。

社会主义核心价值观作为一种文化观念和精神信仰，已深深地烙印在人们心中，但要真正做好，还要回归到日常生活中践行。正如习近平总书记指出：“培育和践行社会主义核心价值观，要与人们日常生活紧密联系起来，使人们在实践中感知它、领悟它，达到‘百姓日用而不知’的程度，使之成为人们日常工作生活的基本遵循。”③道不可坐论，德不能空谈。弘扬卡斯特罗那种“正义不灭，理想不朽”的精神，就要从知行合一上下功夫，从自我做起，从细微处着手，从实处发力，就要一步一个脚印走下去，相信通过全社会的共同努力，社会主义核心价值观定会在中华大地上生根、开花、结果。

（2012级思想政治教育本科班　孙良运撰写）

---

① 殷学仁等主编：《中华传统美德警句名言》，中共中央党校出版社2012年版，前言第2页。

② 戴望编著：《诸子集成·管子校正·七法》卷2，中华书局出版社1954年版，第28页。

③ 中共中央宣传部编：《习近平总书记系列重要讲话读本》，学习出版社、人民出版社2016年版，第192页。

专题三　弘扬长征精神

“红军不怕远征难，万水千山只等闲。五岭逶迤腾细浪，乌蒙磅礴走泥丸。金沙水拍云崖暖，大渡桥横铁索寒。更喜岷山千里雪，三军过后尽开颜。”[①]2016年，在纪念红军长征胜利80周年之际，组织学生开展重读毛主席的诗词、“重走长征路”等活动，对全面认识长征，了解长征精神为什么伟大，如何弘扬长征精神，走好今天长征路，无疑具有重要现实意义和历史启迪。

一、教学目标

（一）知识目标

毛泽东在《论反对日本帝国主义的策略》中指出：“长征是历史纪录上的第一次，长征是宣言书，长征是宣传队，长征是播种机。……长征是以我们的胜利、敌人失败的结果而告结束的。”[②]在长征路上，英雄的红军在毛泽东等同志的领导和指挥下，以非凡的智慧和勇气，运用机动灵活的战略战术，四渡赤水河、巧渡金沙江、强渡大渡河、飞夺泸定桥、转战乌蒙山、激战嘉陵江，在川黔滇鄂豫陕广大地区与敌搏斗，击退了上百万穷凶极恶的追兵阻敌，征服了空气稀薄的冰山雪岭，穿越了渺无人烟的沼泽草地，纵横十余省，长驱二万五千里，取得了长征的胜利。

以“弘扬长征精神”为主题的实践教学，就其知识目标来说，就是通过带领学生开展“重走长征路”的体验和参观纪念长征胜利80周年大型展览等活动，了解红军是如何克服二万五千里长征路上的艰难险阻，如何粉碎国民党反动派企图消灭中国共产党和中国革命的图谋，如何创造这一震惊世界的伟大壮举

① 《毛泽东诗词集》，中央文献出版社2003年版，第48页。

② 《毛泽东选集》第1卷，人民出版社1991年版，第149～150页。

的。通过学习，深刻领会“风雨浸衣骨更硬，野菜充饥志越坚；官兵一致同甘苦，革命理想高于天”的长征精神之精髓。

（二）情感目标

红军长征不仅创造了可歌可泣的战争史诗，而且谱写了豪情万丈的精神史诗，铸就了伟大的长征精神。红军长征的胜利，是中国共产党人和红军将士弘扬伟大革命精神的胜利。以“弘扬长征精神”为主题的实践教学，就是通过带领学生开展“重走长征路”的体验和参观纪念长征胜利80周年展览活动等，在全面了解红军长征可歌可泣的战斗史诗的基础上，激发学生传承长征精神，不断强化对中国特色社会主义共同理想矢志不渝、对党和人民无比忠诚、对革命事业锲而不舍的坚定信念。用中国特色社会主义共同理想凝聚力量，用以爱国主义为核心的民族精神和以改革创新为核心的时代精神鼓舞斗志，用社会主义荣辱观引领风尚，保持清醒的头脑，坚定理想信念，将马克思主义科学理论转化为不可撼动的理想信念，转化为正确的世界观、人生观、价值观。

（三）能力目标

80多年前，在中国革命的危急关头，年轻弱小的红军队伍义不容辞地走上了二万五千里的长征路，顽强生存、英勇战斗，克服一个又一个困难，取得一个又一个胜利，创造了气吞山河的人间奇迹。习近平总书记指出，长征是一次理想信念的伟大远征。没有理想信念，就不会有血战湘江、四渡赤水、强渡大渡河；没有理想信念，就不会击退上百万穷凶极恶的追兵阻敌，征服空气稀薄的冰山雪岭，穿越渺无人烟的沼泽草地；没有理想信念，就不可能纠正错误路线，从胜利走向胜利。心中有信仰，脚下有力量，凭借理想信念，走向胜利之巅。

以“弘扬长征精神”为主题的实践教学，就是通过带领学生开展“重走长征路”的体验和参观纪念长征胜利80周年展览等活动，引领学生以红军战士为榜样，弘扬长征精神，不断提升自己的理想境界、意志品质、团结精神、纪律观念等，在新的长征路上做出自己应有的贡献，为实现中华民族伟大复兴的中国梦而努力奋斗。

二、教学内容

（一）全面了解红军长征的历史进程

成长在改革开放新时代的大学生，对长征的了解多停留在教材上的“碎片化"知识，更缺乏身临其境的体验。全面了解红军长征的历史进程，就成为我们"弘扬长征精神"主题实践活动的前提和基础。

20 世纪 30 年代，中国处在半殖民地半封建社会的黑暗境地，社会危机四伏，日寇野蛮侵略，国民党反动派置民族危亡于不顾，向革命根据地连续发动大规模"围剿"，中国共产党和红军处于危急关头，中国革命处于危急关头，中华民族处于危急关头。面对生死存亡的严峻考验，从 1934 年 10 月至 1936 年 10 月，红军第一、第二、第四方面军和第二十五军进行了伟大的长征。红军长征从江西瑞金和福建长汀出发，经福建、江西、广东、广西、湖南、贵州、云南、四川、西康、甘肃、宁夏、陕西，最终到达陕甘苏区和陕北苏区。长征途中，党中央召开的遵义会议，成为我们党历史上一个生死攸关的转折点。这次会议确立了毛泽东同志在红军和党中央的领导地位，确立了以毛泽东同志为主要代表的马克思主义正确路线在党中央的领导地位，开始形成以毛泽东同志为核心的党的第一代中央领导集体，这是我们党和革命事业转危为安、不断开创新局面最重要的保证。

在漫漫征途中，英雄的红军同敌人进行了 600 余次战斗，跨越近百条江河，攀越 40 余座高山险峰，其中海拔 4000 米以上的雪山就有 20 余座，穿越了被称为"死亡陷阱"的茫茫草地，用顽强意志征服了人类生存极限。主力红军长征后，留在根据地的红军队伍和游击队，在极端困难的条件下，紧紧依靠人民群众，坚持游击战争。西北地区红军创建陕甘革命根据地，同先期到达陕北的红二十五军一起打破了敌人的重兵"围剿"，为党中央把中国革命的大本营安置在西北创造了条件。东北抗日联军、坚持在国民党统治区工作的党组织以及党领导的各方面力量都进行了艰苦卓绝的斗争，都为长征胜利做出了不可磨灭的贡献。红军将士上演了世界军事史上威武雄壮的战争活剧，创造了气吞山河的人间奇迹。

(二)充分认识红军长征的伟大意义

习近平在纪念红军长征胜利 80 周年大会的讲话指出：穿越历史的沧桑巨变，回望 80 年前那段苦难和辉煌，我们更加深刻地认识到，长征在我们党、国家、军队发展史上具有十分伟大的意义，对中华民族历史进程具有十分深远的影响。

长征是一次理想信念的伟大远征。崇高的理想，坚定的信念，永远是中国共产党人的政治灵魂。中国共产党从成立之日起，就把共产主义确立为远大理想，始终团结带领中国人民朝着这个伟大理想前行。党和红军几经挫折而不断奋起，历尽苦难而淬火成钢，归根到底在于心中的远大理想和革命信念始终坚定执着，始终闪耀着火热的光芒。

长征是一次检验真理的伟大远征。长征途中，红军面临着凶恶残暴的追兵阻敌，面临着严酷恶劣的自然环境，还面临着同党内错误思想的激烈斗争。经过长征，党和红军不是弱了，而是更强了，因为我们党找到了中国革命的正确道路，找到了指引这条道路的正确理论。

长征是一次唤醒民众的伟大远征。红军打胜仗，人民是靠山。长征是历史纪录上的第一次，长征是宣言书，长征是宣传队，长征是播种机。面对正义和邪恶两种力量的交锋、光明和黑暗两种前途的抉择，我们党始终植根于人民，联系群众、宣传群众、武装群众、团结群众、依靠群众，以自己的模范行动，赢得人民群众真心拥护和支持，广大人民群众是长征胜利的力量源泉。

长征是一次开创新局的伟大远征。长征的胜利，是方向和道路的胜利。长征的过程，不仅是战胜敌人、赢得胜利、实现战略目标的过程，而且是联系实际、创新理论、探索革命道路的过程。长征出发前，由于党内“左”倾教条主义的错误领导，中央革命根据地第五次反“围剿”失败，其他根据地也遭受挫折，中国革命面临着方向和道路的抉择。面对乱云飞渡、惊涛骇浪，我们党表现出无所畏惧的伟大实践精神，表现出浴火重生的伟大创造精神，在血与火中趟出了一条走向新生、走向胜利的革命道路。

（三）弘扬伟大长征精神

长征这一人类历史上的伟大壮举，留给我们最可宝贵的精神财富，就是中国共产党人和红军将士用生命和热血铸就的伟大长征精神。

习近平在纪念红军长征胜利 80 周年大会讲话中，高度凝练地总结了长征精神五个方面的深刻内涵。他指出：“伟大长征精神，就是把全国人民和中华民族的根本利益看得高于一切，坚定革命的理想和信念，坚信正义事业必然胜利的精神；就是为了救国救民，不怕任何艰难险阻，不惜付出一切牺牲的精神；就是坚持独立自主、实事求是，一切从实际出发的精神；就是顾全大局、严守纪律、紧密团结的精神；就是紧紧依靠人民群众，同人民群众生死相依、患难与共、艰苦奋斗的精神。”①这五个方面是辩证统一的整体。坚定的革命理想信念，既是长征精神的组成，也是长征精神的基础，更是长征精神的灵魂。

伟大长征精神，是中国共产党人及其领导的人民军队革命风范的生动反映，是中华民族自强不息的民族品格的集中展示，是以爱国主义为核心的民族精神的最高体现。伟大长征精神，作为中国共产党人红色基因和精神族谱的重

---

① 习近平：《在纪念红军长征胜利 80 周年大会上的讲话》，新华网，2016 年 10 月 21 日。

要组成部分,已经深深融入中华民族的血脉和灵魂,成为社会主义核心价值观的丰富滋养,成为鼓舞和激励中国人民不断攻坚克难、从胜利走向胜利的强大精神动力。

习近平指出,现在,时代变了,条件变了,我们共产党人为之奋斗的理想和事业没有变。不论党和国家事业发展到哪一步,不论取得了多大成就,都要大力弘扬伟大长征精神,在新的长征路上继续奋勇前进。

(四)走好今天长征路

习近平指出:每一代人有每一代人的长征路,每一代人都要走好自己的长征路。今天,我们这一代人的长征,就是要实现"两个一百年"奋斗目标、实现中华民族伟大复兴的中国梦。

弘扬伟大长征精神,走好今天的长征路,必须坚定共产主义远大理想和中国特色社会主义共同理想,为崇高理想信念而矢志奋斗。在新的长征路上,我们一定要保持理想信念坚定,不论时代如何变化,不论条件如何变化,都风雨如磐不动摇,自觉做共产主义远大理想和中国特色社会主义共同理想的坚定信仰者、忠实实践者,永远为真理而斗争,永远为理想而斗争。

弘扬伟大长征精神,走好今天的长征路,必须坚定中国特色社会主义道路自信、理论自信、制度自信、文化自信,为夺取中国特色社会主义伟大事业新胜利而矢志奋斗。长征胜利启示我们:只有掌握科学理论才能把握正确前进方向;只有立足实际、独立自主开辟前进道路,才能不断走向胜利。长征走过的道路,不仅翻越了千山万水,而且翻越了把马克思主义当作一成不变的教条主义的错误思想障碍。长征给我们的根本经验和启示,就是要坚持马克思主义基本原理同中国具体实际相结合,坚定不移走符合中国国情的革命、建设、改革道路。

弘扬伟大长征精神,走好今天的长征路,必须把人民放在心中最高位置,坚持一切为了人民、一切依靠人民,为人民过上更加美好生活而矢志奋斗。长征胜利启示我们:人民群众有着无尽的智慧和力量,只有始终相信人民,紧紧依靠人民,充分调动广大人民的积极性、主动性、创造性,才能凝聚起众志成城的磅礴之力。

弘扬伟大长征精神,走好今天的长征路,必须把握方向、统揽大局、统筹全局,为实现我们的总任务、总布局、总目标而矢志奋斗。长征胜利启示我们:一个党要立于不败之地,必须立于时代潮头,紧扣新的历史特点,科学谋划全局,牢牢把握战略主动,坚定不移实现我们的战略目标。统筹推进"五位一体"总体布局、协调推进"四个全面"战略布局,一心一意为实现"两个一百年"奋斗目标而努力工作，不断把完成总任务的历史进程推向前进。

弘扬伟大长征精神，走好今天的长征路，必须建设同我国国际地位相称、同国家安全和发展利益相适应的强大国防和强大军队，为维护国家安全和世界和平而矢志奋斗。长征胜利启示我们：人民军队是革命的依托、民族的希望，党对军队绝对领导是人民军队赢得胜利的根本保证。长征锻炼了人民军队，长征磨练了人民军队，长征成就了人民军队，长征开启了人民军队发展的新起点。长征是人民军队的光荣，光荣的人民军队必须永远继承红军长征的伟大精神和优良作风。在新的长征路上，我们要坚持以党在新形势下的强军目标为引领，深入贯彻新形势下军事战略方针，努力建设世界一流军队。

弘扬伟大长征精神，走好今天的长征路，必须加强党的领导，坚持全面从严治党，为推进党的建设新的伟大工程而矢志奋斗。在新的长征路上，自觉坚持和维护党的领导，自觉站在党和人民立场上，对党忠诚、为党分忧、为党担责、为党尽责，竭尽全力完成党交给的职责和任务，用勤劳和汗水铸就自己的青春年华。

三、教学实施

（一）“国是讲坛”讲授“长征闻所又见的故事”

“国是讲坛”是我校思想政治理论课改革的一个重要平台，其宗旨是“评点指陈谈国论是传道授业解惑，格物致知诚正修身齐家精忠报国”。在庆祝长征胜利 80 周年之际，“国是讲坛”专门设置了“长征闻所又见的故事”专题讲座。在“国是讲坛”开讲前，先组织学生读毛泽东的诗词《七律・长征》等与长征有关的著作，访问老红军或家属，收集与红军长征有关的故事和资料。在此基础上，讲授“长征闻所又见的故事”。

讲座在气势恢宏的《七律・长征》组歌的旋律中拉开帷幕。主讲教师用 PPT 展示了红军长征的历史画面，对红军长征的光辉历史进行了回顾，论证了红军长征胜利的伟大历史意义，并通过大量数字和历史史料阐述了长征的伟大精神。接着，辅讲教师结合多个具体生动的事例，理论联系实际，阐述了长征精神的时代价值，回答了长征精神对当代大学生成长、成才的重要意义；教导当代大学生要继承和发扬长征精神，把长征精神与时代发展相结合，努力把长征精神内化到自己的日常生活和学习中。

长征精神、长征文化是中国共产党人和中华民族宝贵的精神财富，是民族精神的集中体现。通过此次讲座，带领学生重温了长征那段曲折而光辉的历史，对不怕牺牲、百折不挠、艰苦奋斗的伟大长征精神有了更高更深层的认识。历史的车轮滚滚向前，长征留下的宝贵精神财富取之不尽，用之不竭，将永远激励着一代又一代人为实现共产主义理想而奋斗。

(二)组织学生参观"纪念中国工农红军长征胜利80周年"展览

为纪念红军长征胜利80周年，2016年10月22日，任课教师组织学生在山东省党史馆参观了"纪念中国工农红军长征胜利80周年"图片展览，使学生身临其境地感受"长征闻所又见的故事"，感悟"长征精神"的深刻内涵。

展览内容编排以时间为顺序，以重要战役战斗、重大历史事件和重要人物为主体，分为"战略转移踏征程""伟大转折定航向""浴血奋战勇向前""革命理想高于天""胜利会师开新局""不忘初心，走好新的长征路"六部分，涵盖红一、红二、红四方面军及红二十五军的长征历程。讲解员动情地讲述了"七根火柴""金色鱼钩"等30个经典长征故事，包括：红军战士至死不忘对党忠诚的"最后一次党费"；红军将领贺炳炎在战斗中右臂中弹、在缺少麻醉药的情况下用木锯断臂的英勇事迹；在长征中最惨烈的湘江战役中，红34师师长陈树湘战斗失败被捕后"断肠名志""为苏维埃流尽最后一滴血"的感人故事；瑞金年轻村妇、"共和国第一军嫂"陈发姑"毅然支持丈夫参加红军""深夜泪别丈夫相约重逢""七十五年痴心不改望夫归，每年为夫编一双草鞋缝一双布鞋"这一悲壮的红色爱情经典故事；等等。

一幅幅图片、一件件文物，展现了丰富的历史细节，使大家仿佛回到了那段艰苦卓绝的光辉岁月。展览还精心设计了"遵义会议""飞夺泸定桥""过雪山草地"等5处大型主题景观，真实再现历史场景。"过雪山草地"主题景观，不仅实景设置了雪山、水草地，还运用声、光等手段营造了寒风呼啸、雪花漫天的天气效果，让人如临其境，许多学生流下了感动的泪水。

红色的种子在人们心中扎下根，他们也就成了种子，接力传承着伟大的长征精神……这场展览在学生的心中将永不落幕。

(三)带领学生"重走长征路"

2016年12月16～20日，任课教师带领部分学生前往福建古田开展了"重走长征路"的主题活动，相继参观了古田会议旧址、古田会议纪念馆、中共红四军前委机关、红四军政治部旧址等地，瞻仰了毛泽东主席雕像并敬献花篮。古田会议纪念馆，详细地记录了古田会议的始末。古田会议为中国共产党确定正确的思想路线和政治路线奠定了坚实的基础。中共红四军前委机关、红四军政治部旧址悬挂着毛泽东、朱德等红四军创始人的照片，老一辈革命家就是在此为古田会议的顺利召开做好了思想上、组织上准备。我们还参观了毛泽东撰写《星星之火，可以燎原》旧址。《星星之火，可以燎原》标志着毛泽东关于建立农村革命根据地，以农村包围城市、最后夺取全国胜利的理论已基本形成，对中国革命的最终胜利奠定了理论基础。

在星火燎原红色体验馆，师生穿上“红军”服装，重走了一遍红军爬雪山过草地的“长征路”，“身临其境”地体验了二万五千里长征的艰难险阻，同时也体会了红军战士“一不怕苦，二不怕死”的革命精神。当年渡江数次，次次危险重重，突破敌军沿大江大河设置的一道又一道封锁线，血染江河。爬雪山时，红军不仅要战胜雪山阻挡和恶劣气候的侵袭，更加严重的是缺粮断炊的艰难。过草地时，遍地是水草沼泽泥潭，陷入沼泽更是苦不堪言，甚至面临全军覆没地危险。通过实景体验，深刻地体验了长征途中的艰难困苦。当年红军将士在长征途中则表现出了对革命理想和事业无比忠诚的坚定信念，不怕牺牲、前赴后继的英雄气概和无产阶级大无畏的乐观主义精神。这些信念和精神将永远激励着后来人。

习近平总书记提出思想建党、制度治党，而古田是中国共产党立规矩定制度的地方。古田会议精神是伟大的民族精神的重要组成部分，是推动党领导的伟大事业不断取得胜利的强大动力。

几天的古田实地考察，将理论与实践相结合，坚持知行合一、学用结合，带着问题学、联系问题思。通过亲身体验，让古田会议精神刻入骨髓。深刻了解过去，全面把握现在，正确创造未来。大学生继承并发扬长征精神中的吃苦耐劳、团结合作、奋勇拼搏的精神，才能不忘历史责任，牢记实现中国梦的宏伟目标，并积极为之奋斗。

(四)讨论：不忘初心，走好今天长征路

以“弘扬长征精神”为主题的实践教学，通过实地考察、参观展览、聆听主题讲座，学生们所见所闻需要沉下心进行总结思考，由感性认识上升到理性认识，内化于心外化于行。对此，我们又组织学生进行了以“不忘初心，走好今天长征路”为主题的讨论总结。

讨论根据班级人数不同分为 6～8 个学习小组，在小组讨论基础上，每组推选 2 位代表在全班发言。讨论主要围绕每个人在这次实践活动中的收获和感悟，特别是同学们对如何走好今天的长征路踊跃发言，收到了丰硕成果：

学生 A 说：纪念长征不仅仅是为了纪念，重温长征精神也绝不是目的，学好、继承好、发扬好长征精神，是吾辈不可推卸的责任。往事越千年，秋风今又是，只是换了人间。在新长征的征途中，我们需要长征精神这样一把明火，来照

亮我们每个人和我们伟大祖国前进的道路。雄鸡一唱天下白，东方破晓，便在今朝。

学生B说：忆往者，古田会议确立的建党建军的原则成为中国共产党人推进党和军队建设和发展，夺取土地革命战争、抗日战争和解放战争胜利的宝贵财富。看今朝，中国共产党继承和发扬古田会议精神，加强军队的革命化、现代化、正规化建设，开创和发展中国特色社会主义，在中华民族伟大复兴的征程上奋勇前行。古田会议永放光芒。

学生C说：长征永远在路上。作为肩负着祖国和民族希望、承载着家人寄托的当代大学生，弘扬伟大长征精神，走好今天的长征路，理想信念对我们而言尤为重要。一方面，理想信念引导我们坚持"四有"新人的目标，积极争做有理想、有道德、有文化、有纪律的优秀人才；另一方面，理想信念指引我们走更加宽广的人生道路，帮助我们克服困难，开拓更有意义、更有价值、更富有成就的人生之路。

学生D说：长征精神，对我们今天的国家发展、社会进步和个人的成长都具有重要的激励和指导作用。弘扬伟大的长征精神，就要不忘初心，牢记使命；而不忘初心则需要强化理论武装、坚定理想信念、凝聚中国力量、坚持独立自主、坚持全面从严治党。我们只有坚持做好多方面的准备，铭记这份光荣而伟大的使命，继承和发扬这份宝贵的财富，携带着最初那颗真挚的心，才能更好地走好今天的长征路。

……

学生的发言具体而深刻，态度认真而严肃，红军长征虽然已经过去了80多年，但伟大的长征精神则一直是激励人们走好新时代长征路的宝贵财富。

四、教学评价

(一)来自学生的评价

本次实践教学活动真正感受到了学生为主体的参与式教学的优势，特别是通过对纪念红军长征胜利80周年大型展览的参观和"重走长征路"的体验，其收获是课堂教学和书本知识无法比拟的。

本次实践教学活动真真切切地使我们理解了伟大的长征精神，体验了"长征"路上的艰难险阻，坚定了我们的理想信念以及克服困难的意志和毅力，并经受了"长征"路上"艰难困苦"的考验。我们在"重走长征路"的返程过程中遇到严重雾霾，两次登机都未按时起飞，在机场滞留三天两夜。当时，机场人满为患，人群情绪很不稳定。焦急万分时同学们想到的是：苦不苦，想想红军二万五；累不累，想想革命老前辈。红军漫漫长征路上，为了保留住新兴的革命火种，爬雪山，过草地，啃树皮，吃野菜，在泥泞和沼泽中，坚信不久的明天就会到达目的地。中国共产党的命运肩负在他们身上，中国人民的希望寄托在他们身上，他们为了革命的胜利，为了人民的利益，不惜抛头颅，洒热血，相比之下我们现在“回家”路上遇到了这点挫折显得多么的渺小！经久不衰的革命热情和不可泯灭的革命希望，让红军有了精神的铜墙铁壁。在常人难以忍受的情况下，红军却还能抓虱子比大小，这种情况下，他们都能如此乐观的面对，我们不能按时登机算得了什么！在长征精神激励下，我们滞留在机场之际，有的同学自觉做起了机场临时服务员，帮助维持秩序；有的练习写毛笔字，稳定人心；有的模拟当厨师，做小菜调节大家的情绪，在“枯燥无味的等待中”体验着另类的机场“旅行”。

“重走长征路”让我们刻骨铭心，已成为我们一生的宝贵财富。“长征精神”从血与汗中走来，它将精神的智慧传递给我们，激励着我们走好自己的长征路。我们纪念长征胜利，更重要的是去激励现在的我们，自觉经风雨见世面，锻炼处事能力和应变能力，发扬长征精神，方能到达“长征”的终点。

(二)来自同行的评价

本次实践教学选择“弘扬长征精神”为主题，借纪念红军长征胜利 80 周年之际开展实践教学，无论是时间节点还是内容安排，以及采取的方式和方法，都非常恰当，取得的成效也很明显，是一项成功的实践教学范例。

本次实践教学从内容安排来看，既有专家讲座，系统地讲述了红军二万五千里长征的原因、进程及其历史意义，现场回答了学生的提问；又有参观考察，使学生“身临其境”地体验长征的艰难，从灵魂深处感悟长征精神的伟大。从实践教学的形式来看，既有校内实践又有校外实践，既有专题讲座又有课堂讨论，还有学生撰写的实践报告。这样的内容和形式，既观照了学生关于红军长征的历史知识的系统性和完整性的掌握，又引领学生对长征精神的传承和践行。本次实践教学巧妙地实现了知识、能力和情感有机结合的教学目标，对学生的成长成才必将产生积极影响。

(三)任课教师的自我评价

本次实践教学选择以“弘扬长征精神”为主题，不仅是为了纪念红军长征胜利 80 周年，更主要是想通过系列实践活动的开展，包括研读毛泽东诗词、学习习近平在纪念红军长征胜利 80 周年大会上的讲话、参观纪念红军长征胜利 80

周年展览、"重走长征路"等活动，让90后大学生深入了解80年前红军长征的历史进程和意义，深刻领会伟大的长征精神的深刻内涵，从而更加珍惜今天幸福生活的来之不易，坚定理想信念和坚韧的毅力，为走好今天的长征路奋发努力。为此，我们还专门组织了课堂讨论、实践总结，并形成实践报告，切实锻炼了学生的"读、看、听、说、行、写"能力，达到了实践教学的预期目标。

当然，类似这样走出校门的实践教学需要一定的经费保障。本次实践教学活动由于经费所限，参加"重走长征路"的学生也仅仅是从每个班级选择了少数学生代表，多数学生没有机会参加实地考察，缺乏身临其境的感受。以后在这方面还需要做进一步努力，争取更多经费，让更多的学生有机会参加校外实践教学体验。

五、来自学生的报告

（一）走进纪念馆，感受"长征精神"

2016年12月17日下午，临近岁末，寒风瑟瑟，而在福州古田却是温暖如春，景色优美，蓝蓝的天空白云朵朵，弯弯的小溪清澈透底。在老师带领下，我们"红动信仰"实践团的成员们，风尘仆仆，从济南来到古田——这座红色革命基地，来不及享受这温暖的阳光和清新的空气，就被"星火燎原"体验馆这金光闪闪的大字所吸引。它在向我们招手，仿佛在跟我们诉说历史奇迹。于是老师决定带领我们走进纪念馆里，聆听先辈们的心声。

我们很兴奋地进入"星火燎原"体验馆，映入眼帘的是：英俊潇洒的毛主席正在红军第九次代表大会上发表讲话，他胸有成竹地给红军们传达"九月来信"精神，红军们表情严肃，很认真地听讲。从他们的眼神中，我感受到一股强劲的暖流飘过，他们为了人民而活，为了党的事业而奋斗。我们被毛主席铿锵有力的话语所吸引，被红军战士们无坚不摧，勇于献身的精神所感动。于是我们决定与他们一起学习"九月来信"精神，认真听党的指挥，并且与他们一起合影。虽然坐在我们旁边的是红军蜡像，但是我没有感到丝毫的害怕，因为他们一直珍藏在我们心里，虽然岁月在他们身上留下了沧桑的印迹，但革命精神却历久弥新，焕发光芒。

在"星火燎原"体验馆，我们除了可以与100多尊栩栩如生的蜡像人物零距离的接触和亲密合影，增强互动与体验感之外，我们还可以参与模拟射击、推磨、小村农民话别等体验活动。更值得一提的是蜡像馆还特地为参观者准备了参与场景互动的服装，我们可以穿上特制的"红军"服装参加"古田会议"、与英勇的红军战士“共夺”泸定桥、体验红军指挥部里普通发报员的工作，在苏区和当地老百姓畅谈革命伟业。这是一次多么有价值的活动啊！在生动有趣的气氛中，我们以亲身体验重走了一遍红军长征走过的地方，去领略长征的气魄，去感受长征的精神，去捕捉长征的灵魂。真正体会浓厚的历史氛围。独特的蜡像人物，感人而又充满热血的画面，感染力强烈而深远，不仅增强了我们艰苦奋斗的精神和爱国主义情感，也拉进了时空距离，穿越光阴时序，仿佛逝去的岁月又变得鲜活起来。

伴随着讲解员的讲解，一路走来，心情澎湃难抑，感觉红军长征那波澜壮阔的历史画面重新浮现在了眼前。参观体验馆中，看着红军穿过的草鞋，看着红军用过的医疗箱，看着红军使用过的武器，听着讲解员讲述着这些贵重的红军遗物背后的故事，自己深切地感受到红军走完长征路是多么的不易。我们还体验了红军战士们一路上发生了九件惊天动地的事情——“井冈山会师”“古田会议”“红军在苏区”“飞夺泸定桥”“爬雪山”“过草地”“红军在延安”“新中国精神”“走向世界”。体验馆以蜡像的形式讲述红色革命的故事，传承古田会议精神与长征精神。当我们激动而又沉重地参观了“飞夺泸定桥”的画面时，两个同学模拟了红军战士们“飞夺泸定桥”惊人的场景，他们咬牙切齿、带有血丝的眼神像箭一般冲向敌人，手里紧握枪支，大跨步向前跑着，嘴里喊着：“冲啊！杀啊！”革命精神在他们身上展现得活灵活现，这不仅体现了当代大学生敢于拼搏，不怕牺牲、不畏艰险、勇于斗争的长征精神，还体现了当代大学生团结统一、自强不息的爱国主义精神。风萧萧，马嘶嘶，在穿越雪山的长途跋涉中，有一位中年战士遍体鳞伤冻死在冰雕下面，临死时他冻僵的手还不忘指挥前进的战士。天苍苍，野茫茫，当红军战士们爬过草地的时候，当我们还定格在刚在的场景时，而一位年轻战士却永远的凝固了。此情此景，使我们潸然泪下。贾同学紧紧拉着他的手，仿佛在做最后的告别，两人执手相看泪眼，竟无语凝噎，似乎有说不完的话语，久久不能平息。就像刚要离开的一对热恋情侣，依依不舍。虽然战士们已经为党的事业和国家的解放而牺牲，但他们的身影则停留在那永恒的瞬间！在我们心里，战士们却永远的活着。他们不怕牺牲、无坚不摧的精神，穿越时代的云烟，历久弥新；我们对他们的怀念，历经时代的风雨，更臻醇厚。我们眷恋他们那种坚忍不拔、理想与信仰高于一切的献身精神。

长征的路途是无比的艰辛又无比的辉煌。长征造就了一种精神，也造就了一个世界。它推动濒临绝境的旧中国走出黑暗，柳暗花明，天翻地覆。这正是“雄关漫道真如铁，而今迈步从头越”。它向世界表明，红军是英雄好汉，是不可战胜的。自己仿佛回到了 80 年前，亲身感受到了那种同舟共济的精神以及对贫苦大众的深切关怀，更是切身感受到我们党创业的艰难。我们今天丰衣足食、国泰民安的生活是多么的来之不易。

伴随着改革开放的步伐,中国在国际舞台上的地位越来越高,在政治领域声音越来越响。为了实现"国家富强,民族振兴,人民幸福"的中国梦,为了与世界保持密切联系,在体验馆老师指导我们进行大国关系谈判模拟演练,"畅谈"大国关系未来发展趋势。老师强调:我国始终高举和平、发展、合作的旗帜,推动国际秩序朝着更加公平合理的方向发展;我国始终坚持和平共处五项基本原则不动摇。在激烈而又和谐的氛围中,我们目睹了中俄、中美就未来大国关系友好往来达成共识。如今,我国能在国际政治舞台上发挥重要作用,这与我们的长征精神是分不开的,我们得益于她,并感恩于她。正是这次举世闻名的长征,我国才足以矗立在世界的东方。"长征是播种机"①,她一路撒下的火种,不仅在当地而且在全国都燃烧起熊熊革命烈火,她表现的是一种对信仰与理想的执著,对真理和目标的追求,对国家民族生死存亡的关切,对贫苦大众的深切关怀以及对自身高尚品质与顽强生命力的彰显。

参观的时间很快就要过去了。在体验馆管理员的催促声中,我们只好恋恋不舍地离开,一次成功的体验在愉快的学习中圆满结束了。走出体验馆,我才意识到我们只是匆匆走过长征路,就像穿越了时空一样,长征中的每一个惊心动魄的画面都深深地刻在我的脑海里。在中国共产党的带领下,中国一步步走出的是一条成功之路,是一条走向现代强国之路,是一条值得所有中国人尤其是青年人骄傲和坚持的康庄大道。作为一名当代大学生,我们要珍惜今天的幸福生活,好好学习。在学习的道路上,我们应奋发向上,发扬永恒的长征精神,传播爱国能量。我们只要有艰苦奋斗的精神和不畏艰辛、积极向上的生活态度,就一定能够刻苦学习,开阔视野,锻炼本领,为国家繁荣富强奉献出自己的力量。我们要让长征精神永远传承下去,让长征精神化作一种不朽,光照千秋,让古田精神永放光芒!

"星火燎原"体验馆,不仅指引着我们前进的方向,还为我们的青春留下了清新厚重的一笔,我们将永远珍藏。

(2014 级思想政治教育本科班吴飘飘撰写)

(二)不忘初心,方能本色前行——参观古田会议旧址有感

2016 年 12 月 18 日,我们"红动信仰实践团"成员在两位老师的带领下参观了古田会议旧址和毛泽东撰写《星星之火,可以燎原》旧址。一路行程,百感

① 《毛泽东选集》第 1 卷,人民出版社 1991 年版,第 150 页。

交集。

古田会议旧址前方是一片充满生机的油菜田，后方是一座郁郁葱葱的小山，旧址上方“古田会议永放光芒”八个大字在一片参天大树的映照下格外耀眼，当年作为会议地点的廖氏宗祠在清晨的阳光下显得更加肃穆。面对此情此景，我们仿佛回到了那个硝烟弥漫的革命战争年代。

我们跟随讲解员进入旧址，厚重的历史气息顿时让人肃然起敬，古田会议的场地陈设非常简单，两张八仙桌拼在一起就是讲台，几排长凳子摆放整齐就是官兵坐席，厅前的栋梁柱张贴着革命标语，地面清灰的石板上还有几处发黑的地方，那是当年红军残留的炭火炙烤的痕迹。87 年前的 12 月 28～29 日，就是在这样一个狭小的空间里，毛泽东、朱德、陈毅等人组织召开了中国共产党红军第四军第九次党代会，即古田会议。会议通过了毛泽东起草的《中国共产党红军第四军第九次代表大会决议案》，肃清了红军内部的军阀主义、流寇思想等非无产阶级思想，创造性地回答和解决了如何用先进的思想理论武装无产阶级政党的一系列问题和党指挥枪等一系列军队建设问题，开辟了思想建党、治军的成功之路。参观完古田会议旧址，我们对整个古田会议的历史有了一个更深层次的理解：会场虽小，但气势宏大；陈设简陋，但精神富有。古田会议是中国共产党不断加强自我建设的一个缩影，古田会议旧址是中国共产党在艰难的物质环境下一步步走向成熟的真实写照。

在古田会议旧址西面，有一座砖木结构的两层楼房，它被掩映在错落有致的村落房舍中，既不突兀也不落伍。我们“红动信仰”实践团在老师的带领下，嗅着一路的桂花芳香，来到了这座带着红色革命记忆的古楼面前。我们在古楼外面驻留，古楼上写有“星星之火，可以燎原”八个大字，气势豪迈，充满力量。我们进入了赖氏宗祠，参观毛泽东当年写作《星星之火，可以燎原》的地方。一间几平方米的小屋，里面陈设简陋，只有一桌，一张小床，一盏煤油灯。看到此景我们不禁想象在 1930 年 1 月 5 日的那天，毛泽东在一盏透着微弱灯管的煤油灯下，冒着南方冬季的寒湿气，目光早已不在这一狭小空间内，而是看到了中国革命的现状与未来，看到了中国共产党的力量——必将成燎原之势，燃烧着中国革命的激情，不久将以熊熊大火之光，照亮整个华夏大地。然而，要坚定这样的信念又谈何容易。在参观林彪的休息室后，通过讲解员的解说，我们从中知道，在 1930 年的元旦，林彪给毛泽东一张新年贺卡，里面文字虽短，却流露出一种悲观情绪。因为在那时，国民党正加紧对红军进行闽粤赣三省“围剿”，革命形势十分危急，全军都在不同程度上对革命的前景产生动摇。毛泽东以巨大的政治魄力写下《星星之火，可以燎原》，深刻揭示了当时中国的社会矛盾，明确了革命的正确方向，坚定了共产党人的信念和斗志，使全军豁然开朗，一扫悲观之阴霾，体现了信仰的力量。

参观结束后，我们师生在旧址前合影留念。我们的身影定格在照片中，我们的思绪则飞扬在古楼的每个角落。2016 年是纪念红军长征胜利 80 周年，长征起点虽不是古田，但古田会议确立的正确建党原则，从思想政治路线上确保了红军长征的胜利，古田会议精神指引推动了中央苏区的创建发展，从根本上确保了中央红军实施战略大转移；而毛泽东撰写的《星星之火，可以燎原》一文更是为全军指明了革命方向。历史往往在经过时间沉淀后可以看得更加清晰，大浪淘尽，洗尽铅华无数。古田会议精神的核心是思想建党，当今我们党强调从严治党，更重视思想建党，我们每个人也需要一种精神力量来支撑着我们面对人生各种困境。古田会议精神就是这样一种精神，它历久弥新，继续发挥着不可替代的作用。

在古田会议旧址，我们看到了习近平总书记于 2014 年 10 月 31 日在古田召开全军政治工作会议的大幅照片。在"新古田会议"上，习近平深刻地提出："不忘初心，方能本色前行。"①87 年前的古田会议，是党和军队历史的里程碑，影响深远。87 年后，习近平总书记在"新古田会议"上进一步阐明了政治工作对党的建设和军队建设的重要性。他指出："革命的政治工作是革命军队的生命线，实行革命的政治工作，保证了我军始终是党的绝对领导下的革命军队，为我军战胜了强大敌人和艰难险阻提供了不竭力量，使我军始终保持了人民军队的本色和作风。"②靡不有初，鲜克有终，但要做到不忘初心，方得保持本色继续前行，这是古田会议给予我们的宝贵的精神财富。我们今天瞻仰古田会议旧址，是为了更好地传承那种伟大的信仰和永不磨灭的精神。不忘初心，方得始终。古田会议精神历史的价值不仅仅告诉我们过去走过的历程，还指导着我们如何走向未来。古田会议旧址不仅仅是一个物质存在，还是一种精神符号，一种象征，在它的光芒照耀下，我们后人将继续前行。

《星星之火，可以燎原》是毛泽东最重要的著作之一。毛泽东在文章里明确地指出了中国革命的正确道路——建立农村革命根据地，农村包围城市，武装夺取政权。读毛泽东的《星星之火，可以燎原》，我们赞叹毛泽东的智慧与气魄，在字里行间都能感受到那种永不言败的革命信仰与斗志，以及革命的浪漫主义情怀。毛泽东在《星星之火，可以燎原》中写道："若仅依据某些现象来看，自然

① 转引自张湘忆：《习近平亲自提议召开"新古田会议"：不忘初心，方能本色前行》，人民网，2014 年 11 月 3 日。

② 转引自张湘忆：《习近平亲自提议召开"新古田会议"：不忘初心，方能本色前行》，人民网，2014 年 11 月 3 日。

要使同志们(作这样看法的同志们)发生悲观的念头。但若从实质上看,便大大不然。这里用得着中国的一句老话:'星星之火,可以燎原。'这就是说,现在虽只有一点小小的力量,但它的发展会是很快的。"[①]毛泽东善于从大局出发,不惧眼前任何艰险,正确分析了当时中国基本的社会矛盾,使全党豁然开朗,重拾斗志,对革命高潮的到来充满信心。如同毛泽东所说:"我所说的中国革命高潮快要到来,绝不是如有些人所谓'有到来之可能'那样完全没有行动意义的、可望而不可即的一种空的东西。它是站在海岸遥望海中已经看得见桅杆尖头了的一只海船,它是立于高山之巅远看东方已见光芒四射喷薄欲出的一轮朝日,它是躁动于母腹中的快要成熟了的一个婴儿。"[②]当在简陋狭小的协成店想起这些充满革命乐观主义情怀和充满革命斗志的话语时,感觉眼角湿润:成功无所谓境遇,心怀大志向,即使身处囹圄之中,依旧洞若观火,使星星之火,必成燎原之势。参观完写作《星星之火,可以燎原》旧址协成店,我们每个人都有了一种新的感受:伟大的背后,有我们今人想象不到的艰难。我们可以大声读出"数风流人物,还看今朝"的豪迈,唱出"红军不怕远征难,万水千山只等闲"的气魄,更要牢记"为有牺牲多壮志,敢教日月换新天"的艰辛不易。人间正道是沧桑,这个永恒的历史命题,在中国共产党的历史上展现得淋漓尽致。

青山夕阳下,古田会议旧址与协成店这两座标志性的建筑一东一西交相辉映。它们见证了中国共产党的光荣历史,见证了一代中国共产党人的坚定信仰和昂扬斗志。参观完这两处旧址,我们"红动信仰"实践团更深层次地理解了中国共产党的伟大以及当今一切成就的来之不易,那种伟大,绝不仅仅是体现在那些丰硕的革命成果,更体现在隐藏在这些辉煌后面的艰辛与不易,是那些无数革命先烈的鲜血和生命。这种伟大不虚幻,不造作,充满力量,给予我们今人以满满斗志来为实现伟大中国梦而奋斗!

从某种意义上说,长征,是从闽西这片土地上开始的,长征精神早已和它紧紧相连在一起。回想那段峥嵘的革命岁月,我们对今天的生活倍加珍惜,对民族的未来更充满信心,对我们个人乃至我们这一代人的历史使命更有了清醒的认识。我们一定不忘初心,牢记使命,砥砺前行。当我们想起习近平总书记所说的"每一代人有每一代人的长征路,每一代人要走好自己的长征路"[③]的谆谆教诲,无不感慨万千。

如今中华民族已踏上全面建设小康社会新的长征路,每个人都要认真走好

---

① 《毛泽东选集》第 1 卷,人民出版社 1991 年版,第 99 页。

② 《毛泽东选集》第 1 卷,人民出版社 1991 年版,第 106 页。

③ 习近平:《在纪念红军长征胜利 80 周年大会上的讲话》,新华网,2016 年 10 月 21 日。

今天的长征路。作为新时代的大学生,我们是社会上最有活力最富有朝气的群体,且身负个人、家庭、国家的责任担当和重托。长征精神作为指引我们国家走好新长征实现伟大中国梦的巨大动力,弘扬好长征精神更是我们大学生义不容辞的责任和义务,用自身行动向社会证明长征精神的时代意义和精神价值所在。

(2014级思想政治教育本科班张慧莹撰写)

(三)政治工作是我们红军的生命线——参观松荫堂与中兴堂札记

2016年12月18日下午,我们"红动信仰实践团"的同学们在老师的带领下,对中共红四军前委机关暨红四军政治部旧址(松荫堂)和红四军司令部旧址(中兴堂)进行了参观学习,进一步加深了对老一辈无产阶级革命家所讲的"政治工作是我们红军的生命线"①的认识。

中共红四军前委机关暨红四军政治部旧址松荫堂,又名耕心堂、永东楼,坐落在古田镇的中央八甲村,坐西向东,始建于清嘉庆十二年即公元1807年,历时八年建成。建筑属围垅式建筑,悬山式屋顶,砖木结构,三合土地面。建筑面阔7间,进深5间,建筑面积850平方米。建筑占地面积1235平方米,由一正楼两横平房和前后两厅组成,正楼分正门、前厅、天井、大厅、厢房和后厅,两横是两侧护厝。大厅为叠高平房、后厅为二层楼房。整座建筑融合了南方建筑和客家建筑的特色,飞檐翘角,雕梁画栋。20世纪20年代,外国传教士曾租用为礼拜堂。1929年12月中旬,毛泽东、陈毅等人分别住在这里,积极为即将召开的红四军党的第九次代表大会做准备;毛泽东还在此起草了《中国共产党红军第四军第九次代表大会决议案》(即《古田会议决议》),陈毅起草了《废止枪毙逃兵的决议》。毛泽东等人的决议为古田会议的胜利召开奠定了基础。

中兴堂位于古田八甲村,建于清嘉庆十年即公元1805年,坐东朝西,客家围垅式建筑,面阔9间,进深6间,占地总面积1698平方米,整座建筑共有大厅3个,小厅6个,天井9个,房间43间。1929年12月中旬,毛泽东、朱德、陈毅等率领红四军进驻古田,司令部与朱德军长等人的住房均设于此。古田会议期间,毛泽东、朱德、陈毅等人多次在中兴堂召开了红四军各级党代表联席会议、士兵代表会议、地方干部代表会议和妇女代表会议,研究和探讨了红四军与革命根据地的发展战略,讨论了古田会议召开时间、议程和毛泽东起草的《中国共产党红军第四军第九次代表大会决议案(草案)》,为古田会议的顺利召开做好

---

① 1934年2月,由朱德、周恩来、王稼祥在中国工农红军第一次全国政治工作会议上首次提出来的。

了思想上、组织上的准备。

进入松荫堂的大门，在四周的墙壁上挂着参加古田会议的人员代表的照片和介绍，通过讲解员的讲解，我们了解到里面有新中国成立后被授予元帅军衔及一级八一勋章、一级独立自由勋章、一级解放勋章的朱德、林彪、陈毅、罗荣桓等4人，被授予大将军衔的粟裕、谭政、罗瑞卿等3人，被授予上将军衔的萧克、赖传珠、陈士榘、杨至诚、赵尔陆、朱良才、张宗逊、邓华、郭天民等9人，被授予中将军衔的郭化若、毕占云、赖毅、韩伟、曹里怀、聂鹤亭、欧阳毅、张令彬、杨梅生、王紫峰等10人，以及被授予少将军衔的叶青山。这些先辈为新中国的建立奋斗了大半生，献出了自己宝贵的青春和热血。然而，在这里面，更多的，同时也让我们更为之震撼、为之感叹的是那些为了新中国献出自己年轻生命的先烈们。其中有被叛徒出卖被捕牺牲的中共红四军前委委员、红四军政治部主任李任予同志，有在战斗中牺牲的中共红四军前委委员、秘书长黄益善，中共红四军前委委员、第三纵队司令员伍中豪，有遭到国民党特务暗杀的红四军参谋长朱云卿，等等。这些先烈为新中国奉献了自己的生命，有好多先烈牺牲之时的年纪与我们相差无几，我们的内心波涛涌动，先烈当时愿为中华民族付出一切，我们如今岂能不为祖国贡献力量！

后厅二楼是毛泽东、陈毅等人的卧室。二楼正中有堂屋，墙壁上有一幅蕴含哲理、耐人寻味的对联——“新宅依故宅以安敦堵环阡陌，小楼倚大楼为捍卫光印星辰”。毛泽东、陈毅等人的卧室陈设简单：一张床、一张书桌、一把椅子，从中我们深切感受到了共产党人身上艰苦朴素的品格。讲解员在此过程中讲道：为筹备召开古田会议，毛泽东忙得不亦乐乎。白天，参加各种座谈会、调查会；晚上，整理笔记材料，起草决议草案。冬天的古田山区寒气袭人、酷冷难当，每当夜幕降临，贺子珍就在她和毛泽东居住的卧室里，用废弃的直径近一米的饭锅生起一盆炭火。这一锅红彤彤的炭火和着一盏如豆的煤油灯，伴着毛泽东度过了许多不眠之夜。有一天，夜已经很深了，毛泽东还在临窗的微弱灯光下一边凝神静思，一边伏案疾书。忽然，油灯的火苗“噗、噗”地跳动，毛泽东知道是油点完了，因夜深无处寻煤油，而自己的思路又正在佳境，便请中央派来协助前委工作的宋裕和找了一大把松枝和竹篾，扎成火把替代油灯。过了不知多久，感到有些疲倦的宋裕和正想打个盹，突然闻到一股焦糊味，急忙查看，原来是火星溅到了毛泽东的棉衣上，烧了一个小窟窿，冒起一缕缕的黑烟，可是毛泽东仍在伏案疾书，毫无觉察。宋裕和急忙起身，忙不迭地拍打起来，倒把毛泽东吓了一跳。火星熄灭了，毛泽东回过头来向宋裕和会心地笑了一笑，接着又埋头赶写《中国共产党红军第四军第九次代表大会决议案》……讲解员讲的这个小插曲，使毛泽东那伏案疾书的身影，在我们脑海中如同星火燎原般慢慢浮现，触动着我们的心灵。

古田之行,感触颇深,收获巨大。中国革命为何会取得胜利?中国共产党人为何会为了中国革命奉献一切?这些疑惑,在对古田会议旧址考察之后也大都解开。答案就在松荫堂和中兴堂之间的广场上的标语"政治工作是我们红军的生命线"。"生命线"的比喻,形象而又生动地阐述了政治工作在中国革命顺利开展并取得胜利的过程中具有不可磨灭的作用。倘若没有中国共产党领导的政治工作,人民红军也就无法更好地提高部队的战斗力,无法更好地贯彻政策的实施,打不了胜仗甚至生存不下去,从而中国革命也就无法取得胜利。也正是中国共产党领导的政治工作为人民红军激发了活力,凝聚了力量,注入了强大的生命力,使中国革命一步步走向胜利。政治工作也使中国共产党人的信念愈发坚定,与人民群众联系密切,舍小家为大家,宁愿牺牲自己也要让中国百姓脱离苦海,让后辈子孙的生活好起来,让中国人民站起来。"政治工作是我们红军的生命线"的提出保证了红军队伍的壮大和中国革命的胜利,同时也展现了古田会议中"建设无产阶级新型军队,必须思想建党、政治建军"的思想,是古田会议精神的发扬。

(2014 级思想政治教育本科班王亚玮、2015 级思想政治教育本科班王鑫平撰写)

(四)弘扬长征精神,走好今天长征路

在中国,只要一提到"长征"一词,很多人都会想起毛泽东那首著名的《七律·长征》。"长征"让无数中国人感受到红色脉搏的强劲跳动。2016 年是纪念红军长征胜利 80 周年,我们在认真学习近平总书记在纪念红军长征胜利 80 周年大会上的讲话基础上,于 2016 年 10 月 13 日参观了山东省党史纪念馆及纪念红军长征胜利 80 周年的大型展览。在参观过程中,我们仿佛置身于长征路途中,感受颇深。

在展馆中,我们看到了那个著名的金色鱼钩,一双双破烂的草鞋,还有血迹斑斑的党员证……这些旧物在无声地诉说着长征的故事,绽放着耀眼的历史光辉。我们穿越到 80 年前的长征途中,才真正明白习近平总书记所讲的长征精神的科学内涵,才能明白为什么说"长征是一次理想信念的伟大征程"。艰难可以摧残人的肉体,死亡可以夺走人的生命,但没有任何力量能够动摇中国共产党人的理想信念。古人云:"靡不有初,鲜克有终。"而在长征过程中,红军战士们做到了"不忘初心,方得始终"。我们身临其境,心潮澎湃。心中有信仰,脚下有力量。比起红军战士们所经受的万千磨难,我们当今个人所遇到的每个坎坷都不能成为打败自己的借口。"苦不苦,想想长征两万五",若要梦想成真,就要

发扬长征精神。“高山仰止，景行行止”，读懂长征历史，弘扬长征精神，是我们当今每个国人都要认真做的事。

一路参观下来，我们深入了解了长征历史，更深层次理解了长征的伟大。“伟大”这个词若是听多了，难免会让人觉得有些虚幻，但长征的伟大却是用厚重的历史来体现的。因为成功来之不易，所以才格外珍贵，“伟大”才足以震撼人心。因为每个成功背后的不易与艰辛，是最值得我们去感悟和反思的。正如长征精神一样，当年红军是如何在近乎绝境中坚守信念，坚持到成功会师的最后一刻，这是最值得我们深思和敬重的。毛泽东在《忆秦娥·娄山关》中写道：“雄关漫道真如铁，而今迈步从头越。”从中我们便可感觉红军战士前进的步伐，每一踏足都踩得山头在晃动。记住这样的历史是为了让人们能更好地开拓未来。孟子曰：“生于忧患，死于安乐。”我们当今的确正处于一个“安乐”的年代，但对于我们国家、我们中华民族、我们每个人来说，要做到“生于忧患，强于安乐”。而长征精神恰恰是让我们变强的一种巨大的精神动力。放眼未来，我们每个中国人都在为“两个一百年”的新长征而努力奋斗，新长征更要积极弘扬长征精神。

弘扬长征精神，优化政治生态。自十八大以来，党和国家以前所未有的力度进行反腐，并进一步加强党员干部的理论学习。这样做的一个重要原因是因为部分官员太腐败，部分党员干部对党的忠诚和信仰有所动摇，不践行全心全意为人民服务的宗旨，以权谋私，损害党的形象，危害国家安全。一切为了群众，一切依靠群众，把自身的命运与人民群众联系起来，把实现人民解放，实现民族复兴为己任，是长征取得胜利的根本保证。回首长征，我们不仅记得红军战士们飞夺泸定桥、四渡赤水河那惊心动魄的英雄气概，更记得那“半床被子”“两升黄豆”的深厚军民鱼水情。在物质条件极为艰苦的条件下红军战士始终团结一致，对党的忠诚坚不可摧。当年冻僵在雪地里的红军战士手里还紧紧攥着自己的党员证和还未交的党费。这就是信仰的力量，就是“铁心跟党走”的生动写照。

弘扬长征精神，民族文化更有力量。长征精神流淌着我们民族文化的血液，因为它凝聚了我们“先天下之忧而忧，后天下之乐而乐”的民族情怀，体现了我们“自强不息、团结统一”的民族精神，展现了我们“苟利国家生死以，岂因祸福避趋之”的民族担当。长征精神植根于我们优秀的传统文化，长征精神是助力于我们发展文化的强大武器。80 年前，红军战士们冒着自己的生命随时都有可能失去的危险，硬是把“革命理想高于天”的信念坚持到底，并形成了一套完善的思想政治工作体系。这就是一种文化力量，信仰是一种文化，精神更是一种文化，它所迸发出来的力量，足以使红军克服任何困难，支撑他们到达胜利的终点。我们新长征的最终目标就是实现民族振兴、国家富强、人民幸福的伟大中国梦。优秀的文化如春雨一般润物细无声，使我们每个人从心底里得到舒展，优秀的文化更会让中国梦变得更有力量。长征精神是"自强不息，团结统一"的中华民族精神传统的承续，是民族优秀文化力量的体现。弘扬长征精神，让我们对中国文化更有自信，中国必将以一种更雄伟的姿态屹立于世界民族之林。

弘扬长征精神，让中国在风云变幻的世界砥砺前行。如今的中国在国际社会中已成为一支强大的建设性力量，在世界上具有举足轻重的地位。我们国家所面临的形势与80年前的革命时期已有翻天覆地的变化，但长征那段历史启示我们愈和平，便愈要居安思危。"天高云淡，望断南飞雁，不到长城非好汉，屈指行程二万。六盘山上高峰，红旗漫卷西风。今日长缨在手，何时缚住苍龙？"毛泽东以一首充满浪漫主义气息和革命乐观主义精神的《清平乐·六盘山》向我们展示了一个既雄壮又艰险的长征画卷。长征时期是中华民族外忧内患，在外有外敌入侵，主权沦丧；在内时局混乱，人民生活困苦不堪。党也面临着双重危险，既要时刻防备蒋介石军队的围追堵截，又要时刻警惕党内分裂分子的出现。而红军是吓不倒的，面对民族危机和自身险境，只会是愈挫愈勇。红军战士坚定共产主义必胜的信念，在毛泽东的正确领导下，攻克一个个难关，以挽救民族危亡为己任，北上延安胜利会师，开中国革命之新局。

今天的世界并不太平，纷繁复杂的国际关系致使各种形式的较量时有发生：南海岛屿闹剧上演，西方反华势力依然存在；国内的不安定因素如台独势力、港独分子不时地煽风点火，制造混乱。对此，长征精神引导我们必须要有大局意识。长征在那样一种艰难的情况下我党我军依旧团结一致、战胜敌人，现在我们更应传承弘扬长征精神，为实现民族复兴，不畏任何艰难险阻，不惜付出一切牺牲，推动中国特色社会主义现代化强国建设早日实现，让我们中国有足够的魄力和实力在风云变幻的世界格局中奋勇前进，永远立于不败之地。

（2014级思想政治教育本科班张慧莹撰写）

（五）长征永远在路上

长征是一次伟大的远征，是我们引以为傲的征程。在以"弘扬长征精神"为主题的实践教学活动中，有幸参加了"红动信仰"实践团，跟随老师前往古田参观考察，参观了古田会议旧址，系统了解了古田会议议程，重温古田会议决议，深刻地认识到古田会议在我党我军历史上的重要地位和作用；深切地感受到党的领导的智慧与坚强，以及红军战士们的艰辛与不易。长征传递的伟大的长征精神，永远映照着我们前进的路。

邓小平同志指出："过去我们党无论怎样弱小，无论遇到什么困难，一直有强大的战斗力，因为我们有马克思主义和共产主义的信念。有了共同的理想，也就有了铁的纪律。无论过去、现在和将来，这都是我们的真正优势。"[①]长征在共产主义的理想信念指导下，坚定了党的领导，明确了革命事业的发展方向。现如今，中国共产党坚定理想信念，坚持马克思列宁主义、毛泽东思想、邓小平理论、"三个代表"重要思想、科学发展观，带领全国各族人民为建设中国特色社会主义而奋斗，为实现伟大的中国梦而努力。作为当代大学生，我们肩负着祖国和民族的希望，承载着家人的寄托，要弘扬伟大长征精神，走好今天的长征路，理想信念对我们而言尤为重要。一方面，理想信念引导我们坚持"四有"新人的目标，积极争做有理想、有道德、有文化、有纪律的优秀人才；另一方面，理想信念指引我们走更加宽广的人生道路，帮助我们克服困难，开拓更有意义、有价值、富有成就的人生之路。而我们更应该立足于实际，志存高远，树立理想信念；坚定对中国共产党领导地位和能力的信任；坚定对中国特色社会主义道路符合广大人民利益的信念；坚定对中华民族伟大复兴的"中国梦"实现的信心。

红军战士在爬雪山、过草地过程中，忍受寒冷和饥饿，他们用自己的坚忍和毅力锻造了艰苦奋斗、不怕牺牲的伟大革命精神。伴随着时代的变迁，走在今天的长征路上，艰苦奋斗精神的时代内涵更加丰富。在当代，作为大学生的我们要弘扬伟大长征精神，就应该不断地弘扬中华民族的传统美德，继承和发扬艰苦奋斗精神，秉承艰苦奋斗精神的时代价值。第一，做到在生活和学习上勤俭节约，从点滴小事做起，坚决杜绝铺张浪费的行为；第二，坚持艰苦创业的良好风范，直面创业过程中的困难与艰辛，逐步在挑战中前进；第三，知行合一，勤于实践，尤其是对艰苦奋斗主流精神的倡导，进一步完善自身的修养和素质的提高；第四，积极探索，勇于创新，在挑战中对艰苦奋斗精神做出新的阐释。

长征途中，敌人的凶残、党内斗争的严峻以及自然条件的恶劣，始终没有湮没红军保持高昂的斗志和对革命前途的信心。在爬雪山、过草地途中，可以聆听到他们激昂的歌声与淳朴的笑声；在战斗期间，可以看到红军们精心准备的文艺表演；在胜利会师后，更是跳出了引人欢呼的踢踏舞等等。条件的困苦终究抵挡不住红军们的乐观主义、坚定的革命理想以及向着新目标前进的脚步。长征精神正体现着自强不息的乐观主义，对于走在今天长征路上的我们而言，无疑是一种力量的感召。当然，所谓乐观主义并非是盲目的自以为是，我们要将以共产主义理想信念为基础，树立科学的乐观主义；保持乐观主义，要毫无畏惧，付诸实践，要敢于斗争和敢于胜利，追求生活中的淡泊名利与无私奉献。此

① 《邓小平文选》第 3 卷，人民出版社 1993 年版，第 144 页。

外,做事要有自信,切不可过度担忧,更不能稀里糊涂,时刻保持清醒头脑。积极争做仁者不忧、智者不惑、勇者不惧,时刻保持乐观主义的人。

严格的纪律是革命、建设和改革取得胜利的基本保证,中国共产党是一个有着严明纪律的整体。在长征过程中,严明的纪律是红军取得最终胜利的重要保证。现在我们所进行的社会主义现代化建设也离不开党的胸怀全局、严守纪律的要求。党要带领人民群众全面建设小康社会、建设中国特色社会主义,就必须要发挥纪律严明的优势,严格要求党员遵守纪律,坚持步调一致,充分落实党的理论和方针政策的有效贯彻,维护党的团结统一。严明的纪律是确保全局稳定的基石,是维护集体团结一致的保障。我们大学生的成长同样需要纪律的约束。弘扬长征精神,走好今天长征路,我们要在校园生活中,拥有集体意识,积极维护班级利益;更要有纪律意识,自觉遵守校规校纪,争做合格的大学生。此外,在严格要求自己的同时,也不忘对他人进行监督,积极同违法乱纪行为作斗争。不断提高自身的全局意识和纪律意识,增强纪律性并努力培养自我品质,加强自身修养。

密切联系群众是中国共产党的三大作风之一。长征的胜利启示我们:人民群众有着无限的智慧,只有紧紧依靠群众,相信群众,调动群众的积极性,才会凝聚起磅礴之力。不论是革命战争年代、和平建设时期,还是推进现代化建设的今天,人民群众的力量始终是伟大的。正如习近平所说:"弘扬伟大长征精神,走好今天的长征路,必须把人民放在心中最高位置,坚持一切为了人民,一切依靠人民,为人民过上更加美好生活而矢志奋斗。"①而作为新时代的大学生我们更要培养密切联系群众的作风。首先,认真学习中国共产党密切联系群众的相关内容,切实向党的群众路线靠拢;其次,学好专业理论知识,逐步树立为人民服务的意识,处理好同学之间的关系,把握同学间的联系;其三,积极参加社会实践活动,深入人民群众,体验群众生活。

长征永远在路上,在继承前人的伟大事业的基础上,不论我们走到哪里,取得怎样的成就,为了开创更加美好的明天,我们都要坚定不移地大力弘扬伟大的长征精神,不忘初心,在新的长征路上砥砺前行。

(2015级思想政治教育本科班贾丽媛撰写)

(六)"重走长征路"的意外收获

"您好,济南车站到了……"听到火车里的广播,我们着实松了一口气,急忙

---

① 习近平:《纪念长征胜利80周年大会上的讲话》,新华网,2016年10月21日。

拿起行李下车出站,坐上返校的汽车,我们喊道:“向根据地出发!”脸上洋溢着回家的喜悦,忘记了回程的疲惫和颠簸。

看着车外济南的夜景,脑海里浮现了返程这两天的颠簸情景,感叹着上午还在天气晴朗的厦门,下午就回到了雾蒙蒙的济南。在这两天里,感谢我们自己,更感谢这次“重走长征之路”的体验,没有这些,我们很难坚持这两天颠簸而又艰难的“返程生活”。这无疑是我们这次“重走长征路”的一个意外收获!

想着想着,思绪飘到了返程的那一幕。

这一次“重走长征路”直到返程之前一直都很顺利,我们学到了很多,也感悟很多。但在这次学习之旅的返程中,大自然给我们上了一堂既生动又形象还终生难忘的人生课。“什么?济南特大雾霾?!”返程的那天午饭时,我们得到一个不好的消息:济南特大雾霾,我们的航班被迫延误。到达飞机场,过了安检,在候机厅等待。“什么?济南的雾霾越来越重了?!”我们在与学校同学的聊天中得知,这一次雾霾的严重超出了我们的想象范围,北方多地受到雾霾的严重影响,济南地区尤为严重,能见度极低。济南机场无法达到降落要求,我们一行人被迫滞留机场。我们互相慰藉,开玩笑道:有这么一次难忘的经历,这一次的飞机坐得也值了。机场广播里一遍遍播放着“因天气原因,飞机暂时无法起飞,起飞时间待定。”每一次广播都竖起耳朵仔细聆听,每一次的心情都是从紧张兴奋到失落。因为第一次经历滞留机场,第一天的等待没有想象中那么漫长。

在航空公司安排的酒店休整一晚后,再次来到机场,经过重重安检又一次来到了候机厅。从济南方面得到的消息:雾霾加重。显然今天的航班又要延误了,然而天气谁也说不准,我们只能静静地等待,默默地听着候机厅的广播。从上午到下午,此时的心情陷入无期等待的焦急中。我们意识到了这个问题,遇到问题就要解决,长征时期也很枯燥,苦中作乐是长征精神其中之一,我们为何不能在机场苦中作乐呢?于是,我们抱着“既来之则安之”的心态,把机场逛了个底朝天。意外收获了机场文化的熏陶。我们边逛边感受着南方的风土人情,聆听服务人员讲解厦门的故事。一下午的时间,我们写毛笔字、做手工、唱歌等等,时间充实而美好。我们一起写了“心平气和”四个字来激励自己渡过难关。济南依旧是雾霾,航班不出意外地延误了。我们安慰道:济南还没有做好准备迎接我们呢,就让我们在这里多呼吸一下厦门的新鲜空气吧。然而在要回酒店的时候,因天气原因滞留在机场的乘客,被告知由于航空公司的压力,今晚之后的食宿不再负责,同时我们要坐的航班已经被取消,只可以给我们更换到其他城市的航班。当时场面一团混乱,有些乘客十分不满一直在吵闹。本着遇到问题解决问题的原则,我们只能改飞青岛,再由青岛乘坐高铁回济南。此时,我们想到了重走长征路时感受到当年革命先辈长征的艰难困苦,与他们相比,我们现在的处境算得了什么！苦不苦，想想长征两万五。长征精神在不断激励着我们，遇见困难方见力量。

返程之旅到了第三天，我们终于坐上了可以飞青岛的航班。马上要离开厦门机场了，突然觉得之前的那两天不算什么，甚至还有这些许的留恋。想念这里的青山绿水，碧海蓝天，还有具有南方特色的文化。我们本来可以松一口气，意想不到的是飞机途中多次遇到强气流，颠簸得厉害，机舱里的广播在不停地安抚着乘客。幸好有惊无险，飞机安全着陆，抵达青岛。又经过高铁一路的波折，我们终于回到了学校的温暖怀抱，为此次活动画上了难忘而圆满的句号。

（2015 级思想政治教育本科班王鑫平、王志霞撰写）

专题四　依法治国，反腐倡廉

正确认识和判断当前党风廉政建设和反腐败斗争形势，是"形势与政策"课程教学的一项重要内容要求。为了有效实施这一教学目标，专门设置了"依法治国，反腐倡廉"专题实践教学，通过大量腐败案例的剖析和讨论，使学生在了解和认识腐败的根源与危害的基础上，深刻认识反腐败斗争的紧迫性、长期性、复杂性和艰巨性，明确依法治国的意义和影响，感悟"法网恢恢，疏而不漏"的客观规律，坚定反腐倡廉的决心和信心。

一、教学目标

(一)知识目标

随着市场经济的不断发展，各种物欲的诱惑无处不在、无孔不入，警钟长鸣是革除弊端、净化思想、势在必行的有效举措。通过"依法治国，反腐倡廉"专题的学习和实践，深刻领会依法治国就是按照宪法和法律管理国家的科学内涵，体会依法治国基本方略的实施有赖于每个公民的积极参与，是全体公民的共同责任。

为此，本专题的实践教学主要是根据不同专业学生知识结构的不同，在"依法治国，反腐倡廉"专题实践教学的大前提下，组织有法学基础知识的学生通过自编自演小品的形式，进一步巩固和灵活运用反腐倡廉、依法治国的知识，以学会解决实际问题；对法学基础知识比较薄弱的学生，在教师系统讲授依法治国相关知识的基础上，通过组织学生对反腐败案例的调研和分析，全面认识反腐败斗争所取得的重大成果和反腐败斗争的长期性、复杂性和艰巨性，深刻领会中央始终坚持反腐败要标本兼治方针政策的意义和影响。

(二)情感目标

党风廉政建设和反腐败斗争，是党的建设的重大任务，也是推进依法治国的重要保证。只有每个人都做到守土有责、守土负责、守土尽责,齐抓共管、形成合力,才能有效遏制腐败滋生苗头和蔓延势头;唯有依法从政、廉洁高效,才能进一步优化发展环境,促进依法治国战略的实施。

“依法治国,反腐倡廉”专题的实践教学的情感目标,就是培养学生对法的敬畏,在学习和实践过程中涵养法治精神,提升法治观念。把法治作为精神信仰,树立法律至上理念;培养崇尚法律、廉洁奉公的价值理念。通过对党的十八大以来惩治腐败的大量案例的分析,充分认识不论什么人,不论其职务高低,只要触犯了党纪国法,都要受到严肃追究和严厉惩处,从而坚定反腐败斗争必将取得胜利的信心。

(三)能力目标

“依法治国,反腐倡廉”专题实践教学的能力目标,就是通过系列活动,培养学生学法、懂法、守法、护法能力,确立法治思维和法治精神。法治思维是人们在法治理念的基础上,运用法律规范、原则和逻辑对所要处理的问题进行分析、综合、判断、推理和形成结论的思想认识活动与过程。法治精神是法治的灵魂。通过引导学生学习宪法、忠于宪法、遵守宪法,把法治作为精神信仰,树立法律至上理念,敬畏法律,自觉同腐败势力作斗争。

二、教学内容

(一)明确依法治国的重要意义

党的十八大以来,我国将全面推进依法治国摆在了更加突出的位置,将全面推进依法治国确立为推进政治建设和政治体制改革的重要任务。十八届四中全会,更是中国共产党历史上第一次以依法治国为主题的中央全会,对全面推进依法治国等重大问题进行了全面系统的论述,通过了《中共中央关于全面推进依法治国若干重大问题的决定》,全面具体地规划了依法治国路径。

依法治国,就是依照法律来治理国家,是中国共产党领导人民治理国家的基本方略,是发展社会主义市场经济的客观需要,也是社会文明进步的显著标志,还是国家长治久安的必要保障。实施依法治国的重大意义在于:第一,依法治国是中国共产党执政方式的重大转变,有利于加强和改善党的领导;第二,依法治国是发展社会主义民主、实现人民当家作主的根本保证;第三,依法治国是发展社会主义市场经济和扩大对外开放的客观需要;第四,依法治国是社会文明进步的显著标志,是国家长治久安的重要保障;第五,依法治国是民主政治的必然要求，也是现代政治文明的基本标志；第六，依法治国是建设中国特色社会主义文化的重要条件。

依法治国的主体是中国共产党领导下的人民群众；依法治国的本质是崇尚宪法和法律在国家政治、经济和社会生活中的权威，彻底否定人治，确立法大于人、法高于权的原则，使社会主义民主制度和法律不受个人意志的影响；依法治国的根本目的是保证人民充分行使当家作主的权利，维护人民当家作主的地位。依法治国是一切国家机关必须遵循的基本原则；全面推进依法治国基本方略的方针是“科学立法，严格执法，公正司法，全民守法”。实行依法治国，必须扩大社会主义民主，健全社会主义法制，牢固树立法治在国家和社会生活中的权威，实现国家政治、经济、文化和社会生活等各个方面的民主化与法治化。

(二)认清腐败的根源与危害

腐败即公共权力在行使过程中因不合规范的行为而使有机体受到破坏的现象，即掌握公共权力的人员利用公共权力进行不正当行为，谋求个人利益或所属组织利益的行为。腐败有广义和狭义之分。广义上的腐败通常包括政治、经济、生活、作风等方面发生的违纪违法行为。而狭义上的腐败，也就是我们通常所理解的腐败，是指国家公职人员违反纪律、法律和道德规范，滥用职权，谋取私利的行为。

腐败作为一种社会现象，已成为全球性的一个政治毒瘤，阻碍社会进步，影响社会政治经济发展。究其根源，既有社会转型期政治经济体制机制不健全不规范的原因，也有文化方面的深层原因，更有人性的不足和缺陷。

权力的异化是腐败的根源。权力是人民赋予的，理应为人民服务。但在权力监督乏力的情况下，有些人则把人民赋予的权力变成了谋取私利的工具。我国处于改革开放不断深入、发展持续加快的社会转型期，改革过程中存在一些问题。例如：所有制结构的变革带来了利益主体的多元化，多元的主体之间缺乏严谨的制度系统监管机制；不同的利益主体为了追求最大利益尽可能获取有限资源，加之政治体制的结构功能和运行机制方面还存在不少弊端，党内监督机制不健全，让不少人钻了空子。孟德斯鸠在《论法的精神》一书中就指出：“一切有权力的人都容易滥用权力，这是万古不易的一条经验。”[①]权力的异化是腐败的根源。

管理体制的漏洞和不足，使腐败分子有机可乘。改革开放以来，经济社会

---

① [法]孟德斯鸠：《论法的精神》上卷，张雁深译，商务印书馆 1961 年版，第 154 页。

由之前的封闭状态转向开放，然而旧的经济关系仍然存在，使得社会充斥了各种矛盾。这时权钱交易、以权谋私的现象时有发生；在资源配置方面实行按劳分配为主体、多种分配方式并存的分配制度，个人的收入差距明显，贫富分化严重；有些人抵不住财富的诱惑，也给腐败的发生埋下了隐患。

总之，导致腐败的原因固然很多，但腐败的危害则是致命的。对此，我们必须高度警惕。党的十八大报告甚至用"亡党亡国"来警示腐败问题的潜在危险。在政治方面，腐败的产生削弱了执政党的政治基础，使党的威信力下降，领导干部本应为人民服务，但却成了以权谋私的腐败分子，这必然降低党的执政能力。在经济方面，腐败对我国社会主义的经济基础构成了冲击与威胁，各种腐败行径给我国的经济建设造成了巨大的损失。在思想文化方面，腐败的行径造成了拥有五千多年灿烂文明的泱泱大国信仰塌陷，道德素质下降，公序良俗遭到破坏。所以，反腐败斗争不可迟疑。

（三）认识反腐败斗争的长期性和复杂性

古今中外，大小国家，因廉而兴，因腐而衰，是一条基本规律。反腐倡廉工作具有长期性、艰巨性和复杂性，消除腐败现象必然要经历一个长期的过程。党的十九大报告强调指出："只有以反腐败永远在路上的坚韧和执着，深化标本兼治，保证干部清正、政府清廉、政治清明，才能跳出历史周期率，确保党和国家长治久安。"[①]我们必须坚持不懈地与腐败现象进行斗争，把党风廉政建设和反腐败斗争进行到底。

第一，建立健全惩治和预防腐败机制，不断提高党的领导水平和拒腐防变能力。加强廉政制度建设，完善监督制约机制，用好"巡视"这把反腐利剑，各级党组织和广大党员要认真履行监督职责，正确行使监督权力。建立健全与社会主义市场经济体制相适应的惩治和预防腐败体系，将权力关进笼子里。真正从源头上防治腐败，巩固党的执政地位，提高党的执政能力。

第二，加强监督。在我们社会主义国家里，无产阶级及广大人民群众是国家的主人，处在各级领导岗位上的党员干部应当时刻牢记全心全意为人民服务的宗旨，将权力是人民赋予的意识谨记在心。反腐败斗争离不开人民群众的支持和参与，离不开党内外群众的监督。探索新的历史条件下组织和动员群众参与到反腐败斗争的途径，开拓群众广泛参与的形式和渠道，让人民群众充分行使知情权、参与权、表达权、监督权，切实保护群众监督、举报、控告、举证的合法

① 习近平：《决胜全面建成小康社会 夺取新时代中国特色社会主义伟大胜利——在中国共产党第十九次全国代表大会上的报告》，人民出版社 2017 年版，第 67 页。

权利。只要实现人民群众对国家权力运行的监督，腐败分子就无藏身之地，腐败这个痼疾也会在最短时间内消除。

第三，坚持与时俱进，用发展着的马克思主义指导党风廉政建设和反腐败工作新的实践。开展廉政建设和反腐败斗争，必须坚持马列主义、毛泽东思想以及中国特色社会主义理论体系为指导，立足于新的实践和新的发展，解放思想、实事求是、与时俱进。马列主义、毛泽东思想是我们立党立国的根本，是建设有中国特色社会主义的行动指南，同时也是我们开展党风廉政建设和反腐败斗争的强大思想武器。在新的历史条件下，将马克思主义普遍原理与反腐败斗争的具体实践相结合，推动反腐倡廉工作取得新成效，不断开创社会主义事业发展新局面。

第四，增强党性，提高党员的政治觉悟和思想觉悟。一个人有什么样的世界观，就会有什么样的行为。一个党员如果没有树立无产阶级世界观，就没有坚强的党性，难以自觉执行党的纪律。许多党员之所以犯错误，关键在于放松了对思想的改造，忽视了党性锻炼。所以，要增强纪律观念，提高遵守纪律的自觉性，就不能忽视党性锻炼，提高党员的思想觉悟。在反腐倡廉的新形势下，每一个共产党员都要树立正确的权力观、地位观、金钱观，做到有权不谋私，坚决反对和抵制金钱至上、唯利是图、"一切向钱看"的消极腐朽的人生观和处世哲学观，自觉遵守党的纪律。此外，反腐倡廉，党员干部是关键。领导干部要率先垂范，严于律己，以身作则。努力使自己成为遵守和维护党的纪律的模范，成为令行禁止、维护党的权威的模范，成为廉洁奉公、一尘不染的模范。

(四)坚定反腐倡廉的信心

十八大以来，以习近平为核心的党中央，坚定不移全面从严治党，颁布中央"八项规定"，严厉整治形式主义、官僚主义、享乐主义和奢靡之风，坚决反对特权。坚持反腐败无禁区、全覆盖、零容忍，坚定不移"打虎""拍蝇""猎狐"，不敢腐的目标初步实现，不能腐的笼子越扎越牢，不想腐的堤坝正在构筑，反腐败斗争压倒性态势已经形成并巩固发展。

党的十九大报告又着眼于实现新时代党的历史使命，对反腐形势作出了明确判断，强调当前"反腐败斗争形势依然严峻复杂，巩固压倒性态势、夺取压倒性胜利的决心必须坚如磐石。要坚持无禁区、全覆盖、零容忍，坚持重遏制、强高压、长震慑,坚持受贿行贿一起查,坚决防止党内形成利益集团"①。要强化不敢腐的震慑,扎牢不能腐的笼子,增强不想腐的自觉,通过不懈努力换来海蓝河清、朗朗乾坤。

完善管理体制建设,深化国家监察体制改革,组建了国家、省、市、县监察委员会,同党的纪律检查机关合署办公,实现了对所有行使公权力的公职人员监察全覆盖。制定《监察法》,依法赋予监察委员会职责权限和调查手段,用留置取代"两规"措施等。党的十九大报告提出的"夺取反腐败斗争压倒性胜利"要求,进一步吹响了最终战胜腐败、解决腐败问题的战斗号角,也描绘出了一张战略蓝图。

三、教学实施

(一)教师解读:全面依法治国方略

在指导学生阅读《习近平谈治国理政》第二卷第四个专题"建设社会主义法治国家"相关内容的基础上,由教师结合学习党的十九大报告以及习近平新时代中国特色社会主义思想,解读"全面依法治国方略"的科学内涵、基本要务、价值意义,组织学生通过观看警示片,交流学习体会,形成实践报告。

教师解读"全面依法治国方略"的目的,就是让学生从战略高度充分认识"全面依法治国"是以习近平同志为核心的党中央治国理政的一个显著特点和重大战略部署。实施全面依法治国基本方略是国家治理方式的一场深刻革命,它在我们党领导社会主义法治建设的历史上有着长期的实践探索和经验积累,对于新时代发展中国特色社会主义具有长远战略意义。

党的十九大从中国特色社会主义法治道路、理论、制度、文化等方面阐释了新时代全面依法治国基本方略的科学内涵。一是坚定不移走中国特色社会主义法治道路。中国特色社会主义法治道路是中国特色社会主义道路在法治领域的具体体现,是社会主义法治建设成就和经验的集中体现,是建设社会主义法治国家的唯一正确道路。坚持中国特色社会主义法治道路,最根本的是坚持党的领导。二是完善以宪法为核心的中国特色社会主义法律体系。党的十九大明确提出以良法促进发展、保障善治,将科学立法、民主立法的原则发展为科

① 习近平:《决胜全面建成小康社会 夺取新时代中国特色社会主义伟大胜利——在中国共产党第十九次全国代表大会上的报告》,人民出版社 2017 年版,第 67 页。

学立法、民主立法、依法立法，体现了我们党对立法工作重要意义和立法规律的深入认识，必将推动中国特色社会主义法律体系进一步发展完善。三是建设中国特色社会主义法治体系、建设社会主义法治国家。这既是全面推进依法治国的总目标，也是新时代全面依法治国基本方略的重要内容，对全面推进依法治国具有纲举目张的重要意义。四是深化司法体制改革。党的十九大将“深化司法体制改革”写入全面依法治国基本方略，必将推动司法体制改革进入新阶段。五是提高全民族法治素养和道德素质。全民普法和守法是全面依法治国的长期基础性工作。党的十九大明确提出提高全民族法治素养和道德素质，并把培育和践行社会主义核心价值观、加强思想道德建设作为新时代文化建设的重点任务。

（二）案例分析：揭“双面贪官”的虚伪人生

通过揭露“双面贪官”虚伪人生的案例，培养学生的坦荡胸怀和良好的法治观念。2015 年 5 月 3 日人民网刊发了《揭“双面贪官”的虚伪人生》一文。文章称，“双面贪官”的特点是：台上一套，台下一套；说一套，做一套；人前是人，人后是鬼。文章结合当时落马贪官的“事迹”，把“双面贪官”的虚伪人生的个性概括为“任性”型、“节俭装穷”型、“谈廉作秀”型等。每种类型的贪官都有 A、B 面。具体摘录如下：

“任性”型代表人物之一：云南省委原副书记仇和

A 面：仇和，最具代表性的“个性官员”之一。从“最富争议的市委书记”，到荣获影响中国改革开放“改革之星”的桂冠，这位明星官员曾在各种大考小考中取得了无数“优异成绩”。比如对沭阳进行为期 4 年的“铁腕”改革，让经济基础薄弱、社会环境较差的沭阳发生了翻天覆地的变化。另外，仇和任昆明市委书记时，公布同僚手机、座机等联系方式，同时推行勤廉公示制度。从这些方面来看，这种铁腕治吏，确实利于干部作风的转变，督促干部们强化责任意识，方便群众办事。

B 面：仇和“叛逆式”的改革也引来了矛盾丛生。主政昆明时，为整改市容而强迫拆除居民防盗笼，对公民合法私权进行了暴力剥夺，“春城”变“拆城”，民怨载道。主政江苏沭阳时，勒令全县 5000 多名机关干部放下日常管理事务，投身环境整治工程，决策中的民主参与原则、程序相应原则、依法决策原则等荡然无存。

简评：2015 年 3 月 15 日，中纪委发布消息，仇和涉嫌严重违纪违法，接受组织调查。据媒体报道，仇和被查或因官商勾结。仇和落马，令人叹息。在吏治方面，已经再树起一面镜子，一个反面典型。做官可以有个性，可以有探索，但不能太任性。不能坏了制度对官员约束的框架，信马由缰，侵害群众的合法权益,不能以表面的个性掩盖权力的任性。

"任性"型代表人物之二:广州市委原书记万庆良

A面:原广州市委书记万庆良,曾因"政绩卓越"被视为"政坛明星"。他头顶"有魄力的实干家""年富力强""最年轻市委书记"等诸多光环。在蕉岭,万庆良大刀阔斧搞建设,政绩突出;在揭阳,其引进多个大项目,拉动揭阳GDP迅速增长,实施"30亿工程"改变揭阳城市面貌;在广州,万庆良开展了一系列重大项目投资推介和招商活动。梳理万庆良的升迁轨迹,无论主政蕉岭县、揭阳市还是广州市,其施政思路一脉相承:大搞城市建设和开发,上马大项目,迅速拉动当地GDP增长。其政绩频频获得上级的肯定。

B面:万庆良在大投资、大项目中,多次收受贿赂,与商人存在巨额利益交换。中央"八项规定"出来以后,万庆良先后出入会所21次,顶风作案,视中央精神为儿戏。2014年6月27日,中纪委发布消息,万庆良涉嫌严重违纪违法,正接受组织调查。由此可见,对于任何一名干部,即便是做出了点成绩,有开拓精神,但一旦涉嫌违法违纪问题,则功不抵过,任何人都不是"铁帽子王"。所以,对于万庆良的落马,感叹之余,更应该为万庆良不爱惜自己的羽毛而扼腕。

简评:现实中,不少官员其施政风格锋芒毕露而被视为"有个性",进而又因"有个性"而成为"政坛明星"。但实际上,在这些个性官员身边,围绕掌声的同时,更多的可能是嘘声。如仇和,一路争议,一路升迁,就连他自己都声称自己是"一路惊喜"。仇和等"能吏"的落马,其警示或许在于,离开依法行政这个前提,越能"干事"的官员,也就越能干坏事,而一旦"有权任性",其离监狱的大门也就不远了。

"节俭装穷"型代表人物之一:贵阳市人民政府原市长助理樊中黔

A面:贵阳市人民政府原市长助理樊中黔,他穿的一双皮鞋,底子换了三次,他还要修补后再穿。他不抽烟,不打麻将,不滥饮酒。除了实在推不掉的应酬,樊中黔很少去外面吃饭。他喜欢提着菜篮子上街买菜,然后亲自下厨做饭炒菜。2007年,樊中黔50岁生日时,也只在贵阳中等档次的酒楼——"外婆桥"邀请亲友,摆了一两桌。外表看来,对自己如此抠门的樊中黔,俨然一个勤俭节约的好干部。

B面:2010年9月,贵阳市人民政府原市长助理樊中黔被判处死刑,缓期两年执行。多年来,樊中黔受贿的赃款塞满整整5个保险柜,包括人民币1005万余元、美元4万元、金条50根等。就这样,堆积如山的钱,就那么无用地锁着。直到案发,直到身不由己,他才向检察官说出了他的深刻感悟:"唉,这么多的钱,我拿来做什么?平时无用,这回你们拿来给我量刑时可有了大用!"

“节俭装穷”型代表人物之二：吐鲁番地区水利局原局长曹培武

A面：曹培武出身贫苦，生活节俭，一分钱的东西都舍不得浪费。他身上穿的旧棉布背心是他刚参加工作时买的，已经30年还舍不得扔掉。平时一日三餐很简单，从不吃肉。曹培武的生活节俭已经近乎吝啬，超出了常人的合理程度，这样一位厉行勤俭节约的好官员，是很难让人把他和贪腐联系到一块的。

B面：2014年8月，新疆阜康市检察院反贪局接到昌吉检察院交办的吐鲁番世行办主任、地区水利局局长曹培武涉嫌受贿犯罪线索指令。同年9月3日，曹培武涉嫌受贿罪被批准逮捕。经查证，曹培武利用职务便利，曾一次收下别人给的100万元好处费，共计收受他人贿赂251万余元。

简评：贪官爱装穷相，扮朴素，他们用这种“障眼法”来蒙蔽群众。数年前，曾有媒体刊登“贪污千万官员清晨早起排队，只为买一斤便宜一毛的鸡蛋”。如此官员，既是硕鼠，又堪称“铁公鸡”，完美地阐释了“爱财如命”这个成语。贪腐不会写在脸上，衡量官员清廉与否，不仅要听其言、观其行，还要剥其画皮，鉴其内心。

“谈廉作秀”型代表人物之一：南京市原市长季建业

A面：2010年1月21日，季建业当选南京市市长，发表了题为“做一名人民满意的市长”的就职演说。“我要做一个廉洁从政的市长。公生明，廉生威。我将牢记‘两个务必’，牢固树立正确的政绩观、权力观、地位观、利益观，坚持既要勤政也要廉政、既要干事也要干净的理念从政。”

B面：2015年4月7日，季建业受贿财物折合1132万元，被判15年，没收个人财产200万元。其收受贿赂的形式五花八门，包括现金、购物卡、房屋装修、空调、股票收益、汽车、书画、低于市场价的别墅甚至墓穴用地等。

“谈廉作秀”型代表人物之二：四川省委原副书记李春城

A面：四川省委原副书记李春城是十八大后首个落马的省部级官员，其在担任成都市委书记期间，多次发表反腐倡廉“高见”。例如：“要着力抓好党风廉政方面突出问题专项治理，解决好工程建设领域突出问题、‘小金库’、公务用车等群众反映强烈的问题，加大对重点领域和关键岗位违法违纪案件查办力度，强化基层党风廉政建设，坚决遏制腐败现象易发多发的势头。”

B面：2015年3月19日，李春城被提起公诉。根据起诉书，李春城贪腐全家上阵，其本人及妻、女均收受巨额贿赂。此外，李“滥用职权进行封建迷信活动”，“腐化堕落”。

简评：台上大谈廉洁，台下大肆贪腐，这样的落马官员颇为常见，季建业、李春城不过是其中的典型。对于此类官员，所谓“廉洁语录”不过是其刻意装扮的

"画皮"。究其目的，其一，不过是为掩盖劣迹，为自己贪腐挂上护身符。其二，以"动动嘴皮子"对上赢得好印象，对下获得好名声，给上司和公众制造错觉，以博得更多升迁之机。

实践证明，贪官多有"两面性"：在明处，他们是无私奉献的劳模，是为人民服务的公仆，是反腐倡廉的典型；在暗处，他们贪财、贪色、贪权，贪恋锦衣玉食的生活享受，成为金钱的奴仆、人民的罪人。贪官故意低调的生活作风似乎成了一种保护色，装穷相，扮朴素，他们用这种"障眼法"来蒙蔽群众、欺骗组织。不过，贪官的戏演多了，演技再好也难免有演砸的时候。

通过案例分析，在引导学生看清贪官真面目的同时，明确"廉洁自律，诚实做人，精心做事"的做人做事原则，培养严于律己的良好品行。

(三)演出小品：法网恢恢疏而不漏

通过上述案例的分析，组织学生在学习法律知识的基础上，结合社会调研和反腐警示片的观看，指导学生以"法网恢恢，疏而不漏"为题，编制小品，自编自演，从而锻炼学生"学以致用"的能力。

经过一学期的学习和课余训练，有两个班级的学生合作编制了《××县委书记落网记》小品，两次演出，在学生中引起了强烈反响，效果很好。(具体内容见学生学习实践感悟选编)

(四)课堂讨论：依法治国与以德治国

"法治"与"德治"一段时间里曾是政治学界和法学界的学者们所争论的一个论题。实际上，二者都属于治国方略，只是在治国的侧重点上有所不同。对此，组织学生在查阅大量资料的基础上，分组进行了讨论。通过讨论大家加深了对二者辩证统一关系的认识。

"法治"是他律之治，而"德治"是自律之治。"法治"属于政治建设，属于政治文明；"德治"属于思想建设，属于精神文明。二者范畴不同，但其地位和功能都非常重要。"法治"与"德治"都是实现国家控制、促进社会发展所必不可少的两种手段。法律是成文的道德，道德是内心的法律。法律有效实施有赖于道德支撑，道德践行也离不开法律约束。法治和德治相互补充、相互促进、相得益彰，二者是辩证统一的关系，共同推动社会的发展和进步。

任何法律都有一定的道德属性。习近平同志指出："以法治承载道德理念，道德才有可靠制度支撑。法律法规要树立鲜明道德导向，弘扬美德义行，立法、执法、司法都要体现社会主义道德要求，都要把社会主义核心价值观贯穿其中，使社会主义法治成为良法善治。”[①]法律凝结着社会的基本价值取向和道德规范，遵守法律就是遵守最低限度的道德。从这个意义上说，任何法律都有一定的道德属性。社会主义法治要成为良法善治，自然也要具有道德属性。这主要体现在如下三个层面：它是对实现自由、平等、民主等道德价值的制度设计，这种制度设计需要以相应的、符合社会进步要求的道德规范作为评价标准；它既是对公共权力的保障，也是对公共权力的限制，具有既保障权力得以有效行使又保障权力不被滥用的政治伦理品质；它是对公民基本权利的保障，内在地包含着促进人的自由全面发展的价值取向。法治必须建立在道德基础上，离开道德的法治会对社会造成严重损害。

道德为法治创造良好人文环境。习近平同志指出：“要重视发挥道德的教化作用，提高全社会文明程度，为全面依法治国创造良好人文环境。”[②]制度需要人来执行，好的制度是不会自动变成现实的。人们只有在道德认知与道德情感的共同作用下，才能建立和强化法治信念。法治信念是对法治所蕴含的价值观高度认同的心理机制，它能激发人们以法治观念指导和规范自己的行为。法律和道德，一个是硬约束、一个是软约束，一个是他律、一个是自律，仅仅依靠强力推行的外在制约会削弱人的自觉性。道德则将外在的法律规范转化为内在的自我约束，促使人们主动认识自己的责任与义务，自愿选择有道德的行为。一个人的道德觉悟提升了，就会自觉尊法、学法、守法、用法；全社会的道德水准提升了，法治建设才会有坚实的基础。

法律和道德可以相互转化。法律和道德都植根于一定的历史文化环境与社会环境，文化的演进、社会的发展推动法律和道德的发展。考察人类历史会发现，法律和道德之间呈现一种流动的边界：一些道德规范“流动”到法律规范之中，这是道德转化为法律；一些法律规范“流动”到道德规范之中，这是法律转化为道德。这说明法律和道德之间没有一成不变的分界线，其双向“流动”的目的是为了与当时的经济社会发展需要相适应。比如，随着社会主义市场经济的发展，诚信原则逐步从经济活动的伦理要求演变为一条重要的法律原则。法治与德治就如车之两轮、鸟之双翼，不可偏废，国家和社会治理需要法律和道德协同发力，需要法治和德治两手抓。

以道德滋养法治。习近平同志指出：“要在道德体系中体现法治要求，发挥道德对法治的滋养作用，努力使道德体系同社会主义法律规范相衔接、相协调、

---

① 《习近平谈治国理政》第 2 卷，外文出版社 2017 年版，第 134 页。

② 《习近平谈治国理政》第 2 卷，外文出版社 2017 年版，第 134 页。

相促进。"[①]绵延几千年的中华文化，包含着丰富的德治资源，也包含着丰富的法治思想，这些都是涵养社会主义法治精神的重要源泉。应大力弘扬中华优秀传统文化，深入挖掘其中蕴含的"缘法而治""法不阿贵"等思想精华，使其在新的时代条件下发扬光大。道德教化是教人求真、劝人向善、促人尚美的过程，也是培育法治精神的重要方式。要深入实施公民道德建设工程，加强社会公德、职业道德、家庭美德、个人品德建设，注重培育规则意识、倡导契约精神、弘扬公序良俗，引导人们自觉履行法定义务、社会责任、家庭责任。各行业的职业道德规范，各地的市民公约、乡规民约以及学生守则等行为准则，都应把尊法、守法作为重要内容突出出来，强化人们的法治观念、法治意识。

以法治保障道德。习近平同志指出："要运用法治手段解决道德领域突出问题"，"对突出的诚信缺失问题，既要抓紧建立覆盖全社会的征信系统，又要完善守法诚信褒奖机制和违法失信惩戒机制，使人不敢失信、不能失信"[②]。在现代社会，征信系统就像一只看不见的手，约束人们的行为，保障社会的和谐运行。维护征信系统，就离不开对违法背信行为的制裁。如果不对挑战诚信底线的失信行为加以惩戒，损害的就不仅是受害人的权益，还有司法公信力和权威、社会公平和正义。法律不仅要惩劣行以示警戒，还要彰善举以扬美德，保障好人的合法权益，褒扬好人的道德行为，引导全社会崇德向善。

四、教学评价

（一）来自学生的评价

本次实践教学活动对于大学生来说，意义非同一般，收获远远超出课本知识的学习，突出的特点是大家经历了一场学法、用法、守法、护法的大检验和大训练，无论是宏观上的理论认识还是微观上的践行都具有引领意义。

学生A：我们在老师指导下，通过研读《习近平谈治国理政》第二卷专题四"建设社会主义法治国家"的四篇文章，加深了对建设社会主义法治国家方略的重大意义的认识。深刻地认识到，把全面依法治国作为党领导人民治理国家的基本方略，作为"四个全面"战略布局的重要内容来推进，是习近平新时代中国特色社会主义思想"八个明确""十四个坚持"的基本内容之一。实施全面依法治国基本方略是国家治理方式的一场深刻革命，它在我们党领导社会主义法治

① 《习近平谈治国理政》第2卷，外文出版社2017年版，第134页。
② 《习近平谈治国理政》第2卷，外文出版社2017年版，第134～135页。

建设的历史上有着长期的实践探索和经验积累，对于新时代发展中国特色社会主义具有长远战略意义。

学生 B：通过观看反贪警示片和《揭“双面贪官”的虚伪人生》案例分析，使我们身临其境地看清了腐败的危害，加深了对反腐败斗争长期性和复杂性的认识，激发了我们争做“遵法、学法、守法、用法”模范的积极性和自觉性。一个个贪官虚伪人生的破灭，一桩桩腐败案件的审理，无不昭示着法律的权威不容任何人挑衅，法律的尊严不容任何人践踏！同时也警示我们：人的一生会扮演很多角色，每一个角色都有他应承担的责任和义务。作为国家公职人员，要做的就是自己的本职工作——为人民服务。公务人员的权力是人民赋予的，若是利用手中的权力去谋取自身的利益，这不仅仅有负人民的重托，更是辜负了人民对政府官员的信任！贪污腐败的官员不仅被人民所唾弃，更应为自己的行为付出代价！他们为实现自己的各种利益想尽一切办法去行贿受贿，有不少曾经为国为民做出重大贡献的公务人员就这样陷入了万丈深渊，走向了一条不归之路。其教训深刻而惨重。

学生 C：关于依法治国与以德治国关系的讨论，使我们进一步明晰了法治与德治的辩证统一关系，对一些“非此即彼”或“顾此失彼”的片面观点有了清醒认识，对国家的“法德兼治”和干部的“德才兼备”内涵有了更深刻的理解，坚信“法德兼治”才是科学的治国之道。

学生 D：关于《法网恢恢，疏而不漏》小品的制作和演出，使我们经历了一场学法、用法、守法、护法的大训练。从小品材料的选择到编排，为了使故事符合实际、符合逻辑、符合法律规定和法律程序，我们查阅了大量材料，研学宪法、民法和刑法，“学以致用”能力大大提升。

（二）来自同行的评价

实践教学是课堂教学的拓展和提炼。在本次实践教学活动中，丰富和活化了“依法治国，反腐倡廉”的教学内容，拓展了学生在实践活动中学习的空间，特别是关于《揭“双面贪官”的虚伪人生》案例的分析和《法网恢恢，疏而不漏》小品的编制和演出，不仅发挥了学生的主体作用，使学生由被动地接受知识变为积极主动地去探索问题，身体力行，从而达到不断完善自己的目的，有利于学生在潜移默化中涵养自我，向德行善，做遵纪守法的模范，实现了知识、能力和情感高度一致的教学目标。

（三）教师自我评价

本次实践教学采取前期阅读、案例展示、观看反腐警示片、现场讨论、小品编制和表演以及心得体会的撰写等系列活动，在拓展学生"依法治国，反腐倡廉"知识学习空间的同时，锻炼了学生"学法、用法、守法、护法"能力和演讲辩论能力，真正实现了学生为主体、教师为主导的教学模式转换，教学效果明显提升。

这样的实践教学，使学生在活动中开动脑筋，树立新观念，接受新事物，思想理论水平与认识能力大大提高，比较与鉴别能力也得以提升。学生在实践教学中通过自己的亲身体验所形成的认识，成为他们理想信念的最坚实的基石。特别是通过对反腐倡廉案例的分析和小品的编排，使学生在实践中感受法律的威严，从而形成敬畏感和自觉遵法护法意识，自觉运用马克思主义理论客观地分析和正确地认识社会生活中的各种现象，政治上、思想上变得更为成熟，自觉成为社会主义现代化事业的建设者和接班人。

当然，在实践教学实施过程中，也有部分学生全身心投入意识不强，虽然参加了"看、读、听"的活动，但"说、行、写"的动脑动手参与不足，合作学习意识还不强。以后尚需注意引导，在实践教学活动的组织和发动方面多下功夫。坚持一切从实际出发，引导学生更好地贯彻理论联系实际的原则，让学生运用所学理论去认识社会、指导实践，在接触、参与社会主义现代化建设的实际中接受锻炼，使学生能够全面准确地理解党的路线、方针和政策，坚定在中国共产党的领导下走中国特色社会主义道路的信心和决心，积极投身改革开放和现代化建设的伟大事业。

五、来自学生的报告

(一)我与宪法有个约会

有人说宪法是母亲，用爱抚摸保护我们；有人说宪法是权力，用威严使人臣服；还有人说宪法是树根，用营养滋养树冠。

从读书识字起，"宪法是国家根本大法"这句话就经常萦绕在我的耳边，但由于年少学识浅薄，加上法律条文专业化程度太高而稍显枯燥乏味，很多时候的我对宪法避而不谈，甚至敬而远之。

在这次以"依法治国，反腐倡廉"为主题的实践教学活动中，我深入研读了《中华人民共和国宪法》以及《中华人民共和国教育法》《中华人民共和国义务教育法》《中华人民共和国未成年人保护法》《中华人民共和国教师法》等。此时我才算真正读懂宪法，把宪法吃透了，如同"众里寻他千百度，蓦然回首，那人却在灯火阑珊处"。

作为未来的人民教师，首先要爱国守法，这是教师职业道德的基本要求。遵守法律法规，履行法律赋予的神圣权利和义务，做一个合格公民。其实，我知道我不仅要做一名合格的公民，而且我还肩负了重大的使命——我要让更多的学生、家长甚至社会上的每一位公民来读懂宪法，了解宪法。我们需要社会上所有人的共同努力，造就一个有容忍雅量的“公”，破除实现中国梦路上的障碍，建造更多的道德之墙，建设更多的律法之门，在堵与疏之间筑起公平秩序之城，维护宪法的尊严。少年智，则国智；少年强，则国强。传播正能量，放飞宪法魂，共筑中国梦。

古人云：“不以规矩，不成方圆。”党的十八大以来，以习近平为核心的党中央高度重视宪法在治国理政中的重要地位和作用，多次强调坚持依法治国首先要坚持依宪治国。作为一国法律体系的基础性纲领，宪法一直被称为“法律的法律”。宪法作为国家的根本大法，是治国安邦的总章程，具有最高的法律效力。新形势下加强和规范党内和人民群众的政治生活，既要坚持过去行之有效的制度和规定，也要结合新时代特点与时俱进，对以往准则推陈出新，革故鼎新。

（2014级思想政治教育本科班吴飘飘撰写）

（二）法德兼治之我见

在全面推进依法治国的进程中，需要一手抓法治，一手抓德治，发挥法律的规范作用和道德的教化作用，使二者相互结合，相互补充，相得益彰。只有将二者有机结合并落到实处，才是科学的治国之道。而真正实现法德兼治，就必须辩证地看待它们在现实生活中的作用，使二者“各司其职”而又能“相互为用”。

马克思主义认为：法律具有阶级性，它是在社会中占统治地位的阶级在政治、经济、思想等方面的观点的体现；法律具有利益性，它规定了公民的权利与义务，具有规范人们行为的作用；法律具有规范性，它多数是通过条文的形式表现出来，是成文法。而道德，也是由经济基础所决定，以善恶、正当、不正当为评价标准，依靠社会舆论、传统习俗和内心观念来维系，调整人与人、人与社会、人与自然关系的原则规范，以及与此相关的观念品质、行为活动的总和。道德具有可塑性、稳定性、导向性的特点。

法律与道德的共通之处在于：首先，二者都属于上层建筑的范畴，它们的形成都是由经济基础所决定的。一定时期内一个国家的法律的形成与规定以及人们的整体道德水平可以说都是由现阶段该国家的经济发展状况所决定的。其次，它们都能起到规范人们行为的作用。法律是成文的道德，道德是内心的法律。它们都可以在人们的心中形成一套行为标准，以此作为自身行为活动的准绳。此外,从长远看,二者的目的都是为了促进人的全面而自由的发展。法律与道德的区别在于:从二者的形式上来看,道德往往是一些约定俗成的规矩或理念经过长期的实践内化于人们心中的共同的意志。而法律则是在此基础上进一步将人们的共同意志通过国家立法机关的立法活动上升为国家意志,以法律条文的形式表现出来,从而更具有权威性与规范性。从二者在社会现代化治理过程中发挥的作用来看,道德注重的是劝诫,通过思想道德上的教化,使人们形成自觉的行为意识,它就像一剂预防针,在人们做出某些行为之前进行调节;法律更注重的是威慑,不仅在人们做出某种行为之前发挥作用,能够使某些具有违法心理的人不至于做出违法行为,而且一旦有人做出违法行为时,必定会受到法律的制裁。从二者在人们日常生活中发挥的作用来看,其所调整的范围有所不同,法律不是万能的,并非事事都能依靠法律途径得到解决,在一般私生活领域,在法律允许的范围内,通过道德关系来调整往往会更有效果,同样,道德在一定程度上也存在着相应的局限性。法律与道德二者有着严格的区分:当人们有违社会公德而尚未触碰法律底线时,更多的是受到社会舆论的谴责。但当形成违法行为时,不仅要受到舆论的谴责,而且还会受到法律的严惩。

德为本,法为标,道德是法律的渊源,法律是在道德的基础上产生的。法律的目的在于规范人们的行为,最终实现提高人们整体道德素质的目标。从法律制定的主体来看,法律是由人制定的,这就不可避免地存在着一定的缺陷或漏洞,这是不容否认的。对此,我们不可能完全消除法律本身存在的缺陷,但我们能做的是将这种缺陷的危害降到最低,也就是不断地自我完善。从法律实施的目的来看,法律的目的应当是促进人的发展,是对人的一种解放,而不是束缚人。我们常说"拿起手中的法律武器维护自身权益",法律所起的是一种保护作用,它维护的是国家的安全、社会的稳定以及人民的幸福。法律必须要体现以人为本的理念,在制定以及实施的过程中能更多地体现人的主体地位,反映人的精神。而道德对于法律具有一种调节作用,道德从主体上可分为私德和公德,私德大致可看作个人意志的体现,当多数人对同一事物或现象持有相同的意见时,个人意志就变成了一种集体的意志,私德也就变成了公德。公德就是民意的体现,法律的制定和实施的过程,也应是体现民意的。所以,法律和道德在一定程度上具有一致性。但法律的严密性与民意的正义性往往会表现出一定的差异,甚至表现为一定的冲突,这也显示出法律的道理与道德的人之常情存在着一定的空隙。比如前段时间的"辱母杀人案"引发的舆论关注就很值得我们深思:法律与道德不该是对立的,法律如果能给多数人带来安全感、得到多数人的认可,才是正当的;反之,法律如果不能让人们在每一个案件中感受到公平正义,那它的正当性就会受到质疑。

发挥好法律的规范作用，必须以法治体现道德理念、强化法律对道德建设的促进作用。[①] 这就要求法律在制定过程中更加严密，体现法律的权威。而法律的权威并非自发实现的，而是通过有效的实施，使人们的行为符合法律的要求，使法律的功能、地位得以彰显，才能保障法律的权威，这也正是法律的生命力所在。

同时，法律也要能够更多地体现人们整体的道德观念和共同的价值追求，更多地反映公序良俗，反映民意的诉求。道德对人的行为调节多为自发的，缺乏强制性，是自身主动接受、内化于心的，影响着人的价值判断与价值选择。同样，一个人的价值取向也影响着人的思想道德水平，个体之间的道德水平表现出极大的差异性。相比于个体在道德上的差异性和自发性，法律更具有共同性和强制力，可以弥补道德在这方面的不足，所以要通过法律规范来惩恶扬善，通过法律的约束，使人形成一种法律意识，做到遵法守法，为道德提供一种有力的支持。发挥好道德的教化作用，必须以道德滋养法治精神、强化道德对法治文化的支撑作用。[②]

正确处理法治与德治的关系，要避免两种错误的认识——“法律万能论”和“道德万能论”。既不能认为法律可以解决一切问题，将所有社会问题的解决途径都诉诸法律；也不能认为道德可以解决一切，只要人的思想道德提高了一切问题就可以迎刃而解。二者都片面夸大了法律和道德的作用。一个法治国家，不会仅仅依靠道德支撑社会的发展，也会健全法制；同时也不会仅仅依靠法律调节，也会通过道德的规范来提高人们的思想道德修养。推动依法治国和以德治国相结合，除了要对广大人民群众提出要求外，还应重视两类群体——广大党员和青年的作用。要加强党对依法治国和以德治国的领导，这是建设社会主义法治国家最根本的保证。党员干部以及广大党员必须充分发挥先锋模范作用，必须要做好表率，要带头守法，自觉成为依法治国的组织者和领导者。同时也要通过法律来约束党员干部的行为，要建立严密的权力制约和监督体系，加强对党员的监督和制约，将权力真正关进制度的笼子里。党员干部必须深刻认识到自己的不作为或乱作为的行为将会给人民带来严重的后果，有很多的违法犯罪案件是由于干部的不作为或是乱作为造成的。而从根本上来说，还是要求广大党员不断提高自身道德修养，培养高尚的情操，因为道德高尚的党员定能遵守宪法和法律的原则，做到“有所为，有所不为”。对于青少年来说，他们是祖国的未来，希望寄托在他们身上。青少年时期的价值观念并未完全定型，具有

---

① 参见《习近平关于全面依法治国论述摘编》，中央文献出版社 2015 年版，第 30 页。

② 参见《习近平关于全面依法治国论述摘编》，中央文献出版社 2015 年版，第 30 页。

较强的可塑性。要使青少年树立正确的世界观、人生观、价值观，提高青年学生的受教育程度，提高自身的科学文化修养与思想道德修养，提高辨别是非的能力，增强法治观念，能够在大是大非面前作出正确的判断与选择，使遵法守法成为其自觉行动。

总之，法安天下，德润人心。法律的实施需要道德的支持，道德的践行也需要法律的约束。法治和德治二者不可分离、不可偏废。国家的治理需要二者结合，同时发力。法德兼治，既是对我国历史经验的总结，也是对治国理政规律的深刻把握，它符合我国的实际情况，符合社会主义法治国家建设的要求，是国家繁荣富强，走向民主、自由的必由之路。

（2014 级思想政治教育本班段福生撰写）

（三）小品：××县委书记落网记

2016 年 10 月 17 日到 25 日每晚 8 点，由中纪委、中宣部、中央电视台联合制作的大型电视专题片《永远在路上》在中央电视台综合频道播出。观看影片后，社会反响很大，同学们也群情激昂，成立学习小组对此进行深入交流和讨论，并查阅相关资料，结合"法网恢恢疏而不漏"的专题实践活动的开展，我们编写了关于反腐倡廉的小品——《××县委书记落网记》与同学们分享。

人员安排：由于小品需要人数多，故有人分饰多个角色，以下人物按照出场顺序编排。

旁白：段福生

县委书记王守发：王鑫平（前两个场景）饰；王亚玮（后三个场景）饰

秘书小张、法官：张拂晓饰

杨镇长、送礼人、纪检员、狱警：杨修文饰

宙松集团董事长：宋汝双饰

王夫人：李颜雯饰

表弟、狱警：卞正豪饰

道具：一张办公桌，两把椅子，一个厚厚的信封，两张银行卡，一副手铐，一张拘捕令

场景一

旁白：刚上任的县委书记王守发来到办公室，开始了新的政治生涯。

（《欢天喜地过大年》的音乐响起）

年轻干练的王守发（王鑫平饰）踏着音乐上场，然后走到办公桌前坐下。

（音乐停）王守发翻阅了几份文件后，拿起了电话。

王守发：小张，进来一下。

小张：书记，您有什么事？

王书记：帮我安排一下，我要下乡看看。

小张：书记，您这刚上任没多久，还是先在办公室里批批文件，了解了解情况再去吧。

王守发：天天坐在办公室，你怎么知道园区的路通了没有，企业进来了没有？去到现场，一下子看到问题在哪里，这样就可以拍板把问题解决掉，这样才能提高工作效率。行了，你赶紧去安排吧！

小　张：好的，书记，我这就安排。

旁白：王守发让司机将他拉到了科技示范园区的建设现场。

杨镇长：书记，您好。我是清莲镇的镇长杨清。

王守发：杨镇长，你好，科技园区在清莲镇落户，就辛苦你紧跟建造进程，身为领导和负责人不要老是在文件上批来批去，要到现场办公、现场拍板、现场解决问题。科技园区的建立是利国利民的大事，你一定要做好相关工作！

杨镇长：放心吧，书记，一定完成任务。

场景二

旁白：王守发上任后，大兴现场办公、现场拍板、现场解决问题之风，这样过了几年，王守发在经济、教育、文化等方面政绩卓越，被越来越多的老百姓所认可。当然，也有越来越多居心不良的人给王守发送礼，从送土特产发展到送烟、酒、茶甚至红包。王守发在办公室翻阅文件，这时来了一位找他办事的老板。

宋老板：书记，您好您好。（两人握手）

王书记：请问您是？

宋老板：哎呀，书记真是贵人多忘事，前几天在华县慈善拍卖会上咱还见过面的。

王书记：原来是宙松集团的宋老板啊，那您今天是来……？

宋老板：是这样的，听说最近县政府将拍卖新区的那块地，我们集团十分需要，您看？……放心，事成之后一定重谢。这是定金。（宋老板拿出了一个厚厚的信封递给了王守发）

旁白：王守发看着这厚厚的信封，想着几年来那些有钱老板开着豪车，喝着名酒，住着别墅，而自己……王守发有些犹豫了……

宋老板退场，王夫人上场，坐在王守发旁边。

王夫人：老公，现在咱们的房子有些小了，咱买个大一点房子吧？

王守发：房子够我们住就行了，不用买那么大的。留些钱捐给山区的孩子买衣服、买书……

王夫人：老公，那咱买辆车吧，我上班的地方有些远，买辆车方便些。

王守发：买什么车？坐公交或者骑咱那电动车去就行了。

王夫人：唉，你这县委书记当的，我们娘俩一点光都沾不了。

王夫人退场，宋老板进场坐下。

旁白：正在王守发犹豫的时候，突然电话响了。丁零零——丁零零——

王守发：老婆啊，刚走又给我打电话有什么事啊？

王夫人：刚刚有人送过来一套新的家具，放下东西就走了，说是你买的，是不是真的？

旁白：王守发刚想说“不是”，但是看到宋老板似笑非笑的表情立即明白了。

王守发：没错，是我买的。咱那些家具已经一二十年了，前两天我就去家具城置办了一套新的。要是没别的事，我就挂了。（王守发随即挂了电话，看向宋老板）

王守发：宋老板好手段啊！

宋老板：书记您说笑了，您看那块地？

王守发：这个你就不用操心了，那边我会打招呼的。（王守发顺手接过了宋老板的信封）

场景三

旁白：万事开头难，但是有些事开始后便一发不可收拾，自从王守发收了第一笔钱后，第二笔、第三笔……慢慢进入了他的口袋，丝毫没有发现自己已经坠入犯罪的深渊。五年后，王守发办公室送礼的人络绎不绝，这天他的表弟出现在他的办公室。

表弟：表哥，几年不见越发有精神了！您看您这肚子，都这么大了。（表弟摸着王守发的肚子说道）

王守发（王亚玮饰）：表弟，你瞧瞧你，怎么都瘦成这样了。

表弟：表哥，这一言难尽啊，今天找您是有些事请你帮忙。

王守发：什么事？来，坐下说。只要能办到一定帮。

表弟：您知道我本来开个小饭馆，可是我雇的那厨师居然偷偷地用地沟油，这一下子就让人给举报了，工商局给查封了。

王守发：你看看，怎么这么不小心！

表弟：表哥，听说现在华县一中新校区要外包食堂，您也知道我一直都是开饭馆的，所以想请您跟学校那边打个招呼。

王守发：这个是人家学校的事，我这不好插手啊。

表弟：这是一点心意，表哥您收下吧。（表弟拿出一张卡递给了王守发）

王守发：你这是干什么？咱们兄弟俩你还这么见外?!（伸手将银行卡收到

了自己的怀中）

表弟：这事就拜托表哥了，事成之后，这食堂利润咱们对半分，您看怎么样？

王守发：嗯？对半分？（听到表弟的话，王守发的脸拉了下来。）

表弟：哪能啊，六四开，您六我四。（表弟见王守发脸色有些难看后，急忙说道）

旁白：王守发的表弟刚走，又进来了一位送礼的人。

送礼人：书记，您好您好，今天来是有些事要麻烦您。

王守发：来来来，快坐下说。（王守发听说来人有事要麻烦他，顿时高兴起来）

送礼人：书记，我那儿子大学毕业后到现在还没找到工作，我这当爹的都操碎了心，您看能不能帮个忙给安排个工作？

王守发：老大哥，你要是提前（提钱）来就好了，我们刚刚招了一批人。

王守发：老大哥，你那儿子会些什么啊？

送礼人：他平常喜欢写些东西，都在报纸上发表过呢，您看……

王守发：嗯，前两天听秘书说宣传部门还有个位置，要不就去那吧，不过转正要两个月后。

送礼人：那太好了，太感谢您了！书记，那您先忙，我先告辞了。

旁白：王守发利用自己的权力为他人办成一件又一件的事，同时他的钱财也在飞速地增加着。但是老百姓都看在眼里，王守发由于收受巨额贿赂被群众检举，"潜伏"多年的王守发终于东窗事发，检察院以涉嫌受贿罪对王守发立案侦查。王守发丝毫没有察觉，今天又有一人来到了王守发的办公室。

纪检员：书记，最近过得可好？

王守发（以为是送礼的人）笑着说：身体倍棒，吃嘛嘛香。来，快坐坐坐，你有什么事啊，要帮忙的话尽管开口说，为人民服务是我们该做的事啊，哈哈哈……

纪检员：书记，今天我来确实有事情麻烦您，价钱好商量。

王守发：好，我就喜欢你这么直接的个性，呵呵呵，不知你是要我帮你办什么事呢？

纪检员：这事好办，这是拘捕令（从背后拿出了一张拘捕令和一副手铐，正要拷在王守法的手上），就是麻烦您跟我走一趟。

旁白：突然从门外进来一女人，是王守发的妻子。

妻子：（哭泣着跑进来）老公……（瘫坐在了地上），女儿，女儿她……

王守发：（跑过来扶起妻子）怎么了，女儿怎么了？

妻子：女儿在学校严重食物中毒，医生说女儿今晚醒不过来的话，会、会、变成植物人。女儿,我的女儿……呜呜……

王守发:(伤心愤怒)食物中毒?在学校怎么会食物中毒,哪个学校的食堂,是哪个?(拉起妻子)

妻子:(哭泣着)华县一中新校,呜呜……

王守发:华县一中新校……(王守发神情颓废,嘟囔着"华县一中新校")

旁白:王守发听到这,如同晴天霹雳,他惊呆了,女儿竟然是被自己的贪欲给害了……

纪检员:走吧,现在是该你为自己的罪行负责的时候了。(纪检员上前将王守发拉走了)

场景五

旁白:陈毅元帅说过:莫伸手,伸手必被捉。法网恢恢疏而不漏,东窗事发的王守发被检察院起诉,在证据收集完毕后,法院对王守发收受贿赂一案进行了公开审理。

……

法官:本庭宣判:王守发五年来利用县委书记的职务便利,非法收受他人财物,为他人谋取利益,数额特别巨大,其行为已构成贪污罪、受贿罪,依据我国《刑法》第三百八十三条贪污罪和三百八十五条、三百八十六条受贿罪的相关规定,现判决被告人王守发无期徒刑,并处没收非法所得财产,剥夺政治权利终身。

王守发,以上是我院判决结果,是否决定上诉?

王守发:我服从法院判决,不上诉。我是农村长大的孩子,吃了很多苦。所以从小有一个愿望:希望能够做个官,做一个为民为国的好官,让更多的人不受苦。可是我没有坚定信念,当官后逐渐被物质欲望所腐蚀,被贪欲遮蔽了双眼,被金钱蒙蔽了良心。当收第一笔钱的时候我心里还有些不安,但是组织没有发现,我的胆子就渐渐大了起来,收的金额也越来越大,甚至对一些事情明码标价。我做了许多错事,给国家造成了巨大的损失。我对不起党和人民,我辜负了党和人民对我的信任,我更对不起我的妻子和女儿,说着哭了起来(用戴着手铐的手擦拭眼泪),我以我自身鲜活的例子,想对在工作岗位上的同僚们说一句:一定要做一个为国为民的好官,不要存在侥幸心理,法网恢恢疏而不漏,莫伸手,伸手必被捉!

结　语:(幕后解说)法网恢恢疏而不漏。为了自己的私欲而去触犯法律,甚至危及人民和国家的安全,无论如何这都是法律所不容许的。县委书记王守发原本可以做一个为国为民的好官,可是他却为了自己的金钱欲望而抛弃信仰,放弃肩上担负的责任和义务,严重损害了国家财产安全和当地人民的安全!

十八大以来，我国开展的反腐败斗争是一场自上而下的斗争，显示的是中国共产党为惩治领导干部违法乱纪行为的决心和毅力，它远比自下而上的斗争更具有权威性和震慑力。那些纷纷落马的党员干部不仅仅只是让全国人民看到他们受到法律的制裁；同时也向全国人民甚至是全世界人民展示了中国共产党以“壮士断腕”的勇气和决心去建设一个永葆纯洁性的政党。反腐斗争不仅仅需要党内的严查打击，同时也需要社会各界人士的有效监督和配合。

（2014 级思想政治教育班卞正豪编写）

（四）反腐倡廉在路上

腐败，是从古至今任何国家都无法回避的重要问题。古有贪官污吏，今有“老虎苍蝇”。一段时间里一些党员干部的“形式主义、官僚主义、享乐主义和奢靡之风”发展到了司空见惯的程度，“刑不上常委”的“潜规则”也在坊间流传，党风政风败坏到了极点。为此，中央出台“八项规定”，重拳出击，反腐倡廉，“老虎”“苍蝇”一起打。高官“落马”，违犯党纪国法者被严惩，人们拍手称快，党和国家的形象得以重塑，党风政风和社会风气明显好转。然而，“冰冻三尺非一日之寒”，反腐倡廉依然在路上，警钟长鸣，从严治党仍需常抓不懈。

对于改革开放 40 年的伟大成果，大家有目共睹。但是，随着市场经济的发展，腐败现象也开始蔓延，一些经济发展的“潜规则”，严重威胁着社会稳定，社会道德水平严重下降。能否遏制腐败，打击犯罪，关系着执政党的存亡和我国的长远稳定发展。

十八大以来，以习近平总书记为核心的党中央集中整治党风、严厉惩治腐败，形成压倒性态势，赢得党心民心，反腐倡廉、整“四风”（形式主义、官僚主义、享乐主义和奢靡之风），“老虎、苍蝇一起打”逐渐进入人民大众的视线，渐渐成为一个人们关注的话题。从十八届中央纪委三次、五次、六次全会报告公布的数据看：2013 年，全国纪检监察机关共立案 17.2 万件，结案 17.3 万件，给予党纪政纪处分 18.2 万人。2014 年，全国纪检监察机关共立案 22.6 万件，结案 21.8 万件，给予党纪政纪处分 23.2 万人。2015 年，全国纪检监察机关共立案 33 万件，结案 31.7 万件，给予党纪政纪处分 33.6 万人。据中央纪委通报的 2016 年前三季度全国纪检监察机关纪律审查数据，2016 年 1～9 月，全国纪检监察机关立案 29 万件，处分 26 万人。① 习总书记在中纪委第二次全会、第三次

① 参见《中纪委：2013 年至 2016 年 9 月全国党政纪处分 101 万人》，人民网，2016 年 10 月 20 日。

全会、第五次全会、第六次全会上，相继阐述了"把权力关进制度的笼子里"①、"形成科学的权力结构"等思想，制定了由权力反腐转向制度反腐的战略规划，强调通过"制度治党"和"重构政治生态"，形成"不敢腐、不能腐、不想腐"的体制机制，强调反腐败斗争永远在路上。一组组数据，赫然醒目，这是十八大以来对"越演越烈"的腐败态势的强势清算，在国际社会也引起了强烈反响！

纵观世界发展大势，政治廉洁是衡量各个国家发展方向和治理水平的重要标准。中国，作为一个世界政治经济大国，从严治党，率先垂范，西方各国对习总书记领导的"刮骨疗毒、壮士断腕"②反腐精神给予了高度评价，各国领导人对中国共产党从严治党取得的积极成效高度认可。在纷繁复杂的国际形势中，中国共产党的实践为世界各国执政党的建设与治理提供了中国方案，不断给予世界新的视角与思考。

十八大以后，中国共产党加强反腐力度，很多抱着猎奇心态观察中国反腐的国家，开始转变自身的思维方式，去思考"以治标为主，为治本赢得时间""人心是最大的政治""打铁还需自身硬"③等中国传统俗语背后的深意。

事实上，没有任何一个国家的执政党能回避"腐败"这个问题。尤其是当前国际形势正发生深刻变化的背景下，英国公投"脱欧"，欧洲大陆新右翼民粹主义崛起，美国总统大选特朗普"逆袭"成功等一系列政治事件的发生表明，在国际局势略显动荡的今天，各国执政党加强自身的治理与建设尤为关键。美国学者亨廷顿在其《变化社会中的政治秩序》一书中指出："不论是在哪一种文化中，腐化都是在现代化进行得最激烈的阶段最为严重。"④任何一个国家，任何一个政体，面对腐败的侵蚀，都应竭力抵制，坚决与腐败进行长期的斗争，这是全世界通行的公理。所以，中国共产党从严治党的政治实践对世界各国的国家治理也具有重要意义。

中国共产党的重拳反腐到了攻坚阶段，这不仅在本国树立了威望，也在世界面前塑造了良好的形象。世界各国关注中国共产党的"正风""反腐"，其缘由除了中国自身的国际影响力，也不乏对自身腐败问题的反思与思考。世界各国聚焦中国反腐，更多的是剖析共产党反腐政策和反腐决心，为解决本国问题做铺垫，找出路。

---

① 《习近平谈治国理政》第 1 卷，外文出版社 2018 年版，第 385 页。

② 《习近平谈治国理政》第 1 卷，外文出版社 2018 年版，第 394 页。

③ 《习近平谈治国理政》第 2 卷，外文出版社 2017 年版，第 161 页。

④ [美]塞缪尔·亨廷顿著，王冠华译：《变化社会中的政治秩序》，上海人民出版社 2008 年版，第 45 页。

随着中国的国际影响力日益增强，国际地位日益提高，世界各国更关心中国向何处去，向何处发展。

反腐是我党一项长期而艰巨的任务，是一场持久战，只有进行时没有完成时！只要腐败存在就一反到底，让我党执政地位永葆青春活力！

（2015 级思想政治教育本班姜晓静撰写）

专题五　美丽乡村建设面面观

解决“三农”问题是决胜全面建成小康社会、建设社会主义现代化国家的重大历史任务。党的十九大报告指出：“农业农村农民问题是关系国计民生的根本性问题，必须始终把解决好‘三农’问题作为全党工作重中之重。要坚持农业农村优先发展，按照产业兴旺、生态宜居、乡风文明、治理有效、生活富裕的总要求，建立健全城乡融合发展体制机制和政策体系，加快推进农业农村现代化。”①为此，我们专门设置了“美丽乡村建设面面观”实践教学专题，以期通过该专题的学习，引导学生在认真学习党和国家关于“三农”问题的方针政策基础上，深入农村调查，总结美丽乡村建设的成就和面临的问题，深刻理解实施乡村振兴战略的意义，为全面推进乡村振兴战略的实施贡献力量。

一、教学目标

（一）知识目标

“美丽乡村建设面面观”实践教学专题的知识目标是，通过对党的十八大以来，农业、农村发展取得了系列新成就的展示，使学生在充分了解农业综合生产能力得以新发展、农民生活水平明显提高、农村改革实现新突破、美丽乡村建设取得新进展、农村基层设施得到新加强的同时，也要看到当前发展不平衡不充分的问题在乡村最为突出，农业基础还比较薄弱，农民年龄知识结构、农村社会建设和乡村治理存在不少短板，进而深刻认识和领会党中央提出实施乡村振兴战略的意义。

① 习近平：《决胜全面建成小康社会　夺取新时代中国特色社会主义伟大胜利——在中国共产党第十九次全国代表大会报告》，人民出版社2017年版，第32页。

(二)情感目标

山东是一个农业大省,美丽乡村建设任务尤为突出。在校大学生多数来自农村,对农村比较了解,也充满感情。在教学过程中,结合中央提出扎实推进美丽乡村建设的方针政策和措施,让学生懂得建设美丽乡村需要有理想、有道德、有文化、有纪律的青年,帮助学生树立正确的人生观和价值观念,促进他们对中央关于推进美丽乡村建设认识和理解,启发学生的乡情和乡愁,激励学生努力从身边小事做起,积极投身于新农村建设。

(三)能力目标

“美丽乡村建设面面观”实践教学专题的能力目标,就是引导学生认真学习十九大报告关于实施乡村振兴战略的论述和《乡村振兴战略规划(2018～2022年)》,学习习近平总书记关于坚决打赢脱贫攻坚战的相关论断,指导学生利用“三下乡”活动和假期到农村或自己的家乡进行社会调研,使学生学会运用所学知识并结合本地情况查找问题,寻找出路,采取正确措施着重解决“三农”问题并最终形成社会实践报告;引导和培养学生爱家乡,爱农村,培养造就一支懂农业、爱农村、爱农民的“三农”服务队伍。

二、教学内容

(一)了解“三农”问题的由来

“三农”问题,就是指农业、农村、农民这三个问题。把解决好“三农”问题作为全党工作重中之重,是我们党执政兴国的重要经验,必须长期坚持,毫不动摇。① 研究“三农”问题的目的是要解决农民增收、农业发展、农村稳定问题。实际上,这是一个居住地域、从事行业和主体身份三位一体的问题。但三者侧重点不一,必须一体化地考虑以上三个问题。中国作为一个农业大国,“三农”问题关系到国民素质、经济发展,关系到社会稳定、国家富强、民族复兴。

应对农业发展问题,不仅要着眼于“三农”本身,而更应注重从“三农”之外即各自对立面采取对策。农业发展理论对于化解“三农”问题的意义在于对立

---

① 参见中共中央党史和文献研究院编:《习近平关于“三农”工作论述摘编》,中央文献出版社 2019年版,第3页。

统一、相互转化的三个方面:农业产业化经营、农业新型化、功能多元化及人本化;农村城镇化及社区化、均等化、农场化;农民新型非农化、职业化。

(二)掌握党中央关于"三农"问题的方针政策

在21世纪里,农业、农村、农民问题同样将在中华民族走向伟大复兴的新的历史征程中处于极其重要的位置,发挥着不可或缺的基础和保障作用。从这个意义上来说,中国的社会主义现代化建设成功与否取决于农业、农村、农民问题的解决与否,解决"三农"问题是中国现代化建设的重要工作任务。

从党的十六大提出实现全面建设小康社会,必须解决"三农"问题,把"三农"问题提到了一个新的高度来认识,到现在党和国家相继颁布了系列方针政策,以推动"三农"问题的解决。党的十七届三中全会审议通过了《中共中央关于推进农村改革发展若干重大问题的决定》,把解决"三农"问题作为为中国改革的一个焦点问题。2013年在中央农村工作会议上,习近平总书记进一步提出:中国要强,农业必须强;中国要美,农村必须美;中国要富,农民必须富。2015年2月《关于加大改革创新力度加快农业现代化建设的若干意见》正式发布,对农业农村工作进行了一系列安排部署,对中国进一步深化农村改革、加快发展现代农业,具有重大指导意义。

2017年10月18日,习近平总书记在十九大报告中又提出了"实施乡村振兴战略"①的重大部署。农业、农村、农民问题是关系国计民生的根本性问题,必须始终把解决好"三农"问题作为全党工作重中之重。2018年2月5日,《国家乡村振兴战略规划(2018～2022年)》文件提出要走中国特色社会主义乡村振兴道路,并搭建起实施乡村振兴战略的"四梁八柱"顶层设计。2018年6月15日《中共中央国务院关于打赢脱贫攻坚战三年行动的指导意见》指出:过去5年,我们充分发挥政治优势和制度优势,构筑了全社会扶贫的强大合力,建立了中国特色的脱贫攻坚制度体系,为全球减贫事业贡献了中国智慧和中国方案,谱写了人类反贫困史上的辉煌篇章。

(三)领会"精准扶贫"才能精准脱贫

精准扶贫,是粗放扶贫的对称,是指针对不同贫困区域环境、不同贫困农户状况,运用科学有效程序对扶贫对象实施精确识别、精确帮扶、精确管理的治贫

① 习近平:《决胜全面建成小康社会 夺取新时代中国特色社会主义伟大胜利——在中国共产党第十九次全国代表大会报告》,人民出版社2017年版,第32页。

方式。一般来说，精准扶贫主要是就贫困居民而言的，谁贫困就扶持谁。

2013 年 11 月，习近平到湖南湘西考察时首次提出了“实事求是、因地制宜、分类指导、精准扶贫”的重要指示。2014 年 3 月，习近平参加两会代表团审议时强调，要实施精准扶贫，瞄准扶贫对象，进行重点施策，进一步阐释了精准扶贫理念。2015 年 1 月，习近平总书记云南调研时强调坚决打好扶贫开发攻坚战，加快民族地区经济社会发展。5 个月后，总书记调研贵州省时，强调要科学谋划好“十三五”时期扶贫开发工作，确保贫困人口到 2020 年如期脱贫，并提出扶贫开发“贵在精准，重在精准，成败之举在于精准”。2017 年 10 月，习近平总书记在中国共产党第十九次全国代表大会开幕会上再次提出，要坚决打赢脱贫攻坚战。

改革开放以来通过不懈努力，已经使 6 亿多人脱贫，成为全球首个实现联合国千年发展目标贫困人口减半的国家。经过多年的减贫工作，现在剩下的都是“硬骨头”。习近平指出，扶贫开发工作已进入“啃硬骨头、攻坚拔寨”的冲刺期。各级党委和政府必须增强紧迫感和主动性，在扶贫攻坚上进一步理清思路、强化责任，采取力度更大、针对性更强、作用更直接、效果更可持续的措施，特别要在精准扶贫、精准脱贫上下更大功夫。未来 3 年，还有 3000 万左右农村贫困人口需要脱贫，其中因病、因残致贫比例居高不下，在剩余 3 年时间内完成脱贫目标，任务十分艰巨。特别是西藏、四省藏区、南疆四地州和四川凉山州、云南怒江州、甘肃临夏州（以下简称“三区三州”）等深度贫困地区，不仅贫困发生率高、贫困程度深，而且基础条件薄弱、致贫原因复杂、发展严重滞后、公共服务不足，脱贫难度更大。从脱贫攻坚工作看，形式主义、官僚主义、弄虚作假、急躁和厌战情绪以及消极腐败现象仍然存在，有的还很严重，影响脱贫攻坚有效推进。必须清醒地把握打赢脱贫攻坚战的困难和挑战，切实增强责任感和紧迫感，一鼓作气、精准施策，以更有力的行动、更扎实的工作，集中力量攻克贫困的难中之难、坚中之坚，确保坚决打赢脱贫这场对如期全面建成小康社会、实现第一个百年奋斗目标具有决定性意义的攻坚战。

(四)明确用发展新理念引领农业现代化建设

用发展新理念引领农业现代化，是一场深刻变革。创新发展是第一动力，只有依靠体制创新，才能破解谁来种地、地怎么种、新农村谁来建的现实难题，激活农业农村发展活力。协调发展是必由之路，促进城乡协调发展，才能破解城乡二元结构问题，补齐“三农”发展短板。绿色发展是必然要求，尊重自然、顺应自然、保护自然，才能实现农业可持续发展。开放发展是大势所趋，统筹用好国际国内两个市场、两种资源，才能不断提高农业竞争力，赢得国际竞争主动权。共享发展是本质要求，引导农民积极参与现代农业建设，才能让农民、尤其是贫困农民更多分享现代化建设成果，与全国人民一道迈入全面小康社会。

推进农业现代化，出路在深化改革。当前农业面临的诸多矛盾和难题，突出表现在结构方面，主要是在供给侧。加强农业供给侧结构性改革，是今后一个时期的重要任务。推进农业结构性改革，必须守住国家粮食安全底线，树立大农业、大食物观念，着力去库存、降成本、补短板，优化农业产业结构，真正形成结构更合理、保障更有力的农产品有效供给，实现农产品供需平衡由低水平向高水平跃升。

农业现代化不可能一蹴而就，是一场持久战。实践一再证明，越是宏观环境复杂，越要高度重视"三农"工作。在我们这样一个 14 亿多人口的发展中大国，稳增长、保供给、调结构，哪一样都离不开农业、农村、农民。任何时候都不能忽视农业、不能忘记农民、不能淡漠农村，要严格落实"三农"工作"重中之重"的责任要求，始终坚持思想不松劲、政策不减力、改革不停步，不能让农业农村发展的好势头发生逆转。

（五）明晰全面建成小康社会关键在农村的原因

"小康不小康，关键看老乡。"①"没有农村的小康，特别是没有贫困地区的小康，就没有全面建成小康社会。"②习近平总书记多次讲过这样深刻的话。在迈向现代化的进程中，农村不能掉队；在同心共筑中国梦的进程中，不能没有数亿农民的梦想构筑。"全面建成小康社会、实现第一个百年奋斗目标，农村贫困人口全部脱贫是一个指标。"③

党的十九大提出了实施乡村振兴战略的要求，并掷地有声地指出，农业、农村、农民问题是关系国计民生的根本性问题，必须始终把解决好"三农"问题作为全党工作重中之重。到 2020 年全面建成小康社会；重点攻克深度贫困地区脱贫任务，确保到 2020 年我国现行标准下农村贫困人口实现脱贫，贫困县全部摘帽，解决区域性整体贫困，做到脱真贫、真脱贫。全面小康与扶贫攻坚，这两大目标任务的完成重点在农业、农村、农民。

十九大明确新时代我国社会主要矛盾是人民日益增长的美好生活需要和不平衡不充分的发展之间的矛盾。这个新时期主要矛盾在广大农村表现最为

---

① 《习近平谈治国理政》第 2 卷，外文出版社 2017 年版，第 23 页。

② 《习近平谈治国理政》第 1 卷，外文出版社 2018 年版，第 189 页。

③ 习近平：《在中央扶贫开发工作会议上的讲话》，《十八大以来重要文献选编》（下），中央文献出版社 2018 年版，第 29 页。

突出。农村农民对美好生活需要的潜力与空间最大，而不平衡不充分的发展又制约了农村农民日益增长的美好生活需要。不平衡是一个结构性问题，不充分是一个总量问题。不平衡的结构性问题主要体现在城乡差距上，农村农民的落后面貌是不平衡的表现。不充分的总量问题主要是农村各种资源的总量严重不足。因此，乡村振兴战略，抓住了农村的主要矛盾，是实现全面小康，扶贫攻坚，解决新时期主要矛盾的重大的全局性战略，必须提到如此高度来认识乡村振兴战略。

三、教学实施

(一)讲授:党关于“三农”问题的方针政策

党的十九大以来，尤其是中央一号文件颁布以来，“三农”问题日益成为社会关注的重点问题。为引导学生在习近平新时代中国特色社会主义思想指导下，以便更有效的解决“三农”问题，任课教师在本专题实施之前给学生讲授了党关于“三农”问题的方针政策，尤其是总结十八大以来党所提出来的相关政策，例如 2015 年 2 月《关于加大改革创新力度加快农业现代化建设的若干意见》(以下简称《意见》)正式发布，《意见》对农业农村工作进行了一系列安排部署，对中国进一步深化农村改革、加快发展现代农业，具有重大指导意义。通过对学生宣传党的方针政策，让学生深刻体会到国家对“三农”问题的重视程度，从而激发学生对“三农”问题的关注，并化为实际行动，投身于乡村振兴战略的实施进程中去。

(二)调查:现代农村土地流转进展

为了让学生更深入、更全面地理解十九大强调的“三农”问题重要性，组织学生对现代农村土地流转进展进行实地调查。从农村中来，到农村中去，学生当中有很大一部分都来自山东省不同市县的农村家庭，想要了解现代农村土地流转进展就要真正走到农村中去，将学生分地域、分小组，并设置调查问题:你周围的村庄、镇子土地流转进展是怎样呢? 每个小组设组长，将组内成员搜集的信息、调查结果汇总起来整理成一份文件，通过小组间对话、分享、交流，学生对山东省各地区现代农村土地流转进展问题得到了更全面的了解。

进入 21 世纪以来，我国农村土地流转呈现速度不断加快、规模不断扩大。根据《全国农业现代化规划(2016～2020 年)》中的相关规定。2018 年，农村土地确权将全面落实，不仅可以推动农业现代化，同时也可以从根本上推进农村土地流转的进程。作为土地流转的前提条件,农村土地确权进程的加快必然也将促使农村土地流转的进程和速度。农业部部长韩长赋在回答关于"农村土地流转"的问题时表示,土地问题是现在农村改革的重点。现在全国土地流转面积占家庭承包耕地的面积在35%左右,流转的形式有多种。①

根据2018年2月5日,《国家乡村振兴战略规划(2018～2022年)》文件的精神,为深化农村改革,推进土地流转工作,提高土地资源利用效能。2018年2月底月,组织学生开展土地流转情况调研,通过座谈了解、现场调研、走访农户等方式,深入了解山东省农村土地流转情况,从2013年以来的三年间,山东启动了大规模的土地确权登记颁证工作,确权面积占家庭承包地总面积的98.1%。② 土地确权的完成使农民吃了"定心丸"。由此,农民可以放心流转自己的承包地,安心进城务工落户,加快了农村富余劳动力转移和城镇化建设进程。目前,山东省土地流转面积达到3266万亩,土地经营规模化率已超过40%,规模效应逐渐显现,为农业丰收创造了良好条件。③

通过对农村土地流转情况调查,使学生明白及时关注党所颁布的相关文件的重要性,让"形势与政策"课堂教学落到实处,在解决"三农"问题过程中做一个积极的参与者。

(三)调查:现代农村医保及教育状况

为了深入了解新农村建设给农民带来的物质生活和精神生活上的改变,了解农民生活和农村建设,了解新农村合作医疗是不是落实到每家每户,是不是让农民受益,同时,也为了增长学生见识和才干,增加社会实践的阅历,丰富社会知识和经验,2018年1月8日,我们组织学生在章丘市中医院门诊部就前来就诊的农民进行了关于新型农村合作医疗状况的调查。本次调查采取随机抽样的方法,对前来医院看病的30户农户户主以回答调查问卷的形式进行调查,在30户农户中,参合的有30户,参合的农户中有22户对农合感到非常满意,其余8户也满意该政策,但认为使用程序太复杂了。

在与农民交流过程中,从他们幸福的容颜我们不难发现,新农村医疗合作保险使得农民看得起病,提高了人民幸福指数。农民对国家提出的相关健康脱贫政策很满意。

---

① 参见《农业部:全国土地流转面积占家庭承包耕地总面积35%,正试点土地使用抵押贷款》,人民网,2017年3月17日。

② 参见《山东省土地确权登记颁证基本完成》,齐鲁网,2016年8月29日。

③ 参见王川:《规模效益惠农民　山东土地流转面积达到3266万亩》,《大众日报》2018年9月19日。

通过走访调查发现，国家对提高农民获得感幸福感、安全感方面采取了多项政策措施，例如，贫困户、低保户新农合由国家缴费等。但是由于农民受教育程度不够，对国家政策不理解，所以有些政策不能得到很好落实。这就需要提高教育水平，国家的发展在农村，农村的发展关键在于教育。目前，我国一些贫困山区的孩子连最基本的九年义务教育都得不到满足，使得乡村受教育程度明显低于城市，因此，国家必须高度重视乡村教育。

(四)观看纪录片:《扶贫周记》

组织学生观看《扶贫周记》纪录片，让学生感受我国农村发展现状并展开讨论。

通过观看影片及讨论，使同学们认识到：精准脱贫，全面实现小康社会的路还很长。为了调整我国留守农村人员结构，各方要精准发力，唱响“三农”主旋律，为乡村供强大的舆论支撑。

(五)案例:引导“农二代”挑起“新农人”重担

案例一：章丘“80 后”小夫妻变身“水果达人”

在千年古县章丘具有“黉塘夜雪粉妆城”美誉的相公庄街道黉塘岭上，有占地 500 余亩的黉塘岭昊霖生态园。春看繁花，夏看果；秋尝香梨，冬看雪。园区内果蔬成荫，生态园主人“80 后”小夫妻张庆荣、石慧芸夫妇穿梭其中，施肥、浇水、剪枝、防虫……忙得不亦乐乎。

园区整体规划分为大型养殖区、自主采摘区、农家乐、现实农场区、生活区等五大区。目前，已建成的有养殖区、自主采摘区、生活区三部分，养殖区内建有现代化养殖场，猪、鸡均采用原生态养殖。“之前在滨化集团工作时，两口子年收入能达到 15 万。”张庆荣告诉记者，虽然就业于全国 500 强企业，生活平静幸福，但 2010 年到父亲工作的园区时，得知园区因缺乏资金和良好的营销方式一直亏损，激起了他创业的念头。2010 年，他辞职回乡，在章丘八大景之一的黉塘岭上承包流转土地 500 亩，创建了黉塘岭昊霖果品专业合作社。开始与 9 个农户合作，如今已扩展到 12 户。“我们这里最有特色的就是水晶梨和黄金梨了，口感好，个也大。尤其是我们种植的水晶梨最大单果重达 4 斤以上，美国凯特杏最大单果重达半斤，这在济南乃至整个山东都是独一无二的，黄金梨因口感甘脆无渣也受到消费者的青睐。”张庆荣骄傲地说。

2011 年“倒春寒”，一夜之间，梨树全被冻死，给小两口一个“下马威”。“最困难的时候，我俩的积蓄全赔了，还卖了在滨州的房子，补齐了窟窿。”石慧芸说：“我们马上与莱阳地区的种植专家联系，学习技术，争取让损失减少。”“2015

年春天,也出现'倒春寒',我们几夜不睡,忙着在果园里'欧烟'。'欧烟'是个仔细活,不能出现明火,稍不注意就会烧坏树木,经过几夜奋战,虽比去年减产一半,但好歹也是有收获的。"

"2012年我们开始尝试大棚种植凯特杏,这在章丘我们是首家,摸索中我们具备了发展生态农业和观光旅游一体化的智能光伏农业大棚项目的能力,于是我们筹划建设了将生态农业和观光旅游完美结合的光伏农业大棚。"光伏大棚内除了花卉和水果外,还将建设游泳池,让游客在每一个季节都能享受在田园风光和戏水乐趣。园区还将打造现实版开心农场,每逢周末城里的孩子们在家长的陪护下耕田种菜,实现"我在黉塘岭有块田"的田园梦想。游客还可以在我们的钓鱼中心享受垂钓的乐趣,和大自然进行近距离的接触,体验自己的劳动成果。

"我们还将打造全国首个园林式景观布局的光伏大棚农家乐,完全从消费者的角度出发,保证在我们那里吃到任何食品都是健康放心的绿色食品,猪羊鸡肉都是我们自己散养的放心肉,绝不喂任何饲料及激素,蔬菜、水果全有我们自己种植,不使用任何农药和激素,绝对保证食品安全、纯天然!"张庆荣对他的生态园憧憬满满。

案例点评:身为"农二代"的张庆荣、石慧芸夫妇,看准了园区发展的"致命点"——缺乏资金和良好的营销方式,在同时意识到这又是一个巨大的商机后,夫妻二人放弃了平静安逸的幸福生活,带着青年人敢于拼搏、无畏输赢的冲劲与干劲毅然决然地辞掉了本已收入不错的工作,回到家乡因地制宜地发展特色农业并不断发展壮大,为广大青年创业者做出了榜样示范作用。通过这个案例从他们身上得出了以下几点经验与认识:首先,创业要有"可行的"商机,要充分结合市场与当地优势,因地制宜,发展特色农业与品牌农业,注重农业领域的"拓宽",例如将农业与服务业相结合发展生态农业等,形成独特优势。其次,要"活到老,学到老",不断提高自身技能,加强专业技术学习,经常与专家交流,更新知识储备,科学种植,不仅能够提高自身产品的市场竞争力也能在一定程度上规避风险、减少不必要的经济损失。再次,作为青年人就要有"初生牛犊不怕虎"的冲劲与干劲,敢于尝试,敢于摸索,敢于创新,在市场竞争的大浪潮下充分发挥自身的聪明才智、勇往直前,闯出属于自身的独特领域。最后,各行各业的创业人员要贯彻新的发展理念进行现代化生产,坚持合格生产、良心生产、绿色生产、健康生产,形成良好的口碑,为消费者提供优质产品与良好的消费环境,与此同时,形成产业自身的竞争优势。"水果达人"张庆荣、石慧芸小夫妇不仅带动了当地的经济发展,帮助村民发家致富,也为发展生态农业和观光旅游一体化的智能光伏农业大棚项目提供了范例与经验,积极承担起了"新农人"的重担,改变了传统的发展模式,为促进当地经济发展、实现小康社会做着独特而又突出的贡献。

案例二：勇做"新农人"发展生态农业

2017 年 11 月 24 日，《黑龙江日报》刊登了《勇做"新农人"发展生态农业》一文，讲述了毕业于山东政法学院的李孟同 6 名大学生回家乡创业的故事。以下是该文的主要内容，我们作为一个典型案例进行了分析探讨，以启发学生对"新农人"的理解。

2013 年李孟从山东政法学院毕业后，看到父亲创办的果蔬农业专业合作社正走向规模化经营，就产生了投身农村创业、当一名新型职业农民的想法。2014 年，在国家提倡"大众创业，万众创新"的指导政策激励下，李孟同 6 名大学同学回到家乡创业，在黑土地上开始了从大学生转型"新农人"的创业历程。

李孟深知，要想当好新型职业农民，一定要有科学的头脑和现代农业生产技术，具有经营管理、市场营销与产业开发能力。为此，她除了在生产实践中向父亲和农民请教，还利用农闲参加各项农业技术培训和创业培训。通过一次次学习，她逐步掌握了新型职业农民从事农业的科技知识和实用技能，并把所学知识及时运用于生产实践中。

依托佳木斯便利的交通和优美的自然环境，李孟带领创业团队在合作社拥有的 600 亩种植基地上种植特色果蔬，以矮化密植桃子和旱地大樱桃为特色产业，致力于打造集生态种植、林木养殖、认养认种、农产品深加工与销售、农民创业基地及乡村旅游文化观光等为一体化的现代科技农业园区，努力实现一、二、三产业的融合发展。

2016 年，李孟的合作社技术团队成功繁育嫁接出适合在高寒地区种植的矮化密植桃子品种——农缘油桃，实现了油桃在时间和空间上的重大技术突破。农缘油桃产量高、结果快、口感好且耐储存，平均一亩地增收 5 万元。

李孟带领合作社通过扩大农缘油桃种植规模，示范带动周边农民种植农缘油桃，不仅优化了当地农村产业结构，还增加了农民收入，调动了广大农民的种植积极性，实现种植、采摘、销售、加工一体化的农业产业化经营。现在合作社现代农业园区带动就业 80 多人，其中女性 70 人，带动贫困户 12 户，解决了农村剩余劳动力问题，也解决了农村土地闲置问题，吸纳更多农村劳动力投身到健康生态农业产业中来。

展望未来，李孟满怀信心地表示，合作社生态休闲农业是完整的一二三产融合，他们将深入挖掘农产品价值，提高竞争优势，使合作社优势农产品向精加工、深加工方向发展。并通过大力发展"公司＋合作社＋农户"的模式,带动更多农户共同致富。

案例点评:从案例可以看出,"新农人"李孟在大学毕业后,充分利用国家政策结合家乡实际,与大学同学进行创业,走出了一条适合自己与当地发展的独特之路,通过探索出的"公司+合作社+农户"的模式,不仅解决了当地部分剩余劳动力的问题,带动村民发家致富,也积极承担起了"新农人"的重担,诠释着"新农人"脱贫致富的新思想、新技能、新手段,为当地的经济发展做出了突出的贡献。通过案例也可以得出大学生创业成功的因素主要有以下几点:首先,党和国家出台了一系列的方针和政策,积极引导大学生和广大社会青年进行"大众创业,万众创新",为其创业提供了便利条件,李孟等人充分利用国家的方针和政策优惠,把握时机,脚踏实地,实干兴业;其次,做到理论与实践的有机结合,李孟充分将自身所学理论与实践结合,利用闲暇时间不断与当地村民进行交流,了解种植技能,且经常参加培训注重不断提升自我,将所学到的知识应用于实践中,以获得更好的实际效益;再次,发展农业要因地制宜,凭借当地优越的自然条件和人文条件发展特色种植,形成品牌效应与独特的竞争优势,与此同时注重技术的研发与更新,以增加产量、减少病虫害、预防自然灾害,获得更多利润;最后,要增加产品的附加值,延长产业链,拓宽农业领域,运用现代化技术进行一体化生产,将一、二、三产业积极融合起来,以获得长远化、多样化、综合化发展。农村地区的发展需要一代又一代农民的艰苦奋斗与"领头羊"们的正确引导,相信在许许多多个李孟这样的"新农人"的带领下,定能打好脱贫攻坚、促进小康社会的早日实现。

四、教学评价

(一)来自学生的评价

学生A:实践教学带给了我们不同于课堂教学的直观感受,不再是简单地通过课本、讲义去了解农村问题,而是踏踏实实地去看、去思考,特别是"三下乡"社会实践极大地提高了我们对"三农"问题的认识和理解。在章丘区三涧溪村的社会主义现代化农村建设的实践教学中,我们深刻认识到落后地区要想富,必须积极响应国家的乡村振兴发展战略,必须结合本地实际,发展特色农业、种植业与养殖业,努力打造品牌与良好口碑,并大力推进工业与服务业的发展,改变落后的面貌。

学生B:实践教学让我们深刻了解党和国家对农村的重点投入。我国农村地区的迅速发展离不开党和国家的正确领导与英明决策,以及奋斗在基层千千万万个国家的好干部的带领，他们舍“小家”顾“大家”，全心全意为人民服务，将改革与发展的成果真正惠及到全体人民的身上，干着最琐碎与难度很大的基层工作。农村地区今天的发展离不开他们的艰苦奋斗与辛勤劳作。国家还采取各种扶贫手段，通过低保兜底、搬迁等方式改变落后的局面，将扶贫与扶志相结合，实施精准扶贫，打好脱贫攻坚战，决胜全面建设小康社会。

学生C：通过社会实践，让我们体会到实践教学的优势在于：第一，实践教学实现了从实践中来到实践中去。课本上的案例出自实践，通过“三下乡”了解更多的案例，不再单一，而是一副鲜活的社会主义新农村建设蓬勃繁荣的景象就呈现在你的眼前。第二，实践教学可以充分提高学生自我学习能力，学会用文献调查法与访谈调查法双管齐下，听到更多的声音，来自不同村庄，不同的人是如何看待“三农”问题，学会辩证地去看，唯物地去办。第三，实践教学可以挖掘学生对于时政热点问题全新的认识，使每一个参与其中的同学产生强烈的融入感。全面建成小康社会是惠及十几亿的小康，解决好“三农”问题是打好脱贫攻坚战的基础。我们每一个人的梦，凝聚起来就是中国梦。

（二）来自同行的评价

社会实践是学校教育向课堂外的一种延伸，对青年学生来说是至关重要的人生历程。本专题通过吸纳大学生所在区域的地方资源，进行逻辑设计、开发和实施课程，具有重要的探索意义。充分加强地方特色与课程的融入研究，有利于贯彻党的十九大精神，提高新时代条件下大学生对“三农”问题的关注程度。本专题的教学实践活动，是基于当地莘莘学子通过对全国“两会”关于“三农”问题的深入了解，充分开发和利用学校地方教学资源埠村城区规划的基础上实施的，颇具地方特色，是加强地方资源与课程融入研究的一次创新，有利于提高学生的社会实践能力，将理论与实践相结合。

实践教学是新课改所提倡的一种教学模式。在实践中，可以丰富和活化教学内容，拓展学生自主学习的空间，打破单纯课堂理论教学的局限性，可以充分发挥学生学习的主体作用，使学生由被动地接受知识，变为积极主动地去探索问题，从而达到不断完善自己的目的。

（三）教师自我评价

本次实践教学活动采取的是前期阅读十九大报告、课堂讨论、实地观摩、经验总结相结合的方式，在提高学生在实践中贯彻学习十九大精神和锻炼探究能力的预期目标指导下，基本实现了学生关于“三农”问题的学习与提高实践综合素质的教学目标。本次“新农村建设面面观”活动在了解社会、学生、学校对地方资源的需求情况、分析课程开发的条件及影响因素、健全和明确开发计划、清晰和准确课程目标、发挥地方资源优势等方面取得了一系列收获，最大的收获是有助于促进学生关于“三农”问题的认识，有助于帮助他们建立起理论与实践之间的联系，引导学生更加自觉地用马克思主义观点看待“三农”问题，提高解决“三农”问题的信心。

本次实践教学活动抓住了新农村振兴发展的轨迹，在带领学生实践的全过程紧扣乡村振兴发展战略主题，始终把“三农”问题作为活动的重点。教学过程中注重运用思想政治教育的社会功能，如实地观摩环节，使学生切身感受新农村的经济发展。在教学过程中坚持以学生为本的思想，充分发挥学生积极性，如在课堂讨论环节，教师抛出话题：假如你是村干部，请为乡村建设献言献策。这一活动充分调动了学生的学习热情，使学生参与到课堂教学之中，最大限度提高了思政课的影响力。

本次教学实践活动，旨在使当代大学生更加充分地认识到建设社会主义新农村与贯彻落实党的十九大精神之间的内在联系，使学生更加自觉、主动地投身于社会主义新农村建设，促进经济社会尽快转入科学发展的轨道。通过本次活动，学生认识到在新农村建设的过程中，必须以人民利益为中心，以农村发展为主线，以农业发展为重点。

在实践中开动脑筋，树立新观念，接受新事物，使学生时刻关注新形势，思想水平与认识能力与时俱进。学生在实践教学中通过自己的亲身体验所形成的认识，成为他们理想信念的最坚实的基石。他们在新时代改革开放的实践中感受中国共产党的威力，从内心信仰共产主义，并自觉运用代习近平新时代中国特色社会主义思想客观地分析和正确地认识社会生活中的各种现象，自觉成为社会主义现代化事业的建设者和接班人。

五、来自学生的报告

（一）农村的真扶贫与“扶假贫”

十九大报告指出：“中国特色社会主义进入新时代，我国社会主要矛盾已经转化为人民日益增长的美好生活需要和不平衡不充分的发展之间的矛盾。”[①]而农村贫困问题是发展不平衡不充分最突出的体现，同时也是影响满足农村地区

① 习近平：《决胜全面建成小康社会 夺取新时代中国特色社会主义伟大胜利——在中国共产党第十九次全国代表大会报告》，人民出版社2017年版，第11页。

人民对美好生活需要的主要因素。全面建成小康社会要求坚决打赢脱贫攻坚战。但事实上仍存在真扶贫与“扶假贫”问题。对此，我们对山东省临沂市沂南县扶贫动态进行了数据统计和持续关注，对沂南县湖头镇刘岭王湖村进行了访问和调查，形成了如下认识。

1. 真抓实干，真扶贫

沂南县湖头镇刘岭王湖村是湖头镇的边缘村庄，位于沂南县和沂水县、湖头镇和苏村镇的交界处，近年来已有280户577口人脱贫。致贫的主要原因是：偏离县、镇中心，公共交通落后，仅有一条通往县城的公共交通；产业结构的单一化与现今经济结构多样化的脱节，农业生产结构和种植结构单一化，主要种植以小麦、玉米为主的粮食作物和以花生为主的经济作物，种植单位基本为个体农户，农民局限于土地之上，收入来源单一；工业发展十分滞后，缺乏特色产业，难以得到政府重视；没有突出的自然景观和人文特色，不能从此方面开发产业。

扶贫首先要找出“穷根”，真扶贫就要转换思想、开拓思路。刘岭王湖村委从实际出发，开源节流，努力真扶贫。2014年，设置乡村环卫工人，村中的生活垃圾有了集中处理地点，开始重视生态环境建设，努力达到人居环境干净整洁的基本要求。2016年9月，沂南县统计局联合临沂沂蒙精神传承促进会、汇彬国际集团在湖头镇刘岭王湖村举行了扶贫助困爱心捐赠仪式，汇彬国际集团向村里20位老人及困难群众发放了善款，每人领到了400元现金，并表示将出资500万元，帮扶期为2年，主要用于帮助70岁以上老人和困难群众，改善他们的日常生活状况，提升他们的生活水平，积极调动社会参与共同扶贫。2017年，村委会出资翻修了主干硬化路，并以村委会公费和村民集资的方式扩修硬化路，实现道路“户户通”。在“通路”方面不断努力，2018年刘岭王湖村及周边邻村撤销原有的“界湖—小河”公共交通，开始建设通往各乡村的城乡公交站牌，新线路正在规划筹备中，基础设施建设正在完善中。

刘岭王湖村地形较为多样，在村干部倡导下，近年来村民除了常规性的种植花生、小麦、玉米等作物外，还新增了鲜姜种植和果树种植，丰富了农作物的种类，增加了农民收入。在玉米收割上摒弃了原来的人工收割，玉米收获的季节联系收购商，采用机械一体化联合收割的方式，直接转卖给收购商，提高了收获效率，有利于解放劳动力。为了解放女性劳动力，该村逐渐引进电机纺织业，村中无业的家庭妇女拥有了弹性工作，借用这一产业创造财富；另有村民引进了手工纺织业，为村中的老人提供收入渠道，老人有了自己的收入来源，利用自己的劳动进行脱贫，成为该村扶贫辅助产业。另外，在政府支持下发展光伏发电，纳入国家补助光伏扶贫项目，在解决村里通电的同时，还创造了财富。每年政府补贴 10 万元，除了用于投资发展项目外，剩余部分分发给贫困户，村民还可以通过入股分红等渠道来拓宽收入来源。

脱贫是一场攻坚硬战，扶贫政策的优越性在于它能最大程度上得以落实，只有扎实行动，才能实现真扶贫、真脱贫，让扶贫工作真正有成效。

2. 反腐去假，精准扶贫

基层领导扶贫工作是否真实对实现脱贫目标发挥着举足轻重的作用。十八大以来对反腐工作高度重视，中央有"大老虎"，而基层也有"小苍蝇"。2016 年 11 月 14 日，中共沂南县纪委给予沂南县湖头镇湖头村书记赵振德开除党籍处分，作为村书记赵振德长期贪污国家补贴款，私卖国家土地不入账，村民多次上访后，省纪委对其重点查办。贪污受贿"扶假贫"是老百姓恨之入骨的腐败。扶贫要做到百姓心里，领导干部思想端正是落实政策的前提，实事求是地审核村中贫困户，不可因一丝私心成为百姓最痛恨的人。因此在扶贫工作中，培育高素质的优秀党员到基层担任扶贫"第一书记"，首要工作就是引领思想，搞好乡村扶贫作风建设。

扶贫工作全面发力，势必存在识别不准、辨别不清的情况，有部分滥竽充数之人蒙混过关，享受扶贫待遇，然而这批人并不符合贫困标准，他们有一定的财富积累，可以通过自己的努力不断获得财富，但却妄想借扶贫政策之机获取私利。据调查，刘岭王湖村已脱贫的 280 户中实际包含许多"沙子户"（即家中有楼、有车、有注册公司的；有 3 万元以上存款的；个人有 5 万元以上贷款的）。随着扶贫工作的推进，该村对贫困户的甄别更加严格，凡涉及"沙子户"条件的一律排除。2018 年 5 月沂南县在召开全县规范提升扶贫和低保基础工作推进会，强调要加强督导，注重跟踪问效，实行县领导包干督导乡镇工作制度，县督委办对此项活动实行专项督查，集中活动结束后县委县政府将组织县级领导带队抽查工作。通过审计、巡视、暗访、检查等方式督促工作，坚决改正扶贫工作中识别不准的问题，抓好落实机制，提高扶贫质量。据调查，2018 年该村贫困户为 64 户，是该村精准扶贫、精准发力重点农户，扶贫工作绝容不下一粒"沙子"。百姓的口碑是对扶贫工作最大的认可，而其基础在于基层党组织实事求是开展工作，让村民放心、安心、舒心。

3. 精准扶贫仍需努力

扶贫不仅要靠政府输血，关键靠贫困乡村自我造血，即找到"穷根"，引导贫困人口自我脱贫。经过对湖头镇刘岭王湖村的调查和对岸堤镇万佛山村、西坡池村扶贫案例的梳理，发现贫困的主要原因是缺乏特色产业，思想不够开放。要想做好脱贫攻坚工作，首先要分析村中的现实状况，具体分析乡村的独特性，聚焦最大缺陷，发现利用优势资源。在科学技术高度发展的时代，它是农村扶贫中不可忽视的力量。在乡村发展特色农业时，必须坚持“引进来，走出去”的原则，带领村干部和种植大户外出观摩学习先进的农业技术，为传统思想注入新鲜血液，引进农业专家对农业生产进行指导，利用科技对村庄资源进行分析整合，发现最大优势，得出科学的种植结论，减少因盲目种植而造成人力物力财力的浪费，构建特色产业园。可以在此基础上拓宽产业链，发展农产品深加工，发展农业园林旅游业，利用优势产业去掉“穷根”。乡村状况具有普遍性的同时又有特殊性，农村扶贫中既要借鉴成功经验，又要依据实际状况具体分析独特的地理特点和人文特点。对刘岭王湖村来说，地理位置相对偏远，位于两县的交界处，自然景观和人文景观发展相对困难，因此必须先从农业入手，丰富农业种植种类。

精准扶贫是提高保障和改善民生的重要内容，打赢脱贫攻坚战是全面建成小康社会的内在要求。要做到扶持对象精准、项目安排精准、资金使用精准、措施到户精准、因村派人精准、脱贫成效精准，因地制宜，从实际出发，解决好扶持谁、谁来扶、怎么扶、的问题，做到扶真贫、真扶贫，脱真贫、真脱贫。提高扶贫效率，如期实现贫困村脱贫，必须要保证扶贫对象的精确性，坚决查处“扶假贫”现象，抵制消除扶贫工作中的形式主义、官僚主义、弄虚作假、消极腐败，做到扶贫信息精准透明，实现扶贫工作精准发力，提高扶贫资金利用率，让扶贫金落到实处，扎实向前推进扶贫工作。在和该村低保户老人交流过程中，老人提到每逢过节村干部都会上门慰问，老人觉得十分开心，他们不仅为老人带去了所需的日常生活资料，还缓解了老人的孤独。但刘岭王湖村在基础设施建设方面还远远不够，在乡村夜间照明方便、文化建设、发展特色产业等方面都还需进一步努力。

脱贫不仅是一个简单的名词，它涵盖了经济、政治、文化、生态、教育、医疗、民生等各个方面的内容，需要基层党组织认真领会和落实党中央扶贫政策，以“两不愁，三保障”为标准，把脱贫质量放在首位，建立市县抓落实的机制，真抓实干、实事求是、去伪存真，激发贫困人口内在动力，将扶贫做到人民群众心里。

（2016级思想政治教育本科班张慧慧撰写）

(二)新农合的喜与忧

新型农村合作医疗制度（简称“新农合”）是我国农村医疗卫生体系的一个重大变革。目的是“重点解决农民因大病出现的因病致贫、返贫的问题”，基本制度设计是“自愿加入”和“大病防治为主”，为参合者提供医疗补贴。中国是一个农业大国这是不可争辩的事实，因而农村、农民等问题尤为重要；在我国政治、经济、文化等迅速发展的局面下新农村的建设关乎着中国梦的实现，而新农合在农村的实施情况更是新农村建设的重要环节。通过不断地查阅资料、与老师同学交流讨论以及实地调查，对新农合制度全面实施和取得的绩效我有以下感受和思考：

1. 新农合之喜

中国拥有 14 亿人口，农民占其中多数，在广大农村地区实行新农合是迫切而又必要的一项工作，它为解决"看病难、看病贵"等问题提供了出路，也为构建农村医疗服务体系提供了坚实有效的保障，同时在提高农民健康状况以及农民生活水平等方面发挥着不容小觑的作用。

其一，新农合为解决"看病难、看病贵"等问题提供了出路。"看病难、看病贵"这个一度成为社会热点问题的两个词语似乎一直在公众视野中活跃跳动，而"看病难、看病贵"在新农合实施前的农村更是作为显著问题存在。"看病难"难在正规村级卫生室数量不够，医术水平有限；另外，交通状况和收入水平导致村民除大病外更倾向于就近就医，而在新农合实施前的村级卫生室数量根本无法满足这种就医需要，针对现状必须扩大乡村卫生室数量。新农合政策实施后，正规村级卫生室数量明显增多，平均达到大型村庄每村设立一个卫生室的水平，这在很大程度上解决了农民"看病难"问题。"看病贵"贵在就医治疗以及日常用药维持费用太高，这使许多农民身患疾病却对治疗望而却步。而"因病致贫"也成为导致贫困的一大原因。新农合政策实施后这种情况得到了十分显著的改变，报销比例由最初的 30% 普遍提高至 75% 左右，在农村卫生室、卫生所报销门诊和住院报销比例为 60%，大病报销比例提高至 75%，全国 20 种大病实际补偿比达 65%～39%，儿童 4 类大病的实际补偿比超过 70%。[①] 高比例的门诊报销缓解了一部分农民的日常用药压力，划分等级的住院报销和大病医疗也使农民"看病贵"的问题得到了很大程度的解决，降低了"因病致贫"的发生率，有助于健康扶贫政策的进一步推进。

其二，新农合为构建农村医疗服务体系提供了坚实有效的保障。新型农村合作医疗能否正常运作的关键，在于是否拥有一个质优价廉的医疗服务供给系统，当前新型农村合作医疗服务主要由县、乡、村三级医疗卫生服务网承担：县级医疗机构主要负责以住院为主的疾病诊治及危重急症病人的抢救，乡镇卫生院负责提供常见病、多发病的诊疗，村卫生室承担所在行政村的一般疾病的诊治工作。正是新农合的实施使农民得以向农村医疗服务提出诉求，同时政府根据新农合的相关需求出台的一系列扶持政策也使农村医疗服务体系得以完善。

① 参见代涛：《我国新农合重大疾病保障制度的政策分析》，《中国卫生政策研究》2013 年第 6 期。

其三,新农合在提高农民健康状况以及农民生活水平等方面发挥着不容小觑的作用。根据马斯洛需求层次理论,生理上的需要是最底层的需求,也就是威胁人类生命的因素,它是推动人们行动的首要动力。因此,健康、医疗是人全面发展最基础的需求。十九大报告中指出,提高保障改善民生水平要实施健康中国战略,深化医疗卫生、医疗保障、医疗服务、药品供应改革。新农合在一定程度上解决了农民“看病难、看病贵”的问题,改善了农民“有病不医”的状况;乡村卫生室技术水平和医疗水平的提高,提高了村民疾病治愈成功的概率,同时有助于医疗服务利用率的提升;降低了农民的自付比例,提高了医疗利用率,这就必然会提高农民的健康状况,也会使农民的收入更多用于提高生活质量方面,而不再担忧“生不起病”。生活质量的提高在一定程度上也会提高农民的身体素质和生活幸福感,在这一层面思考,新农合的实施又在很大程度上有利于农村农业的长远发展。

2.新农合之忧

新农合作为一个顺应时代潮流产生的医疗保障制度给农民带来喜的同时也有忧,根据我们的调查发现,新农合之忧主要是以下几个方面:

一是报销比例存在问题,未能使新农合发挥应有效果。据我们调查发现,在山东省某乡镇门诊报销比例为50%,这样看来似乎是一个不错的报销比例,但是这样的报销额度只有100元,只要报销总额超过100元就不再进行报销。新农合虽为国家重点推行的项目之一,但针对报销始终没有统一的相关规定,在农村的具体实施达到的效果并不乐观,在实施初期村民对此抱有很大希望,参对这一惠民政策参与度比较高,但随着实施的不断深入,新农合在乡村的问题逐渐暴露,众多村民选择放弃参与新农合。新农合在此方面存在的相关问题,对常年患病需长期住院进行药物维持的病人来讲,新农合的报销限制对他们的救助作用及其微弱,因病致贫仍然困扰着此类家庭。

二是宣传工作不完善,农民对报销详细情况不了解。通过在村中的实地走访我们发现,村中关于新农合的宣传基本没有,在跟村民的聊天中我们听到过这样一句话:“给多少就拿多少,不知道应该是多少。”另外,由于村民对药品管理方面知识薄弱,许多医生以该药物不在报销范围内为由拒绝报销,并且有村民发现乡村卫生室某些医生私自购药冒充不能报销的药物卖给病人,获取利益。这恰恰说明了新农合宣传工作不完善的现状。农民普遍存在文化水平不高、维护自身权利意识弱等问题,这也就给恶意套取新农合费用提供了可乘之机。不仅如此,新农合的宣传工作不到位还会直接影响农民的参保数量以及参与报销的积极性,这从长远来看对新农合的发展会产生十分不利的影响。

三是个人缴费统一额度,未考虑收入的层次性。新农合缴费由最初每人30

元到现在增长为每人 180 元,由于缴费额度不断增加,而报销制度的变化又不能与此同步,不断增长的缴费对普通家庭来说没有太大压力,但是对于生活相对困难以及家庭人口较多的家庭一次性缴费则是一笔不小的开支。现在农村多数人已经放弃了单一务农这一收入来源方式,更多的的是一人在外务工承担全家生活支出的情况,这也就意味着多数家庭的经济压力十分明显。这一问题在贫困家庭更为突出,虽然我国陆续出台的精准扶贫政策中规定对精准扶贫的家庭进行相应的政策倾斜,但是被加入精准扶贫的家庭只是极少数,这不能在根本上解决这一问题。由于医疗需求的弹性比较大,新农合每年的参保缴费和报销比例在一定程度上减轻了一定负担,但实质上增加了医疗消费,而非降低了医疗支出。新农合在改善村民健康的同时并没有从根本上减轻医疗负担。

3. 新农合政策的新发展

新型农村合作医疗政策的出台是顺应时代发展的需要,是惠及民生的一项政策,更是新农村建设中重要的一环,它的喜与忧直接关系到亿万农民的切身利益,也关系到每个农村家庭的和谐幸福,因而新农合政策的发展与不断完善是必要的、紧迫的,更是民众所期待的。

新型农村合作医疗政策作为一项基本社会保障制度在十九大报告中的加强社会保障体系建设和实施健康中国战略中均有涉及,这更为凸显新农合的重要性。因此,十九大以来新农合的系列新政策在广阔农村逐步推广。较为明显的变化有两点:一是住院报销比例和缴纳费用的提高。住院报销比例的提高缓解了农村家庭医疗费用,减少了因病致贫返贫的可能性,使新农合制度的效益逐步体现。二是针对特殊人群实施免交和提高报销比例的政策。对于农村低保户、特困户、计划生育特殊家庭和国家重点帮扶对象不仅可以免交费用,还能享受其他相关帮扶政策。这一政策的推行在一定程度上缓解了贫困家庭的治病负担,使新农合这一政策的推行也更具有"人性化"的特点。

随着精准扶贫的不断深入,健康扶贫逐渐成为乡村扶贫的一个重要部分,2017 年山东省全省建档立卡贫困人口因病致贫返贫户数减少了 42.3 万户,减少率为 60.8%,新农合是改善基层农村人民健康状况,提高乡村医疗服务条件而设立的,是在农村健康扶贫上发挥主要作用的医疗机构,健康扶贫已经成为新农合的一大任务。虽然 2009 年新农合在广大农村得到了全面的实施,但其中存在的问题也逐渐暴露,面对健康扶贫的主要任务,对新农合的监督和持续完善仍然不能放松,它在改善人民健康水平,减轻医疗负担,提高人民的满意度方面仍有相当长的路要走。

(2014 级思想政治教育本科班刘璐撰写)

(三)“农二代”能否挑起“新农人”重担调查

伴随时代进步与社会发展,为获得更高质量的生活水平和更多的发展机遇越来越多的农民开始逐步流向城镇,“农二代”一词就是用来描述这群人的。他们有着农村户口,但在城镇工作或者求学,相较于其父辈而言,他们由于进入城镇或者土地流转而丧失了土地。但随着社会的发展及其需要,在大量农村人员外出的同时也出现了一批“新农人”,他们具有科学文化素质,能够掌握现代农业生产技能,具备一定经营管理能力,以农业生产、经营或服务作为主要职业,以农业收入作为主要生活来源。

近年来乡村振兴发展已经上升到了战略高度,对于“农二代”能否担起“新农人”重担的问题,我们分别以 2017 年和 2018 年暑期“三下乡”社会实践基地即山东省济南市章丘区相公庄镇以及“山东省绿化示范村”——济南市章丘区双山街道三涧溪村为例展开了社会实践调查。调查显示,“农二代”担起“新农人”重担希望满满。

1.“新农人”之“新”

“新农人”之所以“新”,主要体现在他们有别于传统农人,具有“新生活、新发展、新思想、新观念、新地位、新贡献”。

所谓“新生活、新发展”,是指与传统农人相比其生活方式和生产方式新。传统农人的生活方式以小模式为主,将耕作与家禽饲养相结合,规模小且分散,难以获得规模化效益,“靠天吃饭”特征明显,少部分人通过外出打工方式获得收入,这也是相公庄镇几十年前的发展模式。但随着生产力水平的提高,“新农人”顺势而为,他们不仅追求“吃得饱,穿得暖”,而且越来越重视文化教育、娱乐消费、生态环境等方面,注重幸福指数的提升。“新农人”凭借自身所学的知识与技能,打破传统的农业生产模式,运用现代化技术进行耕作,充分利用互联网技术,积极引进外资与人才,打造特色品牌产业。在调查中我们了解到目前三涧溪村的支柱产业是以鼓风机、锻打、铸造业为主,特色农业是以种养为主,特别是种狐和奶牛的养殖,使村民脱贫致富。他们积极引进大小企业 10 余家,为 1000 多名村民提供了非农业就业岗位。

所谓“新思想,新观念”,主要体现在实施乡村振兴发展战略,打好攻坚脱贫战,不能仅依靠“输血式”救助,应将扶贫与扶志相结合,从根本上改变人民的思想观念,做到不仅“富口袋”更要“富脑袋”。“新农人”相比于“旧农人”思想更为开放,更加注重教育,注重知识与技能的掌握。普通农民大多强烈希望自己或者下一代的子孙能够走出大山,成为一个名副其实的城市人,而“新农人”在一定程度上却选择逃离喧嚣、逃离污染、逃离拥堵、回归自然、返璞归真,追求着都市版的农村生活。例如,三涧溪党支部书记高淑贞在进行村务工作的同时积极改变村民的思想,积极宣传党的方针政策,不仅对本村而且对所宣讲之处的乡村发展积极建言献策,提供独到见解,为多个地区的发展做出了突出贡献,成为新农村发展"领头人"。在2018年的暑期"三下乡"社会实践活动中,我们亲眼目睹了章丘区巡检村在当地村委会以及妇女主任李仁慧等同志的带领下,开展创业培训学习班,帮助村民寻找共同致富的出路。通过旁听创业培训学习班,让我深刻感受到农民群众身上的"不服输"精神,虽然自身文化水平整体不高,但他们积极、认真、努力学习,以求改变自身生活条件的态度却是认真之极,是我们应当不断学习与借鉴的。

所谓"新地位,新贡献"主要体现在,"新农人"拥有知识、经验、技能、资金等优势,他们在不断创新、不断尝试的过程中找到了"商机",走出了一条适合自己的发展道路,在带领村民实现乡村振兴、实现小康社会的过程中发挥着突出作用,为推进社会主义现代化建设进程做出了突出贡献,是实现"两个一百年"奋斗目标和中华民族的伟大复兴的重要组成部分。例如,章丘区大学生创业者、济南源虎食品有限公司总经理王元虎,凭借自身所学知识,大学毕业后回到家乡进行创业,从只有十几头母猪发展到现在有两个大型生态养殖基地、年出栏黑猪3000多头,从业人员50多人、销售收入达到1500多万元的济南市农业龙头企业。在产业步入正轨后王元虎积极关注扶贫领域,创办了生态养殖扶贫基地,利用章丘区打造的E家香网络扶贫平台为扶贫基地销售农副产品,2017年收入了120多万元,为几个贫困村壮大村集体投入20多万元,帮助20多户贫困户实现了脱贫。在他的带领下,村里的返乡人才越来越多,创业的青年就有7位,村里还成立了青年创业党支部,在实施章丘区乡村振兴发展战略中起到了极其重要的作用。2018年6月14日上午,习近平总书记来到三涧溪村考察时,特意接见了王元虎的创业团队,鼓励他继续为人民造福,王元虎表示"一定继续撸起袖子加油干,为乡村振兴贡献力量"。

2."农二代"承担"新农人"重担的优势与现实

"农二代"承担"新农人"重担既有主观需要,也有客观需要。

从主观需要来说,"农二代"是农民的后代,身上闪耀着农民群众吃苦耐劳、艰苦奋斗、勤俭节约等优良作风,更适合于承担"新农人"的重担。作为一名"农二代",没有强大的后台背景支持,也没有充裕的资金来"啃老",唯一的希望就是靠自己。为改变自己的命运,"农二代"必须凭借自身努力拥有自己的一份事业,闯出属于自己的一片天地。相比于城市人而言,"农二代"祖祖辈辈生活在农村,自带农村"基因"与"气息",他们对农村的了解程度较深,懂得与农民的相处之道,这是其在农村发展的一大优势。此外,农村与城郊竞争压力较小、住房成本较低且伴随着现代化的发展，农村医疗卫生设施逐步完善，交通通讯设备完备，教育文化水平不断提高等因素，不仅为“农二代”提供了实现一腔热血的充足空间，而且为“农二代”的婚恋与家庭组建提供了便利条件，在一定程度上满足“农二代”情感和归属的需求以及作为农民中“知识分子”被尊重的需求，为达到马斯洛需求的最高层次——自我实现的需求提供了基石。

从客观需要来看，“新农人”事业的成功需要大量的农民与“农二代”为其提供劳动力、优质劳动产品与管理运转的中间人员。“新农人”的数量在广大农民群体中所占的比重较低，处于农民阶层金字塔的顶端，要实现全面的脱贫、全面的小康社会、全面的共同富裕，最根本的方法不应仅仅是扶贫而应当是带领广大农民群众拥有一技之长，正所谓“授人以鱼不如授人以渔”，而帮助广大农民群众能切实“以渔”的群体就是数量较多、了解农村、了解农民、了解民心、拥有技能与知识、在“新农人”与普通农民之间起着桥梁和纽带的作用。除此之外，现如今乡村的交通、通讯等设施已日趋完备，为“农二代”回村提供了便利条件，例如三涧溪村建设了 7 万平方米的社区，20 栋农民公寓楼，并建设了 1 万平方米的便民服务中心，还建有小康电子书屋，文体广场、老年门球场等活动设施。[①]把三涧溪建设成为了社会主义现代化新农村为广大青年自主创业提供了便利与可能性条件。

从“农二代”承担“新农人”重担的宏观条件来看，国家为引导更多的人力、物力、财力流向农村，流向土地，加大了利益化引导、政策化倾斜，吸引人才“回流”，加强对“农二代”自主创业的财政支持和政策优惠，为其尽可能提供相关专业技术信息，并在市场竞争过程中给予一定补助，注重保护市场主体的积极性。与此同时，各行各业、社会各界人士也提供了大力支持与鼎力相助。创业最重要的一个难题就是资金问题，“农二代”王元虎自主创业成功的背后，离不开当地党支部书记高淑贞以及村两委和村民的大力支持，在创业之初，高书记经常帮助王元虎四处筹钱，帮他流转土地，解决水、电、路配套，争取上级扶持，还经常帮他解决一些实际困难和问题。虽然一路坎坷，但在大家的共同努力与艰苦奋斗之下最终赢得了胜利的果实。

新时代，新征程，为顺利实现“两个一百年”的奋斗目标，把我国建设成为富强、民主、文明、美丽、和谐的社会主义现代化强国，实现小康社会，要在农村领域取得突破性进展，关键还是靠农民。通过以上调查分析，我们也坚信，“农二代”有能力肩负起“新农人”的重担，“农二代”也必定为“新农人”持续注入健康、

---

① 参见姚建、王丹青：《三涧溪村党总支书记高淑贞：带领昔日“老大难”村完美蝶变》，《中国妇女报》2017 年 3 月 20 日。

新鲜、正能量的“血液”,为打好攻坚脱贫战、全面建设小康社会、实现社会主义现代化强国而做出独特与突出的贡献!

(2016级思想政治教育本科班刘丙雯撰写)

(四)我眼中的美丽乡村

提起乡村,不同年代的人对其内容的解读并不是完全相同。在“60后”“70后”人的眼中,乡村既是他们的根,更是他们的魂,他们虽然走出了那片广袤的黄土地却又无时无刻不对它魂牵梦绕;而对于“80后”“90后”来说,“乡村”早已不是破败不堪贫穷落后的代名词。随着改革开放的脚步一步步深入,中国的社会面貌焕然一新,农村不再是尘土飞扬,农民不再是灰头土脸,民居排排整齐宽敞,村庄环境如同脱胎换骨般旧貌换新颜。而对于“95后”的我们,乡村多少是有一些陌生的,取代乡村的是作为中国社会主义现代化建设的一张崭新的名片——美丽乡村,它已经成为社会主义新农村的代名词。

美丽乡村是中国共产党在第十六届五中全会提出的建设社会主义新农村的重大历史任务时,提出要建设具有五大标准即“生产发展、生活宽裕、乡风文明、村容整洁、管理民主”的社会主义新农村。借着学校组织实践教学的机会,来自四个不同学院的100多名入党积极分子,来到了被誉为中国糖都的山东省邹平县韩店镇西王村。在这里,我看到了不一样的乡村风貌,不同于以往新闻、报刊中出现的描述,这次看到的是一个鲜活、真实、具有生命力的美丽乡村。

村容整洁是我对美丽乡村的第一印象。西王村是以西王集团为支撑,影响力呈放射状覆盖的美丽乡村,我们实践课的第一站就是西王村的中心——西王集团。干净整洁的道路平坦开阔,合理规划的绿化带绿树成荫,花园式的集团建筑构造优美宜人,这是我们走进西王集团映入眼帘的第一印象。

生产发展,是美丽乡村的核心竞争力。回顾西王村的发展历程、见证西王村的历史与辉煌是我们实践课的第二站,我们来到了西王集团的展览中心。可以说,这里浓缩了自1978年改革开放以来社会主义新农村的发展缩影,从无到有,从小到大。1986年,西王面粉厂归村集体所有,西王走上工业化发展道路;同年,投资40万元的西王油棉厂投产,西王集团开始初显雏形;1988年,西王油棉厂第一次引进外来资金;1991年,西王开始进行新村规划建设,建立高效生态农业示范园,成为全国十二个高效农业开发示范园之一;1997年9月,西王甘油厂改建为发酵厂,转产谷氨酸,进行二次创业;2004年中外合资企业——山东西王沙渥拉油脂有限责任公司签字仪式举行,标志着西王集团在建立外向型、国际化企业道路上迈出了关键的一步;2006年西王集团被省委确定为“落实科学发展观、建设节约型社会”的重大典型；2011 年西王集团实现融资上市。

生产发展，是自动化设备的更新、核心技术的提高和高素质人才的培养。西王人不断增强科技创新能力，拥有了高达 100 多项自主知识产权。西王玉米胚芽油已成为著名品牌的食用油，占据了众多家庭的厨房。西王集团被誉为中国糖都，其研发的结晶果糖生产关键技术研究与开发等 17 项科研成果，均通过了省部级科技成果鉴定，属国内首创，填补了国内空白。其生产出的果糖，糖分甜度大于白砂糖，价格却低于白砂糖，性价比极高，现如今已经在市场中占据了极大的份额。

生活宽裕是美丽乡村的硬性指标。“美丽乡村”不只是外在美，更要美在发展。西王集团董事长王勇先生投资 1800 万建立了西王老年公寓，凡是西王村年满 65 周岁的老人都可以免费入住，真正成为惠民利民之举。幸福感是西王老年公寓的关键词，西王集团的相关负责人向我们介绍，西王村对 65 岁以上的老人实行集中供养。老年公寓内现住有 72 位老人，村集体每年拨款 70 多万元用于老年公寓，形成了“以企兴村，以企养老”的新型养老格局。公寓现有 120 个房间，有活动厅、餐厅、运动场，随处可见其乐融融的老人们，享受着专业护理，衣食富足，活动丰富，精神愉悦。

管理民主是美丽乡村的一大特色。重用“学历＋经验”型的干部，培养行业拔尖人才，努力建设一支年轻化、知识化、专业化的干部队伍。西王村 2010 年 5 月成功举办了全国首届中国经济强村精神文明座谈会，社会主义新农村建设走在了全国的前列，荣获“全国文明村”“全国民主法治示范村”“中国经济十强村”“全国生态文化村”等称号。按照“信任、放权、支持、监督、激励、包容”十二字用人方针和“有德有才破格重用，有德无才培养使用，有才无德限制使用，无德无才坚决不用”的用人战略及“健康、灵感、大胆、激情、毅力、品德、知识、能力”八个干部标准，提拔德才兼备的管理干部，培养核心团队中的核心团队。立足于“打造百年基业，建设现代西王”的宏伟愿景，弘扬“健康西王、诚信西王、忧患西王、快乐西王”的企业价值观，肩负着“美丽乡村建设楷模”的使命，并致力于构建西王特色文化，推进企业文化与品牌建设的融合，文化兴牌，品牌兴企，拓宽企业文化内涵，促进企业可持续发展。

乡风文明是美丽乡村的软实力。西王村是一个“以企兴村”的典范。自从王勇书记当选为邹平县韩店镇西王村党支部书记以来，他以带领西王村及周边村群众实现共同富裕为目标，一心一意谋发展，呕心沥血创事业，带领西王村走上了以工兴农、以企兴村的发展道路。他始终坚持自己的初心——“村官就是要让村民满意。”在他的努力下，这个原本只有 160 户、530 口人的贫困小村，实现了农业产业化、乡村城市化、土地集约化、村企一体化、生活福利化、管理社区化。村民上学、工作、养老都不需要个人花一分钱。在西王村居住的村民,每一年都会举办集体年会,照一张全村福。团结一致,是西王村的精神;撸起袖子加油干,是西王人的坚持。

建设美丽中国,是党的十九大提出的一项战略目标。而美丽中国,是由成千上万的美丽城市和美丽乡村组成的。在中国特色社会主义建设中,乡村一直占据了绝大多数,要努力建设美丽中国,就要努力建设美丽乡村。在2013年中央一号文件中,第一次提出了要建设“美丽乡村”的奋斗目标,进一步加强农村生态建设、环境保护和综合整治工作。建设美丽乡村,要实现绿色发展、绿色生产,习近平总书记多次强调:“绿水青山就是金山银山。”[①]西王集团重点打造花园式生产环境,恰恰体现了这一绿色发展理念中的绿色生产。给予企业员工充分的幸福感,老有所依、住有所居,不论是西王集团的员工,还是西王村的村民,以及西王员工子女的教育,在西王村党委书记王勇“两个更幸福”宗旨的带领下,都皆有所依。美丽的花园式生产环境,整齐划一的员工福利楼房,整洁干净的老年公寓,质量过关的幼儿园,一次又一次刷新了我对美丽乡村的印象。

美丽乡村,是村容整洁,整洁干净又明亮的环境;美丽乡村,是生产发展,设备自动化、拥有核心竞争力、勇于创新敢于创新的能力;美丽乡村,更是让每一个乡村人感受到满满幸福感的地方。这就是我眼中的美丽乡村。

(2016级思想政治教育本科班杨濮源撰写)

① 《习近平治国理政》第2卷,外文出版社2017年版,第393页。

专题六　保护生态环境,建设美丽中国

加强环境保护,维护生态平衡,树立新型自然观和发展观,走可持续发展之路,已经成为世界各国人民的共识。加强环境保护教育,提高学生的环境保护意识并使其自觉践行环境保护的宣传和养成绿色环保的行为习惯,对于大学生综合健全公民素质的养成具有重要意义。"保护生态环境,建设美丽中国"实践教学专题,主要通过向学生讲解生态文明建设和可持续发展的有关理论,帮助学生深入理解并掌握党和国家关于生态文明建设的战略部署和基本政策,并以实践活动为载体,通过观看视频、校园实地调查、图片展示等方式,引导学生从直接的感官体验上升到对生态文明建设的理性思考,并由理念转化为自觉的行动,自觉为保护环境、建设美丽中国贡献力量。

一、教学目标

(一)知识目标

随着我国经济的快速发展,社会对自然资源的需求越来越大,生态破坏和环境污染问题日益严重,许多城市不断发生严重的雾霾天气,黄色或橙色预警不断发布。"世界上最遥远的距离,不是生与死的距离,而是我在北京街头牵着你的手,却看不见你的脸。"网络上流行的这句话道出了人们在"十面'霾'伏"之下的烦恼,同时这一状况也引起人们深刻的思考。

雾霾天气的频繁出现只是环境遭到破坏的一个方面,以"保护生态环境建设美丽中国"为主题的实践教学,在知识目标上是要使学生切实认识到雾霾及环境恶化的严重性,了解我国社会主义生态文明建设的进程、意义及十九大以来关于生态文明建设的重大部署,学习和掌握科学发展观、可持续发展观以及生态文明建设的理论和发展战略,并积极践行环保理念。

(二)情感目标

覆巢之下没有完卵,过去清新雅致的大学校园也笼罩在"十面'霾'伏"之下,即使是宿舍—教室—餐厅短短的三点一线的近距离,师生们也要"全副武装",口罩、帽子、纱巾……

置身这样的大环境和小环境,学生们深有感触。本专题实践教学在情感目标上就是结合日常生活中学生的切实感受,提高学生的环保意识,培养学生珍爱和尊重自然、珍爱和尊重生态、珍爱和热爱生命、尊重和热爱人类自身的情怀,提高学生的环保意识。

(三)能力目标

保护环境、节约能源、治理雾霾,势在必行,人人有责。在"十面'霾'伏"之下,任何人无可逃避,治理雾霾、保护环境、建设美丽中国必须全民动员、全民参与。

本专题实践教学通过引导学生正确认识人与自然的关系、发展经济和重视生态环境建设的重要性,从而树立改善环境、加强生态文明建设的紧迫感、责任感和使命感,引导学生积极行动起来,从现在做起,从个人做起,从小事做起,积极为改善环境、建设"美丽中国"和美丽家园做出自己的努力。

二、教学内容

(一)明确可持续发展战略和美丽中国战略的重大意义

20世纪90年代以来,我国政府在总结借鉴世界其他国家发展的经验教训的基础上,根据我国经济社会发展的需要和发展过程中面临的问题和挑战,高度重视实施可持续发展战略,关注经济、社会与环境协调发展问题。特别是党的十六大以来,党中央立足我国社会主义初级阶段的基本国情,提出了科学发展观这一重大战略思想。强调以人为本,树立全面、协调、可持续的发展观,促进经济社会和人的全面发展,按照统筹城乡发展、统筹区域发展、统筹经济社会发展、统筹人与自然和谐发展、统筹国内发展和对外开放的要求推进各项事业的改革和发展。2007年党的十七大,首次把建设生态文明写入党的报告,强调全社会要牢固树立生态文明观念,基本形成节约能源资源和保护生态环境的产业结构、增长方式、消费方式,并以此作为全面建设小康社会的新要求之一。2012年党的十八大报告首次提出建设美丽中国,把生态文明首次独篇论述,这样，关于中国特色社会主义现代化建设的总体布局就由过去的经济、政治、文化“三位一体”、十六届四中全会提出和谐社会这个社会建设目标发展到“四位一体”，加入生态文明建设，上升为“五位一体”的战略布局，标志着中国特色社会主义生态文明的社会转型。2017年在党的十九大报告中，习近平总书记进一步提出了“加快生态文明体制改革，建设美丽中国”[①]的战略部署，强调人与自然是生命共同体，人类必须尊重自然、顺应自然、保护自然。要推进绿色发展，加大生态系统保护力度，改革生态环境监管体制，推动形成人与自然和谐发展现代化建设新格局。

可持续发展战略和建设美丽中国战略体现的是对人与自然关系重新认识基础上的新型文明观，与工业革命时代形成的人类中心主义理论不同，后者强调人类是自然界的征服者和统治者，主宰自然、奴役自然、支配自然，一味向大自然进军，其结果是必然遭到自然界的打击和报复。而社会主义新型生态文明观则强调人与自然在本质上是统一的，人类本身就是自然界的一部分，来自于自然，要靠自然界生存与发展。同时，自然界又是“人化的自然”，是打上了人类活动烙印的自然界，正如恩格斯所指出的：“在人类历史中即在人类社会的产生过程中形成的自然界是人的现实的自然界；因此，通过工业——尽管是异化的形式——形成的自然界，是真正的人类学的现实的自然界。”[②]这就要求我们必须树立人与自然和谐共生的观念，尊重自然、善待自然、保护自然。

可持续发展战略和建设美丽中国战略充分体现了我们国家经济发展战略、社会战略和环境战略、资源、能源战略的协调统一，它不仅意味着经济增长方式的转变，还意味着一种全新的社会发展模式，它要求在经济社会发展的各个领域都要贯彻节约能源和有效利用资源的原则，以尽可能少的能源资源损耗获得尽可能多的收益，以实现经济社会的可持续发展。

可持续发展战略和建设美丽中国战略还体现了以人为本的现代发展理念，是我们国家党和政府始终坚持以人民为中心，全心全意为人民谋幸福、实现人的全面发展思想的生动体现。人是发展的主体，一切发展是为了人，建设资源节约型、环境友好型的中国特色社会主义生态文明，使人民在物质生活不断提高的同时享受到优美的生态环境，建设富强、民主、文明、和谐、美丽的中国，利在当代，功在千秋，也必将对世界文明的进步和发展做出历史性贡献。

---

① 习近平：《决胜全面建成小康社会　夺取新时代中国特色社会主义伟大胜利——在中国共产党第十九次全国代表大会上的报告》，人民出版社2017年版，第50页。

② 《马克思恩格斯全集》第42卷，人民出版社1979年版，第128页。

(二)分析我国雾霾现状的成因及危害

所谓"雾霾",是"雾"和"霾"的合称。雾是指大气中悬浮的小水滴或水汽凝结物,是秋冬季节比较常见的一种天气现象;霾则是指悬浮在空气中的直径小于等于 2.5 微米的颗粒物,像灰尘、有机碳氢化合物等细小的固体颗粒物(PM2.5)。雾霾天气的形成是严重的大气污染带来的结果,是一种灾害性的天气现象。近些年,雾霾天气在我国频繁出现并在有些城市呈加重趋势,日益引起人们关注。

严重的雾霾天气带来能见度降低,交通堵塞,航班延误,出行困难,严重影响到人们的出行和生产、生活,甚至危及到人们的生命健康。自 2013 年起,北京市、天津市、河北省、山西省、山东省、河南省以及南京、哈尔滨、杭州等省市纷纷宣布雾霾红色预警而停课。另据医学权威期刊《柳叶刀》估计,中国在 2010 年有 120 万人因为户外空气污染而过早死亡,占世界因大气污染死亡人数的 1/3。[①] 2016 年伊始,雾霾在中国多地出现,北起辽宁,南至四川,西达新疆,东到山东,且覆盖范围呈蔓延扩大趋势。2016 年 12 月以来,北京、天津、石家庄、太原等多个城市陆续发布雾霾红色预警,山东省济南、淄博、泰安、济宁、莱芜、滨州市等 17 个城市发布了橙色预警;12 月 16 日至 21 日,全国 23 个城市达到启动空气重污染红色预警级别,9 个城市达到启动空气污染橙色预警级别。[②] 在北京,2016 年重度污染的天数达到 39 天,其中 PM2.5 的重度超标情况便达到了 38 天。[③] 2017 年初,不管是西部新疆等地区,还是东部沿海地区,我国都大范围的出现雾霾情况,春运期间的京津冀一带、河南、山东、山西等地区都出现了中度以上雾霾,而京津冀一带的雾霾情况更是达到了全国的峰值。[④] 作为一个人口多、资源相对不足的发展中国家,环境污染和生态破坏严重的局面已经成为经济社会发展的重要问题,直接影响到中国全面建设小康社会目标的实现,影响到中华民族的伟大复兴,甚至影响到中华民族子孙后代的生存和发展。

导致雾霾产生的原因错综复杂,既有自然因素,也有人为因素,人为因素是主要因素,特别是人类发展过程中制造的工业污染、汽车尾气、能源消耗、生活污染等等,这其中又尤以工业源居于致使雾霾原因的首位,特别是耗能工业的排放污染,所以解决高耗能的工业污染,转变经济发展方式是当务之急。

---

① 参见单提伟:《雾霾现状与治理》,《中国管理信息化》2013 年第 24 期。
② 参见曹毅、王玉爽等:《浅析当前我国雾霾现状及治理对策》,《山东化工》2017 年第 7 期。
③ 参见周鑫:《浅析我国雾霾现状及治理对策》,《中国工业技术》2017 年第 19 期。
④ 参见周鑫:《浅析我国雾霾现状及治理对策》,《中国工业技术》2017 年第 19 期。

(三)了解外国治理雾霾的先进经验

在人类工业文明发展的过程中，以英国、美国、日本等为代表的发达国家也发生过非常严重的环境污染事件，影响最大的就是1930年比利时“马斯河谷事件”、1948年美国宾夕法尼亚州“多诺拉烟雾事件”、1943年美国洛杉矶“光化学烟雾事件”、1952年英国“伦敦烟雾事件”、1968年日本九州和四国“米糖油事件”、1950～1970年日本“四日市哮喘事件”、1950年日本熊本县水俣市“水俣病事件”、1955～1972年日本富士山县“骨痛病事件”，史称“全球八大公害”事件。这些事件一度造成了非常严重的危害，产生了恶劣的影响。在这些事件的警示下，这些国家相继对发展方式进行了反思和调整，并且多管齐下，采取了一系列措施进行环境治理，取得了显著的治理效果。

他山之石，可以攻玉。了解这些国家的治理经验，对我们今天的雾霾治理和环境保护有着重要的启迪和借鉴意义。

第一，立法先行，不断完善法律法规体系，并通过各种政策措施推动绿色生态经济体系的建立。以英国为例，为了摘掉“雾都”的帽子，政府从1954年的“伦敦市法”到1956年颁布的世界上第一部现代意义上的空气污染防治法——《清洁空气法案》再到1974年出台的《空气污染控制法案》等等，对大气治理进行了严格的法案规定，并且分不同的阶段针对不同的方面对雾霾展开了治理。再比如，美国为了治理光化学污染和解决雾霾问题，从1955年至1980年，美国联邦政府和各州政府先后颁布了几十个环境保护法律和上千个环境保护条例，其中比较有代表性的有《联邦大气污染控制法》(1955年)、《空气质量法》(1967年)、《国家环境政策法》(1969年)、《环境质量改善法》(1970年)、《噪声控制法》(1972年)、《酸雨法》(1980年)、《机动车燃料效益法》(1980年)等等。在日本，为了解决环境污染造成的公害，1958年制定了《水质保护法》《工业污水限制法》，1962年制定了《煤烟控制法》，1970年制定了《水污染防治法》，1972年制定了《自然环境保护法》，1993年颁布《环境基本法》，2003颁布了《新能源法》等等，这些完善的法律和政策建立起一套严密的环境保护的防护网，明确了政府、企业和社会公众的责任和义务，形成了人人参与环境保护和实践循环经济的制度体系。

第二，政府发挥主导作用，充分运用经济、财政等手段治霾。在英国治理雾霾的攻坚战中，政府发挥着重要的作用，政府的财政补贴是英国治霾过程中一项重要的策略。对于英国传统的家庭壁炉的改造由政府出钱，承担家庭壁炉改造70%的费用，但是违反者要处以100英镑罚款，甚至坐牢。同时政府减少了对高耗能企业的补贴，政府将大量的补贴用于新型的企业，鼓励他们进行产业结构转型，并积极扶持第三产业的发展。政府将补贴投入到新能源的开发和使用当中去，减少了对传统重工业的支持力度，这样实现了政府用财政手段调控企业的生产和发展。除上述的财税政策外，英国政府还出台了系列税收优惠，诸如税收返还、加速折旧等措施，逐步从收入征税转向对环境有害行为征税。强有力的财政政策和税收政策成为英国环境的一个有效方式，对改善英国的环境起到了关键性的作用。

第三，大力推动企业产业结构转型升级，不断进行科技创新，大力发展高新技术产业，发展循环经济。企业污染物的排放是雾霾形成的一个重要因素，因此要让雾霾得到有效的控制就必须对企业进行产业结构调整。英国政府主张减少高耗能企业的数量，加大对服务业的资金支持，鼓励企业使用无烟煤、脱硫煤，减少煤炭和石油的使用量，同时积极开发新能源，利用风能、电能、潮汐能等清洁能源进行产业生产。

第四，提倡绿色生活理念，提高公众环境保护意识。从 20 世纪 50 年代起，英国政府就建立了“烟尘控制区”，要求城镇地区只能燃烧无烟煤，对燃料的使用进行严格把控；从最原始的家庭壁炉开始进行改造，对违反规定的家庭进行重金处罚；还对日常生活中的污染源——汽车尾气进行了治理，同时对机动车和大型的货车加强管理，对于不合格的车辆积极进行查处，20 世纪 80 年代，英国政府又通过抑制私家车的出行量、对私家车要求安装尾气净化装置、完善公共交通网络等一系列措施对交通污染进行了控制。

我们清晰地记得 2014 年巴西世界杯赛场上，日本球迷退场时带着蓝色垃圾袋冒雨捡拾垃圾的镜头像赛场上的夺冠球星一样引人注目，小事背后体现的是国民强烈的环保意识和较高的国民素养。因此，雾霾的治理需要全体成员的共同努力，不仅需要国家、企业，更需要每个民众的参与。从点滴小事做起，从每个人身边做起，我们生活的环境才能更美好。

（四）探讨建设中国特色社会主义生态文明的途径

实现绿色生态发展，走可持续发展之路是社会主义建设内涵应有之义，社会主义社会也应该是充分实现人与社会、人与自然和谐发展的社会。中国特色社会主义生态文明建设就是在经济又好又快发展的基础上，实现经济发展和人口、资源、环境相协调，坚持走生产发展、生活富裕、生态良好的文明发展道路。为此，党的十九大报告从以下四个方面进行了战略部署，要点如下：

第一，推进绿色发展。加快建立绿色生产和消费的法律制度和政策导向，建立健全绿色低碳循环发展的经济体系。第二，着力解决日益突出的环境问题。坚持全民共治、源头防治，持续实施大气污染防治行动，打赢蓝天保卫战。

第三，加大生态系统保护力度，实施重要生态系统保护和修复重大工程，优化生态安全屏障体系，构建生态廊道和生物多样性保护网络，提升生态系统质量和稳定性。第四，改革生态环境监管体制。加强对生态文明建设的总体设计和组织领导，设立国有自然资源资产管理和自然生态监管机构，完善生态环境管理制度，统一行使全民所有自然资源资产所有者职责，统一行使所有国土空间用途管制和生态保护修复职责，统一行使监管城乡各类污染排放和行政执法职责。构建国土空间开发保护制度，完善主体功能区配套政策，建立以国家公园为主体的自然保护地体系。坚决制止和惩处破坏生态环境行为。

根据党中央的上述精神和部署，建设中国特色社会主义生态文明需要政府、企业、社会组织和公众积极参与，共同建设美好家园。其一，要建设生态型政府。政府的工作和发展思路在目标上要致力于、服务于实现人与自然关系的和谐统一，经济效益、社会效益和环境效益的有机统一。其二，企业要自律，严格守法，立足绿色环保，大力创新，全力推进生产方式"绿化"，不断开发适合自己的节能产品，走精细化、集约化道路，兼顾经济效益和社会效益，主动承担起社会责任，积极参与生态文明建设并自觉接受社会监督。其三，全民要自觉行动起来，树立环境意识，从点滴做起，实行绿色生活方式，选择与一定的物质生产和生态生产相适应的、适合自己需要的并能充分保证一定生活质量的理性消费方式。其四，呼吁政府和社会组织及其个人，要积极参与世界范围的生态环境项目合作，为全球生态改善发挥建设性作用。

三、教学实施

（一）观看视频：《家园》

《家园》（中文又名《地球很美有赖你》）是由法国知名导演吕克·贝松制片、世界著名航空摄影大师兼生态学家阿尔蒂斯-贝特朗执导的一部大型环保纪录片电影，整个制作筹备时间长达 15 年之久，光拍摄时间就达 18 个月，穿越 54 个国家 120 个拍摄点，自 2009 年 6 月 5 日在法国上映后目前已被翻译成 10 多种语言在全世界 100 多个国家放映，引发了无数民众对世界环境问题的思考和热议。

这部影片运用了空中高清航拍的手法，以一个个唯美的镜头和画面记录了人类的家园——地球在 40 多亿年的慢慢演进中形成的原始的自然之美，那古老的河流、美丽的山川、绵延的森林、各异的物种无不在叙事般地诉说着这个星球的壮美和富饶，然后，人类出现了，作为智者，人类用自己的智慧创造着一个又一个文明和神话：人类变成了航海家、农业实业家、工业企业家，机器取代人力，一升石油等于一百个人一天创造的能量……摩天大厦拔地而起，大型停车场停满了现代化的代步工具，沙漠里建起滑雪道，大海里建起人工岛……城市变得越来越夸张、最狂野的梦想也能成真……就这样，作为智者的人类在不到20万年左右的时间打破了地球原始的宁静和沉默，打破了地球几十万年建立的平衡。人类的需求似乎永无止境，气候在变暖、数千物种在走向灭绝、雨林在减少、资源在耗尽……那干涸的河流、干裂的土地以一种悲怆的苍黄色在告诉人们这个家园已不堪重负，岌岌可危，可是我们还没有意识到，我们拒绝相信。影片最后部分的独白中那句"悲观已经太迟"。"我们已经知道解决方法，我们都拥有改变世界的力量，我们还在等待什么?"让人们动容，让人们思考。

通过观看影片，结合前面可持续发展观和生态文明观的内涵及要求，引导学生思考人与自然的关系，尤其是在影片中，有两句台词多次出现，一句是"越来越快"，另一句是"悲观已经太迟"。的确，人类走向文明的步伐太快，快得使我们忽视了地球的承受能力，快得使我们忽视了自然资源的有限性，这引起学生强烈情感共鸣，可以使学生认识到人与自然的相互依存关系，认识到应该善待自然，尊重自然，尊重生命。同时，通过该影片引导学生思考，地球是我们的共同家园，环境问题是全球性问题，每一个国家、每一个世界公民都有责任和义务行动起来，为保护这个家园做出自己的努力。

(二)案例探讨："国人正在毁掉自己环境的10种生活方式"

近年来，政府花大力气治理污染，结果却不尽如人意，污染问题反而日益严峻。一些人想靠快速、低成本产出的货物抢占世界主要消费市场，但同时也发现，生产过程所造成的大气污染问题范围之大前所未有。

本实践教学专题引用北极星环保网2015年5月18日刊登的"国人正在毁掉自己环境的10种方式"作为案例，在引导学生分析案例的基础上，提出了若干问题思考，引领学生结合自己的认识和体验或设计一个环保口号，或提出保护环境的方法路径，或身体力行参与一些环保活动。以下是"国人正在毁掉自己环境的10种方式"的主要内容(原文摘录)：①

1. 空气污染严重，死亡人数惊人。很多人因为空气污染问题，宁愿待在家中，即使天气预报没有强调"不宜出行"，他们出门时也会戴上口罩，减少有害物质的吸入。

2. 把石油焦当燃料。以美国为首的一些国家，一边购买中国制造的工业产

---

① 《国人正在毁掉自己环境的10种方式》，北极星环保网，2015年5月18日。

品，一边高调宣扬自己采取了积极措施应对环境污染。美国早已停止使用诸如石油焦这样的燃料。石油焦是蒸馏原油所得副产物，燃烧时对空气造成的污染比直接烧煤更严重。如此严重的污染物本该被当作废物直接扔掉，却被美国出口到中国来换取经济利益。由于中国是当今世界工业贸易品生产大国，考虑到石油焦做燃料价格低廉，所以中国进口石油焦量逐年增长。

3.藻类大爆发。尽管藻类泛滥不会对人类生活造成多么严重的负面影响，但这种现象常常意味着该片区域的生态环境已经开始恶化。著名海滨城市青岛东临黄海，附近海域连年水藻泛滥，海里其他生物的生存环境每况愈下。不仅如此，海藻生长聚集在海面上，使得近海多半海域看起来都是密密麻麻的绿色，景象吓人。海藻附着在海面阻挡紫外线照射会极大改变海水中的化学平衡。更糟的是，藻类还会分解释放有害气体，影响人体健康。

4.日益严峻的淡水危机。改革开放发展经济初期，许多工厂厂房都建在河流岸边，毫不顾忌地将未经循环处理的工业废水直接排放到河流中。通常情况下污水也不经过处理，原本干净的水源遭到污染，然后再用于工业生产和日常生活。水源遭到污染除了工业排放所致，也受其他一些因素影响。首先工业用水量巨大加之利益驱使，极少有工厂在生产过程中考虑循环利用。这种工业生产模式导致越来越多的河流水量减少甚至濒临枯竭。由于河流运动，已经受到污染的淡水又流向干净水域，导致污染面积成倍扩张，可利用的淡水越来越少。地下水也同样存在类似的污染现象。一些专家认为，许多大中型城市的淡水实际上有一半不宜饮用。

5.即将遭遇核冬天般的极寒天气。核冬天理论认为，核弹爆炸后，除却核辐射威胁环境和人体健康外，爆炸产生的大量烟尘也会对生产生活造成难以想象的影响。由于烟尘体积微小，被推入大气后能在高空停留数天乃至一年以上，又因为它们的平均直径小于红外波长，对从太阳来的可见光辐射有较强的吸收能力，会阻挡光热到达地面，导致地表温度下降，很大程度上阻碍植物进行光合作用，使得农作物几乎不再生长。除了核辐射，在全国范围内雾霾问题日益严重，在一些重雾霾地区，农作物的光合作用同样受到抑制，生长缓慢。

6.垃圾焚烧炉的不合理设计污染大气。中国正在努力解决垃圾处理问题，大量垃圾给生存环境造成的压力不容小觑。由于垃圾掩埋场很快被填满，对垃圾进行焚烧成为无奈之举。很多情况下，垃圾焚烧产生的烟雾会被直接排放到大气中。不仅如此，垃圾焚烧机也会对环境造成严重负担。由于法律漏洞和监管不力，很多垃圾焚烧机都达不到环保标准，焚烧产生的烟雾异常难闻，当中还混杂不少像汞这样的化学物质，影响附近居民的身体健康。

7.中国正在成为最大电子垃圾倾倒场。对全世界来说，电子垃圾正在成为一个愈发棘手的问题。回收废旧电器要付出相当大的物力和财力，而且存在安全问题，因此这些电子垃圾常常和普通垃圾一样废弃一边，得不到妥善处理。在许多情况下，一个回收旧手机和电脑的场所，很有可能仅仅是另一个愿意接收这些垃圾的国家。尽管严格说起来这种行为触犯法律，但显然并不具有震慑力。

8. 污染物让粮食供应变得不安全。土壤的问题可能比其他任何问题都要严重。虽然许多农民都担心他们一直在接触污染物，但大多数国家更在意他们粮食供应的安全性——他们越来越担心粮食的安全问题。

9. 癌症村。从20世纪90年代后期起，国际环保人士和环保组织就一直致力于解决中国癌症村的问题。一个癌症发病率较高的村庄往往紧邻化工企业，村里居住人家仅百户左右。这些化工企业长期排放对环境危害严重的污染物，造成当地水源污染，无法净化使用，空气中弥漫着有毒灰尘，严重危害当地人的身体健康，可以说是无法承受的噩梦。

10. 国内污染影响整个世界。环境污染问题不仅对国民生活危害巨大、亟须治理，其他国家也会受到负面影响，后果严重，令人担忧。美国和其他发达国家从发展中国家进口大量廉价消费品，同时又禁止污染环境的产业在本国生存，导致发展中国家的环境污染问题严重。这些国家很快就会形成以牺牲环境为代价的经济发展模式。这种模式一旦形成，环境污染问题就会进入恶性循环，很难被打破。

问题探讨：

1. 在同学们的身边经历过这样的行为或目睹过这样的现象吗？你该如何看待这些现象？

2. 你认为在经济发展的过程中如何兼顾经济效益和环境效益的统一？并根据自己的认识给环境保护设计一个口号。

3. 你认为环境保护有哪些好的做法或途径？列举你日常生活中的具体做法。

在这个过程中，教师组织学生相互交流，自主发言，并对学生的发言进行点评和总结。

（三）教师讲授：可持续发展战略与美丽中国战略

在组织学生观看视频和讨论的基础上，教师结合党的十九大报告关于社会主义生态文明建设的有关指导思想和战略部署，向学生讲授可持续发展观的内涵、原则以及形成过程，重点讲解中国自20世纪90年代以来发展战略的重大转变、社会主义生态文明观的形成并日臻完善的过程、重要意义。

从科学发展观到生态文明观，从可持续发展战略到美丽中国战略，体现了我国发展理念的重大进步。这是一种着眼于经济增长、社会进步和环境保护的新型的社会主义生态文明观、发展观，是我国经济发展模式的根本转变，体现了我党对社会主义现代化建设规律的认识不断深化，是关系到中华民族生存发展和千秋万代的大计。

理论知识讲授的目的在于成为行动的先导，通过学习最终使学生真正意识到环境保护的紧迫性和重要性，树立和践行十九大报告提出的绿水青山就是金山银山的理念，明确自己的责任和使命，认识到随着中国经济社会的进步，人们对美好家园和优美环境的需求增加，中国的环保事业必将有更高的要求和发展，大学生作为贯彻和落实社会主义生态文明的主力军，要自觉地行动起来，加入到环境保护的队伍中来。

(四)校园调查:大学生的生态文明观

大学生的生态文明观反映了大学生的生态文明认知水平，是大学生综合素养的体现。为了深入了解大学生对待生态环境的态度和情感，培养他们对待环境的正确态度和良好行为习惯，结合本专题的教学，我们组织学生在本校和周边高校，以访谈和发放问卷的形式做了一次调查。

主讲教师对本次活动做了精心指导和讲解，参加活动的学生分成四个小分队，第一分队利用课余时间，充分借助图书馆、互联网等多种媒体渠道搜集有关大学生生态文明观的资料，准备调查内容。第二分队调查校园环境，拍照取材，分发调查问卷，实地调研。第三分队走进校园，随机访谈，就大学生生态文明观进行现场采访。第四分队整理汇总各小分队收集的信息，处理数据并进行分析。最后各小队讨论交流自己的调查结果与经验，得出结果，共同参与形成调查报告。

本次活动走访调查了本校和周边三个学校，发放问卷 300 份，采访学生 50 人，收回有效问卷 279 份，极大地调动了学生的参与意识和活动能力，取得了比较令人满意的结果。从调查结果看，许多大学生对于生态文明的认识还远远不够。拿最简单的例子来说，在日常学习生活中，难免会产生一些自己“制造”的垃圾，但有些大学生的生态文明观仅仅局限于周边是否有垃圾桶，有垃圾桶就放进垃圾桶里，而没有垃圾桶就随手扔在地上；有时候还取决于周边有没有路人，有路人的时候则不扔，没有的时候则随手一扔。其中女生比例要比男生高出 2 个百分点。

(五)行走的课堂:拥抱海洋,共守碧水蓝天

为了进一步加强学生对维护海洋生态的认识,提高学生的海洋意识,我们利用暑假时间,结合学校团委组织的大学生暑假"三下乡"活动,组织学生来到山东东海之滨——烟台芝罘区,开展了一次主题为"拥抱海洋,共守碧水蓝天"的校外实践教学活动。

本次实践教学的主题是开展有关海洋生态环境和海洋生物保护的宣传和调查。首先带领学生来到了烟台滨海北路的一处清末海防重地"东炮台"景区进行了参观,任课教师从纵向的历史角度,对中国从古代到近现代到中华人民共和国成立后的不同历史时期海洋意识和海洋政策的发展作了梳理和讲授,引导学生从历史中反思和感悟当今应有的担当。接着来到烟台芝罘第一海水浴场,在海天一线的旷远和辽阔中,我们贴近面前这片蓝色的海域,海潮声中用心去感受来自大自然和生命的呼唤,美丽的滨海景色怡人。

但是我们也痛心地发现这些年随着烟台经济的快速发展,烟台海域的污染现象非常严重,海洋生态治理不容乐观。我们组织学生在海边随机对游客和当地市民作了调查问卷,来自生命科学学院的学生向大家讲解了浒苔的形成原因、危害和预防措施,作了海洋生物资源保护的知识普及和介绍。学生们用随身携带的垃圾袋,捡拾和清理海边的污染物和游客遗留的垃圾。最后,大家一起宣读了"拥抱海洋,共守碧水蓝天"的倡议书,发起现场签名活动。周围的游客和市民们踊跃参加调查,纷纷签名拥护我们的倡议,大家一致认为还海洋治理和保护刻不容缓,今后一定关爱海洋,从自身行动做起保护海洋。

为期两天的校外实践活动虽然只有两天时间,但是对于学生而言,这样的体验和学习收获确是独特而难忘的,在走进广阔的自然、面对海洋的情景体验中他们真正激发起对生命的感悟、对海洋的热爱,加深了对海洋文化的了解,增强了保护海洋的责任感和使命感。

(六)课外活动:环保知识竞赛

2018 年 6 月 5 日正值世界环境保护日,为了深入学习和贯彻落实十九大关于"加快生态文明体制改革,建设美丽中国"的战略部署,加强环保知识的宣传,进一步提高学生的环保意识,我们面向全院学生,组织了一场主题为"我为环保代言,建设绿色校园"的知识竞赛活动。

本次知识竞赛主要围绕环境保护相关法律法规、政策和业务知识等内容开展,分两个环节:第一个环节,初赛阶段。形式是笔试,试卷包括 50 个环保小问题,分单选、多选和问答三种题型,共 100 分,按得分高低从参赛选手中选出前

25 名，进入决赛。第二环节，决赛阶段。获胜的参赛选手以抽签方式组成五支参赛队伍，现场决赛。决赛共分个人必答题、小组抢答题、小组必答题、选答题、加赛题五个答题环节。

对于这次比赛，学生们参与的热情很高，积极准备，初赛选出的 25 名选手进入决赛后虽然是根据抽签跨班组合队伍，但是配合密切，场上气氛热烈，他们以丰富的知识储备和灵活的现场反应完成了各个环节的挑战，比赛最后评选出了环保卫士奖、最佳现场表现奖。

本次活动在全校范围内产生了很好的影响，学生们纷纷表示这样的活动起到了很好的宣传效果，行胜于言，不但学习和了解了环境保护方面的很多知识，环保意识得到了加强，而且也加强了同学们之间的沟通和交流，带动更多的人行动起来，为建设绿色校园献计献策。

四、教学评价

(一)来自学生的评价

本次专题实践活动通过老师的讲授使我们对环境保护有了深刻的体验和感受，生态文明建设是利国利民的大事，是当今时代的潮流和中国的发展趋势。当代大学生一定要提高生态环保意识，对建设中国特色社会主义生态文明必须要有强烈的认同感和责任感，生态文明建设是一个巨大的工程，不是一蹴而就的，不仅仅需要国家的政策，还需要每个人的努力，我们要不畏困难和挫折，共同创建美好绿色家园！

在这次教学活动中，我们真正感受到环境保护的紧迫感和必要性，在观看电影《家园》时，我们看到美丽的地球千疮百孔时几次流下泪，前面大自然的画面越美丽，我们心里越感到沉重，因为生命是那样的神奇和美妙，剧中有一句独白是“越来越快”，是人类的步伐太快了，这个快既是走向文明的步伐，也可能是走向自我毁灭的步伐，比如现在的雾霾天气就是大自然敲响的警钟，环境保护，刻不容缓。

通过参加知识竞赛和校园调查这样的实践活动，我们深刻地认识到许多环境隐患问题。这些问题必须引起我们的重视，环保不是作秀，要切实从我做起，从点滴小事做起。古人说“一屋不扫，何以扫天下”。做事情也是这样，从日常生活中的环保小事就能看出人的品质和素养。因此，我们要树立生态文明意识，大力宣传和以身作则，共同创建美好和谐家园！

(二)来自同行的评价

我国著名教育学家陶行知先生讲过一句名言"生活即教育",对大学生进行生态文明教育不能停留在抽象的说理上,必须走进生活,在实际环境中实现理论的渗透和融合。以拒绝"十面'霾'伏"为主题的实践教学,教学内容和方式来源于大学生的生活实际又高于生活,寓教学于巧妙创设的情景当中,无论是课堂上观看视频还是发达国家治理雾霾的经验分享、案例探讨都给学生很大的视觉和感官冲击,产生了强烈的震撼。

本专题实践活动还有一个突出的特点就是紧扣主题,通过课外的调研、知识竞赛的开展给学生提供了一个实际的体验环境,使学生理论联系实际,从自己的生活实际、从周围其他同学的生活方式中形成判断、对比,进行反思,明辨是非,从而成功实现了知识的巩固、消化、吸收和转化,切实起到了育人育德的教育效果。

(三)教师自我评价

本次实践活动教学密切结合学生的日常生活,以严重的雾霾天气导入环境保护主题,旨在学习、观测、落实可持续发展观和生态文明观,提高学生的生态文明素养,推动社会主义生态文明建设。考虑到学生在中小学阶段已有一定的环境保护方面的认识和体验,我们在教学目标的达成上特别注意了生态文明知识的衔接和提高,在理论知识的讲授上突出了系统性和学术性,对可持续发展观的内涵及要求、我国近年来发展理念的转变、党的十九大报告对社会主义生态文明建设的基本战略部署都作了详细解读和分析。

在情感目的的达成上则侧重于价值观的提升,通过观看视频、案例分析、课堂讨论等方式创设情境,直观生动地引起学生的情感共鸣,由浅入深、由具体到抽象引导学生体悟、思考。在能力目标的达成上,我们则充分调动和发挥学生的主体精神,侧重于实际锻炼以达到巩固学生良好品德和习惯养成的目的,做到知行合一,内化于心,外化于行。从活动最后的效果看,师生互动良好,各项活动得以顺利开展,学生普遍反映收获很大,圆满完成了我们的教学目标。

五、来自学生的报告

(一)"还净下乡",践行绿色生活

为弘扬社会主义核心价值观,践行"勤学、修德、明辨、笃实"的八字真经,

2015 年 7 月 16 日，我们“还净下乡”社会实践服务队，满怀激情与热血，奔赴菏泽单县高老家乡开展了为期一周的“绿色生态科普知识宣讲、社会调查研究、发展建言献策”社会实践活动。

初到高老家乡，我校在高老家乡挂职的“第一书记”谢钊书记介绍了高老家乡的基本情况，校团委副书记赵旭对此次赴菏泽单县“第一书记”帮包村社会实践服务活动进行了总体部署，经济与管理学院团总支书记郭莹、辅导员杨睿对“还净下乡”社会实践活动做了具体安排。

第二天一早，在绵绵细雨中，我们“还净下乡”社会实践服务队的实践活动开始了。10 个人分成两组同时出发，郭莹书记带领我们第一小组前往董花园村，杨睿老师带领第二小组前往刘庄集村。当我们第一小分队到达董花园村时妇女儿童们都在广场乘凉，看到我们的到来他们都走上前来迎接。“良好的习惯要从娃娃抓起”，环保的意识也需要从小养成。上午，我们第一小组聚集了村子里一群小朋友，在广场上为孩子们带来了一次“环保知识小课堂”。与此同时，杨老师带领的第二小组在刘庄集村的活动也在如火如荼地进行着，实践队的队员们给刘庄集村的小朋友们上了一堂别具特色的绘画课。在课堂上，孩子们都用画笔“建筑”了自己的城堡；课下，我们实践队的队员和孩子们一起将报纸、塑料袋回收利用，做成了美美的衣服，穿在了小朋友的身上。村干部的支持与乡亲们的大力协助与配合让我们当天的行程圆满成功。作为感谢，我们把提前准备好的环保袋送给了乡亲们。到现在我依然记得，第一天结束真的很累，给孩子们讲课，尤其是这种没有课本的课我从来没有尝试过，我心里很忐忑，怕讲不好，又怕讲得太枯燥他们不喜欢，但一直到结束，孩子们脸上都没有不耐烦的表情。回想起小朋友脸上纯真的笑容和乡亲们朴实的话语，觉得自己的疲惫感一扫而空。

第三天的夏日阳光代替了前两日的延绵阴雨，但骄阳似火并没有妨碍我继续向村庄行进的热情！这次，我们来到了曹叵集村，我们今天的主要任务是开展环保调查。为了进一步了解当地人民的环保意识，我们设计了问卷调查，内容包括：村里的垃圾是如何处理的？设置垃圾桶前后有什么变化？村里的农药瓶是如何处理的？垃圾是否有专人管理？等等。当地群众积极配合，对我们的调查一一作了回答：设置垃圾桶前，村里的垃圾都是随便乱扔、就地掩埋；设置垃圾桶后，大家都自觉地把垃圾扔到垃圾桶，村里的环境明显的干净了。现在农村有专门卫生员，每天早上都会来打扫街道，保洁公司每天下午都会来收一次垃圾；用过的农药瓶也由专门卫生员来收。队友们的分工合作，使调查问卷收到了良好效果。当地群众的积极配合，使这次环保调查完美进行，传播了新的环保价值观，同时村民们的想法也让我们实践服务队的队员们对农村的环保市场化有了新的认识,这有利于我们大学生各方面的综合成长。

通过与菏泽单县高老家乡曹叵集村村干部、卫生员以及乡亲们的对话,我们了解到之前村里的环保工作是由村干部找人打扫,现在村里的环保工作是市场化运作,日常环境的清理是外包给保洁公司。自从外包给保洁公司后,村里安置上垃圾桶,每天由保洁员清理村里的垃圾,保洁公司安排垃圾车来专门收集,运送到中转站后进行简单的分类,最后统一运送到县城进行集中处理。乡亲们的觉悟很高,思想很先进,我印象最深的就是一下车在曹叵集村广场上看到的鲜明的16个大字"文明乡村幸福家园,乡村美丽心情亮丽",这代表了乡亲们建设文明、干净、美丽乡村的决心。

在这次社会实践活动中我们还特意去了菏泽单县的湖西革命烈士纪念公园,参观了湖西公园的英雄阁,缅怀革命先烈,向党宣誓。苍松翠柏,无不显示着革命先烈的钢筋铁骨;五彩鲜花,处处昭示着我们对革命先烈的无限敬仰。在湖西革命烈士纪念塔下的我们,默哀3分钟以缅怀我们伟大的革命先烈,并重温了入党誓言。我们参观了湖西公园的英雄阁,聆听了工作人员对湖西抗日战争经过及烈士事迹的讲解。英雄阁里珍贵的历史图片、激扬的文字纪实、真实的先烈遗物,在我眼前展现出湖西人民舍生忘死、参军参战、大力支前、抢救伤员、奋勇杀敌的画面。我们不禁肃然起敬,真正体会到了革命斗争的残酷和革命胜利果实的来之不易。湖西公园下安葬着2641名烈士,他们用自己的一腔热血滋润着这块沃土。2015年是世界反法西斯战争胜利70周年,同时也是中国人民抗日战争胜利70周年,在这特殊的一年中,通过这次红色革命教育活动,我的心灵受到极大震动,接受了一次真正意义上的革命精神洗礼。

白驹过隙,转眼就到了此次社会实践活动的最后一天。返程前,我们回到前三天去的几个村发放了环保袋、文具、杂志等物品,和村民一起舞动在广场上,村民们将自己的热情、质朴淋漓尽致地展现在我们面前,同时我们也将最美好的祝愿送给村民们。

这次的下乡之行不仅仅是一次服务活动,更像一次青春之行,我们有经历,有体验,有收获,有感谢。我们真正地走进乡村,走进生活,不再是纸上谈兵,而是用实践丰富知识。"践行绿色生活,建设美丽乡村。"环保,永不止步!

(2013级市场营销本科2班徐学文、2014级会计与统计核算专科班徐惠洁撰写)

(二)从"红色天气预警中小学就停课"谈雾霾治理

2016年11月14日,济南市教育局发布《济南市学校重污染天气应急工作实施方案》。其中有蓝、黄、橙、红四个预警等级方案,方案指出红色预警时中小学、幼儿园暂时停课，且停课期间中小学幼儿园按照“停课不停学”的原则通过网络、通讯等途径与家长和学生保持联系。停课措施一出立即引起热议，群众反应激烈，市民对此争议不断。因持续性严重雾霾采取全国大范围停课等措施正在随着我国雾霾的加重而走向常态化，但是雾霾停课就真的可以解决问题了吗？显然，这种具有明显逃避性的治标不治本的措施不是解决问题的有效途径。

在我们对济南市有关部门的社会调查中发现，目前济南市有8个国家空气监测点，分别是国防科工委干休所、科干所、农科所、开发区、济南化工厂、山东种子仓库、济南第二机床厂、长清区委党校济南市环境监测站，还有8个省级监控点。济南市在科学做好全市16个环境空气自动监测子站监测、分析的同时，还重点部署开展全市176个区域、道路降尘监测，全面动态掌握扬尘污染分布状况及变化趋势，但是个别监测点存在数据更新不及时、信息不公开等现象。为确保空气质量监测点提供的数据更为确切可靠，监测部门还定期检查和更新监测设备，完善大气污染检测预警机制，实施信息公开制度，将检查点的数据告知广大市民，使市民了解空气质量情况，提高市民的自我防卫意识，做好出行准备。

雾霾治理的道路艰难而漫长，需要我们全体成员的不懈努力。雾霾停课并不是解决雾霾的“治病良药”，而是逃避举措，无实质性效果。政府及环保机构应该出台和实施根本性治理措施，根据不同地区情况采取适宜政策。全体社会成员都应当直面困境，树立环保意识，营造绿色社会氛围，团结一致，身体力行。大学生更是应当挑起社会重担，以新知识、新理念影响社会。在党和政府的正确领导下，全民参与治理雾霾，形成人人关心、人人参与的治理氛围，积极推进社会积极立法，政府严格执法，发展绿色经济。

“不积跬步无以至千里，不积小流无以成江海”，想要切切实实地消灭雾霾，还需要将我们的思想汇聚，结成智慧，众志成城，将细流汇聚成江河，倡导绿色生活的理念，以自身为中心向周边辐射。节约用电，随手将电源关闭；节约用水，随手关闭水龙头；拒绝或尽量少使用一次性的制品，多采用环保材料；出门尽量乘坐公共交通工具，尽量少打车、少开车，缓解交通压力的同时为环保献力；多举行、参加环保义务劳动；设计环保宣传标语、图、徽，喊响口号等等。另外多组织、参加环保宣传活动，以自身的环保行动影响周边人群，也是大学生在自身能力范围内治理雾霾所做的贡献。

作为新时期的大学生，肩负着国家与民族的厚望，增强主人翁意识是时代的要求，也是我们应该承担的责任。因此，要紧跟潮流，关心时事政治，积极响应政府号召，积极向政府“谏言”，支持政府与环保机构的措施，树立环保理念，将自身专业特长发挥入治理雾霾的措施之中，以主人翁的姿态，关心热爱自己的城市，为建设美好的家园献力献策。

（2015级思想政治教育本科班付爱文撰写）

（三）英国“铁腕治霾”之启示

18世纪中叶英国最先进行了工业革命，并由此引发了一场世界范围内的机器大生产的热潮，然而生产力的高度发达给这个国家带来经济效益的同时也带来了严重的环境污染。1952年，英国爆发了一场严重的大烟雾事件，整个伦敦城黑烟弥漫，这个曾经以重工业发达闻名于世的国家在瞬间就陷入了死寂。在接下来短短两个月的时间内英国人因为呼吸道等各种疾病丧生的人数高达几千人，整个社会陷入了一种混乱状态。英国人为此进行了深刻的反思，针对严重的雾霾，英国政府进行了“铁腕治霾”，并且取得了非常显著的治理效果，这对中国今天的雾霾治理有着重要的启迪和借鉴价值。

第一，治理环境污染，必须加强和完善相关法律法案，做到有法可依、有法必依、执法必严、违法必究。近年来，中国出台的环境保护法案一直处在不断的更正之中，但是依然存在许多的纰漏，在措施出台之后相关的政府部门也并没有进行严格把控，这就出现了运行机制中各种弊端和疏漏，因而导致雾霾问题一直得不到最彻底的解决。在一个环境意识还比较淡薄的国家，只有法律的严格控制，政府部门的及时监督，双管齐下，才能在根本上解决好环境污染。

第二，走政府主导下的环境治理之路。实现PM2.5减排，政府必须使用经济手段进行调节和治理，这些经济手段应该包括提高资源税税率、大幅提高污染物排放收费标准、降低服务业的间接税税负、大幅提高对清洁能源补贴占财政支出的比重等[①]，以改变投资者、企业和消费者的激励机制，促进结构调整。

第三，加强监管部门强力的监督和管理。我国环境日益恶化的一个重要原因是有些监管部门疏于管理，对于一些违法的企业没有按照法律法规进行查处，任由这些高污染企业进行生产。国家赋予监管部门的权力就是对生产生活中不合法的事情进行监督和管理，每个部门只有各尽其职才能将环境污染得以控制，雾霾治理才能指日可待。

第四，严格把控污染物的排放量，淘汰落后产业、支持新兴产业。雾霾治理的关键就在于将污染物进行严格的控制，而企业生产排放的污染物是大气污染主要来源。我们要优化产业结构，推进企业的经济体制改革，坚决淘汰国家确

① 参见杨拓、张德辉：《英国伦敦雾霾治理经验及启示》，《当代经济管理》2014年第4期。

定的落后的生产装备和产品。

在目前中国的经济发展水平之下，企业改革显得尤为困难。因为企业改革意味着传统的重工业会被新兴的产业慢慢取代，在这一过程中就会出现一大批工人的失业现象，然而这一问题在英国却没有成为阻碍。正如英国能源与气候变化大臣 Davey 所言，一百多年前，英国有几百万矿工，现在只剩几万人，但现在英国的就业人数是历史最高的。当一个产业正在被淘汰的时候，会有另一个产业冉冉升起。技术革新是我们当前企业发展的一个重要方式，尤其是在技术引领时代潮流的趋势下更为重要。当资本主义国家将高污染的企业转移到中国来的时候，我们就必须明白科技对一个国家经济发展有多么重要，我们众多的劳动力不能只用于低廉价、高污染产品的制造，我们要实现科技创新，将新的科学技术应用于企业的发展当中去。

第五，加强绿化，美化环境。雾霾有重要的人为原因，同样也有自然原因。城市化的快速推进是我国雾霾严重的一个方面，因为城市中楼房数量的增多使得水平方向的静风现象增多，阻力和摩擦力明显减弱，不利于大气中污染物的扩散，因此在大城市中修建绿化带、增加绿化面积是一个减少污染的合理方法。绿色植物有吸附灰尘、净化空气的良好作用，在城市中我们加大绿化面积，既可以实现土地资源的合理利用，又能够治理环境污染、美化环境。

第六，治理雾霾，人人有责。雾霾出现绝不是一个偶然的事情，它是多种因素聚合的结果，因而雾霾的治理也绝不是一个人、一个部门的事情。英国的雾霾治理从最简单的家庭壁炉改造开始，逐步推进，中国完全可以仿照进行治理。分析这些年大气污染的来源不难发现，我们大部分的居民冬季取暖依然坚持使用散烧煤，大量使用小火炉取暖，排放污染量大。中国人口众多，环境保护需要每个人都参与，国民个体的力量虽然很微小，但却发挥着至关重要的作用。

在网络媒体发达的时代，我们可以利用社交平台履行我们的监督义务。面对身边的污染行为我们要勇敢地拨打举报电话；面对不合法的生产企业我们要通过网络平台进行举报；当我们选择步行或者乘公共汽车出行的时候我们就已经加入到了环境保护的队伍中。环境问题不是一个悬在空中的问题，它真真实实地发生在我们的生活里，雾霾问题已严重危害着我们的身体健康。治理雾霾我们决不能坐以待毙，要积极参与到这场持久战当中去，捍卫我们共同生活的环境。

（2014 级思想政治教育本科班李敏敏、陈雨、张曼玉撰写）

（四）一次碰触灵魂的"蓝海之旅"

远行总是一阙无法落笔的心欢，何况这次是和老师、同学们一起远行。

阳光懒懒地洒在海面上，一卷卷海浪朝着沙滩奔袭而来；我们早早地来到海边采集标本。趁海浪退去，同学们拿着凿子、锤头击打着礁岩上的贝壳。贝壳附着在岩石上，构成了色彩斑斓的图案；像极了含羞草的海葵，每一次碰触都缩进岩石缝隙，着实令人头痛，同学们也更体会到了万物皆有灵的深刻含义。

涨潮了，同学们纷纷退到了安全区域，而此时的我坐在礁岩上，静静地聆听着海浪与沙滩的对话，徐徐的海风吹着，嗅着清冽的海水味，我仿佛漂荡在大海上。

潮水退去，被冲刷过的岩石一片洁净。同学们拿着网追赶着海浪，仿佛要与大海融为一体。“我抓到水母啦！”有同学高呼，“我也抓到啦！”不远处的同学也一声高呼。大家玩得不亦乐乎。

时至中午，各小组都清点着自己的战利品：斑斓的海螺、黝黑的贻贝、圆滚滚的石鳖、凹凸不平的牡蛎，还有多彩的藻类植物：绿藻门的肠浒苔，红藻门的海膜、盾果藻，褐藻门的鼠尾藻、墨角藻等等。可谓是应有尽有。

此时，我的目光被策波粼粼的海波所吸引，凝望着这无边无际的大海，感受着海纳百川的伟大。海洋不仅纳百川，还隐藏着无限的资源，储存着丰富的石油、天然气、可燃冰、热液矿藏、海滨砂矿、多金属结核和复钴锰结核及煤、铁等固体矿产；海洋中的藻类、鱼类等可加工为食物供人类食用；海水淡化有利于解决陆地淡水不足的问题；海洋交通的发展使世界连为一体，带动着各区域经济文化的交流及发展。只有在保证海洋安全的基础上，才能更好地去开发海洋。此刻我的心扉好似被那一卷卷的海浪所击开，海水在左右心房里汹涌澎湃。宽广的大海让人的心情也开阔起来，我的思想与大海交融在一起，沉醉其中。

到了与大海告别的时刻，同学们都开始清理海边的垃圾。“绿水青山就是金山银山。”一个不起眼的塑料制品就可能导致鲨鱼死亡；海洋中的垃圾过多，对海洋生物将是毁灭性打击。只有每个人都真正践行着保护环境的责任，这片湛蓝的海洋才会提供给我们美好的环境和丰富的物质资源，才会有面朝大海、春暖花开，才会有阳光下的粼粼波光。

告别了大海，长龙般的队伍来到了海洋馆。目不暇接的海洋生物展现在眼前。颜色各异的水母令人流连忘返，斑斓的珊瑚也映入眼帘，令人惊叹……

美好的时光总是短暂，还没来得及细细品味便已结束，心欢便只能留给回忆。身临其境地去感受自然生物的奇妙，在实践中获得真知，使知识具有了立体感，让每位同学获益匪浅。相信这次野外实习的经历已经深深地封存在同学们的心底，永不凋零，永不枯萎。

（2017级生物技术本科班丁海昆撰写）

（五）从我做起，让我们携手共建绿色家园

2015年4月3日，习近平总书记在参加首都义务植树节活动讲话中强调"把建设美丽中国化为人民自觉行动"①。环保不只是政府的事，而是需要全社会参与的系统工程，就像人民日报所呼吁的"好的环境质量是等不来，喊不来的，既然同呼吸，就要共奋斗"②。整治污染，保护环境，是我们义不容辞的责任和义务。

我们当代大学生作为祖国的未来与民族的希望，我们的思想与行动对社会的发展起着重要的导向作用，大学生对环保问题的认识程度与践行程度也将直接关系到生态文明建设。因此，大学生必须自觉树立起环保意识，贯彻全面协调可持续发展的科学发展观，以建设"美丽中国"为己任，义不容辞地肩负起生态文明建设的重要历史使命，积极主动地做生态文明的建设者与传播者，努力做好社会发展的风向标，与全社会齐心协力共同"唤回"头上的一片蓝天。

作为大学生的我们，学习生活主要在校园里进行，校园就是我们现在的家。作为这个家的一分子，我们应该从日常生活的方方面面践行环保理念，从身边的小事做起，从自己做起，致力于环保行动，携手共建我们的绿色家园。

本学期我们在老师的指导下，针对校园内的环保行动和大学生生态文明观进行了实地观察和分析。我们捕捉到了很多正能量的现象：看到滴水的水龙头，会有人第一时间走上前去拧紧；夹在石缝中的垃圾也会有同学主动捡起；在不需要时会记得随手关掉走廊的灯；主动将垃圾分类扔到垃圾桶。当然，这只是学校众多环保行动中的一小部分，在和同学们的座谈中，我们了解到：有一部分同学虽然有保护环境、节能减排的意识，但是却不知道怎样去身体力行，将意识转化为实际行动，部分同学存有大家不做我也不做的心态，甚至还有一小部分同学认为当代大学生在大街上捡垃圾太丢人。这说明大学生的生态文明意识还是薄弱的，对生态文明的认识和了解存在欠缺。根据以上现象，我们探讨了学校内一系列建设生态文明的措施，以增强大学生的生态环保意识，推动大

① 《习近平在参加首都义务植树活动时的讲话》，《人民日报》2015年4月4日。

② 武卫政：《为环保，大家都尽一把力》，《人民日报》2013年6月5日。

学生为学校环保行动做贡献,从而打造良好的校内环境。

我们也痛心地发现,学校内依然存在着一些严重的环境污染现象:举行过活动的操场,同学们兴高采烈地走了,留下的则是一片狼藉,碎纸屑、喝过的饮料瓶、吃完的零食袋子散落一地,有的同学甚至在草坪上留下了瓜子皮等很难清理的垃圾;宿舍楼走廊的垃圾桶周围堆满了溢出来的垃圾,散发出难闻的味道,有时甚至会吸引来苍蝇,但是却没有人主动去打扫;宿舍楼周围的小路上,常常会有一些用完的食品包装盒、腐烂的水果等生活垃圾;树丛里隐藏着的塑料类包装纸随风飘扬。这些问题可能是大家在不经意间造成的,但却反映出我们环保意识和行为比较差的一面。对此,我们必须要认真对待,立即行动起来,从现在做起,从自我做起:

第一,节约一张纸,多留一片蓝天。印度加尔各答农业大学德斯教授曾对一棵树的生态价值进行了计算,一棵 50 年树龄的树,以累计计算,产生氧气的价值约 31200 美元,吸收有毒气体防止大气污染价值约 62500 美元,增加土壤肥力价值 31200 美元,涵养水源价值 37500 美元,为鸟类及其他动物提供繁衍场所价值 31250 美元,产生蛋白质价值 2500 美元,除去花、果实和木材价值,总创值约为 196000 美元。[①] 可见,树木对环境保护的重要作用。而我们在日常生活中所使用的办公与生活用品、打印纸、卫生纸、餐巾纸等都是通过木材加工而来的,浪费纸,不仅仅直接地增加了树木的砍伐数量,更是间接地增加了造纸所带来的环境污染。所以,节约用纸就是保护树木,保护了树木就是保护了环境。因此,在日常生活中我们必须树立节约用纸的意识,然后将节纸行动践行到生活中的方方面面。

第二,保护一滴清水、一片绿地、一个地球。水对我们的生命起着重要的作用,它是生命的源泉,是人类赖以生存和发展的不可缺少的最重要的物质资源之一。人的生命一刻也离不开水,水是人生命需要最主要的物质。但是在日益恶劣的环境影响下,可供饮用的水资源越来越匮乏。节约用水、不浪费每一滴水是我们每个人都应该做到的。学校和我们每个人都应该为节约用水做出努力。学校应加大宣传力度,提高节水意识。良好的氛围能够影响人们的行为,要想在全校范围内培养节水意识,需要学校采取适当的措施。例如:学校在公共场所特别是洗手池旁张贴"节约用水,珍惜用水"的宣传标语;积极鼓励院系

① 参见王莉:《反思与重构:生态利益损害的侵权法救济机制》,《重庆大学学报(社会科学版)》,2009 年第 6 期。

内开展相关主题的班会和活动，通过展板宣传栏进行宣传，在全校内营造节约用水的氛围，提高广大师生教职工的节水意识；学校内有着很多树木花草而且占地面积比较大，如果采取漫灌的方式不仅会浪费大量的水，甚至还会造成灌溉不均匀的情况，因此，在对植被进行浇灌时，采取喷灌的方式，既可以避免水资源的大量浪费，又提高了水资源的利用率。

学生是学校教育的主体，同时也是用水的主要人群。个人的节水行为能够为学校节水活动做出巨大贡献。所以，我们应从小事做起，从身边做起。在洗脸打香皂或使用洗面奶的时候只要暂时不需要水就立刻关掉水龙头。洗衣服时根据衣服大小使用适量的水，循环利用，将一些洗过衣服的干净的水用来涮拖把、冲厕所。宿舍内相互监督，互相鼓励节约用水，保护用水设施，时刻注意关好水龙头，发现损坏马上报修。

第三，关灯省电一小步，节约能源一大步。目前，电已经成为我们日常生活中不可缺少的一部分，照明用电灯、通信有手机电话、做饭有电磁炉等等，电为我们生活提供了许多便利。但是电是有限的，是不允许我们随意挥霍的。在日常生活中我们时常会看到房间内无人但灯却亮着、风扇开着等等造成不必要的浪费电的现象。学校应多采用绿色照明技术、产品和节能型电器。比如：在文化长廊安装太阳能发电的路灯，利用科技的力量减少能源的浪费；在图书馆的桌子上安放阅读灯，由读者自行开关等等。我们在教室、图书馆学习时应充分利用自然光照，养成天黑开灯，天亮关灯的好习惯，在生活中时刻做到节约用电。

第四，废旧物品再利用，爱心传递你我他。我们经常会有一些不用的废旧物，占据着我们的储存空间。如果我们巧妙利用废旧物，就能变废为宝，使其再次发挥新的作用。对于很多旧物，比如说淘汰下来的或者不用了的物品，我们不再使用，扔掉又比较可惜，然而在这个世界上还有一些贫困的人群，生活物资比较匮乏，他们需要我们的帮助、我们的爱心。学校内开设有爱心驿站，我们不需要的衣物可以洗干净，用完的图书整理好，都可以送到爱心驿站，由爱心驿站将它们捐献给需要的贫困地区。这样就使得我们的旧物再次实现了它的价值。

第五，让优雅的环境与美好的心灵同在。为了更好地美化环境，学校投资进行了植被绿化，引进各种花草，打造花园式学校。学校在进行环保的过程中也给同学们做出了好的榜样，在我校文化长廊东侧有一棵叫作“尚清”的槐树，是思想政治教育专业的2012级毕业生在离校前送给自己同时也是送给学校的毕业礼物。学兄学姐们的环保理念和行动就像他们的心灵一样美好。随着同学们环保意识的提高，大家也会主动督促身边的人讲环保，不浪费。同学们自发建立了校内服务站，看到社团活动后不清理垃圾或是同学们随手丢垃圾的不良现象会及时被制止或反馈到服务站。服务站就会及时发消息进行提醒，帮助同学们改掉不良习惯。

千里之行，始于足下。学校是我们共同的家园，以实际行动杜绝不良习惯，践行环保，是我们每位同学的责任。只要我们每个人稍微做那么一点点，我们学习生活的校园环境就会变好很多，在学习生活中，我们要将绿色作为生活的主旋律，用行动担起环保的重担，一起美化我们的校园环境，共建绿色家园。

（2014级思想政治教育本科班王笃敏、张明雪撰写）

专题七　海峡两岸一家亲

充分认识海峡两岸关系的历史与现状，科学把握两岸关系的发展趋势，是“形势与政策”课的重要教学内容之一。设置“海峡两岸一家亲”实践教学专题，就是想通过引导学生收集海峡两岸实现“三通”的典型案例，以及两岸学生之间的交流等实例，揭示“海峡两岸一家亲”的深刻内涵；在指导学生了解台湾问题由来的基础上，深刻认识两岸关系的发展历程，坚持“一个中国”原则，反对任何形式的“台独”，坚定民族自尊心和自信心，为推动祖国早日实现统一做出自己应有的贡献。

一、教学目标

(一)知识目标

维护国家统一和领土完整，是每个主权国家的神圣权利，也是国际法的基本原则。本专题通过对台湾问题的系列讲解，引导学生从两岸关系的历史与现状出发，了解两岸关系的由来、演变、发展。从时代发展的大局观出发，引导学生科学把握两岸关系整体局势，明确“一国两制”是解决台湾问题的最佳方式。

(二)情感目标

本专题通过开展观看视频《世纪行过——张学良》、欣赏诗歌《乡愁》、阅读文献《一个国家，两种制度》和专家讲授“海峡两岸关系的由来与发展”，以及组织学生在传统佳节中秋、春节之际给在台湾进修学生写一封信，组织学生自行收集海峡两岸交往案例谈感想等系列活动，结合两岸关系发展的历史与磨难，加深学生对于两岸人民同根同源、骨肉亲情不可分割的情感信念。同时，通过在课堂合作交流、实例讲解的过程，让学生在学习过程中树立民族整体利益高于一切的坚定信仰，培养学生的民族气节与民族感情。

(三)能力目标

本专题通过问题讲解、系列探讨、实践调查等方式,让学生在合作交流实践中,信息处理和资料分析能力得到提高,分析问题和解决问题的能力得到增强;同时使学生在学习过程中增强政治敏感意识,提升政治思维能力,坚定政治立场,切实提高学生在现实生活中认清台湾问题、坚持"一个中国"原则,并切实为推进海峡两岸交流合作、早日实现祖国统一做贡献的能力。

二、教学内容

(一)了解海峡两岸关系的历史与现状

台湾自古以来就是中国领土的一部分,由于清政府的腐败无能,台湾曾被迫割让给日本。1945 年,中国人民抗日战争胜利后,中国政府重新恢复了台湾省的行政管理机构。因而,台湾在第二次世界大战之后,不仅在法律上而且在事实上已归还中国。之所以又出现台湾问题,与随后中国国民党发动的反人民内战有关,同时与外国势力的介入也有不可分割的关系。中国抗日战争期间,在中国共产党和其他爱国力量的推动下,中国国民党与中国共产党建立了抗日民族统一战线,抗击日本帝国主义的侵略。抗日战争胜利后,国共两党本应继续携手,共担振兴中华大业,但以蒋介石为首的国民党集团依仗美国的支持,置全国人民渴望和平与建设独立、民主、富强的新中国的强烈愿望于不顾,撕毁国共两党签订的《双十协定》,发动了全国规模的反人民内战。中国人民在中国共产党领导下被迫进行了三年多的人民解放战争,由于当时的国民党集团倒行逆施,已为全国各族人民所唾弃,中国人民终于推翻了南京的中华民国政府。1949 年 10 月 1 日,成立了中华人民共和国,中华人民共和国政府成为中国的唯一合法政府。国民党集团的一部分军政人员退据台湾。他们在当时美国政府的支持下继续执政台湾地区,造成了台湾海峡两岸隔绝的状态,"一水之隔,咫尺天涯,两岸迄今尚未完全统一,是历史遗留给中华民族的创伤"①。

自 1987 年底两岸同胞隔绝状态被打破以来,随着两岸经贸交往、人员往来和各项交流蓬勃发展,两岸同胞交往日益密切。面对两岸交往中衍生的具体问题,台湾地区行政当局不得不调整"不接触、不妥协、不谈判"的"三不政策"。

① 习近平:《在〈告台湾同胞书〉发表 40 周年纪念会上的讲话》,中国新闻网,2019 年 1 月 2 日。

1990 年 11 月，海峡交流基金会成立，主要功能是接受“陆委会”委托，办理两岸交流所衍生的各项事务。祖国大陆方面为促进两岸交流、维护两岸同胞的正当权益、改善和发展两岸关系，同意进行事务性商谈，并于 1991 年 12 月 16 日成立海峡两岸关系协会。

1992 年 11 月，两岸两会就解决事务性商谈中如何表明坚持“一个中国”原则的态度问题，找到了解决办法，达成了各自以口头方式表述“海峡两岸均坚持一个中国原则”的共识。后续的汪辜会谈，更是两岸走向和解的历史性突破。2005 年，时任国民党主席的连战率领访问团抵达南京，正式开始其在大陆的“和平之旅”，这也是 60 年来国共主要领导人首次会谈。另外，中共中央总书记习近平 2014 年 2 月 18 日在北京钓鱼台国宾馆会见中国国民党荣誉主席连战及随访的台湾各界人士，台湾媒体也对此给予高度关注和评价。2015 年 11 月 7 日，海峡两岸领导人习近平、马英九在新加坡会晤，这是 1949 年来两岸领导人首次会晤，具有非凡的重大历史意义。

但自从蔡英文执政以来，本来趋于稳定的两岸关系日趋紧张。蔡英文不承认“九二共识”，亲近美国，疏远大陆。岛内“台独”势力猖狂，而促统各党却受民进党打压。对于蔡英文的这一系列妄图分裂国家的做法，我国防部发言人多次强调我们没有放弃武力解决台湾问题的选择。中国政府严格依据“一个中国”原则处理相关事务，阻止台湾地区行政当局在国际社会制造“一中一台”或“两个中国”的政治图谋，从而造成两岸在国际社会持续不断的矛盾与摩擦。中国政府对台政策与态度坚定而明确，两岸统一的决心也是不可动摇的。

(二)科学把握两岸关系大局

党的十九大报告明确指出：“解决台湾问题、实现祖国完全统一，是全体中华儿女共同愿望，是中华民族根本利益所在。必须继续坚持‘和平统一、一国两制’方针，推动两岸关系和平发展，推进祖国和平统一进程。”[①]作为新时代的青年一代，有责任也有义务了解两岸关系的发展，从中华民族整体利益的高度把握两岸关系大局。

我们应坚定不移走两岸关系和平发展道路，巩固和深化两岸关系和平发展的政治、经济、文化、社会基础，推动两岸关系不断取得新的成就。在大局把握中，我们有必要明白，两岸双方的整体利益是一致的，两岸同为中华儿女，中华

① 习近平：《决胜全面建成小康社会　夺取新时代中国特色社会主义伟大胜利——在中国共产党第十九次全国代表大会报告》，人民出版社 2017 年版，第 56 页。

民族的根本利益也是不可动摇的，而中华民族的整体利益也是要由双方共同维护。中华民族的根本利益，是包括台湾同胞在内的全体中华儿女的共同利益。在维护民族利益中，最为根本与核心的便是维护国家领土和主权的完整。大陆台湾同属一个中国，是不可分割的整体。国共两党需要坚持“一个中国”立场、共同维护“一个中国”框架。两党也应本着对历史、对人民负责任的态度，以中华民族整体利益为重，把握好两岸关系和平发展大局，推动两岸关系沿着正确方向不断向前迈进。

中华民族伟大复兴所展现出的光明前景是前所未有的，作为同属中华民族血脉的两岸同胞，应该认清，历史发展的趋势是不可违抗的，两岸关系的前途也是确定无疑的。两岸中华儿女不懈奋斗，造就出了近在眼前的民族复兴的光明前景，尽管“台独”势力费尽心机破坏干扰，但改变不了两岸关系和平发展格局和趋势。两岸关系风雨多年，但总体趋势是向前发展的，这是历史的必然。

追求统一、反对分裂是中华民族传承千年的优秀文化基因，大陆一直从实现中华民族伟大复兴的格局和高度审视两岸关系和平发展，确保两岸关系和平发展始终沿着正确方向前进。直面两岸关系出现的小波澜，取得举世公认发展成就的大陆不仅展示了驾驭全局的战略定力，而且表达了排除万难的充分自信。两岸关系发展是大势所趋，我们应该据此确定自己的路线图，继续往前走。不论何种党派，应该以实现民族振兴、人民幸福为己任，促进两岸同胞团结合作，积极宣导“两岸一家人”的理念，汇集两岸中国人智慧和力量，在共同实现中华民族伟大复兴的进程中抚平历史创伤，为中华民族伟大复兴贡献力量。两岸关系进入巩固和深化的新阶段，更需要我们双方保持积极进取精神，以更大勇气和决心面对和克服前进道路上的困难。希望双方共同努力，促进两岸关系发展取得更多积极成果，不断拓宽两岸关系和平发展的道路。

无论如何，坚守中华民族的根本利益是两岸中华儿女的共同期盼，两岸关系大局稳定是两岸人民共同努力的结果，尽管“台独”分裂势力及其分裂活动仍然是对台海和平的现实威胁，但大陆反对和遏制任何形式的“台独”分裂主张和活动的决心不可动摇，在两岸关系大局稳定的基础上，两岸各领域交流合作不仅空间广阔，且潜力巨大，两岸双方在经济、科技、文化、教育等领域的持续合作，也在实际生活中惠及两岸人民，生产更大效益。正如习近平同志所讲，两岸关系和平发展的历史是两岸同胞共同书写的。当前，两岸关系正处在一个重要关头，确保两岸关系和平发展的大局与良好的势头不被改变，是两岸同胞的共同责任。实践证明，只要选择了两岸关系正确方向，两岸同胞推动两岸关系前行的热情就会连绵不绝地涌现出来，两岸关系发展就会不断取得新成就。

(三)“一国两制”是解决台湾问题的最佳方式

解决台湾问题,实现国家统一,是全体中国人民一项庄严而神圣的使命,自中华人民共和国成立后,中国政府为之进行了长期不懈的努力。1955 年 5 月,周恩来总理在全国人民代表大会常务委员会会议上即提出:中国人民解决台湾问题有两种可能的方式,即战争的方式和和平的方式,中国人民愿意在可能的条件下,争取用和平的方式解决问题。1956 年 4 月,毛泽东主席又提出“和为贵”“爱国一家”“爱国不分先后”等政策主张。但由于某些外国势力的干预等原因,这些主张未能付诸实践。自 20 世纪 70 年代末开始,国际国内形势发生了一些重要变化:中美建立外交关系,实现了关系正常化;中国共产党召开十一届三中全会,决定把党和国家的工作中心转移到经济建设上来。与此同时,海峡两岸的中国人、港澳同胞以及海外侨胞、华人,都殷切期望两岸携手合作,共同振兴中华。在这样的历史条件下,中国政府出于对整个国家民族利益与前途的考虑,本着尊重历史、尊重现实、实事求是、照顾各方利益的原则,提出了“和平统一,一国两制”的方针。

“和平统一,一国两制”,是建设有中国特色的社会主义理论和实践的重要组成部分,是中国政府一项长期不变的基本国策。这一方针,有以下基本点:(1)一个中国。世界上只有一个中国,台湾是中国不可分割的一部分,中央政府在北京。这是举世公认的事实,也是和平解决台湾问题的前提。中国政府坚决反对任何旨在分裂中国主权和领土完整的言行,反对“两个中国”“一中一台”或“一国两府”,反对一切可能导致台湾独立的企图和行径。(2)两制并存。在“一个中国”的前提下,大陆的社会主义制度和台湾的资本主义制度实行长期共存,共同发展。这种考虑,主要是基于照顾台湾的现状和台湾同胞的实际利益。(3)高度自治。实现统一后,台湾将成为特别行政区。它不同于中国其他一般省区,享有高度的自治权。它拥有在台湾的行政管理权、立法权、独立的司法权和终审权;党、政、军、经、财等事宜都自行管理;可以同外国签订商务、文化等协定,享有一定的外事权;有自己的军队,大陆不派军队也不派行政人员驻台。特别行政区政府和台湾各界的代表人士还可以出任国家政权机构的领导职务,参与全国事务的管理。(4)和平谈判。通过接触谈判,以和平方式实现国家统一,是全体中国人的共同心愿。和平统一,有利于全民族的大团结,有利于台湾社会经济的稳定和发展,有利于全中国的振兴和富强。为结束敌对状态,实现和平统一,两岸应尽早接触谈判。在一个中国的前提下,什么问题都可以谈,包括谈判的方式,参加的党派、团体和各界代表人士,以及台湾方面关心的其他一切问题。

和平统一是中国政府既定的方针。"中国人不打中国人。我们愿意以最大诚意,尽最大努力争取和平统一的前景,因为以和平方式实现统一,对两岸同胞和全民族最有利。"[①]然而,每一个主权国家都有权采取自己认为必要的一切手段包括军事手段,来维护本国主权和领土的完整。中国政府在采取何种方式处理本国内部事务的问题上,并无义务对任何外国或图谋分裂中国者作出承诺。所以,我们必须明确,台湾问题纯属中国的内政,不同于第二次世界大战后经国际协议而形成的德国问题和朝鲜问题,台湾问题不能和德国问题、朝鲜问题相提并论。中国政府历来反对用处理德国问题、朝鲜问题的方式来处理台湾问题。台湾问题应该也完全可以通过两岸的协商,在"一个中国"的架构内求得合理的解决。

(四)坚持"和平统一,一国两制",推进祖国统一

海峡两岸目前的分离状态,是中华民族的不幸。所有中国人无不殷切盼望早日结束这种令人痛心的局面。为了实现两岸人民正常往来和国家统一,我们必须明确和坚持"和平统一,一国两制"的基本方针,积极推动祖国统一。

对此,中国政府采取了一系列推动两岸关系发展的措施。军事方面,主动缓和海峡两岸军事对峙状态。1979 年停止对金门等岛屿的炮击,把福建沿海一些前沿阵地、观察所开辟为经济开发区和旅游点。经济方面,敞开门户,促进交流,欢迎台商来大陆投资和从事贸易活动,并为之提供优惠条件和法律保障。在人员往来、邮电交通以及科技、文化、体育、学术、新闻等方面,中国政府亦持积极态度,采取了相应措施,鼓励发展两岸在各个领域的交流与合作,还成立了得到政府授权的民间团体海峡两岸关系协会,同台湾海峡交流基金会及有关民间团体建立联系,维护两岸人民的合法权益,推动两岸关系的发展。

党的十八大之后,习近平总书记站在两岸关系发展的战略高度上,相继实现了两岸政治关系的两次重大突破。2015 年 11 月 7 日,两岸领导人习近平、马英九在新加坡举行"习马会"。这是 1949 年以来两岸领导人的首次会面,是两岸政治关系的突破性发展,将对两岸关系的未来发展产生深远的意义和重大影响,为祖国和平统一探索出一条可行的路径。这一成就也是党的十八大以来两岸关系发展取得的重大战略成果。

坚持道路自信、理论自信、制度自信、文化自信,我们就会对中国的崛起和中华民族伟大复兴充满信心。我们有推进两岸统一进程的信心和制止"台独"

---

① 习近平:《在〈告台湾同胞书〉发表 40 周年纪念会上的讲话》,中国新闻网,2019 年 1 月 2 日。

的决心与能力。同时,我们通过两岸经济社会融合的方式来积极构建两岸人民命运共同体,坚持"和平统一,一国两制"基本方针,这些都为早日实现两岸统一提供了有力条件和可靠保证。

三、教学实施

(一)观看视频:《世纪行过——张学良》

组织学生通过观看视频《世纪行过——张学良》了解历史重要人物和重大历史事件。该视频由台湾研究张学良先生的权威郭冠英先生与名记周玉蔻小姐于 1993 年联合采访,并特别邀请孙越先生旁白叙述。第一集《白山黑水》:从童年趣事到成为少帅。第二集《国难家仇》:从张作霖被炸身亡到东北易帜统一、"九一八"事变。第三集《西安事变》:从抗日、内战至软禁行迹。第四集《真自由》:来台后张学良先生伉俪之平日生活与信仰见证。全片由张老先生亲自口述其一生历史,配合珍贵的史实资料,百年中国近代史,尽于其间行过。

围绕视频内容进行小组讨论,通过自由分组,根据学生意向自由选择想要进行讨论展示的视频,对视频的表达内容、表达方式、拍摄背景进行了解后,分组讨论,表达自己的感受。各小组以会谈的方式,对自己所选专题进行观点交流、发表自己的见解,同时各小组选派 1～2 名发言人,展示小组讨论成果。最后教师总结发言,对各组所展示成果进行分析,并补充相关知识点。

(二)诗歌欣赏:《乡愁》

组织学生进行诗朗诵——《乡愁》。《乡愁》是诗人余光中漂泊异乡,游弋于海外回归中国后所作的一首现代诗。诗歌表达了对故乡、对祖国恋恋不舍的一份情怀。

乡　愁

小时候,乡愁是一枚小小的邮票,
我在这头,
母亲在那头。
长大后,乡愁是一张窄窄的船票,
我在这头,
新娘在那头。
后来啊,乡愁是一方矮矮的坟墓,

我在外头，
母亲在里头。
而现在，
乡愁是一湾浅浅的海峡，
我在这头，
大陆在那头。

乡愁，是中国诗歌一个历史常新的普遍的主题，余光中多年来写了许多以思乡为主题的诗篇，《乡愁》就是其中情深意长、音调动人的一曲，犹如音乐中柔美而略带哀伤的“回忆曲”，是海外游子深情而美的恋歌。余光中作为一个离开大陆30多年的当代诗人，他的作品也必然会烙上深刻的时代印记。学生通过朗诵和欣赏《乡愁》一诗，普遍深刻领悟到诗人的悲欢与巨大的祖国之爱、民族之恋交融在一起，领悟到诗人的也是万千海外游子的绵长乡关之情。

(二)解读:“一个国家,两种制度”

邓小平同志在多种场合对“一国两制”作了深刻阐述。1982年9月，邓小平在会见英国首相撒切尔夫人时指出:“香港继续保持繁荣，根本上取决于中国收回香港后，在中国的管辖之下，实行适合于香港的政策。香港现行的政治、经济制度，甚至大部分法律都可以保留，当然，有些要加以改革。香港仍将实行资本主义，现行的许多适合的制度要保持。”①1984年6月又指出:“我们的政策是实行‘一个国家，两种制度’，具体说，就是在中华人民共和国内，十亿人口的大陆实行社会主义制度，香港、台湾实行资本主义制度。”②

1992年10月，江泽民同志指出，邓小平同志在祖国统一问题上，提出“一个国家，两种制度”的创造性构想，在一个中国的前提下，国家的主体坚持社会主义制度，香港、澳门、台湾保持原有的资本主义制度长期不变，按照这个原则来推进祖国和平统一大业的完成。

根据“一国两制”伟大构想，我国政府先后同英国和葡萄牙政府进行谈判，并分别于1984年12月和1987年4月签署了中英《关于香港问题的联合声明》和中葡《关于澳门问题的联合声明》。中华人民共和国全国人民代表大会分别于1990年4月和1993年3月通过了《中华人民共和国香港特别行政区基本法》和《中华人民共和国澳门特别行政区基本法》。

---

① 《邓小平文选》第3卷，人民出版社1993年版，第13页。
② 《邓小平文选》第3卷，人民出版社1993年版，第58页。

(三)专家讲授:海峡两岸关系的由来与发展

围绕台湾问题,我校"国是讲坛"第2期专门邀请宋继和教授作了"台湾问题的由来与去向"的专题报告。报告以访谈问答的形式,就台湾问题的形成、发展演变和未来展望三个问题,进行了精心讲解。就台湾问题的发展演变,宋教授以时间为线索,讲述了从武装解放到和平努力,改革开放以来"和平统一,一国两制"方针,"九二共识"与"汪辜会谈",到"台独"逆流甚嚣尘上的现状。在台湾问题未来展望中,宋教授讲述了历届党和政府的英明决策,以及大陆与台湾当前的经济交往,经济、军事等方面的对比,指出了台湾问题的最终解决是大势所趋、民心所向,是任何力量无法阻挡的。访谈讲述之后,会场又进行了师生问答互动环节,宋教授就若干问题进行了深度解读,师生交流密切,会场气氛热烈。

(四)组织学生收集海峡两岸交往实例谈感想

每班学生进行编组,按照每组6~8人的要求进行分组,各小组分别通过网络收集、文献查询等方式,收集关于两岸在经济、文化、教育、科技等方面在不同时期的交流情况,谈谈两岸在发展中的交往历史。在此基础上,由学生进行探讨:如何进一步推动海峡两岸的合作,以及如何在交流过程中推动祖国早日统一。学生通过自行收集海峡两岸交往实例,信息处理和资料分析能力得到提高,分析问题和解决问题的能力得到增强。同时,学生在探讨学习的过程中,增进了对台湾问题由来与去向的认识,在学习生活中认清并坚持"一个中国"的原则,并切实为推进海峡两岸交流合作、早日实现祖国统一做出贡献。

(五)引导学生借中秋节、春节等传统节日给在台湾进修学生写一封信

在中华儿女共同庆祝的团圆佳节之际,组织学生向远在台湾进修的同学写一封信,表达节日喜悦,共庆佳节,同时就当前的专业、学习、生活情况进行交流,增进感情。通过与在台湾进修同学的交流,学生可以即时了解台湾各方面现状,同时通过与台湾进修同学生活学习体验的分享,可以较为具体地了解海峡两岸生活的异同点。引导学生在体会台湾独特风景的同时,寻找共同的中华文化标记,深刻感悟海峡两岸人民同根同祖、都同属一个中国的事实。在台湾进修的同学将自身在台湾学习和生活的切身体会与大家进行了分享,使同学们懂得了一定要把台湾人民与"台独"势力区分开来,台湾人民属于中国人民的一部分,"台独"势力是全中国人民共同的敌人。

四、教学评价

(一)来自学生的评价

在这次实践教学活动中,我们从前期的自我探究、资料准备,投入了极大的精力,后期的团体研讨、交流探究也收获了硕果。整个过程流畅、科学,我们的整体分析能力、团队合作能力得到提高,我们得以在以两岸关系问题为导向的探究中清楚、明确地进行宏观把握与微观分析。不仅对国民党政权迁往台湾地区,海峡两岸对峙的特殊分治状态这种两岸关系定义问题进行了讨论,并且也采用比较研究的方法,明白了两岸关系的定义,明白了解决台湾问题的最佳方式就是“一国两制”,整个活动使大家受益匪浅。

经过这次实践活动,我们在分析与交流中完成了对于两岸问题的探讨。整个讨论气氛热烈,同学们各抒己见,交流活跃。在交流与研讨中也完成了对两岸关系问题中所存疑问的解答,加深了对于两岸关系的理解。特别是在交流与团队讨论研讨中,倾听不同角度、多个方面的理解与分析,开拓了同学们的多维思维能力,诗歌《乡愁》的欣赏、四篇文章的阅读,也让我们明白了不管国际国内,国家统一和领土完整永远是我们进行国际交往的基本底线,维护它是我们不变的主题。最大的收获是深深感受到了两岸同祖之根、同源之谊、同胞之情。在观看了《世纪宋美龄》《两岸领导人会晤》等视频后,同学们深受感动,认识到两岸和平来之不易,我们不仅要珍惜,更要协力推进两岸和平统一。感情为基点,史实为根据,气氛为催化,使同学们感受到了浓浓的深情厚谊,更加坚定了我们“海峡两岸一家亲”的信念。

(二)来自同行的评价

在两岸关系愈加深入的今天,就更需要加强和培养学生的家国理念,培养学生“两岸一家亲”的民族归属感。这样的专题实践教学,丰富了思想政治理论课学习的渠道,开发了师生互动交流的新形式。通过举办一系列专题活动,能够让学生很好地了解台湾问题的历史,明确“一个中国”原则,认识到“一国两制”是解决台湾问题的最佳方式,正确区分和对待台湾人民和“台独”势力,并秉持“两岸一家亲”理念,在生活中为推动两岸交流合作、实现统一做出相应的努力。

在实践活动进行的过程中,将专题所涉及的相关知识潜移默化地灌输到了学生的知识体系中,符合思想政治教育的教学方法。形式多样的学习方式,更有利于完成思想政治教育的根本目标。学生在实践学习过程中，切身参与收集资料和进行探讨，有利于增强学生的分析问题和解决问题的能力。

（三）教师自我评价

本次实践教学活动采取的是前期阅读、视频观看、现场讨论、心得体会、科研探究相结合的方式，通过开展观看视频《世纪行过——张学良》、欣赏诗歌《乡愁》、阅读文献《一个国家，两种制度》、"国是讲坛"讲解"海峡两岸关系的由来与发展"，以及组织学生在传统佳节之中秋、春节时给在台湾进修学生写一封信和学生自行收集海峡两岸交往实例谈感想等一系列活动，基本上实现了让学生深刻认识两岸关系的发展历程、坚持"一个中国"原则、树立增强民族自信心，秉持"两岸一家亲"理念，在现实学习生活中切实为推动祖国早日统一做出自身贡献的教学目标。

本次实践教学过程中，学生参与积极性高，具有较高的学习热情和动手实践能力。学生在本专题的学习过程中，关于两岸关系所存在的疑难问题得到了解决，信息处理和资料分析能力提高，政治敏感意识和政治思维得到加强，能够正确认清台湾问题，坚持"一个中国"原则，并切实为推进海峡两岸交流合作、早日实现祖国统一做出自己的努力。

五、来自学生的报告

（一）台湾访学，"两岸一家亲"

2016 年 9 月至 2017 年 1 月，我有幸作为学校选派的研修生在台湾玄奘大学进行为期一学期的交流学习。130 天中的所见所闻至今在我的头脑里依旧清晰。

我们玄奘大学 105 级研修生的微信群到现在一直活跃着。那里有南方的雪、北方的暖气、一言不合就开斗的表情包。在过年的时候，玄奘大学终身教育处的陈昭志老师（我们喊他"枣子老师"）在群组里发了段视频，是他唱的《澎湖湾》，仿佛拎着行李踉跄着来到台北桃园机场只是昨天的事情……

从小在祖国大陆长大的我，对于台湾的记忆和印象多是从小学课本上的叙述了解的：台湾是祖国的宝岛，其物产丰富，风景秀丽，与大陆血脉相连。两岸同属一家的浓浓亲情更在余光中先生那首意蕴深刻的《乡愁》中表达得淋漓尽致，其中蕴含的海外游子魂牵梦绕的"祖国情结"以及思归之情，更是充分体现着中国人对中国传统文化浓烈的归属感以及落叶归根的情结。在台湾的短暂访学体验使我深深地体会到了什么是"两岸一家亲"。

1.酷，是自由而不放纵，温柔却有力量

“这超酷的！”温柔的台湾腔中带着些许兴奋和欣喜，这是台湾朋友们最喜欢用来表达自己态度的话。我在玄奘大学认识了很多朋友，当他们遇到一件很棒的事情，或者对某种事物喜欢到接近崇拜的感情时，他们总会说：“你好酷啊！”

玄奘大学在新竹市，台湾的西北部，与大陆隔海相望。学校特意给我们这些从大陆来的研修生安排了可以望到海的房间，在那里的傍晚，台湾海峡和天边的晚霞美成一线。

我所选的课程都在玄奘大学的图资大楼上课。图资二楼是一家便利店并且在每一层楼梯间都有自动售饭机，在课间的时候同学们可以来这里买零食补充能量继续回班级上课。

开始上课的第一天，我发现教室里有吃早餐的学生，老师却并不介意：“大家这个时候会饿的，吃点东西没关系。”在老师讲某种观点的时候，会有学生站起来反驳，老师会引导他说出自己的态度，引导全班学生一起思考。令我惊讶的是，这里的课堂虽然随性活跃却有序，学生可以随时提出自己独到的想法，教师理解尊重学生的观点，真正视学生为朋友。

我在玄奘大学读应用心理学专业，我在那里选的每门课大多只有我一个大陆生，我是一个慢热的、在陌生环境中极内向的人，但是无论我坐在教室哪个犄角旮旯儿导师也会跟我互动，形成自然的关心和目光交流。我所选的课跨了好几个系所，但是每堂课都有可爱又热情的同学邀请同组，一个学期的学习里从没有落单过。尤其最后一起做期末报告的时候大家更为亲近，还会教对方自己家乡的方言。

在和台湾的同学聊天的过程里，我有幸被他们用“酷”形容过，我很开心。而他们才是我认识的很“酷”的人。他们的性格都很温柔，而在对待自己的梦想和要做的事情时却极其坚定。

2.我们不是师生，我们是亲人、是朋友

2016年11月中旬的一天，林丽琴老师邀请我去她家里做客，她家在台中市。林老师是玄奘大学的英文系教授，我选修了她的“英文发音与练习”课程，她对我非常照顾，我后来称呼她“林教授妈妈”。她对大陆来的学生都非常好，每一年来台交流的学生都会有几名选她的英文课，她都会邀请大家到她家里做客。一直到现在她还和那些结束交流生活回到家乡的学生有联系，她说这些学生都非常可爱。

在台中市，林教授带我逛了很多景点，路上跟我分享了很多她和师丈的故事、她的孩子在学校里的趣事，除了这些家常，她还教会我怎么挑选芭乐、百香果这样的热带水果,那真是一段非常难忘的经历。

我的英文课在周四上午,有时候林老师会和我们在一起吃中午饭,无话不谈。有次我说:"我觉得我在这里遇到的老师都太亲切了,对我们就像朋友一样哎。"她说:"这里的孩子都太有自己的想法,极其自由,我们虽然是老师,但如果能和学生做朋友,了解到最真实的他们才是最开心的。"

3. 交流理解,从而尊重认同

在访学快要结束的时候,我向几位认识了近半年的台湾同学们分享了一个问卷,主要内容是关于我们在大陆的生活方面,我希望了解他们的想法和他们如何看待我们和对大陆的认知。

通过他们的回复,我了解到在我的十几位同学中来过大陆的仅有两位,大多是和家人一起旅行而来,他们对大陆的了解大多通过台湾媒体和网站。四个月的交流并不长,但是我感受到了最真实的台湾模样。期待更多学生可以通过交流生的机会感受和体会他们眼中的台湾。

仔细观察一下台湾的文学作品以及电影不难发觉,在构思、表达方式上以及在情节发展和追求效果上,两岸间是多么相似。这就很好地证明了我们两岸人民纵使有地理距离上的阻隔,但我们仍旧有情感上的共鸣,同根同源的我们,何其相像。"一家亲"的理念是流淌在两岸人民血脉里的,这种情感纵使经过千秋万代仍然不会消去。现在,台湾人民要做的就是要认识和了解到一个真实的大陆,近年来有许多从大陆赴台湾旅游的同胞,台湾同胞也可以亲自来瞧一瞧、看一看大陆的风土人情,大陆人民欢迎台湾同胞的到来!

如果用一句话来概括在台湾玄奘大学做交换生的体验,那就是:在一个温暖的地方,我认识了一群温柔却又力量的朋友,这是一种很"酷"的体验。我想它不只会留存在记忆里璀璨地发着光,而是会影响到现在和以后的自己,并且此生都会延续。

(2015 级思想政治教育本科班张策撰写)

(二)"打断骨头连着筋"的台海关系

"姑舅亲,辈辈亲,打断骨头连着筋。"[①]以前总是听老人们这样讲,渐渐把它当成了习以为常的俗语,并没有更进一步地深入理解它到底包含着怎样的内涵,直到习近平总书记与马英九会面后,习近平总书记引用这句话,才让我更深入地去思考,"打断骨头连着筋"这句话到底包含着怎样的传统哲理。在此,我

① 刘黑记:《中原民间俗语》,大象出版社 2012 年版,第 105 页。

们又不得不感叹于习近平总书记的语言魅力,感叹于中华文化的博大精深。

"两岸一家亲,家和万事兴。"[①]两岸领导人的这次历史性会面,引起了我们思想政治教育专业的同学对两岸关系走向的积极讨论与密切关注,在老师的指导下,我们借"习马会"这个契机,展开了与之相关的课堂实践研究。同学们积极踊跃发言,此次课堂研究收获颇丰。习近平总书记以"打断骨头连着筋的兄弟"的俗语来比喻两岸关系,形象而生动,是两岸关系真实的写照!正如习近平总书记所言,我们是"打断骨头连着筋的兄弟",同胞兄弟的力量,必然会推动两岸关系朝着更加紧密的方向发展。

1.我们是"打断骨头连着筋的兄弟"

"同根同源同文化",台湾同大陆的渊源深厚而久远。从地理条件上看,远古时代台湾与大陆相连,约几百万年前由于地壳运动,部分陆地下沉,海水进入,又由于全球气候变暖,海平面上升,最终形成了台湾海峡,台湾岛才与大陆在地缘上分离。经考证,从海底的河床河谷来看,台湾就在中国东南沿海的大陆架上,这便说明台湾与大陆原本是连在一起的。

从台湾的原住居民上看,台湾早期居民大部分从大陆直接或间接移居而来,经考古学证明,台湾最早出现的人类是从大陆上迁徙过去的。从使用的方言来看,台湾和福建的方言均以闽南语为主。

从饮食习惯上来看,台湾饮食文化以福建闽南饮食文化为主,但又结合了中国大陆各地的饮食文化特点,形成了丰富多彩的饮食文化。现在台湾社会上的怀旧料理,如"眷乡口味",就是指一些老兵在思乡的时候,利用台湾的食材,做出在大陆家乡口味的食物,这被称作"眷乡菜"。

从文化上看,台湾和大陆有关中华传统文化的部分都相同,以传统的农历作为基础的春节、端午节、中秋节等在台湾都属于法定节假日。

2.两岸同胞都是中国人

两岸同胞是血脉相连的"命运共同体",我们充分理解、信任、关心、尊重台湾同胞,我们之间是有一种"平等而不是对等"的关系,两岸之间差异是存在的,但是只要差异处理得当,就不会引发矛盾。要想做到心理上的主动认同就要从文化交流上、历史关系上和商业经济上下手,最重要的当然还是文化交流,尤其是增强文化认同和文化自觉。

文化作为一种软实力愈加受到大家的关注,尤其是随着网络的诞生和发展,文化那种潜移默化和影响深远的作用也越来越凸显出来。大陆和台湾同根

① 《习近平谈治国理政》第2卷,外文出版社2017年版,第431页。

同源同文化，我们都是炎黄子孙，传承着同样的血脉。我们要通过文化之间的沟通向台湾人民传递这样的观念，即我们都是中华一分子，让他们打心眼里认同“一个中国”的理念。作为大学生，我们可以从以下几个方面来推动两岸之间的交流，推动两岸关系的发展：

首先，对待台海问题要树立正确的思想认识，坚持“九二共识”，坚定“两岸同属一个中国”的理念，只有把握了正确的思想才可以更好地推动两岸关系的发展。其次，生于21世纪的我们可以熟练地运用网络技术，通过网络我们可以主动向台湾青年人介绍大陆文化、美食、美景，也可以向台湾大学生们推荐我们大陆地区优秀的大学，吸引他们来大陆读书；当然，我们也可以通过网络去了解台湾优秀的大学，深入地了解台湾，做到你来我往。最后，我们可以广交台湾朋友，同他们多交流，在发展友谊的过程中改变一些人对大陆的错误看法。

两岸在坚持“九二共识”，反对“台独”的政治基础上，推进经济合作。两岸只有在坚持“一个中国”的原则下，才能形成更好的经贸关系，推进更好的经济合作环境的形成。

国有国法，家有家规，没有规矩不成方圆。我国法律明确规定维护国家统一和国家的主权，邓小平同志曾说过：“主权问题不是一个可以讨论的问题。”[①]所以，对于国际社会的复杂性及外部势力对于我们两岸关系发展的干扰，我们绝不姑息。对于那些明知故犯的行为要严肃处理，坚定不移地维护国家统一。另外，军事实力是震慑敌人、应对安全威胁、维护和平、遏制战争、打赢战争的重要保障。所以要发展我国的军事实力，尤其是我国的海上作战能力，让那些激进的“台独”分子不敢肆意滋事。其次，向国际社会宣告世界上只有一个中国——中华人民共和国，认同只存在一个中国的观点，让那些希望通过外部势力来宣扬“台独”观念的希望破灭。

曾写给14亿大陆同胞一封家书的台湾青年廖信忠在《我们台湾这些年》一书中呼吁两岸之间每一个最普通的读者：“不管历史走向何方，生活还将前行，我们依然血浓于水。”[②]这是台湾青年的心声，也是我们大陆青年的心声。我们是“打断骨头连着筋的兄弟”，整个中华民族走向统一是不可阻挡的发展潮流，是两岸人民的共同期盼，让我们携起手来，共同促进两岸关系的良性发展。

（2015级思想政治教育本科班高婷、李佳璇撰写）

① 《邓小平文集》第3卷，人民出版社1993年版，第12页。

② 廖信忠：《我们台湾这些年》，重庆出版社2009年版，第292页。

(三)海峡两岸同属一个中国

我国外交部长王毅就台湾问题答记者问时曾表示:不管是蔡英文当局,还是世界上什么人、什么势力,如果试图破坏"一个中国"原则,损害中国核心利益,最终只能是搬起石头砸自己的脚。[①]"搬起石头砸自己的脚"这一通俗且有力的话语是对"台独"分子和任何企图破坏中国主权和领土完整的不法势力发出的严重警告,同时也表明了中国人民捍卫国家统一的决心与信心。在"形势与政策"实践课学习中,结合与赴台研修同学的访谈体会,我深深地感受到:海峡两岸是血浓于水的一家人,这个事实不会因任何原因而改变,"台独"分子的所作所为最终也只能是搬起石头砸自己的脚。我们作为青年一代,要立足当下,努力成为新时代的合格青年,积极为实现祖国统一奉献青春力量。

1. 海峡两岸同胞是血浓于水、不可分割的一家人

台湾自古以来就是中国领土不可分割的一部分,台湾人民与大陆人民共同组成了中华民族大家庭。两岸之间虽有茫茫海水,但茫茫海水隔不断海峡两岸同属一个中国的事实,更隔不断两岸人民同属一家的浓厚亲情。近几百年来由于种种原因,海峡两岸人民的沟通和交流时不时地受到这样或那样的阻碍。1895年,清政府在甲午战争中战败,随着《马关条约》的签订,台湾岛被割让给日本,从此日本对台湾进行了长达50年的殖民统治,直到中国人民抗日战争取得胜利后才从日本手中收回台湾。可是紧接着便是我国内战的爆发,国民党败退台湾后两岸之间的交流又是断绝了几十年后才逐渐得以恢复。但是,两岸人民同属一家人的浓厚亲情不会因时空的限制而消退。

台湾著名诗人余光中所作的诗歌《乡愁》,饱含着魂牵梦萦的中国情结,充分展现了海外游子的思归之情,"小时候,乡愁是一枚小小的邮票,我在这头,母亲在那头……而现在,乡愁是一湾浅浅的海峡,我在这头,大陆在那头"[②]。这种乡愁,也是台湾老兵高秉涵心底的一份无法抹灭的挂念。1949年10月,高秉涵随同国民党军队到了台湾,20世纪90年代以来,他利用回乡探亲的机会,带回了100多个大陆老兵的骨灰盒,完成了这些老兵"回家"的遗愿。"海峡浅浅,明月弯弯……双手颤抖,你捧着的不是老兵的遗骨,一坛又一坛,却是满满的乡愁。"这是2012年度感动中国人物高秉涵的颁奖词,也是海峡两岸人民同根同祖的真实见证。已达八旬的高秉涵现仍然奔走于两岸之间,继续从事护送亡故老兵的骨灰归乡等公益事业,当被记者问及为何这样做时,高秉涵说:"四个字,

---

① 参见王毅:《破坏一个中国原则只能搬起石头砸自己的脚》,中国新闻网,2016年12月12日。

② 《余光中诗精编》,长江文艺出版社2014年版,第75～76页。

一个是乡愁，一个是回家……我深深地了解这些老兵的乡愁。我明白他们想要回到自己生命的源头——故乡。"[①]这种浓浓的乡愁，充分体现了两岸人民有着共同的历史文化传承，有着深植于内心的中华民族情感。两岸人民是血浓于水的同胞，是命运与共的一家人，这是两岸人民心中共同的信仰，同时是任何企图分裂中国和伤害两岸人民感情的不法势力所不能改变的事实。

2.坚持"一个中国"原则，促使两岸关系和平向前发展

实现祖国统一、解决台湾问题，不会一蹴而就，也不会停滞不前。在谋求和平统一、解决台湾问题的过程中，海峡两岸只有始终坚持"一个中国"原则，两岸关系才能和平向前发展。"体现一个中国原则的'九二共识'明确界定了两岸关系的根本性质，是确保两岸关系和平发展的关键。承认'九二共识'的历史事实，认同两岸同属一个中国，两岸双方就能开展对话，协商解决两岸同胞关心的问题，台湾任何政党和团体同大陆交往也不会存在障碍。"[②]我们可以清楚地看到，台湾当局是否承认"九二共识"即坚持"一个中国"原则直接决定了两岸关系的走向。马英九担任台湾领导人期间，两岸关系在坚持"九二共识"的基础上取得了较大进展，并实现了1949年以来两岸领导人具有历史性的首次会面，为两岸关系的和平长远发展开创了光明的前景。但自从民进党蔡英文上台以来，拒不承认"九二共识"，单方面破坏了两岸的共同政治基础，致使两岸机制化交流中断，两岸关系陷入了僵局，损害了两岸同胞的根本利益。

事实证明：破坏"一中"原则只能损害两岸人民的利益，两岸关系只会进一步倒退；只有在坚持"一个中国"的原则上，两岸才能开展正常的对话与交流，两岸关系和平发展的航船才能行稳致远。

3.做新时代合格青年，为实现祖国统一奉献青春力量

中国特色社会主义步入了新时代，新时代对青年提出了新要求，"国家的希望、民族的未来在青年。两岸青年要身担重任、团结友爱、携手打拼"[③]。为早日迎来祖国统一和助力中国梦的实现，作为青年一代的我们应在自身的学习和生活中，紧密结合新时代的任务和要求，立足当下并不断增强自身本领。首先要树立正确的理想信念，自觉学习马克思主义及其中国化理论，学会运用习近平新时代中国特色社会主义思想武装头脑、指导实践，在现实中积极践行社会主义核心价值观，做爱国守法、品格高尚的新时代青年。其次，要自觉同损害国家

① 郭晓康：《八旬游子高秉涵：有生之年，惟愿台湾重回祖国母亲怀抱》，中国台湾网，2017年11月30日。

② 习近平：《决胜全面建成小康社会 夺取新时代中国特色社会主义伟大胜利——在中国共产党第十九次全国代表大会上的报告》，人民出版社2017年版，第56页。

③ 习近平：《在〈告台湾同胞书〉发表40周年纪念会上的讲话》，中国新闻网，2019年1月2日。

尊严、伤害民族感情的“台独”言行作斗争。面对“台独”分子割裂民族认同、伤害两岸人民的所作所为，我们自身必须拥有与之作斗争的能力。要通过不断的学习来提高自身的本领。只有在了解历史的基础上，才能更好地认清自己从哪里来、将往哪里去。为此，我们应学好国史、党史，掌握好唯物辩证法，以史为据，以事实说话，以马克思主义的科学立场、观点、方法来分析和解决问题。我们在善于学习的同时，还要勇于实践，例如在生活中遇到“台独”等不法言行要敢于发声与之斗争。最重要的是，“发展才是硬道理”，我们应立足当下，搞好自身学习，做好本职工作，积极在实践中将自身所学转化为推动社会进步的一份力量，进而推动中国社会不断向前发展，为早日实现祖国统一切实奉献自身的青春力量。

（2015级思想政治教育本科班王记兵撰写）

（四）坚持“一国两制”，推进祖国统一

世界上只有一个中国，台湾自古以来就是中国的领土，是中国不可分割的一部分，“解决台湾问题、实现祖国完全统一，是全体中华儿女共同愿望，是中华民族根本利益所在”[①]，是不可阻挡的历史潮流。历史和实践证明，“和平统一，一国两制”是解决台湾问题的基本方针，也是实现国家统一的最佳方式。

拿破仑曾经说过：中国是一头沉睡的狮子。如今，中国这头东方巨狮已经觉醒，国际地位得到提高，话语权得以增加，发展速度令全世界感到惊异。作为最大的发展中国家，中国对世界的和平与发展起着举足轻重的作用，中国积极投身于世界的和平建设中。历史和现实要求我们维护祖国的统一和富强，这是任何一代炎黄子孙都要背负的至高使命。

众所周知，台湾问题由来已久，因此解决台湾问题也不可能一蹴而就。这就要求我们始终坚持实事求是、与时俱进的原则，充分把握台湾状况与国际社会环境的变化，在“一国两制”的总框架下制定出有利于解决台湾问题、实现祖国伟大统一的方针和政策。香港、澳门回归后的建设成就充分证明，“一国两制”方针是正确的，是具有强大的生命力的，这为两岸和平统一树立了光辉的典范，也让人们更加相信，“一国两制”同样可以成为解决台湾问题的最佳方式。“一国两制”构想充分尊重台湾地区的历史和现实状况。由于长期和大陆分离，台湾几十年没有回到祖国的怀抱，他们已经形成了自己特有的不同于大陆的生

① 习近平：《决胜全面建成小康社会 夺取新时代中国特色社会主义伟大胜利——在中国共产党第十九次全国代表大会上的报告》，人民出版社2017年版，第56页。

活方式，台湾人民也对大陆了解不够深入，因此邓小平在提出“一国两制”之初就十分强调尊重台湾地区的发展状况和方向，尊重台湾人民的要求和选择，这种相处模式有利于台湾与大陆关系的发展。

两岸人民血浓于水，同根同源、同祖同宗，我们说着相同的语言，写着一样的汉字，这是任何人想割也割不断的桥梁和纽带，两岸人民纵使有地理距离上的阻隔，但我们仍旧有情感上的共鸣。两岸之间相同又不同的历史文化也是促进两岸文化交流的好机会，其中两岸学生互相访学是一个重要内容。除了文化之间的交流，科技、艺术、医学、体育等各个方面也是两岸交流与合作的重要组成部分，而所有这些，都对两岸的融合起到了加速和推动作用。

早日完成统一是海峡两岸各族人民的共同心愿，是不可阻挡的历史潮流，是中华民族根本利益所在！我们全体中华儿女一定要有不可撼动的决心和意志，积极推动海峡两岸的和平统一。

体现“一个中国”原则的“九二共识”明确界定了两岸关系的根本性质，是确保两岸关系和平发展的关键，是双方合作的政治基础。两岸只有承认“九二共识”的历史事实，认同两岸同属一个中国，双方才能开展对话，协商解决两岸同胞关心的问题，台湾任何政党和团体同大陆交往也不会存在障碍。尽管两岸统一是大势所趋，人心所向，但是仍然有不少“台独”分子逆历史发展潮流，阻碍两岸和平统一的伟大进程。“台独”分裂势力及其分裂活动违背两岸同胞共同利益，损害中华民族根本利益，是对两岸关系和平发展的最大威胁，必然遭到两岸同胞共同反对。

新时代，新青年，我们是敢为人先的一代，我们是有理想、有担当的一代，两岸的和平统一是祖国的梦，更是千千万万新青年的梦！习近平总书记指出：“两岸青少年身上寄托着两岸关系的未来。要多想些办法，多创造些条件，让他们多来往、多交流，感悟到两岸关系和平发展的潮流，感悟到中华民族伟大复兴的趋势，以后能够担当起开拓两岸关系前景、实现民族伟大复兴的重任。”①是的，我们是民族的希望、国家的未来，历史赋予了我们责任和使命，我们定要勇于担当这个重任！即使祖国统一依然前路漫漫，充满着荆棘与坎坷，作为21世纪的青年一代，我们依然要不忘初心，牢记使命，心怀国家前途，志在振兴中华，为中华民族的伟大复兴、为推进两岸和平统一做出自己应有的贡献！

（2015级思想政治教育本科班潘瑞祺撰写）

① 《习近平谈治国理政》第1卷，外文出版社2018年版，第243页。

专题八　“一带一路”铸辉煌

“一带一路”作为“形势与政策”课的一项重要内容，需要引导学生了解“一带一路”倡议提出的背景，全方位认识“一带一路”倡议的内涵特点，掌握“一带一路”的实施进程及其成果，明晰“一带一路”建设的前景和面临的困难挑战，自觉为“一带一路”建设储备知识和能量，奠定积极投身于“一带一路”建设洪流之中的智力基础和能力支撑。

一、教学目标

（一）知识目标

“一带一路”倡议是习近平主席顺应世界多极化、经济全球化、文化多样化和社会信息化的新形势，提出的与沿线国家实现“政策沟通、道路联通、贸易畅通、货币流通、民心相通”的共商、共建、共享的发展思路。

“‘一带一路’铸辉煌”专题教学的知识目标，就是通过该专题内容活动的开展，引领学生在听、说、看的过程中，了解“一带一路”倡议提出的背景，全方位认识“一带一路”倡议的内涵特点，掌握“一带一路”的实施进程及成果，明晰“一带一路”建设的意义与影响。在“行、做、写或画”的过程中，深切感悟“一带一路”从理念转化为行动，从点到面，连点成线，在广袤大陆上落地生根，在浩瀚海洋中乘风破浪，千年丝路再次焕发出蓬勃生机的辉煌。

（二）情感目标

“一带一路”倡议提出后，在国际上引起了强烈反响，一些沿线国家纷纷加入到“一带一路”建设的行列，并取得了系列可喜成果。但也有些国家或个人则抱守冷战思维，任意歪曲“一带一路”倡议共商共建共享的宗旨，甚至再次鼓噪“中国威胁论”，声称“一带一路”倡议的实施是中国想要领导世界等等。同时，伴随着“一带一路”建设的深化，紧随经济开放而来的将会是各国思想文化、价值观念等相互交流、碰撞或融合。多样化思想文化、价值观念必将渗透到教育领域中，对大学生的思想价值观念产生不同程度的影响。

针对这些问题，特设置“‘一带一路’铸辉煌”实践教学专题，通过有意识地引领学生对“一带一路”倡议的宗旨和原则的学习，厘清“一带一路”倡议与“马歇尔计划”的本质区别；通过各种视频资料的观看，以及对“一带一路”建设沿线省份和城市的考察和访谈，从“一带一路”建设成果的事实中，从“中国梦”联通“世界梦”的高度，充分认识“一带一路”建设对中国、对世界的意义，进而形成对“一带一路”建设光明前景的憧憬，激发投身于建设“一带一路”之中的热情。

（三）能力目标

“一带一路”倡议，秉承“和平合作，开放包容，互学互鉴，互利共赢”的丝路精神，契合当今中国与世界的发展，是“中国梦”联通“世界梦”的桥梁和纽带。随着“一带一路”建设的实施，必然对我国经济、政治、文化、教育等各方面带来巨大的影响，进而对大学生的知识和能力提出更高的要求。“一带一路”建设的开放性，无论是“引进来”，还是“走出去”，人才储备是关键，更是保证。

“‘一带一路’铸辉煌”实践教学专题的能力目标，就是借助对“一带一路”倡议提出的背景分析和“一带一路”建设实施进程的考察，作为提升大学生国际视野的重要资源和平台，在掌握相应的知识体系的基础上，培养学生的宏观思维能力和宽广的世界胸怀，科学把握当今时代的主题和发展趋势，了解“一带一路”沿线国家和民族的历史文化和社会发展模式，密切关注全世界共同面临的热点与难点问题，全面系统地掌握中国的外交政策，以“一带一路”建设为着眼点，学知识、长智慧，为投身“一带一路”建设储备能量，为国家富强、民族振兴、人民幸福贡献自己应有的力量。

二、教学内容

（一）了解“一带一路”倡议提出的国际国内背景

2013 年 9 月 7 日，中国国家主席习近平在访问哈萨克斯坦时，以深邃的历史眼光、为天下计的宽广胸怀，提出了“共同建设‘丝绸之路经济带’”[①]的倡议，这是一项造福沿途各国人民的大事业。26 天后，在“千岛之国”印度尼西亚，习

① 《习近平谈治国理政》第 1 卷，外文出版社 2018 年版，第 287 页。

近平主席又提出"共同建设二十一世纪'海上丝绸之路'"①倡议。承载着沿途各国人民发展繁荣的梦想,"一带一路"倡议从此走向世界。

"一带一路"倡议,是中国总结中国发展经验和世界发展规律后,向世界提供的充满东方智慧的公共产品。改革开放40年来,中国不断走向世界,世界也不断走向中国。中国实现跨越式发展,取得了举世瞩目的成就。放眼世界,自第二次世界大战后,全球13个经济体实现了25年以上的高速增长,但自2008年国际金融危机以来,世界经济持续低迷,形形色色的保护主义、孤立主义、民粹主义相继泛起,全球化进程充满很多不确定性。是封闭还是开放、是倒退还是前进、是孤立还是合作,成为摆在世人面前何去何从的抉择。

在此,中国的选择是坚定不移地推进全方位开放,坚定不移地构建开放型世界经济,坚定不移地走开放中谋求共同发展的道路。中华民族五千年文明积淀的深厚价值追求,蕴含着共同发展的密码。凝聚着团结互信、平等互利、包容互鉴、合作共赢的丝路精神启示人们:己欲立而立人,己欲达而达人。中国"一带一路"倡议就是要把中国的发展同沿线国家发展结合起来,把中国梦同沿线各国人民的梦想结合起来,赋予了古丝绸之路以全新的时代内涵。倡导在新的历史条件下,坚持不同种族、不同信仰、不同文化背景的国家完全可以共享和平,共同发展,从而为各国人民谋福祉。

(二)领会"一带一路"倡议的内涵特点

"一带一路"倡议源自中国,更属于世界,根植于历史,更面向未来;重点面向亚欧非大陆,更向所有伙伴开放。"一带一路"倡议是中国向国际社会提供的一项制度性公共产品,它将沿线各国的发展战略有机衔接起来,在较大区域范围内深化合作,从而实现互利共赢、各方共赢,携手打造利益共同体、责任共同体和命运共同体。其具有如下特点:

一是历史性。"一带一路"借用古代丝绸之路的历史符号,发扬丝绸之路精神,并结合现代世界经济发展和国际政治关系特点进行了适当调整。

二是系统性。"一带一路"建设不局限于某个领域,而是全方位的,覆盖了经济、政治、文化、社会等各个领域。

三是开放性。"一带一路"建设不是封闭的,而是秉持开放的区域主义原则。除了沿线的域内国家,域外国家和国际组织也可以参与,不设门槛、没有壁垒。

四是共赢性。"一带一路"建设遵循市场规律和国际通行规则,以企业为主

---

① 《习近平谈治国理政》第1卷,外文出版社2018年版,第292页。

体，由政府营造良好市场环境和政策环境，使参与各方均能获得收益，坚持普惠共赢，以保持合作发展的持续性。

“一带一路”建设坚持共商、共建、共享原则，这是“一带一路”建设开放包容、统筹内外、点面结合的保证。“开放包容”，体现了经济全球化背景下区域合作的多样性和开放性；“统筹内外”，明确了“一带一路”建设不仅是一项新型国际合作机制，而且是中国建设开放型经济新体制、为世界经济增长增添更大的动力牵引；“点面结合”，表明“一带一路”建设需要多层次、多渠道、全方位推进，选择条件比较成熟的“点”优先建设，选择有广泛共识的“面”大力推进，两者不可割裂，而应相互支撑、相得益彰。共商、共建、共享的原则体现了自愿性、民主性和公平性，是凝智聚力、合作务实推进“一带一路”建设必须坚持的基本原则。

（三）明晰“一带一路”倡议与“马歇尔计划”的本质区别

“一带一路”倡议提出后，有人将其与历史上的“马歇尔计划”相混同，甚至称之为“中国版‘马歇尔计划’”或“新马歇尔计划”。这既不科学，也违背事实，严重影响着人们对“一带一路”的价值认同及实施效果的正确评判。对此，我们必须厘清“一带一路”倡议与“马歇尔计划”的本质区别。

首先，时代背景不同。“马歇尔计划”是战后美国为帮助西欧国家恢复重建、发展经济并确立自己的全球经济霸主地位的一项策略，具有较强的意识形态色彩。“一带一路”则没有冷战背景和意识形态色彩，是作为古丝绸之路的现代复兴。作为国际合作倡议，“一带一路”是在后金融危机时代，作为世界经济增长重要推动力量的中国，将自身的产能优势、技术与资金优势以及发展经验转化为市场与合作优势的结果，是中国推进全方位开放的结果。

其次，实施意图不同。“马歇尔计划”是通过美国援助恢复欧洲经济，使之成为抗衡苏联的重要工具，同时也使美国更方便地控制和占领欧洲市场。而“一带一路”本质上是中国提供给国际社会的公共产品，强调“共商、共建、共享”原则，倡导新型国际关系准则和 21 世纪地区合作模式，提倡沿线国家进行平等友好的经济往来、文化交流，实现共同发展。

其三，参与方式及参与国所处地位不同。“马歇尔计划”是以美国为主导、通过《1948 年对外援助法》单方面向欧洲国家投资和输出产能的经济援助计划，并附加诸多苛刻的政治条件，欧洲所有亲苏国家都被排斥在外，受援国只能无条件接受。而“一带一路”涵盖的是东亚、中亚、南亚、西亚、东南亚和中东欧等国家和地区，秉承共商、共建、共享原则，共建发展共同体、利益共同体和责任共同体，谋求互利共赢。

其四，具体内容不同。“马歇尔计划”的主要内容是美国对西欧提供物质资源、货币、劳务援助和政治支持。根据"马歇尔计划"的要求,受援国接受的资金援助须用于购买美国货物,受援国须尽快撤除关税壁垒,取消或放松外汇限制;受援国须接受美国监督,把本国和殖民地出产的战略物资供给美国;设立由美国控制的本币对应基金(作用是将"马歇尔计划"的援助资金转换为由当地货币构成的资金);保障美国私人投资和开发权利。与"马歇尔计划"的单方面输出不同,"一带一路"建设是中国与沿线国家分享优质产能、共商项目投资、共建基础设施、共享合作成果,内容包括政策沟通、设施联通、贸易畅通、资金融通、民心相通"五通"。这"五通"很显然比"马歇尔计划"内涵丰富得多。

总之,"一带一路"建设秉持开放的区域主义,超越了以往大国战略的狭隘性和自利性。它坚持"义利相兼,以义为先"①的正确义利观,深化中国同发展中国家的务实合作,实现同呼吸、共命运、齐发展;倡导扩大开放、优势互补、开放包容、不附加任何政治条件的合作理念,使其区别于以往超级大国的冷战博弈思维;主张国家不分大小、贫富、强弱,都是国际社会的平等成员,都应相互尊重、和平相处、互利合作、共同发展。这无疑是对既往国际贸易投资规则和利益失衡格局的反思、调整和矫正。

(四)关注"一带一路"实施进程及成果

"一带一路"倡议提出后,得到了许多国家与国际组织的高度关注和积极响应,也成为国内外各界热议的重大话题。各方围绕"一带一路"建设的内涵、性质、意义等展开了深入研究和讨论,在广泛领域达成了共识。哈萨克斯坦"光明之路"、印度尼西亚"全球海洋支点"、沙特"2030 愿景"、波兰"琥珀之路"、英国"英格兰北方经济中心"、欧亚经济联盟等国家和地区发展战略纷纷与"一带一路"建设对接。共建"一带一路",画出了最大同心圆,取得了丰硕成果。

一是推进政策沟通。政策沟通是共建"一带一路"的重要保障。截至 2019 年 3 月底,中国政府已与 125 个国家和 29 个国际组织签署 173 份合作文件。共建"一带一路"国家已由亚欧延伸至非洲、拉美、南太平洋等区域②,并且共建"一带一路"倡议及其核心理念早已写入联合国、二十国集团、亚太经合组织以及其他区域组织等有关文件中。目前,"数字丝绸之路"建设已成为共建"一带一路"的重要组成部分,中国与埃及、老挝、沙特阿拉伯、塞尔维亚、泰国、土耳其、阿联酋等国家共同发起《"一带一路"数字经济国际合作倡议》,与 16 个国家签署加

---

① 《习近平治国理政》第 2 卷,外文出版社 2017 年版,第 456 页。

② 参见"一带一路"建设工作领导小组办公室:《共建"一带一路"倡议:进展、贡献与展望》,新华网,2019 年 4 月 22 日。

强“数字丝绸之路”建设合作文件。中国发布《标准联通共建“一带一路”行动计划(2018～2020年)》,与49个国家和地区签署85份标准化合作协议。“一带一路”税收合作长效机制日趋成熟,中国组织召开“一带一路”税收合作会议,发布《阿斯塔纳“一带一路”税收合作倡议》,税收协定合作网络延伸至111个国家和地区。中国与49个沿线国家联合发布《关于进一步推进“一带一路”国家知识产权务实合作的联合声明》。中国组织召开“一带一路”法治合作国际论坛,发布《“一带一路”法治合作国际论坛共同主席声明》。中国组织召开“一带一路”能源部长会议,18个国家联合宣布建立“一带一路”能源合作伙伴关系。中国还发布了《共同推进“一带一路”建设农业合作的愿景与行动》《“一带一路”建设海上合作设想》等。中国推动建立了国际商事法庭和“一站式”国际商事纠纷多元化解决机制。

二是推进设施联通。设施联通是共建“一带一路”的优先方向。首先是国际经济合作走廊和通道建设取得明显进展。新亚欧大陆桥、中蒙俄、中国—中亚—西亚、中国—中南半岛、中巴和孟中印缅等六大国际经济合作走廊将亚洲经济圈与欧洲经济圈联系在一起,为建立和加强各国互联互通伙伴关系,构建高效畅通的亚欧大市场发挥了重要作用。其次是基础设施互联互通水平大幅提升。在尊重相关国家主权和安全关切的基础上,由各国共同努力,以铁路、公路、航运、航空、管道、空间综合信息网络等为核心的全方位、多层次、复合型基础设施网络正在加快形成,区域间商品、资金、信息、技术等交易成本大大降低,有效促进了跨区域资源要素的有序流动和优化配置,实现了互利合作、共赢发展。“一带一路”设施联通形成网络化,为大批项目建设助力。在铁路合作方面,以中老铁路、中泰铁路、匈塞铁路、雅万高铁等合作项目为重点的区际、洲际铁路网络建设取得重大进展。中欧班列初步探索形成了多国协作的国际班列运行机制。中国、白俄罗斯、德国、哈萨克斯坦、蒙古、波兰和俄罗斯等7国铁路公司签署了《关于深化中欧班列合作协议》。截至2018年底,中欧班列已经联通亚欧大陆16个国家的108个城市,累计开行1.3万列,运送货物超过110万标箱,中国开出的班列重箱率达94%,抵达中国的班列重箱率达71%。在公路合作方面,中蒙俄、中吉乌、中俄(大连—新西伯利亚)、中越国际道路直达运输试运行活动先后成功举办。2018年2月,中吉乌国际道路运输实现常态化运行。中越北仑河公路二桥建成通车。中国正式加入《国际公路运输公约》(TIR公约)。中国与15个沿线国家签署了包括《上海合作组织成员国政府间国际道路运输便利化协定》在内的18个双多边国际运输便利化协定。《大湄公河次区域便利货物及人员跨境运输协定》实施取得积极进展。在港口合作方面,继巴基斯坦由中方运营的瓜达尔港于2017年11月正式通航后,阿联酋哈利法港二期集装箱码头也已于2018年12月正式开港。截至2019年4月,中国已与47个沿线国家签署了38个双边和区域海运协定。在航空运输方面,中国与126个国家和地区签署了双边政府间航空运输协定。与卢森堡、俄罗斯、亚美尼亚、印度尼西亚、柬埔寨、孟加拉国、以色列、蒙古、马来西亚、埃及等国家扩大了航权安排。5年多来,中国与沿线国家新增国际航线1239条,占新开通国际航线总量的69.1%。在能源设施建设方面,中国与沿线国家签署了一系列合作框架协议和谅解备忘录,在电力、油气、核电、新能源、煤炭等领域开展了广泛合作,与相关国家共同维护油气管网安全运营,促进国家和地区之间的能源资源优化配置。在通信设施建设方面,中缅、中巴、中吉、中俄跨境光缆信息通道建设取得明显进展。中国与国际电信联盟签署《关于加强"一带一路"框架下电信和信息网络领域合作的意向书》。与吉尔吉斯斯坦、塔吉克斯坦、阿富汗签署"丝路光缆"合作协议,实质性启动了"丝路光缆"项目。"一带一路"设施联通的推进,极大地改变了世界地缘战略格局。①

三是推进贸易畅通。"一带一路"建设为国际合作提供广阔市场,促进了沿线国家和地区贸易投资自由化、便利化以及地区间的贸易往来规模化。自2017年5月首届"一带一路"国际合作高峰论坛以来,中国与沿线国家签署100多项合作文件,实现了50多种农产品食品检疫准入。中国和哈萨克斯坦、吉尔吉斯斯坦、塔吉克斯坦农产品快速通关"绿色通道"建设积极推进,农产品通关时间缩短了90%。中国进一步放宽外资准入领域,营造高标准的国际营商环境,设立了面向全球开放的12个自由贸易试验区,并探索建设自由贸易港,吸引沿线国家来华投资。中国平均关税水平从加入世界贸易组织时的15.3%降至目前的7.5%。中国与东盟、新加坡、巴基斯坦、格鲁吉亚等多个国家和地区签署或升级了自由贸易协定,与欧亚经济联盟签署经贸合作协定,与沿线国家的自由贸易区网络体系逐步形成。中国与"一带一路"沿线国家的贸易规模持续扩大,贸易方式不断创新,"丝路电商"合作蓬勃兴起,中国与17个国家建立双边电子商务合作机制,在金砖国家等多边机制下形成电子商务合作文件,加快了企业对接和品牌培育的实质性步伐。

四是推进资金融通。资金融通是共建"一带一路"的重要支撑。国际多边金融机构以及各类商业银行不断探索创新投融资模式,积极拓宽多样化融资渠道,为共建"一带一路"提供稳定、透明、高质量的资金支持。中国设立了"丝路基金",主导筹建了亚洲基础设施投资银行、金砖国家新开发银行,设立了各类

① 推进"一带一路"建设工作领导小组办公室:《共建"一带一路"倡议:进展、贡献与展望》,新华网,2019年4月22日。

双边、多边产能合作基金。例如:“丝路基金”与欧洲投资基金共同投资的中欧共同投资基金于2018年7月开始实质性运作,投资规模5亿欧元,有力促进了共建“一带一路”倡议与欧洲投资计划相对接。中国财政部还与阿根廷、俄罗斯、印度尼西亚、英国、新加坡等27国财政部核准了《“一带一路”融资指导原则》。根据这一指导原则,各国支持金融资源服务于相关国家和地区的实体经济发展,重点加大对基础设施互联互通、贸易投资、产能合作等领域的融资支持。中国人民银行与世界银行集团下属的国际金融公司、泛美开发银行、非洲开发银行和欧洲复兴开发银行等多边开发机构开展联合融资,截至2018年底已累计投资100多个项目,覆盖70多个国家和地区。中国与“一带一路”沿线国家金融机构合作水平不断提升,截至2018年底,中国出口信用保险公司累计支持对沿线国家的出口和投资超过6000亿美元。中国银行、中国工商银行、中国农业银行、中国建设银行等中资银行与沿线国家建立了广泛的代理行关系。“一带一路”国家合作的金融市场体系建设日趋完善,金融互联互通不断深化,已有11家中资银行在28个沿线国家设立76家一级机构,来自22个沿线国家的50家银行在中国设立7家法人银行、19家外国银行分行和34家代表处。2家中资证券公司在新加坡、老挝设立合资公司。中国先后与20多个沿线国家建立了双边本币互换安排,与7个沿线国家建立了人民币清算安排,与35个沿线国家的金融监管当局签署了合作文件。人民币国际支付、投资、交易、储备功能稳步提高,人民币跨境支付系统(CIPS)业务范围已覆盖近40个沿线国家和地区。中国—国际货币基金组织联合能力建设中心、“一带一路”财经发展研究中心挂牌成立。

五是推进民心相通。民心相通是共建“一带一路”的人文基础。享受和平、安宁、富足,过上更加美好生活,是各国人民的共同梦想。“一带一路”倡议实施以来,沿线国家友好交流不断深化。中国与沿线国家互办艺术节、电影节、音乐节、文物展、图书展等活动,合作开展图书广播影视精品创作和互译互播。丝绸之路国际剧院、博物馆、艺术节、图书馆、美术馆联盟相继成立。中国与中东欧、东盟、俄罗斯、尼泊尔、希腊、埃及、南非等国家和地区共同举办文化年活动,形成了“丝路之旅”“中非文化聚焦”等10余个文化交流品牌,打造了丝绸之路(敦煌)国际文化博览会、丝绸之路国际艺术节、海上丝绸之路国际艺术节等一批大型文化节会,在沿线国家设立了17个中国文化中心。中国与印度尼西亚、缅甸、塞尔维亚、新加坡、沙特阿拉伯等国签订了文化遗产合作文件。中国、哈萨克斯坦、吉尔吉斯斯坦“丝绸之路:长安—天山廊道的路网”联合申遗成功。“一带一路”新闻合作联盟建设积极推进。丝绸之路沿线民间组织合作网络成员已达310家,成为推动民间友好合作的重要平台。与此同时,中国还设立了“丝绸之路"中国政府奖学金项目,与24个沿线国家签署高等教育学历学位互认协议。2017年沿线国家3.87万人接受中国政府奖学金来华留学,占奖学金生总数的66%。香港、澳门特别行政区分别设立共建"一带一路"相关奖学金。在54个沿线国家设有孔子学院153个、孔子课堂149个。① 中国还与沿线国家通过政党、议会、智库、地方、民间、工商界、媒体、高校等"二轨"交往渠道,围绕共建"一带一路"开展形式多样的沟通、对话、交流、合作等,极大地拉近了沿线国家人民的情感认知和文化认同。

总之,共建"一带一路"倡议以共商、共建、共享为原则,以和平合作、开放包容、互学互鉴、互利共赢的"丝绸之路精神"为指引,以政策沟通、设施联通、贸易畅通、资金融通、民心相通为重点,已经从理念转化为行动,从愿景转化为现实,从倡议转化为全球广受欢迎的公共产品。

(五)科学把握"一带一路"发展前景

共建"一带一路"跨越不同地域、不同发展阶段、不同文明,是一个开放包容的平台,是各方共同打造的全球公共产品。共建"一带一路"目标指向人类共同的未来,坚持最大程度的非竞争性与非排他性,顺应了国际社会对全球治理体系公正性、平等性、开放性、包容性的追求,是中国为当今世界提供的重要公共产品。由于其顺应时势,尊重各国主权,倡导各国平等,符合现实需要,加之中国身体力行的引导,使其进展超出预期,取得了丰硕成果。展望未来,"一带一路"建设前景光明。

有人说,"一带一路"建设已成为魅力无穷的"集体舞"。一些沿线国家渴望紧密合作,与中国开展经济合作的期望增强;许多域外国家和国际组织具有强烈的参与意愿。中国已与诸多经济体达成战略对接协议,如欧盟的"容克计划"、哈萨克斯坦的"光明之路"计划、内蒙古的"草原之路"、俄罗斯主导的"欧亚经济联盟"、老挝的"变陆锁国为陆联国"战略、印尼的"全球海洋支点"发展规划、韩国的"欧亚合作倡议"、澳大利亚的"北部大开发"计划以及英国"北部经济引擎"计划等等。战略对接协议的达成,将为"一带一路"建设提供更广阔的发展空间,为世界繁荣与和平发展提供更强劲的动力。

也有人说,"一带一路"不仅是国际经济领域内的联通发展和连接发展中国家与发达国家的经贸桥梁,也是中国牵头引导世界经济发展的马达,为全球治理体系变革提供了中国方案。这是中国的伟大创举,也是世界经济发展史的里

① 参见"一带一路"建设工作领导小组办公室:《共建"一带一路"倡议:进展、贡献与展望》,新华网,2019年4月22日。

程碑。世界经济全球化不可逆转,“一带一路”引擎世界经济更有活力、更加包容、更可持续。俄新社发表文章称,“一带一路”将变成中国拉动世界经济的“牵引船”。[①] 塞尔维亚贝尔格莱德平等世界论坛主席日瓦丁·约万诺维奇称:“在当今世界,中国已成为国际合作共赢的典范,中国提倡并践行的基于开放合作与互利共赢的理念正受到国际社会越来越多的认同。”[②]

当然,前进的道路不可能一帆风顺,机遇与挑战并存。“一带一路”建设源于中国更属于世界,把世界的机遇转变为中国的机遇,把中国的机遇转变为世界的机遇,是“一带一路”倡议的宗旨。王毅外长曾说:“一带一路”虽然版权属于中国,但权益为各国共享,是各国撸起袖子一起干的共同事业,有助于推动经济全球化,朝着更加普惠、包容的方向来实现再平衡,当然也成为共同建设人类命运共同体的重要实践。[③] 在中国大力推动、各伙伴国及友善国际组织积极参与下,“一带一路”建设将在促进沿线国家繁荣、维护地区稳定、捍卫世界和平及推动人类文明进步等方面发挥更大作用。我们相信,随着时间的推移和各方共同努力,共建“一带一路”一定会走深走实,行稳致远,成为和平之路、繁荣之路、开放之路、绿色之路、创新之路、文明之路、廉洁之路,推动经济全球化朝着更加开放、包容、普惠、平衡、共赢的方向发展。

三、教学实施

(一)观看视频:“一带一路”国际合作高峰论坛开幕式

2017 年 5 月 14 日,“一带一路”国际合作高峰论坛在北京隆重开幕。利用高峰论坛召开之际,组织学生观看央视现场直播开幕式,除了能及时了解会议各种信息外,还能身临其境地感受“一带一路”建设的进展,憧憬未来发展愿景,从而激发学生的爱国热情和投身“一带一路”建设洪流之中的激情和担当。

中国在北京主办的“一带一路”国际合作高峰论坛,是各方共商、共建“一带一路”,共享互利合作成果的国际盛会,也是加强国际合作,对接彼此发展战略的重要合作平台。高峰论坛吸引了世界上 30 多个国家和国际组织领导人,以

---

① 参见张春友等:《国外媒体高度关注中共十九大 盛赞中国发展成就》,《法制日报》2017 年 10 月19 日。

② 人民日报评论员文章:《世界命运应该由各国共同掌握——论学习习近平主席在联合国日内瓦总部的演讲》,《人民日报》2017 年 1 月 20 日。

③ 参见温智星:《外交部长王毅就中国外交政策和对外关系答中外记者问》,《人民日报》2017 年 3 月9 日。

及130多个国家的约1500名各界贵宾，是一场声势浩大的世界性峰会。本次高峰论坛在中华人民共和国国家主席习近平的主持下，各方出席人员就政策沟通、设施联通、贸易畅通、资金融通、民心相通五大类达成了共76大项、270多项具体成果，是一次平等沟通、精诚合作、意义非凡的世界峰会。

"一带一路"国际合作高峰论坛总结了"一带一路"取得的成果，列举了产生的巨大影响，并且鼓励与会者畅所欲言，为推动"一带一路"建言献策，这使得参与国更加对"一带一路"充满信心，对中国充满信任，对自己作出加入"一带一路"的决策感到有价值。高峰论坛使所有参与国凝心聚力，达成了众多共识，签署了众多协议，开辟了合作的新起点，找到了发展的新动力。

（二）知识竞赛：传承"丝路精神"，争做时代先锋

开展"'一带一路'铸辉煌"主题实践教学，一个重要内容就是通过知识竞赛、辩论赛等方式，加深学生对"一带一路"的由来与发展、内涵与特征、原则与宗旨、实施进程与实践机制、取得的成果与面临的挑战等问题的认识，从而激发学生的爱国热情和责任担当，不忘初心，牢记使命，以国家富强为己任，为"一带一路"建设做出自己应有的贡献。

知识竞赛的规则和程序是全校范围内先划分若干竞赛小组（学生自由组合），每组选派代表3人参赛，共有5个参赛队。由指导教师和选出的4名学生代表担任评委。竞赛内容包括必答题、抢答题、选答题、论述题等环节。必答题环节每个小组成员必须逐一回答本人抽到的问题，他人不得代答。抢答题环节以抢答器显示的顺序竞答，选答题和论述题以答对加分和答错倒扣分的形式展开，最后合计各小组得分，宣布结果。在论述题环节，选手们从不同的角度阐述了他们对"一带一路"的理解和感悟，表达出了对"一带一路"战略布局的认同。大家纷纷表示，该倡议在政治、经济、文化、外交、科技、教育等众多领域加强了中国与其他国家的友好合作，是进一步推动中国走向世界的有力举措。四轮环节结束后，评委们对选手的表现进行了精彩的点评，获得了在场观众的阵阵掌声。

整个竞赛活动过程气氛热烈，高潮迭起，学生们的活力充分释放，不仅学习了"一带一路"相关知识，而且在答题过程中各组同学互相配合，团队意识和集体精神得以充分发扬。更重要的是为了准备这场知识竞赛，学生们课下需要查阅资料，了解"一带一路"的历史和现实；还需要进行分组研讨，商议竞赛方案，锻炼学生的集体合作能力，培养团队协作意识。所有这一切经历，在检验学生知识学习能力的同时，也锻炼了他们运用知识解决实际问题的能力。

(三)画展:我所理解的“一带一路”

培养学生动脑动手能力是实践教学的一个重要环节。“‘一带一路’铸辉煌”实践教学专题,在引领学生学习和掌握“一带一路”理论知识的基础上,在组织学生进行知识竞赛的同时,发动学生按照自己的理解和认识,用图表和图画的形式,画出自己心中的“一带一路”。

活动从准备,到学生运作画图,再到作品的展览历时2个多月。从学生们展示出来的图画来看,他们画笔下的“一带一路”真是丰富多彩:有的是从古丝绸之路的驼铃声声画到现代的中欧班列的畅通;有的画出了海上丝绸之路、陆路丝绸之路、草原丝绸之路;有的从民族服饰的角度画出了“一带一路”沿线国家的风俗文化;有的从丝路基金、亚投行等金融视角画出了“一带一路”建设的繁荣场景;有的画出了“政策沟通、设施联通、贸易畅通、资金融通、民心相通”“五通”的内涵。一画一面,既凸显了多元,又有个性;一幅幅画面既贴近“一带一路”主题,又多姿多彩,充分展现了学生的丰富想象力和对“一带一路”建设的美好憧憬。画展在学生中引起了强烈反响,进一步激励着学生们更有兴致地关注“一带一路”知识的学习和对取得的成就与面临问题的思考,充分调动了学生的学习积极性和主动性,激发了学生们对“家事国事天下事,事事关心”的家国情怀。

(四)讨论:“一带一路”建设成果及其前景展望

在“‘一带一路’铸辉煌”实践教学专题实施过程中,我们在引领学生“看、说、画、写”的同时,更多的是“议”,就是讨论和探究。学生们围绕着“一带一路”建设成果和发展前景等进行了热烈讨论,大家各抒己见,收获颇多。

观点A:“一带一路”倡议,是中国的更是世界的。近年来,一些国家积极融入“一带一路”建设之中。“一带一路”沿线国家利用本国独特的优势,打造具有特色的本土产品远销世界各国,既拉动了经济增长,也促进了就业,进而提高沿线国家人民生活水平。特别是面向基层民众,广泛开展医疗卫生知识教育、减贫开发、生态环保等各类公益慈善活动,促进了沿线地区医疗卫生条件、生态环境的改善。“一带一路”建设助推和平、共赢世界梦的实现。

观点B:通过“一带一路”建设,使沿线国家分享了中国改革开放的红利和经验教训,推动了沿线国家共商项目投资,共建基础设施,共享发展成果,寻求全球金融时代新的经济增长之道的同时,也顺应了经济全球化和区域经济一体化的潮流。“一带一路”鼓励向西发展,通过向西输出优势产能和优势产业,挖掘西部沿线地区丰富的资源,以建设“经济带”“经济走廊”的形式促进经济发展，辐射沿线周边地带，从而使东亚经济圈和欧洲经济圈中间的"洼地"地带发展起来，改变贫富差距、地区发展不平衡的状况，也有利于消除地区冲突和恐怖主义的产生。

观点C："一带一路"建设，促使很多企业、资金、人才进一步走出了国门，但是沿线国家民族冲突、边界争端时有发生，资源争夺、气候变化、恐怖主义等等也时常存在。这无疑会影响到中国与沿线国家政治上的交涉。虽然现在世界主题是和平与发展，但仍有不安全的因素存在。对此，还需要沿线各国共同合作应对。

观点D："一带一路"倡议不同于历史上的"马歇尔计划"，它强调的是通过政策沟通、道路联通、贸易畅通、货币流通、民心相通，实现共商、共建、共享，构建利益共同体和命运共同体，推动世界经济发展。只要我们坚持共商、共建、共享，一步一个脚印向前推进，一点一滴抓出成果，就一定能让"一带一路"建设更好地造福人民、造福世界。

四、教学评价

（一）来自学生的评价

本专题实践教学活动给我们最大的感受就是别开生面，耳目一新。从观看"一带一路"国际合作高峰论坛开幕式，到开展"一带一路"知识竞赛，再到画展和讨论，使我们对"一带一路"的认识步步加深，收获颇多。

首先，本专题的学习和各种活动的开展，使我们对"一带一路"倡议提出的背景、特点及其实施进程有了一个全面系统的了解，对"丝路精神"有了更深刻的认识和升华。其次，本专题的学习和知识竞赛的开展，又使我们认识到了自己的一些不足，特别是关于古丝绸之路的一些历史知识的不完善，还需要加强对该方面知识的充实。其三，本专题的学习以及画展和讨论等活动的举行，使我们有了一种置身于"一带一路"之中的亲近感和欲投身于"一带一路"建设热潮中的兴奋和冲动。这股力量对我们今后的学习和将来的就业都将是一种重要支撑。

当然，本次实践教学专题的开展也有一些美中不足，如果老师能带领我们走出校园奔赴"一带一路"沿线省市乃至一些国家进行一定范围的实地考察，我们的收获会更大。希望以后有机会能走出校门到"一带一路"建设第一线考察学习，融入到现实建设的大场面经风雨见世面，进一步锻炼成长。

(二)来自同行的评价

“‘一带一路’铸辉煌”实践教学专题开展的活动比较丰富,既有观看视频,又有知识竞赛和画展,还有课堂讨论等。各种活动的开展,对调动学生的学习积极性和主动性无疑有着重大促进作用,特别是组织学生开展的“一带一路”画展,为发挥学生的想象力、创造力提供了广阔空间,也为学生展示才华提供了平台,是一种很有意义的实践教学探索,充分实现了以学生为主体的教学目标。

但开展这些活动需要一定的时间,无论是教师还是学生在现有的课程时间内是很难完成这些活动的,需要大量的课余时间来完成,无形中会增加一些压力。呼吁学校尝试将实践教学效果的考评纳入对教师教学工作的评价范围和学生学习成绩的考核之列,对教师的责任心和敬业精神给予一定的激励,也激发学生参与各项实践活动的积极性和创造性,达到学以致用的目的。

(三)教师自我评价

“一带一路”无论是作为一个倡议还是作为中国加大对外开放的一项重要举措,其影响已经充分显现。通过“‘一带一路’铸辉煌”实践教学活动的开展,引领学生在了解“一带一路”倡议提出背景、实施进程以及国际国内反响的基础上,通过动手动脑的一些亲身感悟,进一步拓展学习空间和锻炼能力的机会,对学生来说无疑是一次意义深远的体验。

当然,由于我们受经费、课时等方面所限,此次实践教学活动没有能够走出校门,缺乏“一带一路”建设一线的体验,尚属遗憾。这就促使我们在以后的教学实践中将充分考虑当地的实际情况,不仅使教学实践基地的教学常态化,还需要转变观念,多方筹措资金,尽量深入到企业、社会生产一线等,让学生在参与实践教学的同时能够打破思想的藩篱,获取更多的信息,提升真才实学。

五、来自学生的报告

(一)“一带一路”:连接“中国梦”与“世界梦”的桥梁

2100多年前,张骞两次出使西域开辟了一条连接欧亚、横贯东西的丝绸之路,这条交通动脉长期承载东西方商品贸易和思想文化交流,对推动人类进步产生了深远的影响。跨越千年的时空,“丝路精神”进一步发扬光大。自2013年习近平主席提出“一带一路”倡议后,到现在一系列合作项目的实施,沿线国家在政策沟通、设施联通、贸易畅通、资金融通、人心相通等方面都取得了丰硕成果。很大程度上实现了中国与世界多国的互利共赢，搭起了连接“中国梦”与“世界梦”的桥梁。

实现中华民族伟大复兴的中国梦，不仅造福中国人民，而且造福各国人民。因为中国梦是和平、发展、合作、共赢的梦，与世界各国人民的美好梦想息息相通。中国梦是维护人类文明多样性，不同文明、不同价值观相互交融和包容的梦想，“中国梦”与“世界梦”交相辉映。中国梦是坚持和平发展、合作共赢、参与全球治理的梦想。保护人类文明的多样性，让世界各国的优秀文化异彩纷呈；参与全球治理，促进世界各国在和平安全的环境中发展。这是“中国梦”的组成部分，更是“世界梦”的深刻诠释，“中国梦”与“世界梦”始终紧密联系在一起。

“一带一路”建设源自于中国，惠及于世界。中国正处在向工业化和现代化国家迈进的关键时期，也是实现中华民族伟大复兴的关键时期。“一带一路”建设源于中国惠及于世界，把中国的机遇转变为世界的机遇。王毅外长曾说：“一带一路”虽然版权属于中国，但权益为各国共享，是各国撸起袖子一起干的共同事业，有助于推动经济全球化，朝着更加普惠、包容的方向来实现再平衡，当然也成为共同建设人类命运共同体的重要实践。① 近几年，国家主席习近平多次出访，足迹遍布世界多国，邀请各国共建“一带一路”，“一带一路”将“中国梦”与“世界梦”更加紧密地联系在一起，是相关国家人民筑梦的战略纽带，也是创造战略机遇的世界智慧。

改革开放以来，中国发展的成就是有目共睹的。继 2010 年成为世界第二大经济体后，经济总量稳步攀升，我国经济对世界经济发展做出了重要贡献。当然，中国的发展离不开世界各国的帮助与支持，中国梦的实现也离不开各国的交流与合作。“一带一路”倡议得到了国际社会广泛认可和支持，激发了沿线经济发展的活力，沿线各国和地区积极参与，成为沿线各民族交往的大平台，已经是具有广泛影响的国际合作框架。特别是随着综合国力的增强，中国对外投资的能力不断上升，通过经济发展对“一带一路”沿线国家实行有效的帮助，中国“走出去”的企业可以转让技术。比如，华为手机，从华为过去 30 多年的实践来看，华为挺进了“一带一路”沿线国家。因为这些区域有很高的政治风险、经济风险、文化宗教的冲突等等，这是全球跨国公司都很少去的地方。华为却在这些国家开辟了一条新路。华为将自己的技术转让给当地的人，利用当地的劳动力，在本土开办工厂，这样不仅真正和当地社会融入，也极大地促进了自己品牌的发展。“授之以鱼，不如授之以渔。”这样，即使是我们国家的人回国，华为

---

① 参见温智星：《外交部长王毅就中国外交政策和对外关系答中外记者问》，《人民日报》2017 年 3 月 9 日。

还会继续留在那些国家，扩大自己品牌的影响力。同时，在“一带一路”建设中，中国以大国意识和全球视野，积极履行大国责任和大国担当。“走出去”的企业可以在当地建设医院、修建学校等等，增强一个企业应有的责任感。在多种形式的交流和合作的过程中，尊重各国文明的多样性，遵循包容的原则。各国优秀文化相互交流沟通，在提升中国人民的幸福感的同时，也给世界各国人民带来了精彩纷呈的精神享受。

在与沿线国家合作的项目中，中国积极派遣优秀专业技术人员，一方面缓解了国内就业压力，另一方面也为沿线各国提供了高素质人才。同样，“一带一路”建设也惠及沿线广大人民，道路的畅通使来自世界各地的商品汇集到中国，品种的多样化增加了民众的选择，也丰富了人们的生活。特别是系列中欧班列的开通，推动越来越多的中国企业“走出去”“引进来”，与世界的距离日益缩小。中国作为21世纪的新兴大国，正以自身的发展推动世界的发展。把握好机遇，建设“大国的喜剧”，同时又积极应对各种风险和挑战，避免“大国的悲剧”。

实际上，中国“一带一路”倡议的提出，完全是超越“强国必霸”的逻辑思维，用中国智慧破解“修昔底德陷阱”[①]的重大举措。这一举措，契合沿线国家的共同需求，为沿线国家优势互补、开放发展开启了新的机遇之窗。“一带一路”倡议在平等的文化认同框架下谈合作，体现的是和平、交流、理解、包容、合作、共赢的精神。“一带一路”倡议，顺应了人类追求美好未来的共同愿望，顺应了国际社会对全球治理体系公正性、平等性、开放性、包容性的追求，是中国为当今世界提供的重要公共产品。共建“一带一路”，符合国际社会的根本利益，彰显的是人类社会的共同理想和美好追求，有助于发挥各成员方之间的优势再造效应，有利于将边境对跨区域合作的抑制效应转变为催化效应，是国际合作以及全球治理新模式的积极探索，不仅促进贸易往来和人员交流，而且增进各国之间的了解，减少文化差异的障碍，为最终实现和平、和谐与繁荣的“世界梦”铺筑了一条光明之路。

（2013级思想政治教育本科班王靖宇撰写）

（二）“海上丝绸之路”建设之我见

2013年，习近平主席在印度尼西亚国会上发表题为“携手建设中国—东盟命运共同体”的演讲，提出与东盟国家发展好海洋合作伙伴关系，共同建设21

① “修昔底德陷阱”(Thucydides's Trap)一词最早来源于古希腊著名历史学家修昔底德在总结雅典和斯巴达冲突的根源时的观点。他认为，一个新崛起的大国必然要挑战现存大国，而现存大国也必然会回应这种威胁，这样战争变得不可避免。

世纪"海上丝绸之路"。同年11月12日,十八届三中全会通过的《中共中央关于全面深化改革若干重大问题的决定》指出,要"加快同周边国家和区域基础设施互联互通建设,推进丝绸之路经济带、海上丝绸之路建设,形成全方位开放格局"。2014年3月,政府工作报告中提出"抓紧规划建设21世纪海上丝绸之路",将推进海上丝绸之路建设作为政府工作重点。由此,海上丝绸之路由顶层设计的理论创造延伸至政府各项工作之中,并已有"大批项目落地开花"。

海上丝绸之路从我国南方各港口出发,把东南亚国家紧密连成一片。东南亚是我国南方近邻,更是我国走向世界的必经之路。东南亚区域共有11个国家,除东帝汶外,其余便是东盟十国,东盟成员国包括缅甸、泰国、老挝、越南、柬埔寨、马来西亚、新加坡、文莱、菲律宾和印度尼西亚。其中缅甸、泰国、老挝、越南和柬埔寨五国均位于中南半岛,国土面积连成整片,而马来西亚、新加坡、文莱、菲律宾和印度尼西亚五国,地理位置较为分散,总体上呈向左倾斜的"U"形环绕着我国南海海域。位于中南半岛上的东盟五国,国内矿产资源丰富,经济上均属于传统农业国,工业基础薄弱,处于工业发展初期阶段,各个国家的基础设施都有待于大力提升,各国政府致力于国家经济建设,积极引入更多的资金、技术等资源带动本国经济发展,提高人民生活水平,其中缅甸和泰国的政治环境较为动荡,在很大程度上制约着本国政府对国家的有效治理。新加坡、文莱以及马来西亚的经济条件在东盟成员中处于领先地位,新加坡早已跻身于发达国家的行列,国内政局稳定,经济发达。文莱凭借本国丰厚的石油和天然气资源,成为世界上最富有的国家之一,国民的教育及医疗费用均由政府承担。印度尼西亚和菲律宾两国经济基础较差,例如国内交通运输以公路和水运为主,铁路设施比较落后。国家均由多民族组成并且大多数民众信仰佛教是东盟国家在文化方面较为显著的特征,佛教教义要求积德行善,修功德,与我国传统文化儒家倡导的"仁爱""修身"等追求有相通之处,为"民心相通"的目标提供了桥梁。

东盟虽作为共同体,但其内部成员的经济发展程度参差不齐。文莱及新加坡的经济条件在成员国中居于首要地位,与其他国家的经济状况差异显著。东盟成员,少数受限于国内政治环境动荡不安,多数受限于自然环境及社会条件,大部分国家基础设施落后,整个区域的经济实力不强,人民平均生活水有待于进一步提高。东盟全体需要更多机会发展经济,寻找新动力牵引整个区域的经济进步,但综观东盟,其内部成员均不具备这种带动全局的能力。与此同时,经过40年的改革开放,中国经济发展进入新常态,社会主义现代化建设需要新的战略引擎持续推进国家经济发展,提高人民生活水平。因此,"海上丝绸之路"建设,既承载着中国发展的目标,又符合东盟国家投资、建设基础设施,吸引外资,发展本国经济,提高人民生活水平的要求,建设“海上丝绸之路”将成为中国与东盟国家的双赢之路。

在经济全球化的背景下,建设“海上丝绸之路”,疏通沿线国家的交流合作,有益于沿线国家的共同发展进步。亚洲基础设施投资银行将为东盟国家的基础设施建设提供资金援助,解决东盟国家在经济方面的后顾之忧。亚投行的成立及运营将给“海上丝路之路”建设注入资金稳心剂。中国积极推动的《区域全面经济伙伴关系协定》谈判,从经济方面支持“海上丝绸之路”建设,全力打造中国—东盟自贸区升级版计划将为“海上丝绸之路”建设奠定更牢固的经济基础。

中国通过“海上丝绸之路”践履着“维护世界和平,促进共同发展”的外交宗旨。中国是一个爱和平、有责任、讲文明的国家,中国的发展离不开世界,中国必然用自身发展成果回馈世界。“海上丝绸之路”建设,既是为了中国自身更好地发展,也是让其他国家共享中国改革开放后取得的巨大成果,帮助周边国家走繁荣昌盛之路。东盟成员虽有疑虑,但多数仍欢迎同中国合作,认为中国提出的丝绸之路将促进本区域经济繁荣,带给东盟成员更多发展机遇。

总之,对“海上丝绸之路”建设的战略构想应全面看待,既要清楚哪些因素会成为制约其建设的阻碍,更要明白实现此战略的优势所在,集中精力利用有利因素全面促进新时代下的“海上丝绸之路”建设,助力民族复兴的中国梦。

(2011级思想政治教育本科班罗丽娟撰写)

(三)“丝路精神”历久弥新

“桑田未闻改,日月曾几昏。”两千年岁月如歌,我们的先辈穿越草原沙漠,搏击惊涛骇浪,开辟了绵亘万里的古丝绸之路。张骞、郑和、马可·波罗等一代代“丝路人”,用驼队与宝船架起东西方交流的桥梁;不同文明、宗教、种族求同存异,书写了相互尊重、共同发展的壮丽诗篇;沿线国家通商易货、交流知识,文明成果烛照古今;陆上海上商旅不绝,生产要素自由流动,在共享中创造了地区的大发展、大繁荣。

古往今来,丝绸之路作为联结东西地域的重要通道,发挥着其在贸易、技术、文明交流上的重要作用。更重要的是,这条横贯东西、联结欧亚的交流之路在其开辟和运行过程中所形成的“丝路精神”,历久弥新,在新的历史条件下发扬光大。其精神内涵在于:

第一,包容和谐,海纳百川。众所周知,丝绸之路沟通东西,横贯亚欧大陆,拥有中国、印度、中东、欧洲四个端点,这种地域跨度上的广阔性决定了丝绸之路沿途民族和文化成分的复杂性。相应地在交流合作方面,存在着宗教文化价值观、经贸度量衡以及国家政权的交叉掌控等方面不容忽视的矛盾冲突点。但丝绸之路稳稳地扎根于欧亚大陆之间，继续担当欧亚大陆沟通交往的桥梁，在中国倡导下，不仅没有像近代资本主义一样依托贸易市场开展殖民掠夺，反而化解了各类矛盾冲突点，为各种文明和贸易的交往营造了和平稳定的发展空间，这与中国历来以和平为主导的包容性是分不开的。正是这种包容和谐、海纳百川的精神引导，使得中华文明、印度文明、阿拉伯文明、欧洲文明等人类主要文明体系之间得以相互接触，并在保持原有汁味的基础上得以交流传播。而这种包容和谐、海纳百川的精神内涵同样延伸于现代中国，不论是当代中国开放包容的文化市场，港澳沪等区域的文化杂糅，还是构建"人类命运共同体"的理念，都是"丝路精神"中包容和谐、海纳百川精神内核的当代价值体现。

第二，艰苦卓绝，自强不息。丝绸之路往来于戈壁荒漠、高山草原、无边深海，且汉朝政府长久面临匈奴部落的挑衅夹击。但不管是海上凶险莫测的狂浪风暴，还是高山戈壁的荒凉黄沙，甚至于外邦部落的战争抢掠，都没有损耗一丝一毫的人民意志。无数商人、传教者、求法者历尽千难万险，生生不息地来往于这条丝绸之路，为东西方商业的贸易、生产工具的传播和以佛教为主的文明交流做出了巨大的贡献。不仅如此，我国汉朝政府所派军事力量在资源不足的情况下更是建立军事屯田，乃至修筑长城一直到敦煌一带。这都是我国政府和人民艰苦卓绝、自强不息精神的表现。而这种"丝路精神"的历史内涵同样孕育出了新的时代价值。

第三，融合创新，历久弥新。这条丝绸之路不仅带来了东西方文化的大融合，推动了互通有无的实现，将蔬菜、香料、水果、瓷器、药材、丝绸东西互通，也将先进的造纸术传播开来，中华文明、印度文明、阿拉伯文明、欧洲文明在交融中不断创新。以佛教为例，经丝绸之路的传播，我国佛教达到了地方性融合与切实性创新，形成藏传佛教、汉传佛教、南北佛教等派别。我国儒学与道教更是在不同程度上吸收外来文化可取之处，创新思路，改革自身体系，甚至达到隋唐"三教合一"之程度。这种由丝绸之路衍生出的融合和创新精神在我国后续的历史发展中更是起到了巨大的作用。郑和下西洋、闯关东、下南洋到近代林则徐、魏源"开眼看世界"，对于我国近代以来的改革实践提供了重要精神传承。

2017 年 5 月，在北京召开的"一带一路"国际合作高峰论坛，无疑为"丝路精神"注入了新的时代内涵，正如习近平所说，以"团结互信、平等互利、包容互鉴、合作共赢"①为核心的"丝路精神"，不仅是人类文明的宝贵遗产，也是"丝路精神"于当代的延伸，是"丝路精神"历久弥新、代代相传的生动体现。"在政治上

① 《习近平谈治国理政》第 1 卷，外文出版社 2018 年版，第 288 页。

相互信任、在行动上团结一致。各国不论强弱大小,法律地位上相互平等,经济上实现互利。本着相互包容的态度,尊重差异以达共存共荣,尊重世界文明多样性、发展道路多样化,尊重和维护各国人民自主选择社会制度和发展道路的权利,相互借鉴、取长补短。互惠互利,实现双方或多方的共同收益。”①这些都是当代丝路内核的生动阐释。“丝路精神”也是中华民族的优良精神传统,我们有责任将其传承下去,发扬光大。

(2014 级思想政治教育本科班吴琪撰写)

(四)我们一起走进“一带一路”

斗转星移,丝绸之路历经沧桑变化,迎来了新的发展机遇。细数从 2013 年“一带一路”倡议提出以来的发展,让我们不得不对“一带一路”的建设成果赞叹。在“一带一路”发展迎来新篇章之际,让我们一起走进“一带一路”,共同感受其发展的辉煌。

1.“一带一路”建设助推世界经济复苏

自美国爆发金融危机以来,全球经济持续低迷,国际环境、地区形势纷繁复杂,各国面临的发展问题依然严峻。一是世界经济增长速度明显放缓,有数据显示,2009 年,美国 GDP 增长率为－0.34%,日本 GDP 增长率为－1.04%,德国 GDP 增长率为 0.81%,法国 GDP 增长率为－0.2%。二是金融市场急剧恶化,股市遭遇重创,仅美国就有 14 家银行倒闭,英国、法国、德国股市一度暴跌,在亚太地区,台湾证交所加权指数跌幅 4.1%,日本东京股市日经 225 种股票平均价格指数也下跌了 47.6%,俄罗斯由于股市遭遇重创,联邦政府下令停止所有交易所交易,中东地区受金融危机和油价下跌的影响,部分资金撤出海湾股市,有些银行出现资金紧张,出现停止放贷的情况。三是多数国家就业形势更加严峻,失业率不断增高,受金融危机的影响,美国就业人数已经减少了 76 万人,失业率上升至 7%～8%,欧盟区的失业率为 7.5%,中东地区的失业率高达 28.2%。金融危机对全球的经济造成了严重的冲击。

“一带一路”倡议的提出,很大程度上就是应对全球形势深刻变化的重大举措。“一带一路”以经济发展为引擎,通过沿线国家基础设施的建设,以点带线,以线带面式地辐射周边国家,带动周边国家经济发展。截至 2017 年 4 月,中欧班列在全国开通 51 条,连接 27 个城市,到达欧洲 11 个国家的 29 个城市,承载着服装、小商品、文体用品、工艺品等,促进着欧洲经济的复苏。2017 年第一季

① 张可让:《大力弘扬和传承丝绸之路精神》,《求是》2014 年第 4 期。

度欧盟 GDP 环比增长 0.6%，同比增长 2.1%。在"一带一路"建设方面，法国也迈开了步伐，位于地中海港口的马赛市利用其优越的地理位置率先打造国际商贸城，带动马赛的就业与投资。"一带一路"建设还带动了中俄电力、石油、天然气、核能的合作，通过输出中国的先进技术、优势能源，解决了当地的能源不足问题，也为俄罗斯整体发展带来强劲动力，2017 年上半年俄罗斯经济增长1.4%，从而走出衰退泥潭。

2."一带一路"助力沿线国家间的贸易、投资与金融

"要致富先修路"，在实现贸易畅通的前提下，必须使得沿线国家道路相通。为此，我国利用改革开放 40 年来积累的雄厚物质基础和治理经验，在公路、铁路、高铁、隧道、电力、水利等方面输出我国的钢铁、煤炭等优势产能，大力推动"一带一路"基础设施建设，实现了设施联通。

其一，"一带一路"建设促进了贸易畅通。在全球金融危机加深的背景下，一些发达国家采取贸易保护政策，为了消除投资和贸易壁垒，实现投资贸易便利化，积极推动"一带一路"与自贸区的战略对接，努力实现沿线地区贸易自由、货物进出存储自由、人员进出自由和货币流通自由。同时，利用互联网积极发展电子商务，巩固和扩大传统贸易，大力发展现代服务贸易，拓宽贸易渠道。

其二，"一带一路"建设拓展了投资领域。发挥沿线地区的区位优势，加强对农林牧副渔、农产品加工的深度合作，新疆地区充分利用昼夜温差大的独特气候条件，发展瓜果产业，进行深加工，将农副产品推广到中亚等国进而推向世界。在我国西部地区，风能、太阳能、水电等清洁能源丰富，积极推动可再生资源的开发利用，发展绿色投资。积极推进海水养殖、水产品加工、海水淡化、海上旅游等领域的合作，充分合理地利用海洋资源，从而实现陆上海上投资领域的拓宽。

其三，亚投行的成立推动了"一带一路"建设的金融合作。在"一带一路"沿线国家建设中，基础设施的联通、各国间贸易额的增加需要大量的资金支持，针对在建设过程中出现融资难的问题，我国积极推动亚投行的建设。亚投行通过各成员国认缴的资金和国际资本市场的融资获得资金，以贷款、股权投资等方式对各国的基础设施项目提供融资支持，为经济发展提供资金保障。亚投行的建立直接针对解决弱国、发展中国家最迫切需要的资金问题。未来，亚投行还会不断吸引全世界范围内的可用资金，投入到全世界范围内的基础设施建设中去，为全世界人民的共同富裕提供强有力的资金支持。在与沿线国家贸易交往的过程中，随着贸易、投资的增加，也会加大沿线国家对人民币的兑换率，通过贸易往来加强各国经济的联系，通过投资输出中国的优势产能，在这两个过程中加速了人民币的国际化。相信通过贸易、投资和金融这三个轮子，会逐步实

现贸易畅通、资金相通。

3.“一带一路”助力文化产业

“一带一路”沿线国家，由于地理环境、人文环境的不同，造就了各种不同的自然、人文风光。交通和签证的便利化加速了沿线国家人员的流动，促进了沿线国家旅游业的发展。积极开发具有当地特色的旅游资源，通过打造具有丝绸之路特色的旅游产品、旅游文化，来加强各国人民对丝绸之路经济带的认同。

中国每年还向沿线国家提供10000个政府奖学金名额，各国通过互派留学生的方式，加强了彼此间的文化交流，大力培养双语人才，一方面培养了高素质人才，另一方面加深了双方对彼此文化的认同。近年来，中国同沿线国家致力于文化年、文化节、电影节、图书展、实验室、科技中心、卫生安全等方面的合作，共同塑造了沿线国家和平友好、互信互通的友好氛围。

“一带一路”还促进了沿线国家饮食文化的融合。例如：在甘肃的兰州，汉族人民耕种小麦制成劲道的面条，藏族牧民饲养牦牛切成软糯的肉片，西域胡人带来种植的胡椒，融合成一碗地道的牛肉面，丰富了饮食文化，也带动了经济发展。

企业文化作为国家文化软实力的主力军，扮演着非常重要的角色，在“一带一路”发展过程中，企业之间也在不断地融合。中国企业在国际化经营中，深入了解所在国的文化和企业文化，熟知外国企业的理念和规则，为“中国制造”提供更有力的空间。同时，中国将本国的优势产业转移到别国，带动了当地的就业，满足了当地的产品供应，丰富了当地人民的生活。同时，在转移产业的过程中，中国也将自身的技术带到沿线国家，带领沿线国家人民共同创业就业。

“一带一路”是中国和世界共同的事业，它牵动着亚欧非多个经济圈，托起世界最长的经济走廊，是打造人类命运共同体的人间正道，是连接“中国梦”与“世界梦”的战略纽带。习近平总书记宣布：中国愿意为周边国家提供共同发展的机遇和空间，欢迎大家搭乘中国发展的列车，搭快车也好，搭便车也好，我们都欢迎。[①] 中国人民愿同各国人民一道，携手共圆“世界梦”。“一带一路”建设将“中国梦”与“世界梦”更加紧密地联系在一起，为“世界梦”谱写新的篇章！

（2014级思想政治教育本科班张湘钧、2016级思想政治教育本科班耿秋明撰写）

（五）“一带一路”国际合作高峰论坛，助推“一带一路”建设腾飞

2017年5月14～15日，“一带一路”国际合作高峰论坛在北京隆重举行。

① 参见张百新：《“一带一路”简明知识读本》，新华出版社2015年版，第188页。

习近平主席在开幕词中指出:"2000 多年前,我们的先辈筚路蓝缕,穿越草原沙漠,开辟出联通亚欧非的陆上丝绸之路;我们的先辈扬帆远航,穿越惊涛骇浪,闯荡出连接东西方的海上丝绸之路。"[①]"一带一路"继承了和平合作、开放包容、互学互鉴、互利共赢的"丝路精神",秉承着共商、共建、共享的原则,所以一定会建设成为一条面向未来、属于世界的和平、繁荣、开放、创新、文明之路,世界也会依托"一带一路"奔向和平、发展、合作、共赢的远方。

"一带一路"开启和平之路。"一带一路"倡议的提出首先就是为了应对现实世界存在的贫富差距、地区动荡等多方面的严峻挑战。伴随"一带一路"倡仪的不断实施和推进,参与国家之间交流日趋密切,各国在政治、经济、文化等多领域构成联系,不断形成一个相互依存、相互依靠的命运共同体,这样不仅有利于区域以及世界的和平稳定,也有利于"一带一路"的和平发展。

"一带一路"开启繁荣之路。"一带一路"最主要解决的就是发展问题,最直接的就是经济问题。高峰论坛总结了"一带一路"建设的系列成果,这些成果大部分都是经济成果,带来的大都是国家经济能力的提高和经济的发展,高峰论坛达成的共识和协议基本也都是为下一阶段各国经济友好往来奠定的基础。"一带一路"参与国在接下来也将会重点加强产业、金融等方面的合作。高峰论坛作为各国合作的新起点、发展的新动力,一定会助力"一带一路"建设成为设施更加联通、资金更加融通的繁荣之路。

"一带一路"开启开放之路。习近平主席在高峰论坛开幕式上明确提出:"'一带一路'建设植根于丝绸之路的历史土壤,重点面向亚欧大陆,同时向所有朋友开放。不论来自亚洲、欧洲,还是非洲、美洲,都是'一带一路'建设国际合作的伙伴。"[②]"一带一路"建设欢迎来自世界任何国家的加入,因为"一带一路"的方向是构建人类命运共同体。并且,"一带一路"建设需要参与国之间实现贸易畅通,这也标志着"一带一路"一定会建设成为开放之路。

"一带一路"开启创新之路。习近平主席在高峰论坛开幕式上明确指出:"'一带一路'建设本身就是一个创举,搞好'一带一路'建设也要向创新要动力。"[③]当前"一带一路"建设的创新主要在高科技领域,目前参与国已经在数字经济、人工智能、纳米技术等领域进行合作,并且"一带一路"要致力于打造 21

① 习近平:《携手推进"一带一路"建设——在"一带一路"国际合作高峰论坛开幕式上的演讲》,人民网,2017 年 5 月 14 日。

② 习近平:《携手推进"一带一路"建设——在"一带一路"国际合作高峰论坛开幕式上的演讲》,人民网,2017 年 5 月 14 日。

③ 习近平:《携手推进"一带一路"建设——在"一带一路"国际合作高峰论坛开幕式上的演讲》,人民网,2017 年 5 月 14 日。

世纪数字丝绸之路。另外,“一带一路”践行的绿色发展理念也充分体现了创新精神,“一带一路”的建设既要金山银山,也要绿水青山。

“一带一路”开启文明之路。“一带一路”沿线国家以及其他参与国之间文明存在很大差异,所以要想“一带一路”稳定、繁荣发展,各个国家就要进行良好的文明交流、文明互鉴和文明共存,各个国家之间要相互理解、相互包容。民心相通不断促进,就是文明交流最好的成果。“一带一路”建设成为文明之路,这是所有参与国家人民的人心所向。

高峰论坛上各个参与国家集中表现出了对和平的渴望、对发展的追求、对合作的向往和对共赢的期待,中国将携手所有参与国把“一带一路”建设成为和平、繁荣、开放、创新、文明之路,实现所有参与国的美好愿景。高峰论坛给“一带一路”设计了一幅美丽的画卷,高峰论坛也一定会助力“一带一路”建设腾飞。

(2014级思想政治教育本科班刘镇玮撰写)

(六)弘扬“丝路精神”,勇担历史重任

有志者事竟成,众行者能致远。在“一带一路”国际合作高峰论坛开幕式的演讲中,习近平主席顺应和平发展时代潮流,以创新、协调、绿色、开放、共享的发展理念为引领,从建设和平之路、繁荣之路、开放之路、创新之路、文明之路,擘画了“一带一路”建设的美好愿景和前进方向,具有重大而深远的意义。作为勇立潮头、引领创新的大学生,禁不住心潮澎湃,激情满怀!我们要积极行动起来,将自己的学业、志向融入国家的发展、民族的命运,用实际行动加入到“一带一路”的建设中,练就过硬本领,勇担历史重任。

第一,树立崇高的理想信念,培养“‘一带一路’与我紧密相关”的思想意识。青年大学生不仅属于家庭和社会,更属于国家和民族,是中国特色社会主义的建设者和接班人,同样也必将是未来“一带一路”建设的中坚力量。青年大学生要自觉学习“一带一路”倡议的相关知识和文件,从中感悟与自己学习生活息息相关的内容,潜移默化地培养自己“‘一带一路’与我紧密相关”的思想意识,同时在这个过程中充分认识“一带一路”取得的成果,不断激励自己坚定理想信念,奋发图强,昂扬向上,脚踏实地,不尚空谈,积极融入“一带一路”的建设中。

第二,认真学习专业知识,为投身“一带一路”建设奠定良好的专业基础。“一带一路”建设涉及的范围是“全方位、多层次、宽领域”的,需要来自各个门类、各个专业的高素质、高技能人才。青年大学生首先要热爱自己的专业,相信自己的专业能够用到实处,可以促进个人以及社会的发展,也可以在“一带一路”建设中发挥作用。其次,青年大学生要深入研究自己所学专业,只有努力钻

研、认真思考自己所学专业，才能在专业领域内有更好的发展、更好的收获，才能真正成为高素质、高技能的人才。其三，青年大学生要坚持自己的专业学习，并树立终身学习的理念，将自己的专业学习融入自己的生活乃至生命。

第三，加强外语学习，提高对外交流本领。"一带一路"的建设过程也是不断与"一带一路"沿线国家进行交流合作的过程，所以对外语的要求以及交流能力的要求相对较高。青年大学生必须尽自己最大努力熟练掌握外语和了解其他国家基本语言常识，勤学多练，落到实处。利用一切机会提高自己的对外交流能力，了解不同国家的历史传统、文化特色、生活习惯以及交流方式方法。

第四，抓住就业机会，锤炼创业能力。"一带一路"建设的进程中，很多中企、外企以及合资企业纷纷建立，这就会提供大量的就业岗位，青年大学生要抓住这一良好就业机会，敢于挑战自己，选择适合自己的岗位。"一带一路"的建设也为青年大学生的创业提供了很多新的思路，青年大学生要提高自己的创业敏感度，善于掌握信息、抓住机遇，用自己的智慧和努力去勇敢创业，用实际行动参与到"一带一路"的建设洪流中。

"桃李不言，下自成蹊。"[①]"一带一路"的提出，得到了来自世界100多个国家和国际组织的大力响应，这是因为"一带一路"不仅符合中国发展的战略需要，也顺应了当今世界经济全球化的发展趋势，给世界多国带来了发展机遇。"一带一路"谋求的是合作、共赢、共同发展，"一带一路"的方向是共建人类命运共同体，让我们站在"一带一路"发展的新起点，勇于担当，开拓进取，助力"一带一路"建设腾飞，推动人类命运共同体的构建！

（2016级思想政治教育本科班陈宏银撰写）

① 李翰文主编：《史记全本》，北京联合出版公司2015年版，第1950页。

专题九　构建新型大国关系

洞察国际风云变幻，认清世界发展大势，正视我国在世界上的地位和作用，充分认识我国发展面临的机遇和挑战，对于大学生承担和实现自己的历史使命具有重要的现实价值和深远的历史意义。“构建新型大国关系”实践教学专题契合时代变化，以世界格局的转换为视角，通过指导学生全面认识当前国际形势的发展变化及时代特点，使学生充分认识冷战后大国关系发展的新特点及趋势，掌握新型大国关系的内涵、特征及意义，并结合我国外交实践深刻领悟新时代我国外交战略调整的重大意义，深入思考探索构建新型大国关系的路径。

一、教学目标

（一）知识目标

自冷战结束以来，国际形势的发展处在深刻变化之中，特别是2008年金融危机以来，世界形势更是“云谲波诡”，大国关系进入深度调整和博弈时期，呈现出一系列新的特点。这些变化亟须我们深入研究、正确认识和理性判断，深入拓展大学生的国际关系视域，传播正确的国际形势观。

以“构建新型大国关系”为主题的实践教学，其知识目标就是使学生全面了解和掌握冷战结束后特别是进入新世纪以来国际形势的发展变化及时代特点，透过时代背景认识大国关系的调整及博弈方式的转变，思考新时期大国关系发展的新内涵，从而引导学生更深刻地认识世界，认识中国，以在变幻莫测的国际风云中保持清醒的头脑和坚定的立场，确保立于不败之地。

（二）情感目标

尽管当前的国际局势跌宕起伏，出现了一系列不确定因素，但是，和平与发展的时代潮流浩浩荡荡，各国人民盼稳定、谋发展的呼声日益高涨。在这种趋势下，国际社会的和平与稳定就越发需要大国关系的健康发展，就越发需要各个国家从国际社会全局出发，平等相待、包容互惠，共同营造一个公平正义、繁荣进步、可持续发展的和谐局面。

以"构建新型大国关系"为主题的实践教学，其情感目标就是要使学生从国际格局的深刻调整和变化中、从国际关系发展的基本趋势和时代潮流中真正认识我国走和平与发展道路的依据和意义，培养学生珍惜、爱好和维护世界和平的理念，反对冷战思维和零和博弈，学会相互尊重、平等相待，以合作增进互信，以合作促进共赢，在兼顾本国利益的同时尊重他国合理利益，实现共同发展。

(三)能力目标

随着全球化时代各国利益相互依赖日益加深和人类面临的全球性共同问题的挑战不断增多，传统意义上片面追求自身国家利益的零和博弈思维模式必将被强调共享、突出合作为内容的双赢、多赢外交理念所取代，单边主义、独霸强权不是相处之道。

以"构建新型大国关系"为主题的实践教学，通过对世界格局和国际形势的解读，为学生分析冷战后大国关系的新变化，通过观看视频《大国外交》、组织学生研讨等活动，提高学生认识和分析国际问题的能力，深入领悟十九大报告提出的"摒弃冷战思维和强权政治，走对话而不对抗、结伴而不结盟的国与国交往新路"①之精神，自觉为促进世界的和平与发展、构建人类命运共同体和实现中华民族伟大复兴贡献力量。

二、教学内容

(一)全面了解当前国际形势的发展变化及时代特点

自冷战结束以来，国际形势的变化扑朔迷离，进入21世纪以来，其发展更是纷繁多变，世界多极化、经济全球化、社会信息化、文化多样化向纵深发展，不同制度、不同类型、不同发展阶段国家的相互依存和利益交融明显加深，对此，党的十九大报告特别指出，当今世界正处于大发展大变革大调整时期。这一判断是我们认识和把握当前国际形势特点和发展变化的总体依据。

从总体上看，两极格局瓦解后，世界格局进入新旧格局转换过程中，各种力量的分化组合不断加快，单极和多极的矛盾和斗争日益加剧，新格局的形成表

① 习近平：《决胜全面建成小康社会　夺取新时代中国特色社会主义伟大胜利——在中国共产党第十九次全国代表大会上的报告》，人民出版社2017年版，第59页。

现出漫长、复杂、反复、曲折的特点。多极化的趋势不可逆转并加速发展，世界格局基本保持了冷战后形成的“一超多强”的基本态势，但是其中具体的力量对比已经有所变化，最突出的一个特点是“一超”力量相对衰落，“多强”力量正在不断增强。尤其是近几年以“金砖国家”“展望五国”为代表的新兴国家的发展和表现引起世界关注，使转换中的世界政治格局呈现出了一些新特点。作为发展中的社会主义大国，中国经济持续增长，为维持亚太地区和全球经济增长和稳定做出了重要贡献。中国政府始终奉行独立自主的和平外交政策，以习近平同志为核心的党中央更是积极推动构建合作共赢的新型国际关系，打造人类命运共同体，中国的发展必将进一步对世界格局产生深远的影响。

就世界经济的发展看，当代科学技术飞速进步，世界经济全球化的趋势进一步加快，世界经济正在步入“4.0 时代”。科技革命加速发展，特别是信息技术日新月异、人工智能大发展推动了经济运行数据的收集、分析与决策的自动化和透明度，缩小了经济活动的时间和空间距离，加速了经济信息在全球范围内的传递，成为经济全球化的根本动力。但是，当前经济全球化的深入发展也蕴含着极大的风险，就其经济实质看，它是剩余价值国际资本化的产物，是垄断资本统治在国际范围内的延伸，在很大程度上加剧了贫富差距和国际金融市场的动荡，2008 年的国际金融危机就是明显的例证。另一方面，发达国家主导的全球化使世界经济发展中的不平衡更加严重，更是贫富分化的“元凶”，南北发展差距、社会发展差距越来越大，这种世界经济发展不平衡将激化各国之间的矛盾，相互竞争将更为激烈，并影响到世界经济政治格局的变化，甚至影响到国家内部的稳定，2011 年美国发生的“占领华尔街运动”和 2016 年的“民主之春”运动就深刻反映了由于贫富悬殊带来的社会裂变和矛盾。

当今时代的主题仍是和平与发展，但是霸权主义和强权政治仍然威胁着世界的和平与稳定，少数国家继续抱守冷战思维，向公认的国际法准则挑战，鼓吹什么“人权高于主权”“主权有限论”“人道主义干预论”“新干涉主义”“为价值观而战”等谬论，为推行霸权主义、强权政治提供新的“理论”，力图使它们的霸权行径“合法化”。随着国际形势的发展，传统安全威胁与非传统安全威胁相互交织且界限模糊，尤其是非传统安全给国际社会带来的危害日益凸显，如经济安全、金融安全、资源安全、信息安全、环境污染、人口爆炸、毒品走私、跨国犯罪、传染性疾病蔓延等，这些非传统安全威胁具有跨国性、动态性、隐蔽性、突袭性和分散性等特征，破坏作用明显，影响着经济的发展和社会的稳定，威胁着人类的生存环境和健康发展。例如：被称为“国际政治毒瘤”的恐怖主义，其活动范围遍及世界的各个地区，手段残酷，目标多元，使当今世界的安全形势更为复杂，也使国际安全合作面临新的问题。

综观整个国际形势，总体缓和，总体稳定，总体和平局面得以维系，但是伴随着局部紧张、局部动荡、局部战争。地区冲突频繁发生，民族危机层出不穷，热点问题不断涌现，天下并不太平。面对全球性挑战，世界各国需要同舟共济、协调行动，共同为维护世界和平与发展大局、建设人类美好家园而努力。

（二）充分认识冷战后大国关系发展的新特点及趋势

作为国际政治经济格局的核心要素，大国毫无疑问是国际舞台上的"弄潮儿"，其力量的发展变化和相互间的博弈直接关系到国际关系发展的基本趋势。随着冷战后国际格局的深刻调整，大国关系正在经历一个前所未有的深度调整期，特别是大国关系的内涵、特征、博弈方式都在发生深刻的变化，深刻认识这一变化、顺应国际关系发展趋势，才能临危不乱，临乱不惧，从容应对。

当前大国关系发展的总体特点是稳中有变、斗而不破，大国之间有冲突，有矛盾，但是缓和、合作、协调、谈判是主流。其基本特点是：

1. 各主要大国都在积极地调整相互之间的关系，最突出的表现是在大国之间纷纷建立起内容各异、形形色色的伙伴关系。伙伴关系首先体现在大国双边关系的发展中，尤以中国与其他大国的伙伴关系最为引人注目。例如：中国与俄罗斯之间建立的"全面协作战略伙伴关系"、中美之间"建设性合作伙伴关系"、中国与欧盟建立的"全面战略伙伴关系"、中巴"全天候战略合作伙伴关系"、中国与东盟之间的"新型战略合作伙伴关系"等等。再比如：日俄一度提出构建"创造性伙伴关系"，日美提出建立"全球性伙伴关系"等等。尽管这些伙伴关系形式不同，内涵不同，但是都体现了各主要大国所要表达的一种共同愿景，那就是基于共同利益基础上的合作。它强调责任分摊，义务和风险共担，双赢、共赢是目的，代表了当前国际关系发展的一个重要方向和趋势，目前国际社会提出的新型大国关系的理念实际上是在此基础上的升华和深化。

2. 新时期大国关系发展的重点和主要内容都是着眼于未来，试图在新旧格局转换之际构筑有利于自身发展的国际环境，寻求在未来国际关系中的最佳位置，积极迎接以科技为先导、以经济为中心的综合国力的国际竞争。从外交手段看，经济外交越来越成为大国外交的首要内容，因此大国关系的调整也是为了更好地满足发展本国经济的需要。此外，随着世界经济全球化、一体化的发展，各国之间的相互联系和依存不断加深，形成了"你中有我，我中有你"的局面，越来越多的国家认识到，各国的经济发展离不开一个安全稳定的国际环境，离不开相互之间的协调与合作，因此，各大国之间相互借重以达到各自发展的目的，成为本轮大国关系调整的深刻动因。

3. 在竞争中谋合作，以谈判化危机，仍是许多大国发展彼此关系的主要方式，这决定了大国关系的基本态势是合作大于冲突。冷战后越来越多的国家认识到，在一个相互依存的世界中要想实现利益最大化，就需要抛弃冷战思维，加强对话协调，正确处理彼此之间的分歧，减少对抗和敌视。因此，在目前大国关系的发展中，协调、谈判、对话成为主流。例如：美与欧、日之间的关系一方面是控制与反控制的矛盾增加，几近破裂边缘，但是另一方面整个西方阵营仍以相互协调配合为主，保持了总体稳定和团结；美与中、俄关系一方面遏制与反遏制斗争激烈，但是各国仍积极寻求共识，避免出现严重倒退。

4. 在今后一个时期，随着国际形势的发展和各国综合国力的消长变化，大国关系的调整还会继续深入下去。但由于各大国有着不同的战略利益，加上长期存在的各种矛盾和分歧不可能因大国关系的调整而消除，大国关系的发展仍然会有一些障碍，尤其是冷战思维和霸权主义、强权政治依然存在。因此，克服冷战思维，反对和抵制霸权主义、强权政治，是使大国关系健康发展的一项长期任务。

(三)掌握新型大国关系的内涵、特征及意义

所谓新型大国关系，是针对历史上传统大国关系而言的，西方学者则更多表述为守成大国和新兴大国或新崛起大国之间的关系。国际关系史上形容传统大国关系有一个著名的论断即“修昔底德陷阱”，意思是说一个新崛起的大国必然要挑战现存的老牌大国，而老牌大国也必然会回应这种威胁，这样两国之间的战争是不可避免的。从历史发展看，许多大国的崛起都引发了战争，“修昔底德陷阱”一遍遍地上演。但是今天的世界已经发生了不同于以往的重大变化，特别是政治多极化、经济全球化、社会信息化、文化多元化加速发展，构建新型大国关系成为大国关系发展的新理念、新目标。

新型大国关系不同于冷战时期以军事合作为基础的、以第三国为针对目标的“同盟关系”和“集团关系”，它不以军事合作为基础，而是着重于政治、经济、安全、贸易、环保、科技等众多领域共同合作的需要。这种关系不针对第三国，不妨碍同第三国发展关系，而是推动整个大国关系的发展，不结盟，不搞对抗，而是以平等互利的对话解决存在的分歧与争端。

这一新型大国关系在处理彼此关系上试图要打破历史上国强必霸、国强必战的大国关系的宿命，它要走出一条不冲突、不对抗的大国关系的新道路。它要求国家之间在相互尊重的基础上加强互信和合作，为实现共同利益合理分担、互利互惠，它要求民主协商、相互理解和支持，和平相处、合作共赢。这是对冷战环境下，以大欺小、倚强凌弱、以富压贫现象的超越。大国关系这种重大而深刻的调整，有利于国际形势的继续缓和，有利于世界多极化趋势的发展，有利

于世界的和平、稳定与发展。

(四)探索构建新型大国关系的路径

新型大国关系的构建将是一个超越双边范畴的国际实践进程，是一项复杂的系统工程，十九大报告明确指出要“推进大国协调和合作，构建总体稳定、均衡发展的大国关系框架”①。这就需要各国在利益基础、战略共识的推动下，通过建立权力分享、制度合作、思维创新和发展协同的互动模式，走出一条新型大国关系之路。

第一，顺应世界多极化发展，尊重文明多样性和发展道路多样性，相互尊重，和睦相处，共同维护世界和平与稳定。世界是丰富多彩的，致力于建立一个多极世界，符合世界发展的客观规律，有利于体现各国和各国人民的共同意愿与利益，有利于推动建立公正合理的国际政治经济新秩序，有利于促进世界政治、经济、文化的协调平衡发展。世界上不可能也不应该只有一种模式，各国人民在自身的发展进程中都创造了丰富多彩的文明。一个和平相处、共同发展的世界，只能是一个各种文明相互交汇、相互借鉴，所有国家平等相待、彼此尊重，充满活力而又绚丽多彩的世界。各种文明相互交流和借鉴，是人类进步的动力。国与国之间应该平等相待，相互尊重，在良性竞争比较中取长补短，在求同存异中共同发展。

第二，奉行积极的多边主义，坚持对外开放，加强国际合作，促进各国共同发展。面对不可阻挡的经济全球化潮流，各国应积极推进贸易和投资自由化、便利化，消除各种贸易壁垒，进一步开放市场，放开技术出口限制，建立一个公开、公正、合理、透明、开放、非歧视的国际多边贸易体制，为世界经济有序发展构建良好的贸易环境。经济全球化应坚持以公正为基础，实现平衡有序发展，使各国特别是广大发展中国家普遍受益，而不是南北差距更加扩大。应推动经济全球化朝着有利于共同繁荣的方向发展，发达国家应为实现全球普遍、协调、均衡发展承担更多责任，发展中国家要充分利用自身优势推动发展。应进一步完善国际金融体系，加强金融监管，防范金融风险，为世界经济增长营造稳定高效的金融环境。

第三，不断增强战略互信，摒弃冷战思维和零和博弈思维，维护全球战略稳定。目前，大国关系之间出现的动荡和冲突从深层次上看都是基于战略互信不足，不能以积极的心态正视或接受对方的发展和崛起，战略互疑造成战略误判

---

① 习近平:《决胜全面建成小康社会　夺取新时代中国特色社会主义伟大胜利——在中国共产党第十九次全国代表大会上的报告》,人民出版社2017年版,第59～60页。

不断发生，从而直接影响到两国关系的健康发展。如今面对国际社会的新发展和新趋势，特别是各国在安全上的相互依存不断加深，任何国家都难以单独实现其安全目标，只有加强国际合作，才能有效应对全球安全挑战，实现普遍和持久的安全。各国应该携起手来，树立以互信、互利、平等、协作为核心的新安全观，以互信求安全，以互利求合作，从根本上减少不安全因素，维护全球战略平衡和稳定，努力营造长期稳定的国际和平环境。

第四，不断拓展合作领域，深化、完善双边或多边合作机制，夯实合作基础。在国家关系的发展中，经济合作是基础，要以经济合作为平台进一步实现国家间在人文、社会、交通、能源、外层空间等各领域的互利合作和全方位的沟通交流，通过这些具体的合作给合作国带来切切实实的利益，建立国际关系发展的良性机制，实现利益共享、和平共享。目前在大国关系的发展中，已经摸索出一系列比较成熟的合作渠道，国与国之间合作的领域和范围也在不断拓展、形式不断创新。比如，中美关系作为世界上最复杂的大国关系之一，很长时间以来两国关系的顺利发展，一个很重要的因素在于两国之间既有在 WTO、G20 等多边组织中的对话与合作，还建立了 20 多个双边磋商机制，特别是自 2006 年开始的中美战略和经济对话是这些机制中层次最高的一个，在 2006～2016 年的论坛对话中，双方就共同关心的全球性和双边性经济问题进行了广泛磋商，议题从可持续发展和平衡增长、金融市场稳定到联合国维和行动、反恐，到能源安全、节能减排、应对气候变化等等，内容不断丰富，在很大程度上加深了中美之间的相互理解和信任，为中美关系的发展奠定了重要基础。我们也期待中美两国在目前的贸易谈判中能够从两国关系发展的大局和长远利益出发，推动中美全面经济对话取得积极成果，为今后中美关系的发展奠定更加坚实的基础。

三、教学实施

（一）专题讲授：后冷战时代大国关系的调整与新型大国关系的构建

世界格局是大国活动的舞台，时代变化是大国关系调整的背景，结合本专题教学目标，教师首先以专题形式对后冷战时代国际形势发展的特点和趋势进行解读，围绕政治多极化、经济全球化、文化多元化等方面的特征对国际形势进行讲解，目的是使学生对世界全局有一个宏观层面的概括性了解，深刻理解党的十九大报告对当前世界形势作出的“正处于大发展大变革大调整时期”这一判断的含义和特点。

接下来教师结合时代发展对大国关系的特征进行重点讲解，引导学生结合国际政治实践的新发展思考构建新型大国关系的途径,从国际风云变幻中看到大国关系调整的必要性和必然性,认识中国政府在错综复杂的大国博弈中既坚持基本立场,坚守原则和底线,又讲究外交斗争的灵活性和策略性的外交智慧。

(二)观看视频:《大国崛起》《厉害了,我的国》

在本专题的教学过程中,为了进一步加深学生对所学知识的回顾和再现,激发学生学习新知识的兴趣,利用课余时间结合本专题教学要点,组织学生观看了视频《大国崛起》和电影《厉害了,我的国》,通过对不同大国崛起和发展之路的对比,引导学生深入理解中国走和平发展道路的意义。

《大国崛起》是由周艳执导、中央电视台制作的一部12集大型电视纪录片,它从历史的视角,以恢弘的气势再现了自15世纪以来葡萄牙、西班牙、荷兰、英国、法国、德国、日本、俄罗斯、美国九个国家相继崛起的过程,探究其兴盛背后的原因,进而以史为鉴,思考中国的发展道路,用时任中央电视台台长赵化勇的话来说就是“让历史照亮未来的行程”。

《厉害了,我的国》是由卫铁执导、由中央电视台和中国电影股份有限公司联合推出的一部纪录片电影。该片以真实的镜头、生动的事例全面展示了中国十八大以来的伟大成就,讲述了中国成就背后的中国故事,充分显示了中国特色社会主义发展道路和改革开放以来中国社会发生的翻天覆地的变化,彰显了中国人民在中国共产党的领导下实现中华民族伟大复兴的信心和决心,激发起中国人民强烈的情感共鸣和爱国情怀,影片在2018年3月一经上映就打破票房纪录,掀起观影热潮。

影片结束后,我们组织学生进行了观影访谈,许多同学表示在观看视频和电影过程中被国际舞台上一个个大国发展的波澜壮阔的历史所震撼,更为中国的繁荣发展而骄傲和自豪,心情久久无法平静。大家纷纷表示,作为一名新时代的大学生,要珍惜现在的环境,化激情为力量,为实现更加美好的“中国梦”努力学习。

(三)专家讲座:大国关系——博弈·调整·合作

为了进一步深化同学们对当今世界国际格局与大国关系的认识与理解,我们专门邀请国家二级教授、山东省高校教学名师陈海燕教授给同学们作了“大国关系——博弈·调整·合作”的专题学术报告。

陈教授以大国关系为主线,从国际格局与大国关系、大国关系背后的博弈、当前大国关系博弈的特点三大方面,对冷战以后大国关系的调整以及世界新旧格局的转换发表了自己的真知灼见。陈教授首先对当前世界格局的发展变化和大国关系的调整进行了分析。她指出：与以往世界格局的变更有所不同，这次世界格局的转换不是通过战争来解决的，而是通过和平方式实现的。各种力量的分化组合和地缘政治的空间重新聚合分离，必须经历一个较长的过渡期和磨合期。冷战结束后大国关系错综复杂，既有东西方之间地缘政治的分野，也有西方盟国之间的矛盾；既有双边之间的传统运作，也有中俄美、中美日、中美欧、美俄欧等“三角关系”的纵横捭阖；既有经济、贸易、金融等具体利益的摩擦，也有“单极”和“多极”的战略格局争夺；既有彼此依存和借重的需要，又有相互制衡和竞争的必然。这些大国关系表现出一系列新特点，即：利益大于分歧，由对抗走向合作；合作与斗争同时并存；大国之间合纵连横、调整组合方兴未艾；大国关系均衡化、中国走势向好，但挑战也在增加。接下来，陈教授结合美国的“亚太再平衡战略”、日本右倾化动向加剧及中日钓鱼岛之争、欧盟保护主义抬头、欧美重启 TTIP 谈判等问题对当前大国博弈的特点进行了深刻解读和分析，并强调指出当今的国际形势是总体平稳，局部动荡。各国角逐趋于政治化、多元化、区域化，大国关系必将在博弈、调整、合作中砥砺前行，应该重视联合国安理会的重要作用，互利共赢是大势所趋。

通过这场讲座，既增强了学生对于国际形势变化的全面认识，对学生全面了解世界格局转换过程中大国关系的特点和当前的中国外交具有重要指导意义，也提高了学生对国际政治问题的兴趣和热情，引发了同学们对中国在当今世界格局中定位及政策选择的深层思考。在报告中，陈教授结合自己多年的学术研究成果与丰富的知识体系，旁征博引，以睿智深邃的思想、精辟犀利的观点、生动鲜活的事例、深入浅出的语言，对国际大势进行了分析，同学们受益匪浅、感慨良多。

（四）学生讨论：我看大国关系风云变幻

在观看视频和聆听专题讲座的基础上，根据本专题教学的难点和重点，教师以“我看大国关系风云变幻”为主题设计了六个分论题组织学生进行讨论：(1)中美新型大国关系的机遇和挑战；(2)中俄全面战略协作伙伴关系的启示与借鉴；(3)美俄关系的“变”与“不变”；(4)亚太格局变动下的中日关系；(5)英国脱欧：长痛还是短痛？(6)人类命运共同体视角下的中非关系。

学生以 6～8 人为一组，根据自己感兴趣的问题进行分组组合，利用课下时间查阅相关资料，形成发言提纲，展开小组讨论，然后每小组选出两名代表作最后发言，班级讨论，教师点评和总结，最后形成各小组的主要研讨报告。

(五)第二课堂:模拟联合国大会

为了帮助学生更好地巩固和拓展所学知识,培养学生理论联系实际、综合运用所学知识解决问题的能力,我们组织2013级、2014级、2015级、2016级思想政治教育本科班的学生开展了一次别开生面的模拟联合国大会活动,根据联合国大会的会议规则设置议题,学生扮演来自不同国家的外交官,就议题展开辩论,亲身体验国际舞台上唇枪舌剑背后折射出来的大国博弈的"刀光剑影"。

为了使本次活动顺利开展,教师首先组织学生通过学习联合国大会的章程熟悉其工作方式和工作流程,然后公布本次活动议题:叙利亚危机下的中东变局;朝鲜半岛局势何去何从。"各国外交官"按照会议事先点名确定的发言顺序围绕议题从各自国家利益的立场上阐述主张,激烈辩论,最后就议题形成会议草案并进行现场投票表决,形成决议。

四、教学评价

(一)来自学生的评价

本专题实践活动给我们最大的感受就是别开生面,耳目一新。从聆听老师的讲解到自己亲自运用这些知识去分析问题和解决问题,收获很大。

其一,通过本专题的学习,老师很全面地向我们介绍了当前国际形势发展的热点和新型大国关系的内涵及特征。陈教授的讲座则对世界格局转换和冷战后大国关系发展的新特点进行了学术层面的深刻解读,使我们对当前的世界有了全面认识,我们应该从全球化发展的大趋势和和平与发展的时代主题背景下理性看待大国博弈,有时候大国之间乌云压顶看似"山雨欲来",但是总体上看合作、发展、谈判始终是主流。那种依靠武力和对外掠夺、诉诸战争实现发展和争霸世界的时代一去不复返了。国与国之间的交往确实需要新理念、新思维,合作共赢才能和平共处。

其二,通过观看老师给我们播放的《大国崛起》《厉害了,我的国》视频,我们对不同大国的崛起过程和发展道路进行了比较和讨论,例如《大国崛起》这部片子从历史、文化、社会多角度地分析了一个个世界性大国崛起背后的因素及必然性,其中让我印象最深刻的是英国首相丘吉尔说的这样一句名言:"我宁愿失去一个印度,也不肯失去一个莎士比亚。"我一直在思考,一个国家的发展除了有强大的经济和科技实力这些硬实力外,也一定要加强文化等软实力建设,这对于我们国家来说现在尤其必要和迫切。

其三，在小组讨论和课堂讨论中，我们按照老师设定的话题事先查阅了大量文献和资料，对学术界的研究方向和研究现状进行了梳理，从而对相关问题的认识得到了极大的提升，最后完成实践报告，这对于我们的逻辑思维能力和论文写作能力是一个很大的锻炼，为学年论文和毕业论文的写作打下了重要基础。

其四，老师组织的模拟联合国大会活动对我们来说是一次全新的体验，原来听说过这样的形式，但是这是我们第一次亲自参加这样的活动，我们虽然在老师的讲课中从理论上了解了目前国际形势的特点和大国博弈的复杂，但是在模拟联合国的实践中，我们才真正认识到国际社会外交斗争的尖锐，亲身感受到外交官的一言一行都承载着国家利益，都代表着国家形象，在激烈的国际竞争中如何更好地维护好本国利益责任重大。大国博弈说到底是实力的较量，但是也要学会利益的妥协和遵从全局利益。中国一定要继续加强综合国力建设，从而在国际舞台上进一步加强自己的话语权，为推动国际社会的和平与稳定发挥更大的作用。

(二)来自同行的评价

本专题教学内容非常丰富，教师对国际形势基础知识的专题讲授和专家对大国关系的深度解读都体现了很高的学术性和前沿性，课堂知识容量大，深化了学生对理论问题的认识，拓宽了学生的国际视野，通过观看视频、组织课堂研讨和模拟联合国大会等活动则成功实现了课堂知识的迁移和转化，真正实现了课堂教和课下学相结合，充分调动起学生主动学的积极性和趣味性，整个教学过程教师讲得有激情，学生参与得有热情，使教学的三维目标得到了最优化实现，教学效果好。

(三)教师自我评价

在本专题教学实施中，我们高度契合中国外交战略近年来的调整和转变，紧扣教学关键点，紧跟国际热点，在教学内容上进行了精心设计和组织，对中美、中欧、中俄、中非等主要大国关系的现状和发展趋势进行了深入讲解并引导学生进行了积极思考和讨论，使学生对冷战后国际形势的发展变化和大国博弈的特点有了一个全面认识，认识到因“时”而动、与时俱进、不断创新外交政策的重要性，也对新时代我国外交提倡的合作共赢的外交新理念、新思维有了新的理解和体会。

在教学环节上，本专题教学一方面继续使用了观看视频、课堂讨论等互动形式；另一方面，为了提高学生对国际事务的关注和培养学生的全球视野，提高学生的应用能力，我们尝试着组织了模拟联合国大会这样一个环节。实践证明，学生在积极参与国际事务讨论的过程中，不仅专业知识得到了提升，而且合作学习能力、团队意识、演讲、辩论、写作能力、化解分歧、求同存异的能力都得到了提高。

在组织活动的过程中，我们有一个很深的体会就是，由于学生对知识的理解能力和认知能力存在比较大的差异，在对有些问题的理解上过于表面化和片面化，教师一定要注意把握课堂的节奏和对话题的控制与引导，解决学生思维上的盲点和认识上的误区，比如在讨论中日关系时，有个别学生的发言过于情绪化和偏激，纠结于中日关系的症结，我们就及时引导他正确看待中日关系发展中的历史问题，以史为鉴，警惕军国主义死灰复燃，珍惜和平，但又要从双边关系的大局出发理性看待和发展中日关系，决不能盲目排日、反日。另外，我们也注意到教师一定要重视问题设计和对学生发散思维的引导，问题设计要根据学生的学情和知识储备，难度要层层递进，否则就会影响学习效果甚至导致认知偏差。

五、来自学生的报告

(一)评《纽约时报》所说"中国的外交政策长大成人"

美国《纽约时报》2015 年 3 月 26 日发表文章称"中国的外交政策长大成人"。文章从北京的外交地位入手详细报道了中国公开为阿富汗和谈斡旋，认为该事件标志着中国的外交政策发生显著转变，并评价中国终于小心翼翼地走入大国角色。

这篇文章分析了中国外交政策的变化，以举办朝核问题六方会谈、调停南北苏丹争端等事件为例，力证北京只是偶尔承担艰难外交任务，妄评针对这些事件的外交举措其实都是受驱于其他国家，中国只是充当次要和并不情愿的角色，甚至是几次未免有些象征意味的"独立外交尝试"。文章的观点虽有些偏颇，但是文章对我国外交政策的关注也反映了我国的外交政策日益走向成熟，是我国在综合国力不断提高的基础上政治影响力不断扩大的表现。我国的外交政策演变经历了漫长的发展与完善过程，我国的外交政策并非刚刚起步，而是早已长大成人。

1953 年由周恩来总理提出的"和平共处五项原则"和万隆会议上中国代表团的闪亮登场是我国外交走向世界舞台的开始，而邓小平同志在 20 世纪 80 年代末 90 年代初提出的"冷静观察，稳住阵脚，韬光养晦，善于守拙，决不当头，有所作为”的战略方针则是我国外交走向成熟的标志。冷战后时代，我国继续奉行和平共处五项原则，更加强调独立自主，积极构建国际政治经济新秩序，特别是以习近平同志为核心的新一代领导集体，根据时代潮流，准确把握国际环境的变化特点，在保持外交政策延续性与稳定性的基础上，全面推进外交理论创新，在实践上积极探索出一条中国特色的大国外交道路，这是我国外交进一步走向世界、进一步成熟的标志。

20 世纪 80 年代末 90 年代初，世界格局发生了重大变化：东欧剧变，苏联解体，长达 40 多年的冷战格局被打破，由美苏主导的两极格局解体，社会主义阵营解散，社会主义运动进入低潮，西方国家为之弹冠相庆。在这样的国际环境下，我国国内政局也出现了动荡，西方国家趁火打劫，对中国实行制裁。邓小平洞察国际形势的变化，以全面而辩证的国际形势观，为全党和全国人民增添了信心和勇气，也为我们的外交斗争指明了方向。有些学者认为：“邓小平强调‘韬光养晦，决不当头’的基本精神在于：不为国际形势的变幻而迷失自己的前进方向和战略目标，不为外部敌对势力的挑逗刺激而锋芒毕露，不为一些第三世界国家的要求而失去冷静，去承担力不胜任的负担。这是中国能够立于不败之地的可靠基石，是中国能够在世界上有所作为的现实途径，更是中华民族能够在 21 世纪为人类进步事业做出自己应有贡献的英明选择。它同狭隘的民族利己主义毫无共同之处。”[①]由此可见，“韬光养晦”并不是无理由的退让，也不是面对超级大国的软弱，而是在坚持独立自主立场上的主动应付，是少露锋芒的有所作为。

进入新世纪以来，随着时代的发展和国际形势的变化，我国外交战略重心日益向“有所作为”转移，越来越由“韬光养晦，有所作为”转向“更加奋发有为”“更加积极有为”。这并不意味着两个观点之间的相互矛盾、相互否定，而是对其继承性的发展。一方面，中国继续坚持韬光养晦的基本战略，着眼于把自己的事情办好，继续在和平共处五项原则基础上发展与世界各国的友好合作关系，为国家发展营造安全的国际环境。坚持与邻为善、以邻为伴的方针，加强与周边国家的友好合作关系；深化与发展中国家的互利合作，维护与发展中国家的共同利益；进一步发展同发达国家的关系，努力寻求和扩大共同利益汇合点，妥善处理分歧；积极参与多边外交，维护和加强联合国及安理会的权威和主导作用，努力在国际事务中发挥建设性作用。另一方面，中国也要在推动世界和平与发展方面有所作为，肩负起自己肩上的责任，自觉维护国际社会秩序，积极推

① 国防大学建设有中国特色社会主义理论研究中心：《邓小平国际战略思想研究》，国防大学出版社 1997 年版，第 224 页。

动国际关系民主化。对于中国而言，全球视野和大国责任将成为未来最重要的核心能力。中国要在积极参与和推动经济全球化进程的同时，与国际社会一道，共同推进全球治理结构的建立和完善。

在全球化的进程中，中国寻求的是共赢、多赢，构建和谐世界。中国高举和平、发展、合作旗帜，坚持奉行独立自主的和平外交政策，坚持走和平发展道路，坚持互利共赢的对外开放战略，既通过争取和平的国际环境来发展自己，又通过自身的发展促进和平。我国政府和人民愿与世界各国人民一道，努力建设一个持久和平与共同繁荣的和谐世界。十八大以来的种种发展趋势都体现了中国外交继"长大成人"之后愈发的成熟和完善。

（2014 级思想政治教育本科班马聪、王佳慧撰写）

（二）英国脱欧原因何在

2016 年 6 月 24 日，英国民众以全民公投的形式，最终以 51.9%比 48.1%的结果选择退出欧盟，整个世界为之震惊。英国究竟为何退出欧盟？在学习和讨论中许多同学认为英国脱欧是近年欧债危机、难民潮问题和欧盟自身内部建设等各种因素综合的结果。我认为，英国脱欧除上述原因之外，更有其历史必然性，具体体现在以下几点：

第一，孤芳自傲的"大国情结"令英国难以自拔。众所周知，英国是位于西北欧的一个岛国，虽被称为"欧洲国家"，但实际上与欧洲大陆相隔一条英吉利海峡。正是由于这条海峡，使英国游离于西欧大陆之外，同时也造就了英国人独特的"岛国心理"①，这导致了英国与欧洲大陆始终保持一种"若即若离"的关系。而历史上的英国曾经称霸世界，被称为"日不落帝国"，其殖民地遍布全球。所以，英国独特的地理特征和曾称霸世界的历史地位，形成了英国人内心深处的"大国情结"，这使得英国一直以来自恃高他人一等，并且不甘于沦为二流国家，想要恢复往日"世界大国"的地位，这就在一定程度上造成了英国与欧洲其他各国间的"不平等"。所以不难看出孤芳自傲的"大国情结"是英国脱欧的历史必然性之一。

第二，英欧关系离心离德为脱欧埋下伏笔。19 世纪晚期以来，英国就奉行保持欧洲大陆均衡的政策，被称为"光辉孤立"。1948 年，时任英国首相丘吉尔提出了著名的"三环外交"政策，旨在寻求英国、欧洲大陆与美国之间的平衡，满足自身利益和维持大国地位。英国这一对外政策无疑加深了与欧洲大陆的隔阂。二战后，由于自身力量的衰弱与世界格局的变化，欧洲开始了一体化进程。

① 崔金奇：《岛国心理与英国对外政策》，外交学院博士学位论文，2015 年，第 4 页。

但是,英国在参与欧洲一体化的过程中一直三心二意。早在欧共体筹建之初,西欧各国就曾邀请英国加入其中,但英国由于其“大国心理”作祟和“均势”政策的现实羁绊,拒绝加入欧洲一体化进程。欧共体建立以后,英国出于满足自身利益的考虑,曾三次提出加入欧共体的请求,但都遭到了时任法国总统戴高乐的反对,直到1973年英国才得以加入欧共体。但是好景不长,由于第一次石油危机对欧共体和英国都造成了很大冲击,英国举行了第一次脱欧公投,但最终以失败告终。1999年1月1日欧元区启动,英国再一次“发牢骚”,至今没有加入欧元区,仍保留自行发行货币的权利。从英欧关系的历史发展看,英国非常符合历史上人们送给其一个颇具讽刺性的绰号——“背信弃义的英国人”①。所以,无论是从英国特殊的地理位置、殖民扩张历史还是英欧关系的历史来看,此次英国脱欧有一定历史必然性。

第三,移民问题引起恐慌。随着叙利亚、苏丹及中非共和国发生战乱,地中海沿岸的非法移民急剧增多,导致欧洲难民危机愈演愈烈。大量的外来移民不仅给欧洲各国政府带来财政压力,也削弱着欧盟内部各国间的团结,英国对于欧盟的“不满”情绪也随之增大。早在2015年9月9日,欧盟委员会主席容克宣布了一项“欧盟内难民强制性配额”计划,各成员国强制分摊共计16万“地中海难民”,名额由各国GDP、人口数量和已处理避难申请人数等决定。计划出台后,英国政府发言人当天就表态称“英国不打算参与”,丹麦首相赫勒托宁·施密特称丹麦“将行使豁免权”,爱尔兰政府则表示“或许会酌情接收一些”。愈演愈烈的难民问题还导致了包括德国在内的欧洲各国政府与民间组织没有及时做好充足的准备,住房、后勤供应及基础设施都面临巨大压力。据统计,每天难民所消耗的金钱和人力、物力成本相当于一支集团军队的消耗,这使得原本经济就较萎靡的欧洲显得更加力不从心。与此同时,难民问题引起了很多欧盟国家国民的强烈抗议,丹麦、瑞典更是爆发了反难民冲突。这些已经爆发并且很有可能波及自己家园的危机,引发了英国国民的担忧,所以在脱欧公投中他们选择了退出欧盟。

第四,从“红利”到枷锁。英国当初加入欧盟,本想依靠欧洲经济一体化重振本国经济,分享欧洲一体化“福利”。然而现如今,英国的经济被欧盟的低增长率所拖累,加入欧盟的负担日益凸显。有人统计,英国因为加入欧盟后每年损失2000亿英镑(约合3650亿美元)。一项民意调查显示,有33%的英国民众认为,相比英国从欧盟得到的好处,英国交的欧盟“会员费”太高,而且还要受制于来自欧盟的过多规则。剔除从欧盟获得的补贴,英国2013年对欧盟的净贡

① 刘德斌:《国际关系史》,高等教育出版社2003年版,第58页。

献是113亿英镑，是2008年此贡献额的4倍。虽然英国财政部专门发表的悲观分析报告显示，如果英国脱离欧盟，将使英国陷入长期经济衰退，但英国中小公司都支持脱离欧盟。他们认为，现在世界增长最快的国家是中国，方兴未艾的大国是印度，发达国家中最具活力的国家是美国。欧盟都没有和最重要的经济体建立自由贸易关系，欧洲怕开放、怕竞争，总想搞自己的小圈子。上不能赶上美国，下挡不住中国和印度等发展中国家的追赶。如此情况，英伦岛上一些人认为长痛不如短痛，早日脱离欧盟，英国可以早振兴。

英国脱欧单飞能否实现其早日振兴，现在还不好预测。但英国的脱欧，导致欧洲一体化发生裂变则已成为事实。是喜是悲，有待于时间来检验。

（2014级思想政治教育本科班杨修文撰写）

（三）英国脱欧影响之我见

英国脱欧无疑是国际关系领域的一大"黑天鹅"事件，无论是对英国还是对欧盟以及对全世界的政治、经济乃至外交格局都将产生意想不到的影响。

第一，英国脱欧对英国来说是长痛还是短痛？英国脱欧对其本国最直接的影响体现在经济上，从英镑的下跌中可见一斑。英镑下跌的原因有二：一方面，英国脱离欧盟后，英国和欧盟之间的贸易和经济合作需要重新订立规则，而不是延续欧盟的规则。一系列的关税条文都需要英国政府重新制订。面对英国脱欧可能导致的一系列后果，欧盟必须对脱欧国家采取一定的惩罚和限制性政策，以阻止和打压其他有脱欧意愿的国家效仿英国。现如今巴黎和布鲁塞尔的枪声已经让欧洲各国开始自危，欧盟如果让英国太过轻松地离开，势必会对于欧洲一体化进程造成困扰。另一方面，英镑失去了欧盟这棵大树的支撑和信誉背书，要保障英镑汇率重新稳定和本国经济不因其脱欧而出现大幅度倒退，英国必须证明其有能力消化这两方面造成的负面影响。英国脱离欧盟之后，确实甩掉了欧洲大陆落后国家带来的负担，但是也失去了欧盟统一市场的便利，还要面临欧盟的惩处性和打击性政策。因此，英国有可能再次动用制衡之道，对欧盟核心成员国进行分化，拉拢有"疑欧"倾向的法国，来制衡对欧洲一体化进程较为坚定的德国。但是从目前的情况来看，英国正在逐渐消化着脱欧后带来的经济、政治等负面影响。

第二，英国脱欧无疑是欧洲一体化进程之殇。作为联合国安理会常任理事国之一、经济总量排名世界前十、具有较大世界影响力的英国选择退出欧盟，这不仅在短时间内对欧盟造成了巨大影响，无疑也对欧洲未来一体化进程增添了较大不确定性。但是，纵观欧洲一体化发展的历史，从煤钢联营到欧共体再到欧洲联盟，其一体化进程很少是直线上升型的；相反，面对每一次的挫折，经常是反应式的，是危机驱动型的。《欧洲宪法条约》《里斯本条约》等重要文件的签署证明，虽然欧盟内部问题重重，充满危机，但欧盟仍旧能以“小碎步”的形式向前发展。所以，从长远来看，英国脱欧只不过是欧盟发展进程中一次较大的危机，没有改变其一体化进程的大方向。面对当前国际形势的变化和逆全球化思潮、反建制主义、地区分离主义等政治思潮的兴起，欧盟“退”已无路可走，相反，想要在未来国际舞台上取得一定地位，就必须以更大决心改革内部弊端，推动一体化进程向更高程度发展。

第三，英国脱欧使世界经济政治格局不确定性因素骤然增加。英国脱欧预示着在未来一段时间内，全球范围内的不确定性因素骤然增加，国际政治经济格局虽未发生根本性改变，但在一定程度上受之牵动，加大了全球治理的难度。英国脱欧从侧面折射出保护主义抬头、治理规则碎片化、国际力量对比变动等趋势。一是欧盟在国际社会中的地位受到影响。全球化开始后，世界政治格局走向多极化，欧盟就是其中不容忽视的一极。但是英国的退出却让国际社会纷纷看到欧盟这些年来存在的弊端，开始对欧盟产生怀疑。而且英国作为欧盟的重要成员国，脱离欧盟之后势必会削弱欧盟的整体实力。二是在国内，助长了英国国内民粹主义政党的崛起，使国内阶级分化更为严重。而“外溢”到国际层面，则增添了全球治理的潜在不确定性。

第四，英国脱欧也使中英关系经受考验。自从 1972 年 3 月 14 日中英正式建交以来，两国一直保持着紧密的联系。因此英国此次脱离欧盟之后对中国造成的影响也是不容忽视的。首先，脱欧之后英国需要具有发展潜力的经济体成为其伙伴，而中国是新兴市场国家中发展潜力最大的国家之一，自然成为英国的关键之选。我们甚至可以大胆地预测，英国脱欧会是中英关系进一步紧密的契机。其次，英国脱欧会加剧人民币贬值压力。脱欧后英镑的贬值，使美元升值，进而带动人民币兑美元贬值。有经济学家称，英国脱离欧盟可能使金融市场恐慌，导致中国内地资本外流，加剧了人民币贬值压力，挑战中央银行的货币政策管理。中英两国分别作为亚洲与欧洲的重要国家，在政治、经济与文化交流领域都具有较多共同利益。面对未来世界的风云变幻，中英两国更应该密切合作，扩大彼此的利益交汇点，尊重彼此核心关切，为构建新型大国关系贡献一己之力。

（2015 级思想政治教育本科班高志环撰写）

（四）我看全球化时代的国际合作与大国博弈

在当今全球化时代，全球性问题越发显著，遍及全世界每个角落，关系到全人类的整体利益。全球化的发展,改变了我们一直以来参照的坐标系,它要求我们更加综合地思考问题,这对于我们认识全球化背景下的国际合作和大国博弈具有深远的意义。因此在当今的全球化时代中,我们在观察和处理国内问题,尤其是在处理国际问题的时候,都必须具有全球眼光,树立全球意识,开拓全球视野,学习全球思维。当今世界绝大多数问题都需要在全球化背景下加以考察和解决,可以利用全球化思维去解决,同时也需要我们利用全球化思维去思考和探索未来世界可持续发展的光明未来,更好地推动构建国际政治经济新秩序,加强各种制度建设,促进全球意识的形成与发展、强化,继续坚持可持续发展战略,继续制定和实施合理的国际新规则。

全球性挑战需要全球共同应对,尤其是对于国际政治经济局势有较大影响的全球性大国和区域性大国,它们有能力也有义务去主持或者领导全球化问题的解决和发展。G20、亚太经合组织、上合组织峰会的相继召开,表明国际社会已经意识到国与国之间和衷共济、和睦共处、合作共赢才是人类的必然选择。

首先,经济全球化发展无时无刻不在警示我们需要国际合作来控制世界经济和市场经济体制所带来的高风险性和不可控性。我们需要加强市场监督和宏观调控来减少全球性的经济危机出现的频率和对全球经济造成危害的程度。面对现阶段越来越多的反全球化的行为,归根到底还是一种为了自己国家利益所作的斗争和对抗。特朗普的"美国优先"原则、英国脱欧,无不是贸易保护主义的抬头,这对于某些在全球范围内的事务具有相当影响力的国家来说是一种逃避,逃避他们的责任和义务。反对贸易保护主义同样需要国际范围内各大国的携手合作,来创造经济全球化发展的更好的环境。

其次,建立国际政治经济新秩序,维护世界和平发展,推动南北经贸往来和交流无不需要国际合作的支持以及某些经济大国对于国际责任和义务的承担。除此之外,新秩序新规则的建立固然很重要,但更重要的是新规则新秩序的实施。由于各国利益各不相同,新规则的实施会引起部分国家的消极应对甚至反抗,这无疑与规则建立的目的背道而驰。为了防止全球化新规则流于形式,相关国家应该自觉接受新规则的规范和制约,建立一套比较稳定的合作机制,通过互相监督、互相制衡来保障新规则的顺利实施。

再次,依据马克思主义的历史辩证法和唯物史观,人类历史是不断进步和发展的。另外,全球化本身也是变化莫测的,它随时都会发生变化,为了应对全球化带来的许多不可预测的问题,各国必须未雨绸缪,积极做好准备,以更加饱满和充实的态度和方法去应对任何可能出现的问题,问题一出现立刻出手,各国协调处理,明确各方责任和义务,共同应对,争取将问题产生的不良后果降低到最小。全球化考验我们的集体智慧,我们必须要有更好的方法和通过多边合作来应对，世界各国比以往任何一个时刻都需要强化合作，以共同改善经济，扩大发展收益，解决日益增长的全球性挑战。

在当前这个全球化时代，我们必须要以全球化的思想去思考和解决问题，不能逃避这个时代，更不要妄想逆时代潮流而行。只有在这个时代里与各个国家和谐相处、共同努力、携手前进，在当前纷乱复杂的国际局势中寻找到合适的国际合作路径，充分发挥大国引领世界和平发展的责任，认清世界范围内的各种不和谐因素及势力，并与之进行不懈的斗争，绝不妥协和退让。唯有如此才能砥砺前行。相信在全世界人民和各个国家的共同努力下，一个和谐的世界必将出现，全人类必将拥有一个美好的明天！

（2017级思想政治教育本科班宁召亮撰写）

专题十　推进中国特色大国外交

"中国特色大国外交"是教育部确定的"形势与政策"课的教学重点和热点。如何定位中国的大国角色，是决定中国外交的首要问题。为此，我们专门设置了"推进中国特色大国外交"实践教学专题，目的是在教师全面解读中国特色大国外交内涵、特点及其外交布局的基础上，通过引导学生学习党的十九大报告关于新时代中国特色大国外交顶层设计的系列思想，开展相关知识竞赛、大国关系模拟等活动，使学生深刻认识全面推进中国特色大国外交的意义和影响。

一、教学目标

（一）知识目标

十八大以来，中国特色社会主义进入了新时代。随着中国国家实力的增强和国际地位的提高，中国日益走向世界舞台的中央。新的时代呼唤新的理论，以习近平同志为核心的党中央科学把握国际社会新变化，立足中国自身发展新实践，在保持中国外交大政方针延续性和稳定性的基础上，高瞻远瞩，科学布局，提出了一系列外交新理念，引领中国外交不断开拓新局面，走出了一条中国特色的大国外交之路。

以"推进中国特色大国外交"为主题的专题实践教学在知识目标上就是紧密结合党的十九大精神和主要内容的学习，引导学生从历史与现实、从国际与国内两个大局的视角，在纵向联系和横向比较中，全面系统地了解中国特色大国外交的基本内涵特征，掌握中国特色大国外交布局的新特点，了解我国外交政策的最新发展，深刻认识我国外交的新理念、新特点和重大外交战略部署，明晰全面推进中国特色大国外交的意义与影响。

（二）情感目标

中国特色大国外交以包容的思想、开放的胸襟和积极的姿态提出了构建

“人类命运共同体”的新命题，推行“亲诚惠容”的周边外交理念，倡议构建共商共建共享的“一带一路”，以合作共赢的发展理念超越了传统大国关系的“修昔底德陷阱”，既带有鲜明的时代气息，又具有鲜明的中国气派和中国风格，为我们全面客观地认识新时代新型国际关系的特点和中国在新的历史方位条件下的外交布局提供了指导。

以“推进中国特色大国外交”为主题的专题实践教学在情感目标上就是通过本专题的教学活动，使学生科学认识世界政治经济发展变化规律，充分认识中国特色社会主义建设的外部环境和中国在世界上的地位和作用，从而激发为社会主义建设储备知识和能力的积极性和自觉性，增强爱国热情和激情，提高学生为实现中华民族伟大复兴中国梦的自豪感与责任感。

（三）能力目标

当今世界，一方面全球化浪潮继续深入发展，国际合作不断加深，另一方面全球性问题不断涌现，人类社会面临的挑战不断增多。作为一个世界性大国，又是一个社会主义的发展中大国，中国外交如何定位和布局不仅关乎中国的发展，也牵动世界局势的发展。

以“推进中国特色大国外交”为主题的专题实践教学在能力目标上就是通过本专题的教学活动，引导学生全面客观地认识中国在国际舞台上的地位和作用，引导学生思考中国发展和世界发展的关系及对世界和平与稳定的意义，培养学生深度思考、深度学习的能力，培养学生辩证认识中国外交战略理论和实践的发展进程，能够运用所学知识，理论联系实际分析问题和解决问题。

二、教学内容

（一）了解中国特色大国外交内涵特点

党的十八大以来，以习近平为总书记的党中央统筹国内国际两个大局、统筹发展安全两件大事，以积极进取、奋发有为的姿态开展中国特色大国外交，明确定位中国是一个寻求和平发展的“新大国”。它包含两层意思：一是中国已经是当今世界的大国，是当今世界第二经济大国，是推动世界经济增长的主要引擎之一；二是中国仍然是一个发展中国家，人均 GDP 还很落后，发展很不平衡，让 13 亿多中国人过上幸福生活，仍然有很长的路要走。

中国特色的大国外交是中国从发展中大国、地区大国走向全球大国的宣言，坚持从中国实际出发，坚定不移走自己的路，同时又树立世界眼光，更好地把国内发展与对外开放统一起来，把中国发展与世界发展联系起来，把中国人民利益同各国人民共同利益结合起来，不断扩大同各国的互利合作，以更加积极的姿态参与国际事务，共同应对全球性挑战，努力为全球发展做出贡献。其特点在于：

中国特色大国外交发端于博大精深的中华文明。中华民族在五千年的历史长河中，形成了"民胞物与、仁者爱人"的人本精神，"为政以德、为国以礼"的政治思想，"兼爱非攻、亲仁善邻"的和平志向，"以和为贵、和而不同"的和谐理念，"推己及人、立己达人"的待人之道。这些独具特色的东方传统价值观，源源不断地为中国外交提供着宝贵精神财富。以深厚文化传统为积淀的中国外交还致力于推动不同文明之间的交流对话，尊重文明的多样性、发展道路的多元化，支持各国人民自主选择社会制度和发展道路，鼓励不同文明彼此包容互鉴，共同为人类进步事业做出自己的贡献。

中国特色大国外交源自于新中国外交的优良传统。新中国成立 70 年来，在实践中逐渐形成了一系列重大的外交政策主张和战略思想，包括坚持独立自主的和平外交政策，坚持和平共处五项原则，高举和平、发展、合作、共赢的旗帜，坚持走和平发展道路，推动建设和谐世界，等等。这些成功的外交实践和理论，无疑是中国外交前进的动力和指南。中华人民共和国成立以来，不论国际风云如何变幻，独立自主、爱好和平始终是中国外交的两大本质特征，也构成了中国对外政策的基石。

中国特色大国外交契合于当今时代潮流和世界大势。当今世界正在经历前所未有的大变革、大调整。新兴市场国家群体性崛起，发展中国家整体实力不断增强，国际力量对比正在朝着更加均衡的方向发展。同时，世界仍然很不安宁，传统与非传统安全威胁相互交织，金融风险、气候变化、网络安全、恐怖威胁等全球性问题更加突出，迫切需要国际社会加强相互协作，合力破解难题。中国，作为和平与发展潮流的推动者，愿意发挥中国外交与时俱进的品质，投身于国际体系的变革，以开拓创新的精神，推进国际秩序朝着更加公正合理的方向发展。

中国特色大国外交超越了"大国必霸，强国必战"的传统大国外交，是寻求和平发展的新大国外交。中国特色大国外交中的"大国"是中国的定位，非紧盯其他大国，相反要始终牢记为促进世界共同发展做出中国贡献。中国作为世界第二大经济体，深知自己的责任，始终为促进世界发展繁荣尽自己最大的努力，主张合作共赢，树立"双赢、多赢、共赢"的新理念，强调大国的国际担当。

总的来说，中国特色的大国外交，是文明型国家外交，超越了历史上的西方列强外交和现实世界的美国霸权外交，开辟的是一项前无古人的事业。中国特色的大国外交，是中国的自我定位和担当，必将推动新型国际关系的建立和发展，更好地造福于世界。

(二)明晰中国特色大国外交布局

中国特色大国外交坚持“大国是关键，周边是首要，发展中国家是基础、‘一带一路’是主线，多边外交中着眼于争取话语权”五位一体的基本布局，打造国际合作的高水平平台，谋求共同发展的新动力。

第一，大国是关键。新型大国关系为中国特色大国外交注入新内涵。早在2013年，习近平主席在与奥巴马总统会晤时就明确阐述了新型大国关系的内涵，即“不冲突不对抗，相互尊重，合作共赢”，从而为已经转型为崛起大国与守成大国之间关系的中美关系定下了发展方向。历史上，崛起大国与守成大国必然走向冲突对抗，这似乎是国际关系中的铁律。然而，在当今时代，大国对抗不仅使相关两个大国两败俱伤，而且还会给整个世界带来灾难。中国倡导构建新型大国关系，就是努力避免“大国政治的悲剧”。

第二，周边是首要。中国秉承与周边国家保持“亲诚惠容”的理念，显示出中国对周边外交的重视，经略周边、开拓周边，成为新时期中国外交的突出重点。“一带一路”倡议就是起步于周边国家，同时辐射带动周边国家的发展，通过政策沟通、道路联通、贸易畅通、货币流通、民心相通，实现中国与周边国家在经济、政治、文化、社会、生态等领域的共商、共享、共建。与“亲诚惠容”周边外交理念密切相关，习近平主席、李克强总理还提出了一系列外交倡议，如丝绸之路经济带、21世纪海上丝绸之路、区域全面经济伙伴关系、中巴经济走廊、中印缅孟经济走廊、亚洲安全观等，为周边外交打造出更为坚实的基石。

第三，发展中国家是基础。在重视周边外交和大国外交的同时，中国要切实加强同发展中国家的团结合作，把我国的发展与广大发展中国家的共同发展紧密联系起来。在同发展中国家的外交上，中国尤为重视非洲这块在世人看来最为贫穷落后、最不稳定安宁的大陆。要切实落实好正确义利观，做好对外援助工作，真正做到弘义融利。

第四，“一带一路”是主线。“一带一路”无疑是中国最具鲜明特色的外交概念，它既展示出了“东方智慧”，具有浓厚的中国特色，又将中国的发展与外交有机结合在一起。“一带一路”涵盖了欧亚大陆和西太平洋、印度洋沿岸的多数国家，其中既有周边国家，也有非周边国家，其建设将使这些国家形成利益共同体和命运共同体，这不仅会为中国周边外交及与发展中国家外交提供重要的地缘支撑，也有利于中国推进大国外交。

第五，多边外交中着眼于争取话语权。进入21世纪后，中国越来越重视多边外交这个大舞台。十八大以来,中国领导人不仅在多边外交中更加活跃,而且将主要着眼点从促进中国同各国的互利合作转为争取话语权。

(三)认识中国的国际影响力和感召力

步入21世纪以来,中国经济持续发展,综合国力和影响力日益壮大,尤其是2010年中国GDP总量超过日本成为当今世界第二经济大国以后,整个世界日益关注一个持续快速发展且拥有近14亿人口的大国,将在全球事务中扮演什么样的角色,对外奉行什么样的政策,对世界产生什么样的影响。面对中国的崛起,形形色色的"中国威胁论"一直不绝于耳,有些周边国家也对中国的快速发展表现出极大的不适应,担心中国会走上霸权主义扩张的传统大国崛起之路,正如王毅外长所说:"今天的中国已经站在了世界聚光灯下,向中国投来的目光中,有欣赏,也有疑虑;有赞扬,也有批评;但更多的,应当是期待。"[①]面对国际社会的种种疑虑,中国必须承担起自己的使命和责任,以中国的发展致力于世界的和平与稳定,致力于国际关系的健康发展。

改革开放40年来,中国坚定不移地走和平发展道路,中国经济的快速增长和巨大成就成为世界经济增长的重要推动力量,特别是近年来,在国际金融危机带来的世界经济增长缓慢、波动幅度大的情况下,中国经济保持平稳较快发展,为世界经济的增长带来了希望和动力。中国在和平共处五项原则的基础上同世界各国发展友好合作关系,促进了国家间的和平共处与平等相待。中国坚持与邻为善、以邻为伴、睦邻友好的方针,与周边国家和亚洲其他国家的友好合作关系不断发展,共同利益不断扩大。中国与主要大国建立了不同形式的合作关系,对话、交流、合作不断加强,中国不断加强与广大发展中国家的合作,在南南合作框架下,努力实现优势互补、共同发展。作为联合国安理会常任理事国,积极参与处理国际和地区热点问题,既承担着广泛的国际义务,也发挥着负责任的建设性作用。随着中国国家实力的增强,中国根据能力所及,为解决世界上的各种问题和挑战提供越来越多的公共产品,发挥中国独特的积极作用。

中国特色社会主义的伟大成就和中国在国际社会的建设性作用使中国赢得了世界的尊重和认可,中国的国际影响力和感召力不断增强。但是我们也必须清醒地认识到,中国还是一个发展中国家,在发展道路上仍然面临着许多困难和问题,中国的现代化建设还有很长的路要走。当今世界和平与发展这两大问题仍没有得到根本解决,人类建设一个持久和平、共同繁荣的和谐世界还任

---

① 《王毅部长在第二届世界和平论坛午餐会上的演讲》,外交部网站,2013年6月27日。

重道远，需要各国人民长期不懈的共同努力。

（四）了解中国参与全球治理的系列举措

随着经济全球化的发展，国与国之间的联系越来越密切，同时，全球性共同问题不断增多，人类面临的共同挑战增多，全球治理提上日程并日益成为国际关系的一个主要内容，其重要性不言而喻。但是自2008年全球金融危机以来，随着贸易保护主义、单边主义抬头、民粹主义肆虐，全球治理面临种种困难和挑战，特别是个别大国一意孤行，退出国际合作机制，制造贸易摩擦等单边主义行动更是使全球治理陷入制度困境。

面对世界形势大发展、大变革、大调整，中国政府始终顺应和平、发展的时代潮流，秉承合作共赢的发展理念，按照共商共建共享原则，积极参与全球治理，为推动全球公平正义贡献了中国智慧和中国方案。

党的十九大报告明确提出"始终做世界和平的建设者、全球发展的贡献者、国际秩序的维护者"①。推动构建人类命运共同体就是中国共产党和中国政府这一理念的充分体现，是以习近平总书记为核心的党中央着眼于世界发展大势，面向世界，立足于人类整体利益提出的极具东方智慧的"中国方案"。

在理论层面，自党的十八大报告提出"命运共同体"理念后，习近平主席随后多次在不同场合提到"人类命运共同体"思想，使人类命运共同体思想成为习近平新时代中国特色社会主义思想的重要组成部分，成为指导我国外交实践的重要战略思想；在实践层面，中国—东盟命运共同体、中国—巴基斯坦命运共同体、亚洲命运共同体以及上海合作组织命运共同体等一系列地区共同体的发展为人类命运共同体的构建奠定了丰富的实践经验。这一理念从世界人民的整体利益出发，要求各国在关注自身利益的同时兼顾他国合理关切，以本国的发展促进世界的共同发展，从而为全球治理贡献了中国智慧，以"中国梦"与"世界梦"的交相辉映体现了中国的大国担当和责任、勇气。

中国政府提出的"一带一路"合作倡议，就是要解放全球生产力，实现世界经济再平衡，推动开放、包容、普惠、平衡、共赢的新型全球化，以及共商共建共享的全球治理，维护人类的公平正义。2016年9月，G20峰会在杭州举办，围绕"构建创新、活力、联动、包容的世界经济"的会议主题，中国政府结合自身改革开放30多年的发展经验，提出了"标本兼治，综合施策"的一揽子方案，倡导平

---

① 习近平：《决胜全面建成小康社会　夺取新时代中国特色社会主义伟大胜利——在中国共产党第十九次全国代表大会上的报告》，人民出版社2017年版，第25页。

等、开放、合作、共享的全球发展理念，为应对金融危机、解决全球经济增长乏力、促进世界经济复苏发挥了重要作用。

为了更好地推进亚洲地区的经济一体化进程，加快亚洲地区基础设施建设和各国的资金合作，由中国政府倡议筹建了亚洲基础设施投资银行。亚投行在能源、电力、交通等基础设施领域以一系列务实的合作促进了成员各国的合作，最大程度上实现了惠及民生、共同发展的目标。目前其成员国已由最初的57个意向创始会员国增至97个，影响力不断扩大，成为国际多边金融体系中的一支重要力量。

三、教学实施

(一)国是讲坛:中国特色大国外交

为了引导学生全面掌握"中国特色大国外交"的内涵与特点，2016年5月5日和12月15日，我们专门组织了两次"国是论坛"学术讲座活动。

陈海燕教授和李伟教授主要就中国特色大国外交的内涵和特点进行了深刻解读。陈教授首先对中国特色大国外交的定位进行了解读，她指出中国特色大国外交"发端于博大精深的中华文明，源自于新中国外交的优良传统，契合于当今时代潮流和世界大势"。接下来，陈教授从四个方面对中国特色大国外交的内涵特点进行了深刻阐述:第一，与传统大国外交"大国必霸，强国必战"不同，中国特色大国外交深知自己的责任，始终牢记为促进世界发展繁荣尽自己最大的努力。第二，中国特色大国外交主张合作共赢，树立双赢、多赢、共赢的新理念，强调大国的国际担当。第三，中国特色大国外交坚持为国内发展和改革开放服务的第一要务。第四，中国特色大国外交是中国作为世界性大国的外交宣示，表明中国努力克服小国(弱国)心态，追求最大限度和持续的国际认同。

李教授以国际上发生的英国脱欧、韩国部署"萨德"系统以及朴槿惠因"闺蜜门"事件被弹劾、美国总统大选特朗普出人意料当选等一系列事件为切入点，阐述了中国特色大国外交的战略布局，对中国与美国、俄国等大国间的外交关系发展情况进行了详尽讲解，对中非关系、亚洲基础设施投资银行的设立、G20杭州峰会的召开等事件进行了详尽分析，有力地论述了在多边外交中争取话语权是中国特色大国外交新布局的一个重要内容，并且主持了学生的提问与解答。师生们围绕东北亚局势、朝核危机、美国重返亚太、"一带一路"倡议、乌克兰危机与中俄关系、南海争端等国际局势的热点问题展开互动交流。

精彩的讲座激发了在场的同学们思考问题、探究问题、解答问题的热情和参与度，他们踊跃提问也积极作答，两位教授则从专业和理论角度予以指导和点评，师生们的思想和观点在问答中碰撞，在交流中深化，在互动中共鸣。整个现场气氛活跃，讨论热烈。

（二）新闻讲评：组织学生每周一次新闻讲评

在本专题教学过程中，紧扣国内外热点，设置了“每周新闻讲评”环节，实现“三个联系”，即理论联系实际、中国联系世界、历史联系未来，精心选取了与中国实际、学生实际以及世界关注的热点问题联系密切的相关视频，使课堂教学更具理论规律性和现实灵动性。

在组织观看每次视频前，我们事先组织学生对相关问题的新闻背景进行了阅读和资料收集，每周在讲课过程中根据教学内容让学生代表为大家进行了介绍性讲解，并提出问题，带着问题观看视频，然后再就问题进行研讨。例如：2018 年 6 月 10 日，上海合作组织成员国元首理事会第十八次会议在青岛举行，针对这一热点问题，学生查阅了上海合作组织的相关资料，2017 级思政本科班的姜士奎、王广德、单腾、李晓伟学习小组制作 PPT 进行了新闻背景知识分享，然后教师引导学生思考下列问题：①本次上合青岛峰会有何亮点？②什么是“上海精神”？《青岛宣言》是如何体现这一精神的？③青岛上合峰会的意义是什么？随后教师播放了习近平主席出席上合峰会活动的有关视频，最后师生针对问题总结观看体验，在视频和教学环节之间建立联系，总结“上海精神”的基本内涵就是 20 个字：互信、互利、平等、协商、尊重多样文明、谋求共同发展。17 年来，上合组织的发展壮大就源于这样一种精神，也为促进中国和其他成员国安全稳定、发展繁荣发挥了突出作用。《青岛宣言》进一步重申了这一精神，习近平主席在峰会上还着眼各国共同利益，提倡各国携手建设人类命运共同体，为改革和完善全球治理体系共同努力。这一倡议必将有利于深化上合组织成员国之间的互利合作，为上合组织的发展注入新的动力，也将促进本地区乃至世界的共同发展与繁荣。

通过上述教学环节的联动，实现知识目标的适当拓展和延伸，学生在观影的实际体验中主动进行了思考，巩固了学习效果。

（三）知识竞赛：“视界杯：变幻的世界，开放的中国”

为进一步加深学生对中国外交政策的了解，特别是使他们深入理解新时代中国特色大国外交的理念、政策和目标，把握我国处理对外关系的基本立场和原则，在教学过程中我们组织了主题为“视界杯：变幻的世界，开放的中国”的知识竞赛，知识范围主要包括新中国外交政策发展的基本历程、中国改革开放 40

年来的伟大成就、中国特色大国外交新理念、国际社会热点问题等内容。

学生以事先安排的学习小组为单位进行相关内容的参赛准备，教师和选出的4名学生代表任评委，整个知识竞赛包括必答题、抢答题、选答题、风险题等环节，然后每组选派代表三人参赛，共五队。必答题环节每个小队成员必须逐一回答本人抽到的问题，他人不得代答。抢答题环节以抢答器显示的顺序竞答，选答题和风险题以答对加分和答错倒扣分的形式展开，最后合计各小队得分，宣布结果。

整个竞赛活动过程气氛热烈，高潮迭起，学生的活力充分释放，大家不仅学习了中国外交相关知识，而且从历史看今天，从世界看中国，提升了学生对国际形势的兴趣和认识，而且在答题过程中各组同学互相配合，团队意识和集体精神得以充分发扬。

（四）探讨争鸣：从巴黎和会到巴黎气候大会——沧桑百年中国巨变

本环节我们选择了三个事件作为切入的镜头，主要从联合国气候变化大会《巴黎协定》的签署切入，一方面联系历史上的巴黎和会，另一方面联系最近美国特朗普政府退出《巴黎协定》的举动，引导学生展开探讨，思考了我国国际地位的前后变化、《巴黎协定》在实施过程中面临的挑战和困难、发达国家和发展中国家在环境保护问题上的立场分歧以及美国政府的这一单边主义举动给国际气候合作带来的冲击等问题，让学生在历史和现实的情境中感悟，在本国古今对比、中外政策对比中进行独立思考和判断，形成自己的主观认识，引起强烈的情感共鸣。

镜头一：2015年11月30日至12月11日，第21届联合国气候变化大会在巴黎召开，12月12日，缔约方就2020年后全球应对气候变化一致行动问题达成著名的《巴黎协定》，在国际社会产生了深远影响。习近平主席出席大会开幕式并发表了讲话，这是中国国家最高领导人第一次参加《联合国气候变化框架公约》缔约方会议，同时，在此次大会上，我国提出2016年将启动在发展中国家开展10个低碳示范区、100个减缓和适应气候变化项目及1000个应对气候变化培训名额的合作项目。① 全球气候大会作为各国之间关于全球生态环境建设交流的一个平台，对国际社会生态文明新秩序的构建有着极其重要的意义。全球气候大会的成功召开离不开国际社会中各个国家的合作与支持，近年来中国在环境保护和生态治理过程中取得了一系列显著成效，这次为推动气候大会取得丰富的成果做出的积极努力也得到了国际社会的普遍认可和赞扬，展示了中

① 参见《习近平在气候变化巴黎大会开幕式上的讲话》（全文），新华网，2015年12月1日。

国走新型发展道路助力全球生态文明、参与全球气候治理的新姿态，进一步提升了我国的国际形象和在多边合作中的地位与话语权。

镜头二：同样是在巴黎，当我们把目光回到一百年前时，历史的镜头又带我们重温1919年巴黎和会上中国北洋政府外交失败的惨痛教训：本来是一战的战胜国，合理要求却一再被拒；尽管参加巴黎和会的中国代表团拒绝在不平等和约上签字，尽管外交才子顾维钧等人为维护我国合法权益大声疾呼，尽管热血青年肖克俭以自己的血肉之躯投身熊熊烈火，尽管中华民族的愤怒之火和抗议之声震惊了世界……主题本是讨论战后和平的会议，却依然成为列强瓜分中国的分赃会议，国家主权和民族权益再一次遭到了践踏和蹂躏，弱国无外交的屈辱再一次上演，噬痛了每一个华夏儿女的心……

镜头三：2017年6月1日，美国特朗普政府宣布了一项让世人震惊的决定——退出《巴黎协定》，并声称不接受这种以牺牲美国就业为代价，对美国带有"惩罚"性的协议，除非对协定进行修订使之对美国"公平"有利，美国才会考虑重新加入。美国作为最发达的国家，在2015年以前一直是温室气体最大排放国，现在仍居排放量第二位，美国此举在世界引起了轩然大波，引发种种热议。

探讨与争鸣一：历史的车轮滚滚向前，百年沧桑、百年巨变，今天中国的发展成就有目共睹，中国特色大国外交引起世界关注，在这样一个波澜壮阔的历史发展进程中，如何看待我国的国际地位和作用？

探讨与争鸣二：如何全面评价《巴黎协定》取得的成就并理性看待其面临的问题与挑战？

探讨与争鸣三：如何看待发达国家与发展中国家在环境保护问题上的立场分歧？

探讨与争鸣四：美国的这个做法对全球气候合作会产生什么影响？其单边主义给国际合作带来的冲击是什么？

学生观点A：从巴黎和会上我国外交遭受的屈辱到今天我国在外交舞台上的耀眼表现，让我们深深感受到"弱国无外交"这个道理的深刻性。现在我们国家综合国力提升，国家在国际舞台上的发言权也不断增大，作为一名中国人，我们深深地为祖国的发展强大而自豪，我们也有责任承担起我们这一代人的使命，为中华民族的伟大复兴做出我们的努力和贡献！

学生观点B：作为国际社会中最大的发展中国家，我国在表达本国观点的同时也在协调其他发展中国家的立场，在活动过程中也积极提出、展示、交流了关于应对气候变化方面的有效做法和自身的经验。令我们感到欣慰的是，在本次大会的活动过程中，与会的各发展中国家彼此展现了空前的团结；同样，发达国家的代表团也表现出很大的灵活性和建设性。尽管在某些方面尚还有一些协调不甚妥当之处,但是总体来说还是照顾并且反映了各方的关切,为《巴黎协定》实施细则谈判如期完成、持续加强应对气候变化的行动和支持力度奠定了良好基础。目前来看,虽然资金运作是比较难达成一致的问题,但大会各方还是做出了相应的努力。早在2015年中国就承诺,将于2030年左右使二氧化碳排放达到峰值并争取尽早实现。最近10年,中国在经济增长的同时减少了41亿吨的二氧化碳排放,做到应对气候变化与经济社会发展双赢。

学生观点C:发达国家有着更为先进的技术和资金支持,应该为国际环境的治理和保护做出应有的贡献。常言道:众人拾柴火焰高。全球生态是一个整体,各个地区彼此是密切联系的,我们无法割裂彼此的关系。所以在环境的全球治理问题上,我们理应坚持"一个地球,共同家园"的思想。

学生观点D:我国代表团在会议期间参与了各议题谈判工作,并在谈判中积极发声,与各谈判方密切沟通,向各方阐释我国提出的"中国方案",表现颇为亮眼,成为与会各国的焦点,这充分体现了中国的国际担当,表明中国以一种积极的建设者的姿态参与国际治理。

学生观点E:美国的一意孤行对国际合作产生的危害是巨大的,因为美国本身是最发达的工业国,本来应该也最有能力在国际环境保护方面承担更多责任和义务。为了全球生态环境的保护工作,世界各国应一同着眼大局、坚定信心,最大程度地达成共识,达到心往一处想、劲往一处使的效果。当前国际形势复杂多变,虽然各国在全球生态环境保护中存在分歧,但只要各国携手合作定会推动国际气候谈判取得丰硕成果,取得一加一大于二的效果,实现全球生态环境保护的利益最大化。

四、教学评价

(一)来自学生的评价

学生A:通过参加"国是讲坛"师生互动活动,使我们进一步深化了对中国特色大国外交的内涵、特点及新布局的理解,我们的学生社团——"星火学社"还专门举办了一场主题为"我看中国特色大国外交"的演讲比赛,选手们运用流利的语言、动听的话语阐明了自己对这一政策的理解和感受,并结合自己的生活、学习实际广泛举例。这样的讲座不但有理论深度,更重要的是使我们深刻体会并认识到国家发展和个人发展密切联系,"个人梦""中国梦""世界梦"息息相关。

学生B:学生都不喜欢沉闷枯燥的课堂,这样的专题教学紧抓时代脉动,对国家发展的道路、模式、政策进行深刻讲解和讨论，有高度也接地气，现在我们班形成了一种浓厚的关注时政、学习时政、讨论时政的学习氛围，调动了同学们的积极性和主动性。特别是在听两位老师讲解中国特色大国外交战略布局时，我深深体会到中国新一代领导集体在外交方面的大视野、大格局和大手笔，尤其是“一带一路”倡议、人类命运共同体理念，既充分体现了中国传统文化中的和合理念，又有时代气息。

（二）来自同行的评价

本专题教学活动没有停留在单纯的传授知识点上，而是关注知识点背后形成的过程，通过生动的视频、趣味丛生的知识竞赛等学生喜闻乐见的方式，把理论问题讲清、讲深、讲透，结合了中国发展的过去、现在和未来，展示了数据、理论和实际，集纳了国际政治、经济和国际关系的相关知识，提升了学生思考的空间和深度，激发起学生学习十九大报告的兴趣和热情，对学生关注我国重大外交议程、理解我国外交政策、深刻体会习近平主席治国理政思想具有重要意义。

教学模式不断创新是本专题教学的一大亮点，特别是“国是讲坛”形式灵活多样，面貌焕然一新。或是两位教授同登台，一人主讲、一人辅讲；或是两人共讲，既有讲授又有提问。在讲课过程中综合运用理论讲授法、互动式或合作探究教学方法、课堂讨论或辩论教学法、重点问题讲授法、情景模拟法等多种教学方法，极大地提高了学生的学习主动性和教师授课的积极性和创造性，使“教”与“学”配合默契，互动共鸣，效果很好，深受学生们欢迎。

（三）教师自我评价

中国特色大国外交是新形势下我国外交的核心理念，体现了党中央外交工作的新思维、新理念、新局面、新实践，充分展示了中国为维护世界和平、促进世界发展的实力和决心，但是往往容易停留在只从宏观层面对学生进行政策方面的介绍和讲解。这样虽然实现了知识目标，却不能激发学生发自内心的情感和共鸣。为了更好地实现本专题的情感目标和价值观目标，我们一是在整个课程的理念设计上，根据“中国与世界的互动关系”的性质和特点，即将“站在世界的角度看中国”和“站在中国的角度看世界”两方面结合起来，使课堂教学更具中国根基性和世界开放性；二是选取学生感兴趣的热点问题，组织学生进行新闻述评，或者通过观看视频、组织知识竞赛等形式，一方面对学生进行国情教育，另一方面也培养学生的世界视野和国际胸怀。“国是讲坛”则以问题为导向，通过这样一种两位教师主辅配合、师生互动、共话国是的形式聚焦国内外热点问题，细致解读国家方针、政策，既拓宽了师生们的学术视野，又注重学生个体的有效参与，促使学生生动、活泼、积极地投入到有效的师生互动中来。

在教学过程中，我们也深刻认识到实践教学的效果对教师的知识储备、情景的创造和组织、现场灵活应变能力要求极高，一堂好的实践课是形式多样但要条理清晰，最终是服务于教学目标的，不能限于热闹、流于形式，有时候由于教师或学生时间关系，在某个环节上准备不足都可能导致实践课堂的效果打折。

五、来自学生的报告

(一)世界怎么了？我们怎么办？

2017 年 1 月 18 日，习近平主席在联合国日内瓦总部发表了题为《共同构建人类命运共同体》的主旨演讲，在回顾了人类近百年的发展历程后，他认为当今世界，人类正处在大发展大变革大调整时期；同时，人类也正处在一个挑战层出不穷、风险日益增多的时代。① 面对"世界怎么了？我们怎么办？"这一时代之问，习近平掷地有声地提出了"中国方案"：构建人类命运共同体。他系统、科学地回答了在全球化时代应建立什么样的新型国际关系体系、如何建立新型国际关系体系等重大理论与现实问题，形成了颇具中国风格和中国智慧的话语体系。② 2018 年 6 月 10 日，在上海合作组织成员国青岛峰会上习近平主席又发表题为《弘扬"上海精神"构建命运共同体》的演讲，命运共同体思想被创造性地与"上合精神"相结合，开创了人类命运共同体的历史新境界。

人类命运共同体思想是以习近平总书记为核心的党中央着眼于世界发展大势，面向世界，立足于人类整体利益提出的极具东方智慧的"中国方案"。经过长时间发展，在理论与实践方面都取得了丰硕成果。人类命运共同体是集伙伴关系、安全格局、经济发展、文明交流、生态建设五位一体的战略思想和战略布局，具有丰富的内涵，具体包括以下五个方面：

1. 人类命运共同体是坚持对话协商、持久和平的伙伴关系共同体

当今世界正日益成为一个"地球村"，各国间的利益与前途命运都息息相关，任何国家都不能随意发动战争，不能破坏国际法治，要始终坚持对话协商，

---

① 参见中共中央宣传部：《习近平新时代中国特色社会主义思想三十讲》，学习出版社 2018 年版，第285 页。

② 参见习近平：《共同构建人类命运共同体——在联合国日内瓦总部的演讲》，人民网，2017 年 1 月19 日。

谋求人类命运的共同发展。要建设持久和平的共同体，根本要义在于国家之间构建平等相待、互商互谅的伙伴关系。[①] 无论国家强弱、大小都应该进行平等对话，要摒弃以往霸权主义和强权政治的思路，相互尊重彼此重大核心利益与关切，践行对话而不对抗、结伴而不结盟的国家间交往的新思路。

2. 人类命运共同体是坚持共建共享、普遍安全的安全共同体

在无政府状态下的国际体系中，安全问题是一国所关心的首要问题。世界上没有绝对安全的世外桃源，全球化将世界连接成为一个整体的同时，安全威胁也成为世界性的，各国在面对安全问题时绝不可能独善其身。针对上述问题，中国提出首先要树立共同、综合、合作、可持续的新安全观。其次，中国还倡导在践行新安全观的同时，坚持共建共享原则。“单则易折，众则难摧”，安全共同体的建立需要各国共同来完成。与此同时，各国能共享集体安全的成果，真正推动人类社会朝着普遍安全的方向发展。

3. 人类命运共同体是坚持合作共赢、共同繁荣的经济共同体

21 世纪以来，经济全球化成为世界经济发展的主流趋势。随着经济全球化向纵深发展，全球经济增长动能不足、全球经济治理滞后、全球发展失衡[②]等负面问题逐渐显现，世界经济增长进入了“瓶颈期”。中国作为经济全球化的坚定推动者，主张将经济全球化朝着更加开放、包容、普惠、平衡、共赢的方向推进。中国还倡导世界各国立足国内发展状况，加强宏观政策协调，致力于解决一些深层次经济问题；抓住新一轮产业技术革命，转变经济发展方式，谋求创新驱动；放眼世界发展大势，支持开放、透明、包容、非歧视性的多边自由贸易体制，反对单边主义和经济霸凌主义，引导世界经济可持续健康发展。

4. 人类命运共同体是坚持交流互鉴、开放包容的文明共同体

全球化是当今世界发展的大势，它不仅体现在经济的全球化，更体现在不同制度国家间文化的交融与碰撞。在此过程中，不同类型的文化应该彼此相互借鉴、求同存异、共谋发展，以推动人类文明的进步。面对多样文明的世界，中国主张不同文明之间的交流互鉴。习近平主席指出：“文明之间要对话，不要排斥；要交流，不要取代。”[③]各文明之间要相互取长补短，以文明交流取代文明隔阂，以文明互鉴取代文明冲突，共同推进人类文化事业的繁荣与发展。

---

① 参见中共中央宣传部：《习近平新时代中国特色社会主义思想三十讲》，学习出版社 2018 年版，第289 页。

② 参见习近平：《共担时代责任　共促全球发展——在世界经济论坛 2017 年年会开幕式上的主旨演讲》，新华网，2017 年 1 月 18 日。

③ 习近平：《携手构建合作共赢新伙伴　同心打造人类命运共同体——在第七十届联合国大会一般性辩论时的讲话》，《人民日报》2015 年 9 月 29 日。

5.人类命运共同体是坚持绿色低碳、清洁美丽的生态共同体

并非所有类型的环境问题都是近来发生的或者是全球化的产物，但是伴随着经济全球化的空前发展，环境的破坏也达到空前程度。面对环境问题日益突出，中国提倡建立绿色低碳、清洁美丽的世界。习近平主席指出："人与自然是生命共同体，人类必须尊重自然、顺应自然、保护自然。"①人与自然的关系更是人类社会最基本的关系。中国承诺将为全球治理继续做出积极贡献，同时，我们敦促发达国家承担历史性责任，兑现减排承诺，并帮助发展中国家减缓和适应气候变化。② 无论是倡导全球生态建设的理念，或是应对全球生态环境措施，还是关于全球治理主体参与问题，中国都为建立绿色低碳、清洁美丽的生态共同体做出了巨大贡献。

构建人类命运共同体是一个复杂庞大的系统工程，需要分主体、分层次进行构建。在国际社会层面，需要从国际秩序变革、伙伴关系、安全、经济、文化及生态领域着手。在国际秩序方面，始终要坚持推动国际秩序朝着更加公平、公正、合理、稳定的大方向发展；在伙伴关系方面，坚持对话协商，建立持久和平的伙伴关系共同体；在安全方面，坚持共建共享，建立普遍安全的安全共同体；在经济方面，坚持合作共赢，建立共同繁荣的经济共同体；在文化方面，坚持交流互鉴，建立开放包容的文明共同体；在生态方面，坚持绿色低碳，建立清洁美丽的生态共同体。在个体主体层面，需要树立正确的价值观进行引导，认真踏实做好身边事，更重要的是要认识到所处周围的人和事都是密不可分的命运共同体。作为21世纪的大学生，我们要树立经世济民的思想，立足所学，情系中国，放眼世界。在校努力学习专业课程，校外积极参与社会实践活动。更重要的是要认识到，学校与社会、自己与他人都是密不可分的共同体，所以，在成长成才过程中要积极搭建多元化平台，尊重人际间的差异，向他人传播积极友善的信号，平等与人交往。

（2014级思想政治教育本科班杨修文撰写）

（二）中国特色大国外交新理念

党的十八大以来，以习近平同志为核心的党中央，创新中国特色大国外交理念，践行中国特色大国外交实践，体现了党和国家领导人始终为中华民族伟大复兴尽职尽责，为人类进步主动担当，谱写了中国特色大国外交的新篇章。

---

① 中共中央宣传部：《习近平新时代中国特色社会主义思想三十讲》，学习出版社2018年版，第243页。

② 参见习近平：《携手构建合作共赢新伙伴 同心打造人类命运共同体——在第七十届联合国大会一般性辩论时的讲话》，《人民日报》2015年9月29日。

在2014年召开的中央外事工作会议上，习近平总书记指出："中国必须有自己特色的大国外交。……使我国对外工作有鲜明的中国特色、中国风格、中国气派。"[①]这是习近平总书记从我国基本国情和所处历史方位出发作出的科学论断。我们必须认识到，中国特色大国外交，是中国综合国力提升的必然要求，也是中国主动把握国际格局变化的大势，顺应历史发展的潮流的必然要求。进入新时期，伴随着中国日益走进世界舞台的中央并成为影响世界的重要力量，中国特色大国外交在保持外交大政方针的延续性和稳定性的基础上，不断创新外交思想和理念，中国正在以"新的声音"向世界叙述着"中国故事"。

1.以和平发展道路实现构建"人类命运共同体"

"和平发展道路"是中国在大国外交中始终奉行的核心理念和根本原则，是中国国家意志和国家战略的体现。当今世界正处于大发展大变革大调整时期，和平与发展仍然是时代的主题。中国将高举和平与发展的旗帜，恪守维护世界和平，促进共同发展的外交政策和宗旨，坚定不移地在和平共处五项原则基础上发展同各国的友好合作。

中国特色社会主义进入了新时期，世界多极化、经济全球化、社会信息化深入发展，伴随着中国日益走向世界舞台的中心，成为影响世界发展的重要力量，和平与发展道路并不仅仅是在不牺牲中国国家的核心利益的前提下同各国友好发展，而是要在此基础上，通过和平发展道路这一战略思想，引导国际社会正确认识和对待中国的发展，共同走和平发展的道路，共同构建持久和平、普遍安全、共同繁荣、开放包容、清洁美丽的世界，构建人类命运共同体。中国特色的大国外交实践都是紧紧围绕着"和平与发展道路"展开的，可以说，"和平与发展道路"是中国外交的"根"，中国特色大国外交只有保持"根"的坚固，中国外交的实践才能"枝繁叶茂"。

2.以"共商、共建、共享"为核心理念，构建以"合作共赢"为核心的新型国际关系

世界多极化、经济全球化、社会信息化、文化多样化深入发展的今天，各国之间相互联系和依存日益加深，同样，人类也面临着许多共同挑战。习近平总书记在十九大上进一步明确指出："我们生活的世界充满希望，也充满挑战。我们不能因理想遥远而放弃追求。没有哪个国家能够独自应对人类面临的各种

① 《习近平治国理政》第2卷，外文出版社2017年版，第443页。

挑战，也没有哪个国家能够退回到自我封闭的孤岛。"[①]习近平总书记从当前国内国际形势出发，深入了解当前中国与世界各国的关系，坚持对外开放的基本国策，在此基础上，积极促进"一带一路"国际合作，坚持打开国门搞建设，把中国的发展同世界的发展紧密联系起来，把中国人民的利益同世界各国人民的共同利益紧密结合起来，坚持"共商、共建、共享"的合作理念，着力打造国际合作的新平台。以"一带一路"建设为核心，扩大中国的"朋友圈"，在维护本国国家利益的同时，参与全球事务的治理，按照"亲诚惠容"的理念和与邻为善、以邻为伴周边外交方针深化同周边国家关系，秉持"真实亲诚"理念加强同发展中国家合作。这一合作观体现了中国外交的大国情怀、大国责任和大国担当，中国的这一外交方针必将造福世界人民。

3. 坚持共同、综合、合作、可持续的新安全观

如今，国际安全格局正发生着深刻变化。一方面，国际形势总体缓和，但国际冲突和局部战争并没有消失；另一方面，随着世界多极化、经济全球化、信息社会化的深入发展，各国利益关系彼此相互交织，国与国之间的相互联系、相互依存日益紧密，没有一个国家能凭借一己之力来谋求自身的绝对安全，也没有一个国家可以从别国的动荡中收获稳定。同时，一些非传统安全问题的出现，也给国家安全造成了新的挑战。

面对这一局面，传统安全观已经不能进一步解释国际社会面临的安全问题。为此，在 2014 年的亚信峰会上习近平主席明确提出了"共同、综合、合作、可持续"的新亚洲安全观，十九大上又再次强调了要树立共同、综合、合作、可持续的新安全观，其中还提到了要坚持总体国家安全观。可见这一安全观既是中国在面对当前所处安全环境时所作的总体性判断，也是在应对所要面对的安全威胁与挑战下所采取的应对性措施。

那么，在新时代下，我们首先就要认识中国特色大国外交新安全观的要义，即共同、综合、合作、可持续。首先，在共同上，要尊重和保障每个国家的安全利益，而安全应是普遍、平等、包容的。其次，在综合上，要统筹维护传统领域和非传统领域的安全。再次，在合作上，要通过对话合作促进各国和本地区安全；最后，在可持续上，要发展和安全并重以实现持久安全。从一定意义上来说，习近平主席所提出的新安全观，是一种创新性的安全思维和外交理念，反映了和平与发展的时代呼声，是和平共处五项原则在新时代条件下的继承和发展，也是

---

① 习近平：《决胜全面建成小康社会　夺取新时代中国特色社会主义伟大胜利——在中国共产党第十九次全国代表大会上的报告》，人民出版社 2017 年版，第 58 页。

中国爱好和平、谋求发展的新型政治理念在地区事务中的延伸和拓展。

因此，这一安全观的提出，不仅对全球安全治理有着重要影响，也为中国在处理安全领域的对外关系上指明了方向，从而推动构建人类命运共同体。

4.坚持义利相兼、以义为先的正确的义利观

正确的义利观是习近平主席在2013年访非期间首次提出的，在十九大上又再次强调要坚持正确的义利观。那么我们为什么要坚持正确的义利观？

自古以来，正确的义利观就是中华民族千百年来一以贯之的道德准则和行为规范。孔子强调，“君子义以为上”；孟子也提出“舍生而取义”的观点；等等。这些观点，在对待义与利的关系上，都注重义利相兼、以义为先。与此同时，在人类命运共同体中，任何行为体可以说都已经成为人类命运共同体的重要参与者，而中国作为世界第二大经济体，面对义利失衡现象，倡导“以义为先，义利兼得”的义利观，以实现义利共赢，无疑体现了一个负责任大国的胸襟，对做好新时代外交工作具有重要指导意义。

5.坚持和谐共生的秩序观

当今世界政治经济形势加速演变，“逆全球化”和保护主义思潮暗流涌动，亚太地区的合作也面临着一些复杂和不确定因素。针对各方的普遍担忧，习近平主席在多个场合阐述了中国与发展中国家、周边国家和新兴国家命运共同体思想，提出要建设相互尊重、公平正义、合作共赢的新型国际关系。例如十九大后，习近平主席不辞辛劳、夜以继日，密集开展近40场双多边活动。其中，在岘港APEC会议上习近平主席高举开放包容、互利共赢的旗帜，力推亚太经济一体化进程，倡导亚太伙伴关系精神。习近平主席还对越南、老挝进行国事访问，加强了与周边国家政治、经济、文化上的联系。此外，习近平主席还分别会见了韩国、日本、菲律宾等国领导人，在对“人类命运共同体”的意识上取得了积极效果，等等。这些外交活动，对中国特色大国外交而言，是实现和谐共生秩序观的方式，也是和谐共生秩序观在现实实践中的体现；同时，和谐共生的秩序观也为外交活动提供了良好的发展空间。可以说，这一秩序观适应了时代的需要，有利于更好地与世界各国携手发展、共同进步。

因此，和谐共生的秩序观的提出，不仅是中国对国际秩序的追求，同时，它也为不同国家间的多样文明、多样制度、多样诉求指明了一条出路，为中国在新时代的大国外交提供了价值导向。当下，要坚定落实具有中国特色而又关照全球的道路观、合作观、安全观、义利观和秩序观，就要以周边和大国为重点，以发展中国家为基础，以多边外交为舞台，以构建全球伙伴关系网络为主要路径，以参与和引领全球治理为开拓方向，以“一带一路”为对外合作重要渠道。而这些具有中国特色的外交思想和理念，不仅丰富了中国特色大国外交理论的核心价

值体系，彰显了中国特色社会主义的道路自信、理论自信、制度自信、文化自信，也展示了新时代中国特色大国外交的新气象、新作为、新贡献，从而为实现"两个一百年"奋斗目标和中华民族伟大复兴的中国梦、为实现世界持久和平与共同发展做出巨大贡献。

（2016级思想政治教育专业孙如玉、杜荣撰写）

（三）我看全方位、多层次、立体化的大国外交布局

当今国际局势正处于大发展大变革大调整时期，世界格局多极化、经济全球化、社会信息化、文化多样化是时代的潮流，全球化的趋势使全球治理体系进入一个改革的新阶段。我国不断增强的经济实力、国际地位的提高为对外交往打下坚实的基础。在当今国际国内背景下，我国结合全球治理体系加速推进的今天，紧跟时代发展潮流，结合本国国情，确立了符合新时代发展的全方位、多层次、立体化的大国外交布局，即大国外交是关键、周边外交是首要、发展中国家外交是基础、多边外交是舞台，从而更好地服务于国际国内发展。

改革开放以来，中国展开全方位的外交，与世界各国形成不同层次的外交关系，使得"一个中国"的原则得到越来越多国家的认同，这对稳定国内环境和营造稳定的国际环境具有积极的促进作用。作为中国外交布局的主线，也是连接"中国梦"与"世界梦"桥梁的"一带一路"建设频频传来捷报，越来越多的国家、国际组织等对"一带一路"倡议投出"赞成票"，这条"路"拉近了中国与世界的距离，让中国外交沿着"丝绸之路"向纵深方向发展。我国站在人类历史的高度提出了"人类命运共同体"的理念，坚持全方位的外交，为"人类命运共同体"的实现搭桥铺路，这个理念得到世界人民的呼应，从这一回应来看，我们感受到各个国家面对共同生活的"地球村"，各国人文交流更加频繁，现如今国家的交往已不仅仅是高层间的互动，各国人民友好相处，密切交流更是一股暖流，我国作为一个负责任的大国，高瞻远瞩，有智慧提出"人类命运共同体"的倡议，也必然有能力同各国、同世界人民一同实现这一伟大倡议。

当今世界，国际问题层出不穷，针对当今世界形势，中国郑重宣告："中国人民愿同各国人民一道，推动人类命运共同建设，共同创造人类的美好未来！"[①]这是中国作为世界上最大的发展中国家的使命和责任，中国将在坚持中国特色大国外交布局的基础上，同时兼顾发达国家与发展中国家，兼顾相同社会制度和不同社会制度国家，兼顾首脑外交与公共外交，兼顾双边合作与多边舞台。中

① 习近平：《决胜全面建成小康社会　夺取新时代中国特色社会主义伟大胜利——在中国共产党第十九次全国代表大会上的报告》，人民出版社2017年版，第60页。

国积极推动多边外交，活动领域更加多样化，活动影响更加全球化。十九大后，中共中央总书记、国家主席习近平赴越南岘港出席 APEC 第 25 次领导人非正式会议，各经济体领导人及代表，围绕“区域经济一体化”“包容发展”“创新增长”“互联互通”“农业和粮食安全”等议题深入交换看法，提出了切实可行的解决方案，成为新时代中国特色大国外交的开篇之作。2016 年 G20 杭州峰会，与会各国与国际组织领导人就创新发展方式、建设开放型世界经济、完善全球经济治理等方面共商解决大计，为国际经济问题建言献策。2017 年金砖领导人厦门会晤，金砖各国就金砖合作机制发展交换双方意识，达成共识，相信未来金砖国家的合作将会迎来更加光明的前景。2018 年 6 月的上合组织青岛峰会在“上海精神”的旗帜下，进一步围绕构建人类命运共同体，在反恐、能源、贸易和投资、人文交流等领域形成多项共识，在合作方式和合作力度上再上新台阶，各个国家共商发展大计、共谋发展策略、共享发展成果。

外交布局展现了一个国家在世界舞台上外交活动的主要方向。改革开放 40 年来，我国的外交取得了举世瞩目的历史性成就，并在此基础上继续描绘中国与世界和谐相处的美丽蓝图，通过外交活动引领着国际秩序朝着更加公平、合理的方向发展。作为新时代的青年，我们为祖国的发展骄傲着、自豪着，我们深信，中国在未来必将会以更加积极自信的姿态走向世界！在全面建成小康社会的决胜阶段和开启建设社会主义现代化强国之际，我们跃跃欲试，时刻准备着为祖国的发展、中国的外交事业贡献自己的一份力量。我们要多关注国家大事，扎实学习专业知识，加深对理论知识的理解，从而对国际国内事务形成相应的科学判断。祖国的未来属于我们，我们要以足够的底气、骨气、勇气去接过历史的接力棒，并通过自己的努力为祖国的发展贡献智慧。

（2016 级思想政治教育本科班耿秋明、李倩撰写）

（四）从巴黎气候大会看中国参与全球治理

2015 年 12 月，全球气候大会在巴黎召开，就应对全球气候变化达成了历史性协议《巴黎协定》。习近平主席出席了大会开幕式并发表了讲话，这是中国国家最高领导人第一次参加《联合国气候变化框架公约》缔约方会议，作为碳排放大国，我国提交的国家自主贡献文件为巴黎气候大会的成功举行起了积极的作用。我国自主贡献文件目标包括确定二氧化碳排放峰值年、降低碳强度、提高非化石能源比重和增加森林蓄积量四个方面。我国提出将于 2030 年左右使二氧化碳排放达到峰值，并争取尽早实现，2030 年单位国内生产总值的二氧化碳排放比 2005 年下降 60％～65％，非化石能源占一次能源消费比重达到 20％左右，森林蓄积量比2005年增加45亿立方米左右。[①] 我国是世界上提出二氧化碳排放峰值年目标的第一个发展中国家，为发展中国家树立了榜样，同样也在发达国家间引起其对生态环境建设的重视以及对自身建设的思考。

2017年11月，第23次联合国气候变化大会在德国的波恩拉开帷幕。而作为主席国的斐济远在波恩1.6万公里之外却依然受人们关注。作为一个太平洋上的小国，本身并无太大的特色可言，但是在气候变化面前，他们却面临着严重的危机。由于全球气候变暖，极地冰雪消融以致海平面升高，使得斐济岛屿上居住的人民为躲避危险不断地搬离自己生活的地区，向更高的地区转移。海水的涌入和倒灌也同样威胁着当地的农业生产，制约本国经济的发展。其实我们可以看到，如果用数据分析的话，斐济并非是受全球变暖影响最大的国家，但是它却是每个国家在面临气候变化和环境问题时的一个缩影，为世界再一次敲响了警钟。此次气候大会共分为三个方面：一是继续落实《巴黎协定》的后续谈判细则，为2018年谈判打下基础；二是为2018年的各缔约方促进性对话做好准备工作；三是继续推动2020年前承诺和行动的有效落实。特别提到的是，敦促相关发达国家尽早批准《京都议定书》多哈修正案，并且积极切实地履行到2020年每年向发展中国家提供1000亿美元的出资承诺。总体来说，会议进展顺利，各方均表示将积极建设性推动谈判取得进展，为如期完成《巴黎协定》实施细则、举行促进性对话做好准备。

我国代表团在会议期间参与了各议题谈判工作，并在谈判中积极发声，与各谈判方密切沟通，向各方阐释我国提出的“中国方案”，表现颇为亮眼，成为与会各国的焦点。在会议之前，我国代表团准备了充分的提案建议。众所周知，我国现在仍然处于社会主义发展的初级阶段，人口众多，经济体量巨大，在生态文明建设方面，我国面临的挑战着实不小，但是我们充分认识到生态建设的重要性，并且为有效实现减排目标、改善生态环境作出了切实努力，也取得了初步成果，能源消耗和碳排放的强度都有所减弱。这里要特别提出我国的塞罕坝地区，当年“黄沙蔽日，不见飞鸟”的沙地在人们50多年的坚持治理下终于形成了现在的林海规模，有“天然氧吧”之美誉。这不可不谓是世界奇迹。

不可否认，我们现在发展仍有很多不平衡、不充分的地方，但是我们深刻地意识到生态环境对于我们的价值和意义，并且我们也作出了应有的改变，对于国际社会其他国家是良好的示范。值得一提的是，2017年8月底，国际性非营利组织世界未来委员会公布了2017年“未来政策奖”，以表彰世界上最佳的防治荒漠化与土地退化政策，中国因《中华人民共和国防沙治沙法》而获银奖。这

① 参见丁金光：《巴黎气候变化大会与中国的贡献》，《公共外交季刊》2016年第1期春季号。

就向世界展示：环境问题的确很棘手，尤其在防沙治沙的问题上，各国历来头疼不已，但是我们做到了，而且一做就是几十年，我们就是要向世界说明，生态问题虽然可怕，但是可以战胜的，我们要有决心、勇气和智慧去战胜它。这一奖项的获得说明在治沙问题上，我们的理念和做法引起了国际社会的共鸣。尤其值得一提的是，在波恩气候大会上，我国与印度的节能减排效果显著，获得各方赞扬与认可。而美国、日本以及加拿大等国家也因为无视条约，大量兴建发电站致使排放过量而排名“垫底”。

基于国际形势和全球生态文明建设新格局，我国在环境治理改善方面不断展开积极探索。自十八大以来，我国生态文明建设成效显著。大力度推进生态文明建设，全党全国贯彻绿色发展理念的自觉性和主动性显著增强，忽视生态环境保护的状况明显改变；生态文明制度体系加快形成，主体功能区制度逐步健全，国家公园体制试点积极推进；全面节约资源有效推进，能源资源消耗强度大幅下降；重大生态保护和修复工程进展顺利，森林覆盖率持续提高；生态环境治理明显加强，环境状况得到改善；引导应对气候变化国际合作，成为全球生态文明建设的重要参与者、贡献者、引领者。这证明生态文明建设理念行之有效。在进行传统生态文明建设的同时，中国积极推动能源转型，利用并向其他国家推广可再生能源，如风能、太阳能、潮汐能，为世界可持续发展做出直接贡献。

在新的历史阶段，我们要全面贯彻党的十九大精神，以习近平新时代中国特色社会主义思想为指导，加快绿色发展，着力解决日益突出的环境问题，加大生态系统保护力度，改革生态环境监管体制，推进绿色发展的成功探索，为构建人类命运共同体做出重大贡献。我们要进一步丰富和完善绿色发展和生态文明理论，既要首先考虑发展中国家所面临的如何减少传统污染物排放、保障人民健康的现实挑战，又要充分考虑发达国家重点关注的如何减少温室气体排放、应对气候变化的长远关切，用中国的生态文明理论体系，去兼容和整合有关绿色增长、绿色发展、低碳转型的各种概念体系和理论框架，形成一套适合中国、引领全球的生态文明理论体系和实践范例，推动各国为人类命运共同体建设而共同努力。

正如习近平主席所说，生态文明建设功在当代，利在千秋。我们不能以牺牲环境为代价进行发展，现在不行，以后更不行！每一代人都有每一代人的历史使命和责任。我们并非要领导世界前进，我们只想用自己的方式影响世界，并与其共同进步，让它更加和谐、美丽，充满生机。

（2016 级思想政治教育专业李昌硕、岳朝阳撰写）

专题十一　将“反恐”斗争进行到底

21世纪，世界面临的威胁更加多样化，在非传统安全威胁中恐怖主义以巨大的杀伤力成为摆在全人类面前的严重挑战之一。随着网络科技快速发展，恐怖主义采取的手段更加隐蔽，威胁和破坏性更大，成为全人类的公敌。大学生需要对此有清醒的认识，明确辨别，坚决打击恐怖主义。

通过“将‘反恐’斗争进行到底”专题实践教学，在了解恐怖主义的特征及危害基础上，着重探究恐怖主义在不同背景下产生的原因，并结合当下分析预测恐怖主义的发展趋势，进一步探讨“反恐”战略和对策，从而达到课程教学目的。

一、教学目标

(一)知识目标

恐怖主义是每一个成长在这个时代的人都需要了解的问题。通过本专题的学习，使学生在了解恐怖主义的特征及其危害的基础上，准确把握恐怖主义在当代具有国际化、组织化、高科技化以及复杂化的特征，对恐怖主义危害，尤其是在互联网科技时代危害有客观真实的认识。

(二)情感目标

对待恐怖主义这一极具破坏性和反人类文明的人为性灾难行为，我们要坚决反对。通过本专题的学习，学生能够确信恐怖主义是全人类的公敌；面对罔顾无辜平民生命的恐怖主义，必须旗帜鲜明、立场坚定地反对；对恐怖主义者不需生出泛滥而愚蠢的同情，而是必须严惩；大学生还需在日常的生活学习中有意识自觉地为反对和消除恐怖主义做出自己的一份贡献。

(三)能力目标

通过本专题的学习，学生能够在错综复杂的国际事件中摆脱情绪主观的认知，能够以理性客观的全人类立场和文明进步的姿态去厘清辨识国际国内的复杂现象和局势，不盲目煽风点火传播谣言，从而坚定地与恐怖主义作斗争，为维护祖国统一和建设中国特色社会主义而努力奋斗。

二、教学内容

（一）了解恐怖主义的特征及危害

通过专题讲授和视频观看，了解什么是恐怖主义，它在当代有哪些特征和危害，这些是“反恐”的前提和基础性工作。恐怖主义活动古已有之，但“恐怖主义”一词最早出现在18世纪法国大革命时期的雅各宾派用红色恐怖主义对付反革命分子。二战后到20世纪60年代末的十几年间，国际恐怖主义真正形成。所以，恐怖活动在不同时代具有不同的特征，比如古代主要以投毒、政治谋杀为主要表现形式；近代则以无政府主义为指导伴随着革命斗争进行；现代恐怖主义则以极端民族主义、分离主义、宗教极端主义为实践支撑席卷全球，劫机、爆炸、绑架劫持人质等国际恐怖活动越来越多。

近年来，借助于科技网络等手段，恐怖主义呈现出恐怖组织和恐怖活动国际化、自杀性恐怖袭击和对无辜平民攻击流行化、恐怖组织基地化、基地组织全球化和恐怖手段高技术化等特征。也就是说，当前恐怖主义成员越来越呈现出国际化特征，组织性也越来越强，恐怖袭击发生的地点也趋向全球化；恐怖主义分子的装备和作案工具随着科技发展也越来越高科技化，当前，计算机黑客、生化武器和小型核武器等新形式的恐怖活动手段已成为21世纪人类和平与安全的主要威胁之一。另外，恐怖主义和跨国有组织犯罪尤其是贩毒、人口走私、跨国秘密融资紧密联系，形成共生关系，也就是所谓的错综复杂的恐怖主义经济（融资）。

恐怖主义不仅危害社会安全，扰乱大众心理，威胁人民生命和财产安全，而且容易诱发国际冲突与战争，冲击国际关系结构。中国也存在着东突、藏独和邪教等恐怖主义活动，其危害不容忽视。

（二）分析当代恐怖主义的形势变化

教师通过案例展示和视频探讨，在可见的未来，由于国际社会结构性矛盾仍将长期存在，新的矛盾也将不断产生，有些矛盾甚至在特定条件特定地区可能更加泛滥和恶化，因此，恐怖主义还将在人类社会中长期存在，并且随着时代的发展而发生相应变化。虽然国际社会各方面加强了合作并采取了很多措施，也取得了相应成果,但是恐怖主义活动不仅没有得到有效控制,反而在某些地区出现了越反恐恐怖主义活动越强烈爆发的局面,极端暴力恐怖活动呈现出新的趋势。具体而言表现为:

恐怖主义类型中的宗教极端主义和民族分离主义型的恐怖组织将更加活跃。当前国际恐怖主义的一个明显发展趋势是打着宗教旗号、利用民族矛盾滥杀无辜,它善于制造矛盾、利用矛盾、激化矛盾,为自身的发展与蔓延营造肥沃的土壤。因此,当前突出的国际恐怖势力尤其善于利用宗教。

恐怖主义组织形式趋向网络化、小型化和草根化。利用网络作为平台和工具,是传播恐怖意识形态、培训和组织招募恐怖分子的主要形式与渠道,网络成为恐怖组织招募人员、策划袭击的场所;通过网上恐怖学校培训"独狼"式个体恐怖分子;未来网络也有可能成为恐怖袭击的目标。

此外,恐怖手段与时俱进更具威胁性和破坏性,恐怖活动的对象更具不确定性和广泛性,恐怖主义的国际化趋势更加明显,跨国活动越来越严重,等等。

(三)探讨"反恐"战略和对策

主要在讲授基本内容和观看视频之后,学生们积极讨论,针对恐怖主义产生原因而进行反恐战略和对策探讨。应当加强国际合作,例如统一认识、加强法律合作和反恐技术合作以共同应对恐怖主义;建立公正的国际政治经济新秩序;着力解决贫富差距日益扩大的问题,积极开展多种形式的社会帮助工作,如保障适龄儿童和少年受教育的权利,为年轻人提供必要的职业培训、就业指导等;加强教育和正确的价值导向,坚持运用主流的价值观念引导国民,用正确的思想观念进行"文化对冲",特别是以社会主义核心价值理念为指导树立国民的良好风尚,鼓励、支持宗教权威人士、民族进步人士敢于"发声""亮剑",并对信教群众、少数民族群众进行正确的价值观引导,以及为社会基层群众提供更为丰富的文体娱乐活动和其他社会服务,从而满足人民群众的正当文化生活需求;网络反恐也需进一步遏制,进一步对国家的《反恐怖主义法》进行完善;应当加强社会安保体系、机制和群众反恐意识的建设。

三、教学实施

(一)专题讲授:恐怖主义的危害

通过专题讲授方式,建立学生对恐怖主义的基本认知。从昆明"3·1"这一起由新疆分裂势力一手策划组织的严重暴力恐怖事件出发,引导学生意识到

“恐怖主义”这一看似比较遥远和陌生的词汇，其实真实地存在于我们身边。由此谈开来，通过乌鲁木齐火车站爆炸案、乌鲁木齐早市爆炸案、金水桥恐袭事件等等来认识恐怖主义的内涵、发展与危害。

国际社会对恐怖主义达成的共识有以下基本的认知，即动机的政治性、行为的暴力性和恐怖性、攻击目标普遍非军事性。也就是说，恐怖主义一般是基于某种政治目的，经过精心策划和组织，主要针对非武装人员有组织地使用暴力或以暴力相威胁制造恐慌氛围和危害公共安全、侵犯人身财产安全事件的行为。恐怖主义自古有之，在不同的时期具有不同的表现形式和特征，其危害也越来越大，具体可参见第二部分教学内容的第一小部分。

需要强调的是，要将恐怖主义所要表达的政治诉求和一般重大刑事案件所要表达的个人诉求分清楚，也就是说，对于恐怖主义我们要有清晰的界定，不是所有发生的恐怖事件都是恐怖主义活动。

（二）观看视频：有关认识恐怖主义的演讲

在上述基本知识认知的基础上，鉴于恐怖主义总是让人感觉离我们非常遥远，为让学生能够有代入感，精心选择了三个演讲资料让大家有更加直观的体验。

第一个是一部具有纪录片性质的演讲，Sharmeen Obaid Chinoy《谈炸弹敢死队学校》，关于塔利班如何说服穷人家的孩子进入敢死队学校进行洗脑成为一名人体炸弹的记录，对于学生了解关于塔利班基地组织如何吸收成员、发动成员、组织和利用宗教教育成员仇恨非同信仰的人类社会，从而甘愿做人体炸弹实行恐怖活动，有很大帮助。通过这个纪录片的演讲，可以帮助学生从恐怖组织内部认识恐怖主义是怎样运作的，同时也了解到恐怖主义为何能够发生、存在和发展的原因（跟组织成员家庭的贫穷、利用宗教进行洗脑等有很大关系），由此也能够得出消灭恐怖组织仅仅用暴力手段是难以实现的，更应该针对恐怖组织背后的组织形式、运作方式，进行相应的对策消解和应对。

第二个演讲是 Zak Ebrahim（一个恐怖主义者的儿子）讲述自己如何在一个本·拉登部下的父亲的负面影响下，抵抗恐怖主义，从而反对偏见、学会友好善良包容和同理心，放下暴力选择了和平拥抱世界，特别震撼人心，给人以巨大的鼓舞。对于这部分教学实施，还可以结合他出的书《我父亲是恐怖分子：一个关于选择的故事》（中信出版社 2015 年中文版）进行。尽管这个父亲灌输了孩子所有仇恨的教义，但孩子仍然选择去看穿偏执、暴力和生活，选择过着更人性化的生活，同时也让我们了解到，那些选择了仇恨和暴力生活的个人和家庭遵循这条道路所需要的可怕代价。因此，这就让学生意识到，暴力并非解决问题的正确道路,而且,对于宗教,是我们要有清醒的认识:所有主要宗教都应该帮助我们生活,而不是毁坏我们的生活。

第三个演讲是Jason Mccue在2012年的演讲《恐怖主义是个失败的品牌》,这名英国律师的贡献在于以法律的手段对恐怖主义者等通常难以用法律来制约的恐怖势力提起法律诉讼,因而演讲中他公开表达他一直以来的观点:恐怖主义之所以难以消除,在于我们用了不恰当的视角去看待,以及采取了错误的方式去应对。因此,我们要对恐怖主义有新的认知。对于这个全球性"品牌",它有致命缺陷,那我们如何来击垮它呢?一是靠展示我们的优秀产品缩小这一品牌产品的市场,因此我们要关注贫穷和不公,关注其背后的原因和需求的满足;二是关注打击其产品本身,揭露这个产品的危害,这就需要用正确的世界观、人生观和价值观教育和宣传以及对话来做到这一点;三是我们的媒介机制需要创新,需要接触所有与恐怖主义相关的人,学会与狼共舞;最后也是最重要的是,受害者是我们最好的反恐武器,要用非对称性方法去面对恐怖主义。我们应该用头脑而非力气去打击恐怖主义,比如用诉讼的正义的方式、创造安全和就业环境,应加强对话去解决问题,以更主动的姿态去面对这个问题。

(三)展示案例:根治恐怖主义,抓紧教育是重要环节之一

结合演讲,通过探讨得出,根治恐怖主义需要对于社会成员的教育,需要进行质疑、平等、包容、友善、非暴力以及对于宗教采取何种态度等等的教育,这是重要环节之一。2014年6月16日《中国新闻周刊》刊发了麦麦提敏·阿卜力孜《从南疆到南方——一个"90后"维吾尔族青年的感受样本》一文,作者指出,"在我看来,针对'根治恐怖主义'的对策当中,抓紧教育是重要环节之一"。

(四)自由讨论:大学生如何培养"反恐"意识?

面对全球恐怖主义,大学生该如何培养"反恐"意识?学生们畅所欲言,讨论非常热烈。在这部分教学实践实施过程中,老师需要在过程中注意倾听总结,等学生讨论完或者中间需要点评时要及时总结点评,从学校、社会、个人等角度来思考。例如,学校应该对学生加强思想道德法律等方面的教育,思考《反恐法》如何走进高校,大学生如何学习预防"反暴恐",以响应国家"全民反暴恐"等等。

四、教学评价

(一)来自学生的评价

学生 A:一直感觉恐怖主义离我们很遥远,没想到却近在眼前,感谢老师给我们提供了这么好的资料,对于恐怖主义我们不能置身事外,作为社会成员也要有自己的责任担当,坚决反对东突等分裂势力,维护祖国统一。

学生 B:对照恐怖主义所倡导的异教徒“顺我者昌逆我者亡”的极端观念,我们现在太需要包容、友善、多元化的文化理念,正如一位名人所讲“我不同意你的观点,但我誓死捍卫你说话的权利”,唯有具有民主、平等和包容素质的公民,才能促进现代人类文明和社会的发展。

(二)来自同行的评价

“将‘反恐’斗争进行到底”的专题实践教学,从我国打击恐怖主义活动到国际反恐怖主义,再落脚到大学生“反恐”意识的培养,层层递进,既具有国际视野,又具有爱国情怀,立足于个体角度推动促进整个国家和人类社会的发展,培养了大学生从小处出发、往大处着眼的方法和胸怀,实现了本专题的教学目标。

(三)教师自我评价

“恐怖主义”一词,乍一听,同学们是感觉到非常陌生而遥远的,所以如何拉近这一专题与学生的距离,贴近生活实际,这是我们的实践活动必须首先要解决的功课之一。因而,从我国打击恐怖主义活动出发,让学生意识到恐怖主义原来就在身边,然后逐层析理,对于什么是恐怖主义、恐怖主义的危害和发展等有基本的理性的认识和把握;再通过让学生观看纪录片,让学生切身体会、感悟恐怖主义险恶和危害,进而找到应对恐怖主义的策略。这样,不仅实现了本专题教学目标,而且在塑造学生的“三观”上也具有启发意义,对于中国特色社会主义核心价值观也有更深刻的认同。

五、来自学生的报告

认真学习《反恐怖主义法》,树立起大学生的反恐意识

自 20 世纪 70 年代以来,“恐怖主义”这一名词逐渐被世界范围内的人们所熟悉,在 2001 年“9・11”恐怖事件发生后,国际社会和各国学界中掀起了对恐

怖主义和反恐怖主义的研究热潮，成为国际社会和各国学界共同研究探讨的热点。恐怖主义由来已久，铲除恐怖主义绝非一朝一夕能够实现，在多途径消除恐怖主义的努力中，加强青少年的反恐意识教育尤为关键。青少年是未来社会的主导力量，青少年反恐意识的提升，必将让恐怖主义无处滋生。

清华大学就已经认识到大学生反恐意识培养的重要性。清华大学2014级本科生在军训结业典礼上就进行了反恐围剿和遭遇生化袭击的战术演练。头顶上盘旋着航拍机，几百名学生着迷彩服在"枪林弹雨"中低腰前行。战术演练环节在密集枪声的音效中进行，由教官扮演"恐怖分子"，学生们以正三角低姿态接近"敌人"，逐渐包围"恐怖分子"(由承训教官扮演)的藏身地，通过喊话、打斗，终将持刀的"恐怖分子"制服。在步兵进攻演练中，数名学生遭"毒气"攻击而"晕倒"在地，营救人员从两辆车中跳下对其施救，施救成功后继续向"敌人"进攻。这是清华大学首次在军训中加入综合战术演练内容，该校武装部副部长王中和表示，加入这些新内容是考虑当前形势，培养大学生的反恐意识。

在新闻中提到的所谓"考虑当前形势"，至少有两重含义：一是暴力恐怖事件呈现出不确定性和多发的态势，且表现形式多样化；二是我国转型期社会呈现出鲜明的"风险社会"特征，正如德国著名社会学家贝克在《风险社会》一书中所指出的那样：在后工业社会，不明的和无法预料的后果成为历史和社会的主宰力量，社会中充斥着各种以不确定性和无法计算性为特征的社会风险，如公共卫生、社会安全等。由此，"培养大学生的反恐意识"就具有明显的针对性和现实性。

培养大学生反恐意识的必要性在于：(1)中国当前面临多种恐怖活动威胁。"东突"恐怖主义、藏独、国际恐怖组织和个人、邪教组织等。像2014年，全国发生了多起暴力恐怖案件，昆明火车站"3·1"砍人案、乌鲁木齐"5·22"爆炸案的发生一时使得人心惶惶，群众的生命安全受到了严重威胁。(2)校园恐怖事件或其他暴力性、群体性突发事件的警示。2003年清华大学荷园餐厅和北京大学农园餐厅相继发生爆炸案，残酷的现实告诉我们，各种恐怖主义活动或其他暴力伤害、群体性事件的触角已经延伸到了我们的学校，大学校园也已经不再平静。(3)大学生人才培养的需要。广大青年学生是当代青年人中知识层次较高、最具创造性、最有潜力的群体，具有特殊的辨别是非能力和政治敏锐性，但同时他们往往更容易受外界干扰，缺乏社会经验，思想较为单纯，容易受不法分子影响、煽动及利用，如果不及时对大学生在思想上加以引导，就有可能造成大学生偏离正确的方向。

培养大学生反恐意识具有十分重要的意义：(1)有利于树立正确的世界观、人生观和价值观，提高安全意识和心理素质，从而全面提升学生的综合素质。有利于青年群体的大学生深切体悟生命的价值与尊严，进而增强对社会的责任心，激发一种“共同体意识”。强化大学生群体的反恐意识是社会之福，利于重塑其对社会的理性认识和责任感，这是一个社会的文明程度和成熟程度的反映。(2)培养大学生反恐意识不仅能提升学生国家统一、民族团结的思想，还可以提高全社会对反恐防恐的认知，培养全民反恐维稳的可靠辅助力量，在创造和谐稳定校园环境的同时，利于维护国家和社会的稳定。

和平与发展是当今时代的主题，而恐怖主义是威胁世界和平的重要原因，铲除恐怖主义绝非一朝一夕能够实现，那如何有效培养大学生反恐意识呢?

其一，加强对《中华人民共和国反恐怖主义法》的学习，配合反恐相关职能部门的工作。《反恐怖主义法》于 2016 年 1 月 1 日起施行。它是在总结近年来我国防范和打击恐怖活动工作的经验，借鉴国外有效做法的基础上制定的，是一部规范政府和社会开展反恐怖工作的法律，全面系统地规定了我国反恐怖工作的体制、机制、手段、措施，它的出台为我国依法打击暴恐活动，维护国家的安全、公共安全和人民生命财产的安全，以及加强国际反恐合作提供更加坚实的法律支撑和保证。

其二，树立正确的反恐意识，维护民族之间的团结。虽然暴力袭击案件造成了民众的恐慌，甚至有些人对少数民族产生忌惮心理，但事实上，只有一小部分人在破坏民族团结和国家安定，我们不能以偏概全，而是应该团结起来，戳穿恐怖分子的阴谋，让他们的意图破产，加快经济、文化发展与坚决斗争相结合。

其三，大学生反恐意识的培养要以教育为基础。首先要开发反恐教育校本课程，加强反恐教育的知识性教育。高校反恐教育重在学校，要充分调动大学生的积极性，促成学生和学校、学校和社会的有效连接，从而实现以点带面的全局互动。其次，高校反恐教育要实现理论知识教育与实际演练相结合，达到理论与实践的动态结合。还需要组织一定的实时学校反恐演练，模拟恐怖事件的现场，培养大学生的自救互救能力，全面提高大学生的应急能力以及心理素质。最后，结合大学生的心理和认知发展规律，开展灵活多样的教育形式。由于学生已具备辩证思维能力，因此要培养学生辩证地分析恐怖主义的成因、实质，认识恐怖主义者的手段和目的，并反思以往学习的反恐知识，进而树立正确的反恐观。

其四，积极弘扬爱国主义精神，践行社会主义核心价值观。当代大学生应该确立正确的思想政治观念，因为自觉维护祖国的安定、团结和统一是爱国主义的精神内涵。要具有坚定的政治方向，要把崇高的共产主义理想和强烈的爱国热情和具体的奋斗目标结合起来，拥护中国共产党的领导，坚定不移地走社会主义道路，建设中国特色社会主义。遵纪守法，有效抵制各种错误思想的侵蚀，要在政治上同党中央保持一致，全面执行党的基本路线。要对西方的意识形态渗透保持高度警觉,谨防自己被“自由”“民主”“人权”的幌子所蒙蔽,成为敌对势力“分化”中国的俘虏。

很多时候,冲突和矛盾是不可避免的,但是采用何种方式去解决却显得尤为重要。像恐怖分子采用一些极端的方式去争取自身的利益,宣泄不满的行为是极其错误的。既伤害了很多无辜的人,也破坏了世界的和平和稳定,最终只会以失败而告终。总的来说,我们生活的时代是个相对和平的年代,却也依然存在着威胁。面对那些邪恶的恐怖势力,我们要保持镇定,不要过度恐慌,同时也不能掉以轻心,要相信政府和相关职能部门会尽他们最大的努力严厉打击恐怖分子,维护社会安定。而作为一位大学生,我们要了解当前的国际形势,认识恐怖主义的危害,掌握相关的反恐技能,配合政府开展反恐工作。只有坚决打击恐怖主义,维护世界的和平与安定,中国和其他国家才能有更快的发展。

(2014级思想政治教育本科班王晨雨,
2015级思想政治教育本科班刘亚旎、高志环、于菲撰写)

专题十二　走进齐鲁文化长廊

弘扬优秀传统文化，坚持文化自信，将优秀传统文化有效融入思想政治理论课教学，是高校思想政治教育的一项基本任务。“走进齐鲁文化长廊”实践教学专题，就是以齐鲁师范学院校园文化园地——齐鲁文化长廊为纽带，师生走进齐鲁文化长廊进行观摩与赏析，通过了解齐鲁文化的形成过程，体会齐鲁文化的本质内涵，深入探究齐鲁文化与中华文化的关系，领会齐鲁优秀文化精神，启发学生文化创新思维，提高文化体验与创新的能力。

一、教学目标

（一）知识目标

思想政治教育的时效性主要体现在教育目标的实现程度，在大学生思想政治教育中坚持贯彻人文关怀理念，是社会发展和思想政治教育学科建设的必然要求，是大学生全面发展的内在要求，也是大学生思想政治教育实效性提高的关键，因此必须加强人文关怀理念的贯彻与实施。

“走进齐鲁文化长廊”实践教学专题的知识目标，就是借图文并茂的齐鲁文化长廊这一物质文化载体，在教师引领下，通过近距离的赏析齐鲁文化名人、名言和经典故事，使学生全面系统地了解齐鲁文化的形成过程，体会齐鲁文化的本质内涵，深刻领会齐鲁优秀文化精神，拓展学习空间，真正掌握一代代齐鲁名士的优秀品行和精神风貌。

（二）情感目标

齐鲁文化长廊作为一种文化载体，位于学校中心位置，显得十分神圣和壮观。伫立于此，我们看着一个个齐鲁大地上的文人塑像，从他们的事迹和诗词中，领略优秀文化带给我们思想上的震撼，仿佛他们重新从石刻里面走了出来。

齐鲁文化是先秦时期形成发展于山东境内的一种地域性文化，秦汉融合后成为中华文化的主干和核心。历史上的齐鲁大地,文人墨客层出不穷,创造了无数的文化奇迹。作为齐鲁文化核心的儒学在山东乃至全国都有着广泛而深厚的影响,哺育了一代又一代山东人的性格。"走进齐鲁文化长廊"实践教学专题的情感目标,就是通过赏析与学习,使学生自觉融入齐鲁优秀文化氛围,感悟其中的文化精髓,从中汲取优秀的文化精神,继承和弘扬齐鲁文化中"淳朴厚道、与人为善、任劳任怨、重实干"的优良传统。

(三)能力目标

文化总是存在于特定的环境之中。弘扬培育中华文化的优秀文化,必须对齐鲁文化资源予以积极的整合。"走进齐鲁文化长廊"实践教学专题的能力目标,就是通过带领学生走进文化长廊,让学生在特定的文化环境中得到特定的文化体验,促使学生有所思有所想,引导学生立足于中华民族精神,紧紧围绕时代发展提出的新问题,发掘齐鲁文化中"仁者爱人""和为贵"思想中蕴涵的以人为本的精神,在时代精神的交融中为中华民族精神增添新的内涵。同时,启发学生以全球视野和世界眼光去看待齐鲁文化,将具有普世价值的文化和思想发扬光大,推动齐鲁传统文化与现代文化、马克思主义文化、中国特色社会主义文化有机融合,以发挥更大的影响力,产生更大价值。

二、教学内容

(一)了解齐鲁文化的形成及其本质内涵

通过"走进齐鲁文化长廊",观察历史上齐鲁文化的形成与发展,认识齐鲁文化形成的标志性人物和事件,感受齐鲁文化所经历的从西周到春秋的漫长历史过程,并理解文化形成中的冲撞、融合在春秋末期到战国时期的形成历程,在此基础上明确齐鲁文化"礼乐文化""礼仪文化"的根本特征。

着重总括齐鲁文化的内涵、表征及特质,揭示学习、研究齐鲁文化的历史价值与现实意义,介绍、评析古代齐鲁思想家、军事家、科学家、文学家、书画家的生平经历、思想意识、成就地位,描述、开掘依存、传承于齐鲁大地的文化遗存、人文景观、民间习俗、民间传说和民间技艺的外在形态、内在意蕴。要让学生在深入阅读教材的基础上,结合当地的人文资源,利用已有的文化史、文学史的知识,对一些重要的文化现象和具有代表性的文化遗存,进行全面系统的理解,以提高学生的学习兴趣和理解能力。

"齐鲁文化长廊"展板的人物是按照历史时期排列的,所以可以按照主要的大历史分期，在学习的时候分组具体研究，在课下查阅相关历史资料，包括人物的生平事迹、人物的背景时代、著作的内容和意义，之后举行研究成果的展示。

齐鲁文化的核心是儒家学说。可以概括为自强不息的刚健精神、崇尚气节的爱国精神、经世致用的救世精神、人定胜天的能动精神、民贵君轻的民本精神、厚德仁民的人道精神、大公无私的群体精神、勤谨睿智的创造精神等。在总结归纳各位历史人物的同时，学会横向对比，找出他们思想的相同点和不同点，从而更加深刻地从本质上认识齐鲁文化。

(二)突出重点人物与篇章的学习与研究

在众多历史人物中，有代表性地选取重点人物进行研究，如李清照，了解李清照的生平对其艺术创作的影响，把握李清照作词的思想内容和艺术成就，了解李清照在我国文学史上的地位和影响。在这个过程中，为避免学习范围太大，可借鉴历史学的研究方法，形成一种固定的范式，研究每个历史人物时都按照这一范式进行，如生平事迹、文章著作、著名典故……这样做不仅能够让学习传统文化有章可循，避免盲目地陷入困惑，而且能够在学习自己所研究的人物的同时，能够很快地得到他人研究的成果，便于学生之间互相交流和合作，这也是创新教学方法的一种尝试。

除了历史人物的重点学习，还要研究重点篇章，如重点考察长廊中的《论语·雍也》，理解孔子的“齐一变至于鲁，鲁一变至于道”所揭示的内涵，从中体会齐文化与鲁文化对“道”(礼义)的不同理解，明确“至于道”的历史走向，齐景公对“君子之道”的体悟，《荀字·性恶》中对齐鲁文化重礼仪本质特征的肯定；等等。需要注意的是，不管是之前学没学过的文章，都有必要对其重读，在能够理解翻译语句的基础上联系作者的政治思想和哲学思想等对文章再解读，从中找出思想政治教育的好素材，找出反映社会主义核心价值观内涵的东西，加深对我国传统文化智慧的认同。

(三)探究齐鲁文化和中华文化的关系

走进文化长廊，让学生们意识到，弘扬优秀的传统文化，借鉴外来优秀文化，都是在马克思主义指导下，与中国特色社会主义文化相契合，培育引领新时代文化。生活在齐鲁大地，具有研究、传播、开发齐鲁文化，引领现代文化发展的使命。让学生们意识到要传承弘扬齐鲁文化，必须首先了解齐鲁文化的内涵。

所谓齐鲁文化，就是在齐、鲁两个诸侯国存在800年左右的时间内，在齐鲁大地上产生的一切文明成果。齐鲁文化是当之无愧的先进文化，它经受了历史的考验,被大多数中国人和一部分外国人所接受,推动了人类文明和社会的进步。

齐鲁文化在生成之初,是地域文化。秦始皇统一中国,使齐鲁文化走向全国成为可能。汉武帝"罢黜百家,独尊儒术",使齐鲁文化成了全国的主流文化。齐鲁文化是中国传统文化的重要组成部分。齐鲁文化虽然不能等同于中国传统文化,但中国传统文化之主流、核心、精华是齐鲁文化。齐鲁文化的代表人物,从齐国方面来看,主要是姜太公、管子、齐桓公、宴子、孙武、孙膑、邹衍、荀子。从鲁国方面看,主要是周公、孔子、颜子、曾子、孟子。齐鲁文化的思想理论成果,集中体现在齐鲁文化的经典著作里。齐鲁文化以儒家文化为主体和核心,承上启下,继往开来,兼容并蓄,博大精深,将5000年中华文明连为一条不断的长河,具有极其丰富的思想内涵。主要是:以人为本、以仁为核心、以德为美、以孝为先、以和为贵、以礼为范、以天人合一阴阳和谐为最高境界、以"中庸"为基本方法、以因时变革为前进动力。

(四)形成文化合力,促进学生综合素质的提升

大学生对传统文化的兴趣要与自身发展需求相结合,大多数大学生对传统文化感兴趣,现在需要做的是引导大学生将这种兴趣转化为动力,去自觉地接受传统文化知识教育,以提高自身的人文素质。中国的传统文化内涵丰富,博大精深,我们选择传统文化典籍(以四大文学名著为例)、传统礼仪道德和传统文化艺术(以戏曲为例)三个方面来增进大学生对传统文化和历史知识的兴趣。

第一,在全校营造重视传统文化的良好风气。一种文化形式得以保存不能离开民众这片广阔而厚重的土壤,在学校各个部门的关注下形成的文化环境是传统文化得以薪火相传的最重要因素。在经济全球化时代,我们应当注意保持并努力发展文化的民族性,尊重自己民族的传统文化,合理利用传统文化这个重要资源。轻视传统文化,势必难以培养和增强民族凝聚力。因此,我们要理直气壮地宣传传统文化教育,使学生充分认识到传统文化的重要性,并在全校形成重视传统文化的风气。

第二,传统文化教育的形式还需要改革与创新。缺乏大众化的传统文化教育是导致学校文化氛围薄弱的重要原因,要改变这一现状,首先应加快校本教材编写改革,增加能激起学生学习兴趣、紧密结合社会现实的内容,尽量呈现生动的史实,避免将中学历史教材变成大学历史教材的压缩本,使之更适合学生的思维特点、学习特点和时代要求。其次教学方式多样化,充分利用现代技术和历史实物材料,将理论环节和实践环节结合起来,并改革考试方式,使之与传统文化教育的育人目的结合起来。

第三,注重传统文化知识普及工作的制度建设。从制度上对传统文化加以保护有助于增强学生和学校各部门在这一问题上的责任感,并提高传统文化的影响力,从制度上为传统文化的延续和发展保驾。可以考虑设立专项基金给予传统文化普及成果以恰当的评价,并将其与其他科研成果等同视之,以使普及工作者的努力得到承认,从而激发他们做好工作的积极性。此外,还应当重视传统文化在民间的生存状态,给予民间文化艺术表演者以物质上的保障。

第四,重视传媒在弘扬和传播传统文化中的作用。在全校领域内,鼓励电视、电影、报纸、期刊、微博、微信公众平台等传媒严肃地担负起推进传统文化教育、提高民族文化素质的责任。新闻媒体要确立正确的舆论导向,要关注中国传统文化问题,要介绍和宣传一些传统文化的精华,提高全校师生对传统文化的认识,加速中国传统文化适应时代要求的现代转型。同时通过校园网、校园电视台、校报、学生社团刊物等传媒手段,在大学生中广泛地宣传中国优秀传统文化,充分发挥校园传媒的育人功能,使校园的每一处都体现传统文化教育的韵味。

第五,大学生应学会更加全面地塑造自己成才。时代和社会发展的趋势表明,单纯的技术型、经济型人才已不能适应社会发展的需要。文明的前进呼吁更多不仅具有专项技能,同时更具备良好的道德、文化修养的高素质人才,大学生是国家和民族的希望,应该努力学习人文知识,自觉吸收传统文化精髓,要主动参加以中国传统文化为内容的讲座、研讨会、文化沙龙、传统文化艺术展览、演出等校园文化活动和社会活动,不断提高自身的人文素养和综合素质,更加全面地塑造自己成才。

实施"走进齐鲁文化长廊"专题教学的目的,在于促进大学生对中国传统文化的重视,从而更好地把自己塑造成为适应社会发展和时代需要的复合型人才。一个人的素质高低不仅仅是看他手里有多少证书或掌握多少技术,一国的文明程度重要的不仅是看其经济有多发达,而是文化软实力。一个开放自信的民族在融入世界的过程中绝不能丢弃本民族的传统文化,这是社会发展以及个人成才的基础和关键。因此,要切实加强大学生传统文化教育,从而增强大学生对民族传统文化的认同感,培育大学生昂扬向上的民族精神。

三、教学实施

(一)观摩与赏析:齐鲁文化长廊

带领学生走进齐鲁师范学院章丘校区文翰广场,在2132平方米的长廊中,观摩与赏析南北 194 米、东西 73 米、长 461 米、108 间的长廊中的雕像、壁画、浮雕、碑刻等，阅读 96 个石质展板上的文字和古诗文，了解齐鲁文化发展历程中各个阶段所呈现的丰富多彩的精神风貌。重点阅读高阁下青石栏杆上雕刻的 32 帧古本《孔子圣迹图》，着重引导学生对儒家文明的学习与感悟。在汉代建筑风格的长廊中，融古朴凝重、简洁整齐的氛围，想象并寻找穿越时空与历史名人们进行面对面交流的场景。要使学生深切地感受到源远流长、博大精深的齐鲁文化韵味，增强学生对齐鲁文化的认同与喜爱之情。在这个过程中，潜移默化地提高学生的齐鲁文化素养，并为学生最终的实践报告的写作做良好的铺垫。

（二）案例与探究：寻找儒家文明的普适性

按照每组 6～8 人的要求进行分组，各小组分别在长廊中的雕像、壁画、浮雕、碑刻及 32 帧古本《孔子圣迹图》中选择出了如下案例："周公封鲁""晏婴与《晏子春秋》""《论语》""左丘明与《左传》""曾子与《大学》""子思与《中庸》""墨子与《墨子》""亚圣孟子""孙武与《孙子兵法》""齐长城""繁华的临淄""汉高祖祭孔""名相诸葛亮""书圣王羲之""刘勰与《文心雕龙》""范仲淹与山东""泰山学派""苏轼在山东""张择端与《清明上河图》""爱国词人辛弃疾""《水浒传》与梁山文化""蒲松龄与《聊斋志异》""山东大学堂""闯关东"。

教师指导各小组根据每个案例中的人物、故事的历史和影响，探究他们在中国传统文化中无可替代的重要地位；研究他们在山东广泛而深厚的社会基础、对历代中国人影响的表现；组织材料说明齐鲁文化形成过程中的本质内涵是什么，明确齐鲁文化"礼乐文化""礼仪文化"的根本特征在这些案例中的表现；在对具体案例的探究中体察齐鲁文化重礼的本质特征；探究如何理解人们将齐鲁文化定位为"礼仪文化"，其中所体现的中华民族的文明追求；说明崇尚礼仪、讲究礼仪作为齐鲁文化的一个重要特征，如何体现了普世追求与社会文明。

（三）讨论与思考：齐鲁优秀文化如何进校园、进课堂、进教材

案例探究后，师生共同伫立于校园核心地带的这座文化建筑之旁，感受其营造的文化氛围，对提升师生文化素养的无形力量，及在潜移默化中提升师生人生价值追求的力量所在。观察齐鲁文化长廊从建筑风格到布局形态所承载的古朴典雅与蜿蜒曲折给整个校园的人文景观所营造的人文立体感，体悟文化长廊所融汇的古代传统文化与当代红色文化带给人的文化浸润。在此基础上讨论与思考：如何以今天开放的视野看待两千年以前的齐鲁文化？如何用辩证唯物主义与历史唯物主义的观点，认识齐鲁文化的现代意义与历史意义？齐鲁优秀文化如何进校园、进课堂、进教材？

(四)责任与行动:大学生如何践行齐鲁优秀文化传统

教师引导学生立足于教育教学实践基地的角度,整体考察齐鲁文化长廊景观所体现出的齐鲁文化风貌,在山东省文化建设中的重要性,在章丘区、济南市乃至山东省的公共文化建设中的地位,总结"走进齐鲁文化长廊"活动对于大学生培育和践行社会主义核心价值观中的启发作用。通过教学实践要让学生知道,社会主义社会是全面发展、全面进步的社会,社会主义现代化建设事业是物质文明和精神文明相辅相成、协调发展的事业。物质贫乏不是社会主义,精神空虚也不是社会主义。建设有中国特色的社会主义,不仅要有高度的物质文明,而且要有高度的精神文明,齐鲁文化精神是提高国民素质、建设社会主义精神文明的重要资源。习近平总书记曾指出,培育和弘扬社会主义核心价值观必须立足中华优秀传统文化。牢固的核心价值观,都有其固有的根本。抛弃传统、丢掉根本,就等于割断了自己的精神命脉。博大精深的中华优秀传统文化是我们在世界文化激荡中站稳脚跟的根基。我们践行社会主义核心价值观,必须同时在我们的精神世界中传承好中华优秀传统文化这个"根基"。引导学生认识到践行齐鲁优秀文化传统的责任与使命。同时,还需要使学生明确的是,对待齐鲁文化必须要有"取其精华,弃其糟粕,批判继承,古为今用"的态度。山东受益于齐鲁文化,也受制于齐鲁文化。如部分山东人乡土观念凝重、官本位意识浓厚、商业意识滞后、思想相对保守等。因此,引导学生知道在践行优秀齐鲁文化的过程中,必须深入贯彻党的十八大、十九大精神,高举中国特色社会主义伟大旗帜,以习近平新时代中国特色社会主义思想为指导思想,广泛汲取齐鲁文化之精华,彻底摒弃传统齐鲁文化中的糟粕,为推动文化的大发展大繁荣,实现经济社会持续健康发展,做出新的更大贡献。

四、教学评价

(一)学生评价

本次实践教学活动对于我们大学生增强对中华优秀传统文化的了解、践行中华优秀传统文化起到了很大的帮助作用。齐鲁文化长廊是一个很好的媒介载体,本次教学活动让我们借助这一媒介载体看到了杏坛阁的青石栏杆上雕刻着的32帧古本《孔子圣迹图》构图精练,造型完美,生动传神,不但反映了孔子的伟大思想,而且能使世人知晓至圣先师的善德懿行、人文内涵,也表达了人们对孔子的崇仰之意。让我们从魏晋南北朝开始追溯历史,有"王与马,公天下"的东晋政治家王导、"玄学英才"王弼、撰写《脉经》的王叔和、著名的文学家建安七子之一王粲、官场智圣东方朔、"算圣"刘洪、两汉经学集大成者,被尊为"经神"的郑玄、卖身葬父的董永等等。观看这些石碑上篆刻的文字图画,给我们一种历史的沉淀。

本次实践教学活动有助于我们树立起正确的价值观念。一定的价值观念反映一定的思想、信念、信仰和理想,对于人的行为具有重要作用。齐鲁文化中重义轻利的思想,激励人们自觉地维护整体利益,坚持集体主义的价值取向。这种价值取向,将全局的利益看得高于局部的利益,把整体的利益看得高于个体的利益,凸显了中华民族以小我成全大我、以牺牲个人和局部利益去维护整体利益的优秀品格。对于我们大学生践行中华优秀传统文化来说,这次教学活动可以让我们借助对优秀传统文化的体验树立正确的价值观,加强自身的思想道德修养。

本次实践教学活动也让我们懂得了"开发齐鲁文化资源要面向现代化,面向世界,面向未来"的具体内涵。在经济全球化背景下,政治多极化、文明多样化的发展局势下,通过类似的实践活动可以让我们懂得在了解历史文化传统的过程中要拥有全局意识,要用世界眼光来观察、分析、研究、解决问题。没有一种世界的视野与眼光,研究任何问题都很难得出科学的结论。因此,在本次实践教学活动中,我们认识到对待齐鲁文化资源,不仅要注意挖掘那些适合中国口味、符合中国特色社会主义发展要求的优秀成分,也要注意弘扬推介那些具有世界性价值的智慧与精神财富。

(二)来自同行的评价

《中共中央宣传部、教育部在关于进一步加强高等学校学生形势与政策教育的通知》(教社政〔2004〕13号文)(以下简称《通知》)明确指出:"形势与政策教育是高等学校学生思想政治教育的重要内容。"形势与政策"课是高校思想政治理论课的重要组成部分,是对学生进行形势与政策教育的主渠道、主阵地,是每个学生的必修课程,在大学生的思想政治教育中担负着重要使命,具有不可替代的重要作用。"本次"走进齐鲁文化长廊"这一教学实践活动,内容新颖、极富创造性,它是将中华优秀传统文化融入到高校思想政治理论课教学的一次重要尝试,有利于当代大学生践行和培育社会主义核心价值观。

本次实践教学活动的一个重要特征是突出了吸纳大学生所在区域的地方文化,按照这种地方文化的内在逻辑设计、开发和实施课程的要求,对于落实实践教学的宗旨具有重要的价值和意义。本次实践教学活动利用齐鲁文化长廊进行优秀传统文化教育,充分加强了地方文化与课程的融入研究,有利于建设优秀传统文化传承体系,弘扬优秀传统文化。而且这一实践教学活动,是基于当地莘莘学子普遍了解的齐鲁文化,充分开发和利用学校教学资源的基础上实施的，颇具地方特色，是加强地方文化与课程融入研究的一次创新，有利于建设齐鲁优秀文化融入思想政治理论课程体系的发展。

实践教学是课堂教学的延伸。在本次实践教学中，丰富和活化了传统文化的教学内容，拓展了学生在实践活动中学习的空间，打破了单纯课堂理论教学的局限性，不仅充分发挥了学生学习的主体作用，使学生由被动地接受知识变为积极主动地去探索问题，从而达到不断完善自己的目的，而且打破了单纯课堂上“老师讲，学生记”的局面，丰富了学生的学习，有利于学生在潜移默化中接受齐鲁优秀文化传统的熏陶，有利于青年学生社会主义核心价值观的培育。

（三）教师教学反思

本次实践教学活动采取的是前期阅读、实地观摩、现场讨论、心得体会、科研探究相结合的方式，在提高学生在实践中获得优秀传统文化知识和锻炼探究能力的预期目标指导下，基本实现了提高学生关于优秀传统文化的学习与实践的综合素质的教学目标。本次“走进齐鲁文化长廊”活动在了解社会、学生、学校对地方文化的需求情况、分析课程开发的条件及影响因素、健全和明确开发计划、清晰和准确课程目标、发挥文化资源优势等方面取得了一系列收获，最大的收获是有助于促进学生关于齐鲁文化历史形成与特征的基本理论的认识，有助于帮助他们建立起历史知识与社会现实之间的联系，引导学生更加自觉地用历史唯物主义与辩证唯物主义的观点看待文化现象，提高文化自觉与自信。

本次实践教学活动抓住了传统文化的思想政治教育功能，在带领学生实践的全过程紧扣思想政治教育的战略主题，始终把立德树人和加强学生理想信念教育作为活动的重点。教学过程中注重运用传统文化的渗透性，如实地观摩环节，使学生在齐鲁文化长廊的字里行间、笔画线条中接受优秀齐鲁文化的熏陶，潜移默化地提高学生的思想道德修养；教学过程中注重运用传统文化的内省性，如心得体会环节，引导学生结合齐鲁历史名人的优秀事迹，反思自己的日常行为是否符合齐鲁优秀传统美德和社会主义核心价值观，使学生在内省中成长、进步，提高自己的思想道德水平。

本次实践教学活动的开展有利于用优秀传统文化引导青年学生增强文化自信。“走进齐鲁文化长廊”这一教学实践活动，旨在使当代大学生更加充分地认识到中华优秀传统文化的现代价值，引导青少年学生增强文化自信，坚定走中国特色社会主义道路。通过开展本次实践教学活动，使学生认识到中华优秀传统文化是当代青年学生获取智慧的源泉，如实地观摩环节，在齐鲁文化长廊中结合世情、国情向学生讲解孔子之“仁”，孟子之“义”，墨子之“兼爱”“非攻”等，使学生认识到这些古老的思想依然能为当今世界政治家在解决地区矛盾和冲突中提供智慧；使学生认识到中华优秀传统文化是当代青年学生自强不息的精神动力，如前期阅读阶段，注重带领学生从文化典籍中挖掘齐鲁文化精神，使他们认识到文化典籍并不是"知乎者也"、枯燥无味。

本次实践教学活动有利于使学生认识到传统文化在新的时代下是要发生变化的，现代化是实现中华民族伟大复兴的必由之路。中国要想走向现代化，必须面对并处理好中华优秀传统文化与现代文明两者之间的关系。民族的复兴亦是民族文化的复兴。中华优秀传统文化是中华民族的精神家园，为使其固有的基本精神与当下社会发展更加契合，对其进行现代性转换不仅是理论发展的内在要求，而且也是一个现实问题。这就要求我们必须坚持马克思主义在意识形态领域的指导地位，建构中国特色的话语体系。同时也要立足建设有中国特色社会主义的伟大实践，为中华优秀传统文化注入时代血液，推动传统与现代的双向互动融合发展，以此助推并实现中华优秀传统文化的现代性转化。新时期以来，经济全球化发展趋势日益加深，资本、技术等生产要素在全球范围内广泛流通，文化的交流传播发展亦与之相伴。然而，我们应当清醒地认识到不同文化之间进行交流时，是不能没有主体意识的，否则就会出主而入奴，就会沦为其他文化的附庸。中华传统文化的现代性转换绝对不能随便割舍和抛弃我们自身所拥有的文化特色，这个底线必须毫不动摇。

但在活动过程中，还存在一些组织上的问题需要在今后的活动中得以完善。其中之一是学生参与的积极性问题。本次实践活动的一个最大的缺陷就是各小组长几乎承包了活动中的一切，造成了其他同学的"搭便车"问题。如在搜集资料的准备工作中，组长包揽了所有资料的汇集工作，小组讨论中也是发言最多，而其他组员的贡献较少，不够积极，要么是等着组长提交材料，要么是仅仅作为听众。造成这种结果的主要原因是教学设计中对活动任务阐释不够，活动分工不够明确，使得小组合作流于形式、组员与组员间交流不够充分，学生的合作意识不强，直接影响到了教学计划与组织，没有很好地实现预期的综合性效果。今后的活动中要针对这些问题调整设计内容，采取更加合理的方式方法，明确小组的目标与任务，营造良好的合作氛围，激发全体同学的积极性与想象力，增强学生们在活动中的归属感。

五、来自学生的报告

（一）文化自信之我见

2016年7月1日，习近平在建党95周年庆祝大会的重要讲话中强调，文化自信，是更基础、更广泛、更深厚的自信。文化自信成为继道路自信、理论自信和制度自信之后，中国特色社会主义的“第四个自信”。文化自信给我们提出了既能体现时代价值，也着眼于中国文化的一个非常有信心的指南。

中国文化历史悠久，底蕴深厚，使其成为世界上最具兼容性的文化——修身、齐家、治国、平天下。这种务实精神的文化足以在全球通用。正如 1988 年 75 位诺贝尔获得者在巴黎集会的宣言中所说，人类要在 21 世纪生存下去，就要从中国孔子那里寻找智慧。

在我校建设孔子学堂，充分发挥我校教育教学的资源优势，对于传播孔子优秀教育思想，弘扬中华优秀传统文化，培育当代大学生践行社会主义核心价值观都具有十分重大的意义。2016 年 4 月 26 日，山东省高校“孔子学堂”暨“青年之声”国学教育示范基地授牌仪式在我校隆重举行。全省 52 所高校团委负责人以及我校师生代表共计 300 余人参加了仪式，足以表明中华文化魅力之所在，人们对我国文化高度自信和高度认同。仪式结束后，与会领导与来宾实地观摩了我校“孔子学堂”的书法研习公开课，并观看了国学社团学生们表演的六佾舞、吟诵等丰富多彩的礼乐文化展示，参观了齐鲁文化长廊，对我校“孔子学堂”的建设，以及优美的校园环境和具有浓厚齐鲁文化特色的校园文化给予了高度赞扬。

在我校建设孔子学堂，充分发挥我校教育教学资源优势，是一条正确的道路。“齐鲁文化长廊”是我校的标志建筑，在山东省是独一无二的，其内容丰富，底蕴深厚，回味无穷。孔子学堂对于传播孔子优秀教育思想，弘扬中国传统文化，培育当代大学生践行社会主义核心价值观具有重大意义。

“文化自信”只是一句口号、一个理论名词吗？不是！我们提倡的“文化自信”有其深厚根基，是可以真正实践的。优秀传统文化需要传播，需要继承，需要不断学习。“纸上得来终觉浅，绝知此事要躬行”，中国梦不能纸上谈兵，必须弯下身子，静下心来，明确自己的不足和缺陷之处，结合我国国情来学习，向智者学习，向圣人学习。我们民族要想上进，我们民族要想实现中国梦，那就必须继承弘扬优秀传统文化，走进孔子学堂，聆听圣人的教诲，与经典文化同行，与智者对话，传递正能量，为实现中国梦而努力奋斗！

（2014 级思想政治教育本科班吴飘飘撰写）

(二)人能弘道，非道弘人——浅谈大学生如何弘扬中华优秀传统文化

党的十八大以来，习近平总书记多次提到“文化自信”。中华优秀传统文化作为“文化自信”的重要组成部分，其作用是不可忽视的。其中齐鲁文化在中华传统文化中占据重要的地位。对此，老师组织我们对我校标志性建筑之一——

齐鲁文化长廊进行了赏析，并对"儒家文明的当代价值"以及"优秀传统文化如何进校园、进课堂、进教材"进行了讨论，在此过程中，我对中华优秀传统文化以及大学生弘扬中华优秀传统文化作了以下几点思考。

其一，要正视中华优秀传统文化。近百年以来，中华传统文化曾遭受了史无前例的冲击和破坏，中华民族优秀的传统文化没有受到较好的保护和传承，虽然之后有几次所谓的"国学热"，但是人们，尤其是作为当代大学生的我们，对于中华传统文化还是比较陌生，还是有一些距离感。所以，我们要正视中华优秀传统文化，要认识到中华优秀传统文化就在我们身边，其已经融入我们的生活中，随处可见。

其二，就是认知。不仅仅是对我们自己、对中华优秀传统文化的认知，更是对我们与中华优秀传统文化关系的认知。人的本质是一切社会关系的总和，同时人也是"历史的人"，我们每个人都是漫长历史进程的一个点，我们创造着历史，同时也深受历史的影响。不管你承认与否，在你出生的那一刻，你的骨子里就已经深深烙上了这片土地、这个国家、这个民族的印记。我们每个人都是中国这片土地的大树，中华优秀传统文化是我们与土地相连的根，使我们不断从土地吸取营养，使自己不断成长。如果树没有了根，一阵风来，还能有几棵会站立？所以我们不能忘本，中国的东西需要中国人来继承，必须先保住了自己的根，只有这样才有能力去学习其他国家的先进优秀文化。要在继承的基础上去吸收、去发展。

其三，我们坚持用"善、正、新"三个字的内涵去弘扬中华优秀传统文化。古今中外，"善"是人类社会普遍价值标准之一，是中华传统文化的一个重要的核心观念。弘扬中华优秀传统文化的过程就是建立德行的过程，所以"善"是践行中华优秀传统文化之初之本。"善"是内心仁爱、淳厚，是一种优良的品质。正如《道德经》中所讲"上善若水"，"善"如水一般有包容、宽容的心态，能够尽其所能滋养万物却不求从万物之中得到什么。大学生是建设祖国的重要力量、关乎国家和民族命运的重要因素。大学生以善为准则弘扬中华优秀传统文化，足以使得国家和民族的根基越来越雄厚扎实。"善"还有友好、亲善之意。与中华优秀传统文化为善，也就是与其结一个善缘，以一颗向善之心去弘扬中华优秀传统文化，同时在弘扬的过程中以一颗向善之心去感受感悟中华优秀传统文化。文化对人的影响是潜移默化、深远持久的，弘扬中华优秀传统文化是循序渐进的，你从中获取营养，同时，你也为它注入了活力。"正"，即正心，有正气，行正事。一曰"正直"，即有勇气去坚定正确的信念，同时有勇气面对错误的观点，能正人之曲使其为直。在弘扬中华优秀传统文化的时候，不可避免地会接触到中国传统文化当中的糟粕，此时就要坚定信念，勇敢地直面"糟粕"，同时运用智慧正曲为直。二曰"纯正不杂"。

弘扬中华优秀传统文化是以传承中华优秀传统文化，使自身的精神、内涵得到提升、升华为目的的，而不是以营利为目的。在其目的上要坚持纯正不杂的原则，否则中华优秀传统文化就难以发扬光大。三曰“正当、合适”。在弘扬中华优秀传统文化的过程中，要以正当的合适的方式方法去践行。“新”，《大学》中有“苟日新，日日新，又日新”的句子，而且纵观中华传统文化的发展过程，它不是一成不变的，而是随着时代的变化、社会状况的变化而变化的。在不同的时代、不同的社会状况下，中华优秀传统文化也有所不同。处在新世纪初期的大学生要以新思维、新视点思考中华优秀传统文化在当今社会、时代如何迸发出它的活力，要将当代的社会特点与中华优秀传统文化相结合，在继承的基础上进行实践的创新，在创新中不断发展中华优秀传统文化，中国优秀传统文化并不会停止，其精髓会随着时代的发展不断发展下去。

其四，弘扬中华优秀传统文化并付诸行动，在实际活动中更深刻地去感受去体会中华优秀传统文化。中华优秀传统文化就在我们身边，就在我们日常生活中，所以要践行中华优秀传统文化就是从我们的身边开始，从生活中日常小事起，要落实落小。弘扬中华优秀传统文化也要由己及人、由人及己，这不是特定时间特定地点的特定活动，而是随时随地的日常活动。我们平常给父母打个电话通个视频沟通感情，这是践行了孝道；课上的认真听讲，在获取知识的同时也是在践行尊师重道；在帮助朋友甚至不相识的人的时候，践行了友爱友善；写好汉字、保护环境以及我在这儿和大家分享我的思考，这也都是在弘扬中华优秀传统文化。在做好身边事日常事之后，有能力有兴趣者可参加一些特意举办的中华优秀传统文化的活动、讲座，或者读一些经典书籍，选其中一类深入探究下去。

有观念无行动，有行动无观念，都不是在弘扬中华优秀传统文化。当你带着观念去行动的时候你才是弘扬中华优秀传统文化。王阳明先生讲“破山中贼易，破心中贼难”，弘扬中华优秀传统文化就是在破除心中之贼，将自身的恶得以消除。人能弘道，非道弘人。中华优秀传统文化并不能主动地使你得到提升，只有你自身去弘扬中华优秀传统文化，才能从中获得力量使自身得以升华。

中华优秀传统文化是使我们能够不断受益的文化宝藏。我们应该正视中国优秀传统，在日常生活中自觉地弘扬中华优秀传统文化，从我们身边的点点滴滴做起，从我们自身、家人、老师朋友开始。

（2014级思想政治教育本科班王亚玮撰写）

（三）道并行而不相悖，万物并育而不相害——谈中华优秀传统文化的当代价值

我们现在所生活的时代是一个革故鼎新的时代，是一个多元文化并存的时代。随着改革开放步伐的加快和信息技术的飞速发展，近年来大量的现代网络文化得到了广泛传播，许多新的生活观念和生活方式影响着我们每一个人的生活，这无疑丰富了我们的文化生活，开拓了我们的视野，但是这些文化并不是总能发挥积极作用，其中也不乏消极的、落后的、腐朽的文化，要想最大限度地避免受其影响，就必须以先进的中国特色社会主义文化为主导，引领这些多元文化向正确的方向发展，只有这样我们才能汲取文化的营养并从中受益。那么什么是先进的中国特色社会主义文化呢？我觉得它至少由两部分组成：其一就是我们中华民族五千年的历史文明所积淀的中华优秀传统；其二就是马克思主义理论以及马克思主义中国化的优秀理论成果。我觉得无论今天的文化有多么繁荣都始终不能脱离中国特色社会主义先进文化的引领而独自发展，尤其是不能抛弃我们民族的文化精髓——中华优秀传统文化，离开了二者的引领，我们的文化必定会像一盘散沙，终究不能凝聚成一股强大的合力，最终既不能走向世界也不能使我们自己受益。所以中华优秀传统文化理当与当今的各种现代文化并存，只有如此我国的文化才能长期保持开放、包容、多元的繁荣局面，才更能推动各种文化的创新。

中华优秀传统文化博大精深，源远流长，我们中华儿女一向以中华文化是世界上唯一没有中断过的文化而感到自豪。习近平总书记在一系列的重要讲话中也曾有过关于传统文化的论述。他强调，中国传统文化是中华民族的精神命脉，是中华民族区别于其他民族的独特标志，是中华民族的"根"和"魂"。这表明了中国优秀传统文化之于我们民族的重要性，更体现了中国优秀传统文化仍具有其他文化不可替代的当代价值。随着信息时代的发展，越来越多的人尤其是一些青年人酷爱网络文化或他国文化，观看的电影、电视节目大都是来自欧美或是韩国、日本等地区或国家，对于我们的民族文化知之甚少，甚至有人认为这些传统文化早已过时，对于我们现代人的生活已没有多少价值了，所以不用去学习。持有这种观点的人对于我们的传统文化并没有认真地去研读，根本就不清楚这些传统文化中包含哪些重要的思想内容。此种状况的出现更需要真正理解、真正热爱、真正受益于中华优秀传统文化的人去尽自己的努力来阐释我们中华文化的重要内涵和时代价值，让更多的人去传承并弘扬传统文化，只有这样我们的民族文化才能生生不息，才能获得持久的生命力。

那么中华优秀传统文化的当代价值究竟有哪些内容呢？这些内容对我们的国家、社会和个人具体有哪些影响或启发呢？这些都是我们应该认真思考的问题。中国传统文化本身的构成是多样复杂的，应该说几千年的文明积淀都应包含其中，当然这些组成部分既有精华又有糟粕，我们要学习和传承的是传统文化的精华，对于那些糟粕的部分我们应坚决剔除掉，要有辨识先进与落后的眼力。中华传统文化纵然构成多样复杂，但其核心应当是儒家文化。如果将中华传统文化比作一棵大树的话，那么儒家文化应该是这棵大树的主干，其他文化则构成这棵树的枝和叶。儒家文化自身也包含了众多思想，这是很正常的事，我们都知道儒家的创始人是孔子，但孔子门下又有许多弟子，他们在整理孔子思想的同时也会不经意间将自己的思想融入进去，久而久之这个系统中便有了各种不同的思想。到了汉武帝时期，儒家思想又被确立为正统思想，其正统地位一直延续到清朝，在这期间由于政治上的需要以及其他文化的影响和冲击使得儒家文化不断被赋予新的内涵，这恰恰说明了儒家文化是具有包容性质的一个文化体系。尽管其体系庞大，内容繁多，但是作为它的核心思想的“仁”和“礼”则是每一种思想的出发点，其他思想都是对“仁”和“礼”的继承和发展，而它的核心思想也正是至今仍具有影响力和时代价值的思想，概括来说儒家文化的核心应该是五个字，即“仁、义、礼、智、信”，其中“仁”和“礼”又是这五个字的核心。不难看出这些都是伦理道德层面上的重要范畴，旨在规定社会中的人应该遵循的规范原则。道德规范在任何时代任何一个国家都是不可或缺的，并且它最初的形成并不依赖于人们的刻意制定，而是人在生活实践中自觉形成的一种原则，或是一种对善的追求。这种价值追求恰恰是我们现代生活所迫切需要的，我们身处信息网络飞速发展的时代，多元价值观给我们的思想带来了不可避免的碰撞，面对多元文化需要我们作出正确的价值观选择，我们需要一把精神的标尺来衡量是非善恶，而这把精神的标尺理应是我们中华民族几千年来不断被实践检验了的被本民族人民所公认的伦理道德标准。而这些标准中就融合了儒家的许多核心思想，比如仁爱，一个发展良好的社会应该是一个人与人之间相互关心、彼此友爱的社会，而现在我们的社会中却出现了许多令人寒心的事件，老人摔倒了年轻人出于好心去搀扶却被冤枉成伤害老人的人，这种现象的出现使许多人放弃了与人为善的原则，遇到这类事情都会像条件反射一般地躲开，没有人再愿意乐于助人，在利益面前人的善良往往便会被丑恶所蒙蔽，为了私利便不顾道德伦理的约束，做出一些令自己悔恨一辈子的事。这说明“仁爱”的标尺并未在我们每个人的心中扎下牢固的根基。正是这个原因，儒家文化中讲求仁爱的思想才仍具有当代价值。除了仁爱思想，重视礼乐的思想也应该被赋予时代内涵而继续传承下去。在孔子生活的时代，“礼”和“乐”都是维护社会稳定的规章制度，同时也是一种道德上的追求。我们现在都把音乐作为一种陶冶情操的娱乐活动而并非是一种行为规范，这是时代进步的结果，但是“礼”却是不可或缺的，服务员对顾客微笑，主动提供帮助是一种礼；学生见了老师主动问好是一种礼；向帮助自己的人表示感谢也是一种礼……应该说，“礼”随处可寻，小到人们的日常生活，大到国与国之间的交流都需要礼，我们今天所讲的礼主要指礼仪和礼貌，与孔子讲的"礼"有了许多不同之处，但今天我们所讲的礼与孔子所讲的礼，初衷却是一致的。孔子认为，用"礼"是为了让人与人之间更加和谐，达到和谐才是礼的最高境界，但是如果为了和谐而去追求和谐，用礼没有原则却是不行的。比如一个人为了达到某种目的与某些官员搞好关系，借此滥用私权，虽然两个人之间关系"和谐"，但这却是一种违背礼的行为。近年来我国许多官员落马就是由于收了"礼"，没有抵制住金钱的诱惑，心中没有判断是非对错的标尺。正确价值观的缺失也对学习和弘扬中华优秀传统文化提出了迫切的需要。"义"在儒家文化中也是一个很重要的道德范畴，是成为君子的必不可少的条件。孔孟所讲的义是道义，今天我们将其理解为正义，公平与正义是人类社会普遍追求的一种价值理想，我们在现实生活中经常看到许多人为了正义不惜牺牲自己的利益，比如许多警察在执行任务中被犯罪分子打伤或是因此而付出生命。生活中的一些小事也可算是对正义的追求，如倡导诚信考试，严禁作弊。这些思想早已深入我们的内心，从古至今它的价值始终没有减少，而是不断与时代相结合，最终被一代又一代的中华儿女所继承，儒家文化中所提倡的"信"也是我们今天需要弘扬的思想，讲信用对于人与人之间友好相处，社会稳定良性发展有着不容忽视的作用。随着我国市场经济体制的确立，市场成了配置资源的决定性力量，这当然促进了我国经济的快速发展，但市场也有它的不足之处，有些企业为了片面追求利润，不惜制造出伪劣产品来欺骗消费者，使买者与卖者之间的矛盾愈演愈烈，这从根本上说就是不讲诚信的表现。如果参与市场的人都遵循诚实守信的原则，那么这些看似不可调和的矛盾都会迎刃而解，而且这必然有利于优化市场环境，吸引更多的资金，并拉动消费增长。很多人总是在说以前的思想文化都过时了，但是这些传统文化中的道德素养，我们每个人真的都具备了吗？我想这是值得我们去反思的。

中华优秀传统文化不仅对我们每个人的生活有重要影响，而且对于我们党的执政理念和我国社会主义核心价值观的构建有着启发意义。一个国家的政党要依法执政，但同时不能忽视道德的力量，只有坚持依法治国与以德治国相结合才能保证一个国家的和谐稳定，才有可能尊重人，做到以人为本。我们的社会主义核心价值观也融入了我们传统文化的因素，如国家层面上所倡导的和谐，社会层面上提到的公正，个人层面上强调的诚信、友善。这几个词体现了中华民族传统文化中以和为贵、崇尚正义、诚实守信以及推己及人的仁爱思想，这些都是我们传统文化中的精髓。这些思想对于我们今天的生活仍具有指导意义。也正是因为我国各族人民对这些传统文化有着强烈的归属感和认同感，我们的国家才更具有凝聚力、向心力，各民族才能紧密团结在一起共同致力于我国社会主义现代化建设，最终实现国家富强、人民幸福的宏伟目标。

“道并行而不相悖，万物并育而不相害。”在当今各类文化并行发展的时代背景下，我们传承中华优秀传统文化并不妨碍其他文化的发展，相反其他文化的发展可以融合传统文化的精髓，毕竟传统文化是我们各民族文明的根基和源泉，离开了根基，枝繁叶茂只能是一种空谈或幻想，最终只能走向民族虚无主义。在充分挖掘传统文化的当代价值的过程中要坚持与时俱进，要结合当下的社会发展状况以及人民大众的精神需求不断赋予传统文化以新的内涵，这样我们的民族文化才能永葆生机与活力。因此，传承与创新都是文化建设中不可或缺的部分。我们的生活实践和社会主义建设实践证明了中华民族优秀传统文化仍具有当代价值，但是如何让其当代价值被更多的人所了解以及如何发挥其当代价值等一系列问题仍需要我们一代又一代的人去不断思考，去寻找我们民族文化发展问题的最优解。由于每个时代都有其发展特点，因此这将是一个永无止境的过程，我们任重道远，却不能轻言放弃。“路漫漫其修远兮，吾将上下而求索”，这是时代赋予每个中华儿女的历史担当。

（2015 级思想政治教育本科班潘宏宇撰写）

专题十三　我看休学创业新政

教育部允许在校大学生休学创业并给予职业生涯规划的指导，是缓解就业难的一项好政策，显现出“以创业带动就业”的良好社会效应。及时了解国家最新出台的各项政策，把握经济社会发展的走势，引导大学生审时度势做出生涯规划，是“形势与政策”课教学的一个重要内容。通过“我看休学创业新政”实践教学专题的开展，引导大学生树立创业创新精神，掌握创业知识，培养创业技能，树立科学的职业生涯规划观。

一、教学目标

(一)知识目标

2014 年 12 月 10 日，教育部正式公布了《关于做好 2015 年全国普通高等学校毕业生就业创业工作的通知》(以下简称“《通知》”)，即日起将全面推进创新创业教育和自主创业工作，即休学创业新政。休学创业新政，反映了国家对大学生创业的支持。但是对于大学生是否休学创业则应当有所引导，需要从创业环境、学科专业、家庭背景及经历、大学生个人能力素质等多个方面进行分析和疏导。在现今社会经济不断发展，就业形势不容乐观的情况下，大学生自主创业自然成为了大学生传统就业方式的重大改革和创新。

大学生创业群体主要由在校大学生和毕业生组成，由于大学扩招引起大学生就业难等一系列问题，一部分大学生通过创业形式实现就业，这部分大学生具有高知识高学历的特点，但是由于大学生缺乏相应的社会经验，需要全社会的关注和帮助。大学生创业逐渐被社会所承认和接受，同时也肩负着提高大学生毕业就业率和社会稳定的历史使命。

与休学创业相联系，职业生涯规划更是当代大学生的必修课。学校在组织学生学习“生涯计划”“职业选择”“生涯影响因素”等基本知识的同时，更多的是组织学生参加各种职业生涯规划比赛，使大学生拓展思维，放宽眼界，逐步建立自主生涯规划的思想，促进大学生生涯意识觉醒，对自己的天资和能力进行现实的评价，并作出相应的生涯决策，实现从学业到职业乃至达成完满人生的顺利转变。本专题教学活动的开展，促进大学生了解和掌握生涯发展最直接并且最具稳定性的各种因素，成为引导大学生真正实施职业生涯规划的关键之举。

(二)情感目标

目前对多数大学生来说，休学创业还是一个新鲜事物，不同类型的学生会有不同的反应。有些学生对“休学创业”存在抵触心理，认为是不务正业，这阻碍了大学生休学创业新政的实施，也不利于学生发掘潜能；有些大学生认为终于可以摆脱课堂的束缚，自由地实施创业了，这种心态也不利于大学生学习科学文化知识，于大学生的成长不利。因此，给学生创造科学理解和实施休学创业政策，有助于端正学生的看法，增强学生对创业就业的情感，并积极投入到社会主义建设大潮中去。

本实践教学专题的情感目标，就是引领大学生科学践行休学创业新政，指导大学生科学规划职业生涯。这样对学校而言，能够弥补实践课程的局限，给学生更多实践理论的指导；对学生家庭而言，能够增加学生的独立性，进而减轻家庭负担；对学生个人而言，能够提前融入社会，为以后职业生涯做好规划。大学生对休学创业政策、职业生涯规划以及自我定位要有准确的认识，激情创业不等于成功创业。创业有风险，大学生需要通过明确就业创业的发展方向和职业生涯的科学规划，正确观察别人和了解自我，增强就业创业信心与勇气。指导大学生学会正确看待创业以及就业的成功与失败，悦纳自己。

(三)能力目标

本实践教学专题的能力目标，就是指导学生对自己的性格特点和知识结构以及应对风险的能力作出科学判断。在学生还没有能力对自己未来做出准确定位的情况下，引导学生通过去观察别人，征求“过来人”的意见，再结合自己的实际情况制定一些小的目标，通过确定和实现这小小目标，再慢慢地开始规划自己的人生。引领学生明确自己的人生方向，对自己有正确的认识，明确自己到底适不适合创业，在创业过程中，也要经常性地提前计划或不断调整完善职业规划。在制定计划的时候一定要综合各种因素，形成切实可行的动作分解，要将任何可能的细节都考虑在内。而在实施的过程当中要针对当下的具体情况进行，适时做调整。

二、教学内容

(一)科学宣传国家的创业政策

一是在国家"双创"政策的支持之下,为大学生提供相关创业知识指导、创业心理教育、创业技能培训、职业规划指导。二是帮助学生了解国家或学校的各项资金扶持项目。包括国家对休学创业各项贷款的支持,高校建立项目库,为有创业想法的大学生提供帮助等等。这样不仅可以减轻大学生创业压力,还可提高创业成功率。

作为教师,应该为大学生宣传当前的鼓励创业的政策,激励学生通过自身考量,从实际情况出发大胆创业,为自己的职业生涯作出合理的规划。在教师的激励下,学生将外部教育要求转化成个体的自觉行为,通过对学生发展动机的不断激发,增强学生发展的内驱力,逐步培养学生的主体意识,从而激发学生自主行为动机,作出合理的职业生涯规划。

(二)引导大学生做好生涯规划

在是否休学创业的这个问题上,大学生应该综合考虑自身的知识、创业技能、创业机遇、资金支持力度等因素理性选择,并将创业和职业生涯规划联系起来。既不要错失良机,也不能盲目创业,得不偿失。马云对创业有过这样的论述:"今天很残酷,明天更残酷,后天很美好,但是绝大多数人死在明天晚上,见不着后天的太阳。"这句话虽然有些诙谐但也揭示了创业并非易事。准备休学创业的年青人应该"三思而后行"。

首先,大学生对自己要有清醒的认识。要充分了解自己的气质、性格、兴趣、能力等是否适合创业,最好事先在网上找一些专业测试系统来评估自己。即使各方面都适合创业,最好选择与专业相关的项目,自己相对比较熟悉,还能发挥优势。在积累了一定经验和资金后,再选择更大的项目和发展空间。同时还应不断学习,提高自身的市场洞察能力、应对市场变化的能力,学会驾驭市场。

其次,大学生要对学业有清醒的认识。学业是创业的基础,学生的天职是学习,务必以学业为重。要不断丰富自身的文化知识,加强各方面技能的锻炼,为将来一步一步实现自己的职业生涯规划打下坚实的基础。大学生若是盲目跟风休学创业,而不考虑自身经验是否欠缺,经济基础是否牢固等实际情况,把创业的道路看得过于简单,难免会失败,最后可能会学业创业落得两手空,导致职业生涯规划起跑线性质的失败。

最后，大学生对创业要有清醒的认识。大学生不要只看到少数创业成功的例子，更应看到创业道路上有很多失败者。创业的道路是艰苦崎岖的，注定不会一帆风顺，空有创业的热情是远远不够的。若是没有一定的本事和经济基础，没有足够的心理承受能力，创业是不会成功的。要时刻从实际出发，不要好高骛远，要在摸爬滚打中完善自己的生涯规划。

（三）加强创业文化及氛围的营造

虽然目前中国高校的大学生对于创业有较高的认知，家庭、学校和学生也有较为开明的态度，但是，这与“大众创业，万众创新”所要求的创业创新文化还相距较远。因此，非常有必要在高校加强对创业文化及氛围的营造。以斯坦福大学为例，因有良好的创业氛围，学生自主创业活动十分活跃，各种创业俱乐部和创新创业项目如创业研究中心、亚太学生创业社团、斯坦福创业学生商业协会等，组成了斯坦福创业网络。而且，学生们还经常参观硅谷的企业，斯坦福每年举办创业者大会，都会邀请企业界内的高层人士参加，学生都会参与其中的座谈会或者交流会等。此外，包括斯坦福大学在内的整个硅谷地区拥有良好宽松的创业文化氛围，不仅仅是对学生，还有老师。硅谷文化具有广泛的包容性，推崇创业、鼓励冒险、宽容失败，这些社会文化观念都是可以极大的刺激人们的创新精神与冒险精神。

（四）注意职业素养的培育

职业素质教育是高校职业生涯教育的核心内容。个体在其生命中所扮演的职业角色在其人生中占有十分重要的地位。作为整体生涯历程的一部分，高校的职业生涯规划课程应努力帮助学生个人树立正确的职业价值观，在具备一定的工作技能的基础上，培养个人职业生涯规划能力与决策技巧，拓展个体进行职业生涯选择的机会和途径，使就业状况得到改善和优化，对工作保持持久的热情，使个体在工作过程中体验从事某项职业的意义，将工作视为生活中的重要组成部分，进而实现自己人生的意义和生命的价值。

职业生涯教育课程的作用不仅是帮助学生顺利进入劳动力市场，找到适合自身条件的工作，更重要的作用在于唤醒大学生职业生涯规划意识，明确自身职业理想，提高自身综合竞争力。对于职业生涯教育的认识，不能仅仅停留在找到合适的职业，而是站在生涯发展的角度，审视并探索自己未来的人生，最终达成自我实现，为未来完满生活做准备。

(五)培养综合职业能力

终身教育理念指导下的综合职业能力教育观强调尊重学生的个性发展,鼓励学生主动学习、实践和参与考核评价,注重培养学生的学习能力、解决问题能力、创新能力和创业能力。为此,教师的角色也要发生相应的变化,要由知识的传授者和主导者逐渐向学习的引导者和学生的辅导者转换。

职业生涯教育课程的内容将更为侧重整体性和完整性,基于行动理论和工作过程导向的课程也将成为一种必需。因此,终身发展的理念以及对人的发展的关注必将会在高校职业生涯教育的发展中起到重要的指导作用。

三、教学实施

(一)政策解读:休学创业,允许不等于鼓励

带领学生阅读国家关于大学生休学创业政策,在阅读中增进学生对休学创业政策的了解,提升学生对创业就业的信心。带领学生观看有关大学生休学创业典型视频,与学生探讨休学创业政策产生的背景。使学生认识到我国高校新增毕业生居高不下,大学生面临的就业压力大,国家出台休学创业政策,有利于增强大学生的社会实践能力,激发经济社会活力。在此基础上,由学生发表他们对于大学生休学创业政策的看法,并由老师进行点评。

在师生互动交流的过程中,帮助学生消除对休学创业政策产生的误解。针对学生因一时冲动而产生的休学创业的想法,教师通过分析大学生休学创业的相关案例,使学生更加直观地认识到,大学学习生活对于今后创业就业的重要性;休学创业政策的出现,并不是鼓励大学生都不再专心学业,一股脑地离校创业。

通过教师的细致解读,使学生深切地认识到创业有风险,要正确地对待专心学业与离校创业,慎重地作出选择,避免激情创业。在老师指导下,提升学生对大学生休学创业的认识水平,提高对政策的理解能力。

(二)讲述创业故事:且行且珍惜

按照每组6～8人的要求进行分组,各小组从身边的创业故事中挑选出典型,进行分享和研讨。分别找出了如下青年人的创业故事:陈文哲组建研发团队进军IT行业,初期曾无偿为大型IT公司服务,只为让对方认可自己的创新技术,大获成功后仍秉持共享共赢的原则,用自己的能力与修养在创业路途印

上自己的足迹；曾歆励创新使用微信平台推送自己的快餐，线上线下的合作模式不仅方便了受众群体，也得到了业界的广泛认可；高校在大学生兼职遍地的环境下创造性地建立了兼职平台，在自己"兼职变创业"的同时让各大公司企业拥有了充足的劳动力资源。

教师指导各小组讲述身边的创业故事，注重感悟和分享主人公的心路历程，使学生走近大学生创业者群体，正确地看待休学创业。针对故事中主人公的真实感受与想法，带领学生探究大学生休学创业的可行性以及存在的风险；就故事中主人公遇到的困难，和学生模拟探寻解决办法，分析科学文化水平的差异对大学生休学创业的影响；引用案例说明休学创业存有一定的风险，大学生创业者要有创业的勇气和信心；阐述大学校园对人生的重要影响，使大学生认识到要珍惜校园生活，努力学习科学文化知识，为今后的人生道路打下坚实的基础。

教师指导学生，使他们从身边的创业故事中感受到大学时光的宝贵，无论是否选择休学创业，都应当且行且珍惜。

（三）案例分析：比尔·盖茨与马云的创业比较

比尔·盖茨与马云是当代大学生创业者的榜样，带领学生探寻两人的创业传奇，通过对两人的创业比较，会帮助大学生更加全面地看待休学创业。

良好的创业环境是通向成功的必要条件。教师让学生搜集比尔·盖茨与马云的创业资料，指导学生比较两人所处的创业环境，探究创业环境对创业的影响。比尔·盖茨的成功离不开他当律师的父亲、当 IBM 董事的母亲的援助，更离不开 IBM 调整业务这个稍纵即逝的机遇。马云的成功正得益于互联网在中国的起步和当时国家的优惠政策。通过比较，使学生认识到两人的成功都得益于良好的创业环境，大学生要善于抓住机遇；同时还要认识到两人的成功得益于特殊的时代背景。很多环境和条件并不具备可复制性，大学生要理性地看待休学创业。

在"大众创业，万众创新"的时代背景下，大学生不仅要学会把握机遇，还要有风险意识，善于分析自己的创业环境，做出适合自己的选择。

教师指导学生比较比尔·盖茨和马云在创业历程中所体现出的品质，探究这些品质对创业成功的积极作用，说明坚持不懈、诚实守信、精益求精、善于反省等品质是大学生创业者要努力做到的，也是创业成功的保障。这对于当今很多大学生创业者急于求成、盲目乐观的状态，是一个很好的教育。因此，大学生在对待休学创业时，要学会正确认识自我特点与能力，科学地认识成功者的创业传奇，激励自己树立远大的就业与创业目标。

(四)实践体验:我的创业梦和职业生涯规划

教师带领学生,围绕休学创业和职业规划的实践教学,鼓励学生进行创业和职业上岗体验;在此过程中,对学生进行必要的指导和帮助,记录学生创业的点滴。体验结束后,组织学生总结他们的感想。教师指导学生注重总结体验的收获与不足,使学生在实践与体验中成长。在师生总结的过程中,帮助学生更加全面地看待休学创业新政和职业生涯规划。

教师组织学生撰写体验总结报告和职业生涯规划书,要求学生体现出对大学生休学创业政策的理解和职业上岗践行的收获。要求学生结合自身的创业体验感悟和上岗体验,分析自身的性格特点与能力、创业环境、职业特点等因素。在此基础上讨论和思考:大学生是否都适合休学创业?哪些大学生适合休学创业?大学生是否都了解每一个职业的性质?大学生要为休学创业和未来的职业生涯做哪些准备?等等。在学生总结的过程中,教师帮助他们找到合适的创业途径和职业规划思路;帮助学生认识科学文化素质对创业和求职的重要作用。

教师组织学生进行"我的创业梦"演讲比赛,让学生就他们的创业体验,向同学们分享内心的创业梦。由老师和同学代表进行点评,以增加学生创业的信心,激励学生对未来的就业与创业的美好憧憬。

四、教学评价

(一)来自学生的评价

本次实践教学活动对于我们大学生增强对休学创业新政的了解、践行休学创业新政,体验职业上岗、了解自身兴趣爱好和职业特点具有很大的帮助。休学创业和职业规划专题是一个很好的实践教学活动,本次教学活动让我们在老师的帮助下更加深刻地认识到放开大学生"休学创业"并指导就业,既是教育体制改革的内在要求,也是破解大学生就业难题的现实需要。鉴于"创业有风险",让这一利好政策落地结果,需要由来自政府、高校、社会和经济实体等各个方面联手打造的宽松创业环境。本次教学活动也让我们在老师的帮助下初步获得了相关创业知识的指导、创业心理的教育和创业技能的培训以及对各种职业的初步了解,在一系列的体验和实践的过程中得到了一定的锻炼,为以后的发展打下了基础。

本次实践教学活动有助于我们正确地对待休学创业和未来职业规划,学会自我认知及科学规划。大学生是否选择创业,选择怎样的创业项目,或者将来选择什么样的职业,都离不开对自己的理性认知和对人生的科学规划。在本次实践教学活动中,我们认识到休学创业并不是每个人都适合的,一定要慎重,冷静合理分析自己的长处和短板,找到自己适合的发展方向,不要盲目跟风,为创业而创业。在老师指导下,我们认识到我们的未来有无限可能,不必都要费尽心思地休学创业。作为一个新时代的大学生,只要志存高远、脚踏实地,对我们的将来有一个科学的规划,一步步地前进,稳打稳扎,必将收获人生的精彩。

本次实践教学活动也让我们懂得了不管对未来有什么样的打算,都无法改变我们依然身为一个"学生"的事实,我们可以选择不一样的就业方式,但我们必须要记住现阶段我们最重要的任务是充电和提升,要充分利用大学里现有的资源,扎实稳定地提高自己的能力和素质。

(二)来自同行的评价

本次教学实践活动,内容设计视角新颖、分析独到而全面,它是将国家出台的休学创业政策融入到高校思想政治理论课教学的一次重要尝试。有利于当代大学生及时了解国家最新出台的政策,把握经济社会发展的走势,审时度势作出最有利于自身发展的选择。

本次实践教学活动的一个重要特征是培养了大学生对休学创业新政的理性思考,提高了他们的理性思维能力。按照理性思维的内在逻辑设计、开发和实施课程的要求,这对落实实践教学的宗旨具有重要的价值和意义。本次实践教学活动利用课堂讲解、社会调查和实践体验进行大学生对休学创业新政以及未来人生职业规划的理性思考,增进了大学生对创业新政的认识,优化了大学生休学创业和职业规划的结构,也减少了大学生盲目跟风创业和就业,使得他们更加珍惜难得的校园生活。而且这一实践教学活动,是基于"形势与政策"课中当代大学生的热门话题,充分开发和利用大学生身边的教学资源的基础上实施的,具有很强的亲和力。它是加强"形势与政策"融入高校思想政治教学的一次创新,有利于大学生提高对"形势与政策"课的学习能力。

本专题开展的大学生创业体验活动有助于大学生将学业知识和专业技能用于社会实践,让其对书本信息的理解、掌握和运用有了与现实结合、受实践检验的练习平台。这有利于学生在点滴行动中感受"形势与政策"的魅力,有利于青年学生关心国家大事,激发积极主动地学习精神的培育。

(三)教师自我评价

本次实践教学活动采取的是政策解读、故事分享、案例探讨、社会实践、科研探究相结合的方式，在提高学生在实践中获得休学创业知识和未来就业能力的预期目标指导下，基本实现了提高学生关于大学生休学创业政策的学习与未来就业实践的综合素质的教学目标。本次活动在了解社会、学生、学校对大学生创业就业的认识，分析课程开发的条件及影响因素，健全和明确开发计划，明晰课程目标，发挥政策优势等方面取得了一系列收获，最大的收获是带领学生走进了创业就业，提高了学生的就业视野。有助于帮助他们建立起对职业选择和职业发展的信心，引导学生更加准确地用马克思主义辩证唯物主义观点看待创业与就业，提高学生自身的学习能力。

本次实践教学活动抓住了大学生对新政策的新鲜感，通过引导学生看待新政策的视角，发挥了课程对大学生的思想政治教育功能。在带领学生实践的全过程紧扣思想政治教育的主题，始终把立德树人和加强学生理想信念教育作为活动的重点。教学过程中注重对政策的准确解读，使学生在新政策的字里行间中感受到中华人民共和国成立特别是改革开放以来，我国经济建设取得高速发展，人们生活水平日益提高，我国社会进入到"大众创业，万众创新"的局面，作为新时代的大学生，要努力学习科学文化知识，提高自身技能，坚持走中国特色社会主义道路，为推动经济社会发展做出自己的贡献。教学过程中注重运用"形势与政策"课的价值观的导向功能，如故事分享环节，引导学生结合身边大学生休学创业的经典案例，反思自己对待新政的态度是否符合该政策制定的初衷，使学生认识到校园文化对大学生人生的重要性。"休学创业和职业生涯规划"这一教学实践活动，通过对动态时势的直观了解和深入分析，对学生形成良好的世界观具有举足轻重的作用，从而对其正确人生观和价值观的形成具有积极的导向作用。

本次实践教学活动的开展有利于用政策引导青年学生增强对职业选择和职业发展的自信。通过开展本次实践教学活动，使学生认识到这次实践活动是增强大学生创业教育、提高大学生综合素质和能力的机会，使学生认识到什么是适合自己的最佳就业方式，引导和帮助他们学会团队合作和拓展人脉关系等方面的技能，为将来的职业发展做准备；使学生认识到国家鼓励大学生自主创业、自主择业政策是激励当代大学生博闻强识、拼搏进取、努力实现人生价值的精神动力；使学生认识到大学生不是只有"就业难"的压力，而是也存在很多机遇，要充分发挥主观能动性；帮助学生认识到大学生是最具创新的群体，有着充分的发展空间，尤其是在"大众创业，万众创新"的新态势下，当代大学生要激励和发扬自己的创新精神，为我国社会主义经济建设做出自己的贡献。

本次实践教学活动有利于使学生认识到大学生休学创业新政还需辩证看待，适合自己的才是最好的。无论是否选择创业，只要能为社会主义现代化建设做出贡献，都是最棒的。一方面，大学生休学创业是一个学以致用的练习平台，大学生可以将学业知识和专业技能用于社会实践，从而弥补课堂教学的不足；另一方面，大学生必须充分认识到创业有风险。“事非经过不知难”，经过一番创业的洗礼，有助于大学生对大学生休学创业有更清醒的认识。使大学生不仅仅看到少数创业者成功的例子，更应看到创业道路上有很多失败者，空有创业的热情是远远不够的。本次实践教学活动有利于使学生在创业体验中亲身体会和感悟“学海无涯”和“学然后知不足”等教育名言的深刻内涵，从而激发起自己对在校时间的珍惜和对学业的热爱之情。认识到大学生创业离不开丰富的专业知识，专业知识的获取就需要倍加珍惜校园生活，努力提高自身的能力和素质。“休学创业”需要更多实在的、冷静的“激励措施”，不要陷入“好大喜功”的困局。

本次实践教学活动为学生呈现了鼓励创业和自主就业已成为了国家给予当代大学生的殷切期望。本次活动使学生能够从家庭、学校、社会层面对就业与创业做出相关的分析，但在对就业创业中存在的问题还未能提出相应的针对性建议，没有为学生更好地把握“休学创业”以及职业生涯规划提供宝贵的参考依据，这是本次教学活动的不足之处。今后要针对这些问题及时调整，采取更加合理的方法对策。以便为学生提供更好的指导，营造良好的实践氛围，激发全体同学的活力，增强学生们在实践中的能动性。

五、来自学生的报告

(一)我看休学创业新政

国务院办公厅 2015 年印发的《关于深化高等学校创新创业教育改革的实施意见》明确提出：“实施弹性学制，放宽学生修业年限，允许调整学业进程、保留学籍休学创新创业。”尔后，一些地方和高校细化了规定，如有的省规定学生可保留学籍八年休学创业。教育部副部长林蕙青认为，应该让亲身参与过创新创业的优秀人才进到校园、站上讲台。教育部正在推动各地高校遴选聘请知名科学家、创业成功者、企业家、风险投资人等担任创新课教师。同时，教育部和地方教育部门也将搭建网上平台，建设全国万名优秀创新创业导师人才库。

对于思维最活跃、最具有创新活力的大学生群体来说，允许其“休学创业”并给予就业指导，无疑给大学生的实践创业以及就业松开了羁绊，提供了机遇，彰显出“以人为本”和“因材施教”的威力，不失为高等教育由学年制转向学分制的重大改革举措，其现实与长远意义不言而喻。

就现行的大学教育体制而言，学用脱节的实践性和适用性缺失是备受诟病的主要教育弊端。允许"休学创业"并给予职业生涯规划指导，有助于大学生将学业知识技能用于社会实践。让其对书本信息的理解、掌握和运用有了与现实结合、受实践检验的练习平台；基于其在"休学创业"期间的亲身体会和实践感悟，或更能促使其对"学海无涯"和"学然后知不足"等教育名言的认知深化，从而激发其对在校时间的珍惜和对学业的热爱之情。更为重要的，外面的世界原本就是一个内容丰富多彩的社会大课堂，读无字之书，学处世之道，理应成为大学生"学业"的一部分。由此解读，把"休学创业"列为就读大学学子们的选修课，不失为诠释"大教育"概念的具化注脚。

支持创业，指导就业，既是教育体制改革的内在要求，也是破解大学生就业难题的现实需要。鉴于对"创业有风险"的考量，让这一利好政策落地结果，还需要来自由政府、高校、社会和经济实体等各个方面联手打造的宽松创业环境和多元化的就业平台。包括创业资金扶持、创业基地提供、创业能力指导、创业热情呵护等诸环节支持，以及税收减免、小额信贷、免费培训、人事档案管理等政策性优惠。同时，"休学创业"也考验着大学生的干事理想、创业勇气、谋划智慧、执着意志、耐控能力等内在素质。正所谓"机会总是青睐有准备的人"。

对于"休学创业"，一些学兄学姐们早已有所尝试。期间既有创业成功的喜悦，又有遭遇败北的痛苦，更有历经坎坷的体味。创业赚得500万元、重返校园再读书的新疆大学学生高泽宇，"力不从心，制度管理、人文知识匮乏"是其返校"充电"的理由；而"深思熟虑，步步为营"则是遭遇创业滑铁卢的深圳大学学子黄宸送给充满创业冲动的大学生发自肺腑的忠告。创业有风险，且行且珍惜。不可失去必要的清醒与谨慎，但敢试、敢闯更为值得称道的勇气可嘉，毕竟，成功与失败都是大学生引以为豪的阅历体验和财富积累。

即使不选择休学创业，学校也通过多种实践活动指导学生感受各种职业的状况，这对我们以后的职业规划带来了巨大的收获。

（2015级思想政治教育本科班王春梅撰写）

（二）关于休学创业的调查

众所周知，随着现代社会的发展，市场竞争日益激烈，众多职业岗位对于人才的要求不断提高。而对于在校大学生而言，就业更是一个无可避免的问题，毕竟莘莘学子寒窗苦读十几年，无一不想在职业岗位中有一个比较好的归宿，能够为了以后的发展有一个良好的平台。

随着时代的发展，人们的思想意识越来越具有开放性，不再一如既往地选择毕业后进入工作岗位的单一普通的就业方式，而是追求多元化的就业路径，“休学创业”便是一个很好的突破口。这更多地得益于国家“休学创业”政策。此项政策一经出台，立即在各大高校引起强烈反响。为了及时掌握大学生对于“休学创业”这一政策的看法，我们对于部分大学生进行了面对面式的访谈，以便更好地得出全面、客观的评价。

我们通过调查发现少数大学生只是知道“休学创业”是一个热点话题，并没有去做过多的深入了解。大部分大学生对于这一政策拥有比较深的思考。具体情况可分为两个方面。

一方面是有些大学生抱有积极的想法，他们看到了国家出台这一政策的实质，是重在突破和创新。认为这是一种教育理念的进步，具有时代性和先进性，符合我们国家经济发展和经济转型需要提供大量创新型、应用型人才的要求，也能够促进大学生就业和合理安排人生轨迹。虽然我们现在提倡“素质教育”，但由于高考的压力和长期的“象牙塔式”的生活等原因，使学生虽拥有丰富的理论知识储备，但比较缺乏创新意识和实践能力。而休学创业这一政策可以在一定程度上弥补普通高校现行教育体制的不足，它更多的是针对学校欠缺的“创业教育”进行的一项“临床实践”。大学生可以根据自己的实际情况，灵活地安排学业进度，通过这项政策缩短书本学习与社会实践的距离，在实现自我价值的同时提高实践能力，优化自己的价值观和就业观。

另一方面有些同学却抱有比较消极的看法。他们认为，每一个阶段都有每个阶段该做的事情。十年苦读，一朝大学，对于大学生而言，求学机会难得，既如此何不安心坐在校园里读书学习，为以后能够更好地走上社会积聚理论知识。况且创业不是随随便便就能成功的，这条路充满了未知的艰辛，对于刚刚跨入大学校门没有多久，对社会生活依然十分陌生的大学生来说，他们并不具备创业所需要的种种条件，比如雄厚的资金支持、前景良好的项目研发、丰富的人力资源、对于重大挫折的抗压能力等等。毋庸置疑，提起创业人人都会想起乔布斯、比尔·盖茨等人，或许这也是众多大学生纷纷走出校园，选择创业的内心理由。但实际上在创业的世界里，成功的人毕竟是少之又少的例子，更多的是希望和幻想的破灭，是拼尽全力后的惨淡和失败。

通过对于大学生的访谈，我们得出了上述结论，比较清晰地展示了众多大学生对于“休学创业”这一政策的看法和感受。总的来说对于这一问题大部分学生拥有比较深刻和比较理性的认识。但不管是抱有积极的还是消极的看法，都无法改变我们依然身为一个“学生”的事实，我们可以选择不一样的就业方式，但我们必须要记住现阶段我们最重要的任务是充电和提升，要充分利用自己大学里现有的资源，扎实稳定地提高自己的能力和素质。当然，在将本职工作做好的前提下，我们可以自主选择自己未来的道路，以便更好地适应时代发展和社会进步。

（2015 级思想政治教育专业陈子伟撰写）

（三）创新与共享是创业成功的关键

40 年前，改革开放刚刚开始的时候，"大学生"还是一个十分"高冷"的称谓。人们总带着稀奇与羡慕的情感面对"大学生"这个群体。那时还是分配工作的年代，考上大学意味着将来工作稳定，衣食无忧与人生辉煌。然而现在呢？随着素质教育的普及以及国家对教育的大力投入，就业市场已经人满为患，研究生甚至更高学历的优秀人才遍地皆是，更不用说我们大学生了。大学生就业问题，已经成了中国社会的一大难题。为此，本人于 2015 年 6 月 20 日至 2016 年 6 月 15 日在青岛肯德基有限公司济南洪楼餐厅实习了一年时间，实践经验告诉我们：大学生创业首先要具备两个不可或缺的要素，一个是自我创新能力，另一个是共享精神。不管未来怎样发展，没有创新与共享的创业都不会走在时代前沿，更不会走向成功。

机会永远是有的，而且一直在增多，因为时代永远不会停下它的脚步。在发展的大潮中，机遇的浪花随处可见。30 多年前，人们连温饱问题都难以解决，计划经济时代的购物量甚至需要用定额票加以限制。改革开放后，中国社会飞速发展，立业之风盛行。下海经商的创业者们想尽办法在各个领域占领一席之地，几年时间内就有人悲观地认为所有创业资源都已开发殆尽。然而，马云不这么想，俞敏洪不这么想，马化腾不这么想。他们耐心观察生活中细小的变动，用心关注怎样的创意可以更好地改变我们的生活。怀着一颗创新不止的心，马云的阿里巴巴成为了中国电子商务的标志；新东方培养出来的学生把俞敏洪尊称为"留学教父"；马化腾在争议中保持着中国互联网通信第一人的地位。他们的成就造福了千万人的生活，但起初他们所发现的机遇就在我们身边。我们较之 30 多年前大学生最大的优势便是自由，有何理由不以创新来展现自我？

如果说创新是创业的灵魂所在，那么共享就是创业的永续动力。我们知道猎豹很强，没有动物敢在竞速上与之一决高下，但当猎豹捕猎成功却又遇上一支狼群时，供它选择的也只有落荒而逃。这就是群体分享的力量。单打独斗或可名噪一时，却不能保证一个企业长足发展。同样的长勺，在地狱里人们只顾自己，个个饿得面黄肌瘦；而在天堂，人们互相喂食，人人喜得所愿。创业大军中，激烈的竞争如那长勺般让人作难，我们完全可以换个思路，用共享来实现双赢。

现在，许许多多的学长学姐已经为我们做出了表率，营造了创新与共享的良好氛围。陈文哲组建研发团队进军IT行业，初期曾无偿为大型IT公司服务，只为让对方认可自己的创新技术，大获成功后仍秉持共享共赢的原则，用自己的能力与修养在创业路途留下自己的足迹；曾歆勋创新使用微信平台推送自己的快餐，线上线下的合作模式不仅方便了受众群体，也得到了业界的广泛认可；高召在大学生兼职遍地的环境下创造性地建立了兼职平台，在自己"兼职变创业"的同时让各大公司企业拥有了充足的劳动力资源。这些创新性榜样用自己的实际行动告诉我们：创业，离不开创新与共享。

创业不简单，关键要勇敢地迈出第一步。找准方向，打开思路，矢志不渝，着眼远方，用自己的创业梦去装点青春。这才是有意义的大学生活，这才是属于我们的未来之路。

（2015级思想政治教育本科班许畅撰写）

（四）别让"创业"成为一种口号

习近平总书记指出：当代大学生要志存高远、脚踏实地，转变择业观念，坚持从实际出发，勇于到基层一线和艰苦地方去，把人生的路一步步走稳走实，善于在平凡岗位上创造不平凡的业绩。

随着社会的发展和进步，应该说"拼爹""毕业等于失业""做一名富二代"的声音已越来越弱，而大学生"初生牛犊不怕虎"，有创新、大胆的标签逐渐被贴上，我们看到了这个社会越来越先进。在教育部颁布了新修订的《普通高等学校学生管理规定》(以下简称"规定")，提出建立休学创业的弹性学制，允许学校根据情况建立并实行灵活的学习制度，对休学的学生，可以单独规定最长的学习年限。修订后《规定》的一大特点是"为学生创新创业提供制度支持"。

在此背景下，大学生们是勇敢前进还是止步不前？在我看来，大学生创业的意义在于创业过程中的收获和成长，而不仅是创办一家公司。创业者，很大程度上有多种结果，也存在着各种可能性。在创业这件事上一定要慎重，冷静合理分析自己的长处和短板，找到自己适合的方向，不要盲目跟风，为了创业而创业。创业需要永不磨灭的热情，创业是勇敢者的游戏！可能那些没有经历过创业的人不知道，创业面对未来的挑战压力，焦虑是常人无法想象的。创业不是一件浪漫的事，更多的时候他只是平淡之中的一种煎熬。创业是一场我们需要经历的青春。应该有值得经历的冒险，无论创业者是否会获得丰厚的回报，创业的过程都可以说是重获新生，一旦选择创业改变就开始了。

创业选择的方向是什么？有人说看见社会上什么热门就做什么，很容易迷失方向,半途而废。这样的项目很少有成功的可能。创业最重要的是根据自己热爱,而且专一。要不然事情将会很难获得持久,很难熬过创业最艰难的时期。我们说大学生对自己喜欢的是充满热情的,所以才会真正地脱颖而出。如果用硬币比喻竞争和合作,就如硬币的两面,不可以抛弃任何一面。对一个大学生来说,资源整合的能力是创业的生命力。我们必须要了解自己,认清自己是否真正能够自主创业,即使无法选择自主创业,我们仍然可以选择其他的路。老师时刻都在引导着我们,如何为自己的职业生涯做出合理的规划。

如果下定决心要创业,首先一定不要低估自己。有的人不敢前进,怕克服不了一个又一个的困难,这是不敢尝试。不放弃才能有成功的机会。对于创业者来说忍耐力是必不可少的。机遇从来只是垂青有准备的人,让自己大开眼界的准备是重要的,而谋略、胆量、自我反省也是必备的。

我们奔跑在新时代,对于创业,就像城市飞速发展的节奏,不会因为一个人不敢前进而后退。有的人是含着泪在创业,有的人却不知道该如何起步。明天对于每个人都是公平的,对于创业者可能是很大的挑战,对于一些人只可能停留在看一集电视剧,看一集娱乐节目,对于有的人在规划着为了一个目标而努力着,创业也是如此,不同的人对于它有不同的感受。有的学生目标明确,坚信自己继续学习之路;有的在畅想自己的创业之路,对未来充满信心。

当代大学生要志存高远、脚踏实地,就像习总书记说的那样,我们的将来需要一步步地前进,稳打稳扎。对于不懂创业的人,何必费尽心思地解释,只需坚定自己的信念,寻找自己的合作伙伴,作为一个新时代的大学生,有很多新领域等待我们去开发,去启迪。创业,创造自己,实现自我!

(2015级思想政治教育本科班左娟凡撰写)

(五)我的大学生活与生涯规划

如何度过大学四年?如何实现自己的奋斗目标不虚度美好的四年青春?这是"我看休学创业新政"专题教学所要达成的目标。全新的大学生活要求同学们尽快了解新环境、适应新环境,并尽快完成从中学到大学的转变,慢慢调整自己的心理,为今后的成长成才奠定良好的基础。

一个对于自己的未来没有思考和目标的人,就不可能拥有一个成功的未来。就如一句古老的谚语:一个看不到自己未来的人,就把握不住他的现在;而一个掌握不了现在的人,也永远没有未来!尼采曾说过,懂得为何而活的人,几乎任何痛苦都可以忍受。就是说,一个人需要去理清生命的价值与意义,并用行动去实现它,纵使挫折困苦都不能使我们停下探寻的脚步。而我们的职业生涯规划就是这么一个跳板，它可以帮助我们设立目标、带来希望，突破发展的内外障碍，忍受挫折痛苦，最终实现幸福人生。生涯规划要求你去探索在自己周围和自己身上正在发生什么，有正确的自我认知，明确自己为人处世所遵循的价值观念，体验自己内心深处的需求，明确为人的基本原则和追求的目标。同时，还要熟悉自己所掌握的技能，了解自己的优势和弱势，对自我的环境做透彻的分析。所有这些，都是合理规划自己生涯必不可少的过程。

现代社会是一个经济迅速发展的社会，也是一个充满竞争的社会。提前做好自己的规划对我们更好地适应社会打下基础，作为新时代的大学生，就应该对社会有一个清醒的认识，对现在的就业形式，社会的政治环境、经济环境、文化环境等等，对自己的性格能力都应有清醒的认识，只有这样我们才能更好适应社会，为社会做出更大的贡献，更好的实现自己的人生价值。大学生进行职业生涯规划时，要自我进行发展定位，根据自己的能力，设计适合自己的目标，在长短不同时期要有个不同的计划，否则只是空想，不现实的。在设计过程中要以自己为主，不要自以为是，同时要参阅专家的意见，让设计切合实际，可操作性强，最好借助正规的专业机构。

莎士比亚曾说过："人生就是一部作品，谁有生活理想和实现的计划，谁就有好的情节和结尾，谁便能写得十分精彩和引人注目。"没有一个确定的目标以及一个完整的规划必定难以在未来的竞争中获得一个自己期盼的结果。所以在今天我们要为自己拟定一份职业规划，帮助自己发掘潜能，认清自己未来的道路，树立明确的职业发展方向，找到自己人生的定位。在这个时期，我们也应考虑清楚未来是否深造或就业，了解相关的应有活动，并以提高自身的基本素质为主，通过参加学生会或社团等组织，锻炼自己的各种能力，同时检验自己的知识技能；可以开始尝试兼职、社会实践活动，并要具有坚韧性，最好能在课余时间后长时间从事与自己未来职业或本专业有关的工作，提高自己的责任感、主动性和受挫能力。凡事都要从头开始，脚踏实地，一步一个脚印，现在我们是大一的莘莘学子，我们要做的是打牢地基。观念上将"要我学"变为"我要学"，脚踏实地学好专业基础课程，包括英语和计算机。在大规划下要做小计划，坚持每一天记英语单词、练习口语，并从大一开始就坚定不移地学下去。根据自己的实际状况思考是否修读双学位或辅修第二专业，并尽早做好资料准备。可适当参加社团活动，担当一定的职务，提高自己的组织潜力和交流技巧，为毕业求职面试练好兵。

大学生活让我们拥有了成人的品质与担当，专业学习赋予了我们更深层次的知识与长远的眼界，让我们有信心、有能力去策划未来的人生，为即将踏入社会积累经验，培养我们独立的人格与思想。大学生都应将"恬静以修身，简朴以养德"作为自己的大学生活奉行的准则。大学生活是丰富多彩的，但同时也充满了挑战。大学的挑战与高中时期完全不同。高中时期，我们的压力主要来自于学业，而在大学里，我们不仅仅要面对学业的压力，还要面对生活的挑战。大学不仅仅是知识的殿堂，它也是一个小社会，是我们踏上社会之前的练兵场。我们需要学习的不仅有专业知识和专业技能，更需要学习更多的社交技能，以便以后在社会上拼搏。对当代大学生来说，一个人的价值不仅仅是体现在几张证书和发表的几篇论文，更体现在一个人的为人处世上。近年来高校中频频发生伤人事件，例如复旦大学投毒案、药家鑫案、云南大学杀人碎尸案等等，这些事件都暴露了某些当代大学生的心理健康问题。这些案件中的被告人对法律没有应有的敬畏，缺乏一种对生命的爱惜，缺乏足够的理性才会有如此行为。生命是最可宝贵的，任何理由在生命面前都显得苍白无力。生存和竞争的压力再大，人也应有底线。有外在知识无内在约束，教育应反思。有知识更要有德性；大学教育，重学术更要重人格。让学生懂得去爱，去尊重，去包容，才能避免悲剧重演。当代大学生更应该强化自己的人际交往能力，学会自我排解不良情绪，做一个积极向上、乐观善良、仁德宽容的人，勇于担当起家庭和社会的责任。

在我看来，作为一名大学生，应该具有远大的理想抱负，并且拥有实现自己理想抱负的知识储备和能力，同时具备强大的心理素质。当然，也不要忘了培养自己的业余爱好，让自己的大学生活更加丰富多彩，度过一段幸福快乐的大学时光，为成就自己的美好前程打下一个坚实的基础。

（2017 级历史教育本科班杜修雨、娄康弘撰写）

（六）我的青春我做主

"恰同学少年，风华正茂；书生意气，挥斥方遒。指点江山，激扬文字，粪土当年万户侯。"[①]毛泽东的诗很好地诠释了青年人的状态。我们幻想着挥斥方遒，我们推崇着英雄气概，我们排斥着阴暗鄙陋。青春，本来就是个昂扬奋发的时期。通过"我看休学创业新政"专题的学习，对青春有了更深刻的认识，对未来也有了更明晰的规划。

年轻，便是我们最大的资本。甘罗十二为相，霍去病十七封狼居胥。青春缺少时间的积淀，但也没有被岁月抹去进取之心。我们没有走错，我们无所畏惧；我们缺少负担，我们无所犹豫。我们是千千万万人中普通的一员，我们谨慎地规划着职业生涯中的一笔一画。世界上从来不缺少年少成名，更从来不缺默

① 《毛泽东诗词集》，中央文献出版社 2003 年版，第 6～7 页。

默无闻。近20年的生活中我们经历了许许多多，出身各异，经历各异。没有人会是一帆风顺，挫折和阻碍是必然的，但这并不是我们止步不前的理由。或许，青春往往与莽撞挂钩，阅历的限制让我们无法看透许多东西，幻想着自己的风光无限，幻想着即使失败也会像汉尼拔的英雄末路，像冲向风车的堂吉诃德。许多人把自由视作放纵，把叛逆当作个性。青春往往和冲动挂钩，渴望着一言九鼎，渴望着万众瞩目，殊不知，青春往往于不知不觉中失了理智。

青年者，人生之王，人生之春，人生之华也。我们可否做主自己的青春？

也许，每一个人的青春是美好的；也许，每一个人的青春是闪光的。所不同的，只是每一个人的心境；所不同的，只是社会不一般的评价。曾经的那些日子里，让我看到了什么是青春，也让我懂得了人生的意义。青春不是季节，青春不是时间，青春不是片断，青春是人生得以沉淀的每一个坚实的脚印。

人生的意义不在于活了多少年，而是活着的那些日子做了些什么。人的一生，在历史的长河中显得十分的短暂，有时候，短得来不及问一句，什么是青春？每一个人都选择自己的人生坐标，每一个人总是在努力，让自己的人生有意义而放光彩。用社会的观念，世界的观念去衡量一个人的价值，身边就会有精彩，身边就会有美好。

历史上不乏青春炫丽的故事：雷锋，一个家喻户晓的人物，在他的青春时期就做出了许多平凡但熠熠闪光的事情。1960年8月，驻地抚顺发洪水，运输连接到了抗洪抢险的命令，雷锋忍着刚刚参加救火被烧伤的手的疼痛又和战友们在上寺水库大坝连续奋战了七天七夜，把手指甲都弄破了，被记了一次二等功。还有一次望花区召开了大生产号召动员大会，声势很大，雷锋上街办事正好看到这个场面，他取出存折上在工厂和部队攒的200元钱，跑到望花区党委办公室要捐献出来，为建设祖国做点贡献，接待他的同志实在无法拒绝他的这份情谊，只好收下一半，另100元在辽阳遭受百年不遇洪水的时候捐献给了辽阳人民。在我国受到严重的自然灾害的情况下，他为国家建设，为灾区捐献出自己的全部积蓄，平时他在劳动时却舍不得喝一瓶汽水。

王蒙在《青春万岁》中写道："只要青春还在，我就不会悲哀，纵使黑夜吞噬了一切，太阳还可以重新回来。"[①]人们歌颂青春，不仅仅是因为青春的美好，青春无价，更因为青春具有无限的创造力。毛主席说过："青年是整个社会力量中的一部分最积极最有生气的力量。他们最肯学习，最少保守思想，在社会主义时代尤其是这样。"[②]正是青春所具有的勃勃生机，才会创造出属于青春的事业。

① 王蒙：《青春万岁》，人民文学出版社1979年版，第38页。

② 《毛泽东文集》第6卷，人民出版社1999年版，第466页。

青春时代，我们从不轻言放下，不因幸运而故步自封，不因厄运而一蹶不振。我们明白在阴影的前方，必须会有一轮照着青春的旭日。我们是一群蝶，经过蛹的拼命挣扎，羽化成蝶，凌空飞舞。我们眼中没有失败，我们坚信只要努力付出，不管结果如何，都会无怨无悔。我们用最浪漫的诗篇，表达我们最热情的理想，让那有韵有味的节奏在我们一张一合的唇齿间流淌。我们用最响亮的歌声，唱出我们最坚决的承诺，让那优美动听的旋律在我们一高一低的应和中留音。我们让手中的画笔能舞出青春的旋律，用五彩缤纷的画布装饰自我飞扬的梦想。

青春时代，我们有着朝气与活力。无论何时何地，总能看到我们矫健的身影。图书馆，浮现着我们如饥似渴的眼神；体育场，飘荡着我们不甘落后的身影。我们的一切都与周围密不可分，我们的梦想是那燃烧的火把，我们的憧憬是那翩跹的彩蝶，我们的执着是那常青的松柏，我们的生命是那喷薄的朝阳，我们的浪漫是那融融的秋月。我们不畏考验，我们会让生命在挫折和磨难中蔓延，我们会让思想在徘徊和失意中成熟，我们会让意志在残酷和无情中坚强。

青春，前人早有论断。关于青春，当看五四；关于青年，当看少年中国说。《少年中国说》这篇文章对于青年们有着永恒的不可泯灭的教育性作用。一番“少年智则国智，少年富则国富，少年强则国强”①的励志言论，足以使得新一代的我们有所感悟，并有所作为。17岁的少年梁启超，其文才能够乡试中举，本来可以由学入仕、平步青云，却不愿就此庸碌一生。忧国忧民心态下的梁启超立志报国，并付诸实践。年龄未高而心志高于天穹，不得不说，梁先生此番为国为民之行为，是吾辈爱国方面的楷模。作为一位被称为百科全书式的学者，梁先生更是吾辈努力拼搏的标杆。活于青春，自然要有个青春的活法。司马迁曾有一言贯彻古今：“人固有一死，死有重于泰山，或轻于鸿毛。”②我们是让生命重于泰山还是轻于鸿毛？无论是来自遥远的古代还是来自上世纪的少年中国说，无不向我们昭示着人活一生决不能让青春有悔。

回想古往今来之大才者，他们年轻的时候，哪一个不是“恰同学少年，风华正茂”，少年立志，立宏图大志，最终方得“数风流人物，还看今朝”！通过铭记周恩来总理年少时发出的“为中华之崛起而读书”的豪言壮语，再回顾周总理一生所走过的辉煌历程，我们不难看出，少年立志对于一个人的影响多么重要。我们一定要志存高远，心怀梦想。根据梁启超先生“少年强则国强”的逻辑理论，我们当明白：倘若人人都去努力地实现自己的梦想，中华民族的复兴梦就会距

① 梁启超：《少年中国说》，陕西师范大学出版社2010年版，第6页。

② 班固：《汉书·司马迁传》卷62，中华书局1964年版，第2732页。

离现实越来越近。于公，立志有利于兴国；于私，立志有利于自己能力的培养和今后的稳定发展。这，便是我们应当立志的缘由。

首先，我们应当知晓自己应有的需求。人，皆有欲望。我们要树立正确的世界观、人生观和价值观，以正确的价值观作为引导，寻求自己真正想要什么，抛却由社会影响所带来的无用的贪欲。明确自己的人生方向和目的，方为迈出立志的第一步。其次，我们要拥有强大的心理素质。在目前竞争愈加激烈的现代社会，强大的心理素养是我们安身立命重要的支柱。现代社会中的青年，不乏心理弱小者。例如，那些因为恋爱中所爱之人离去而堕落的人，因为苦苦迷恋的偶像拥有了心仪的另一半而生无可恋的人，因为老师的几句严厉的批评就跳楼轻生的人，等等，皆是心理弱小之徒。细想以上行径，大都不值。恋爱之人，须知弱水三千，离你而去的人未必是你的真爱，命中真爱或许就在不远处找寻着你。追星之人，纵你为其要死要活，又会有何好的结果呢，最终伤害的不过是爱你的人罢了。轻生之人，可知人生一世，所受者甚繁，在轻生之前可否想过，世界如此大自己是否走过一遍，人潮如海自己是否找到真爱，美食如云自己是否全都享受过……因此，不要因为狭小的理由就轻易崩溃自己的内心。须知宇宙之无穷，光阴之无限，而我等沧海之一粟欲立命于中，强大的心理素质必不可少。最终，我们应当树立良好的行为规范。没有实际行动，一切都是空谈。学习中有五种境界：学、问、思、辨、行。行，即实践，为最终的结果。而倘若没有良好的行为规范，又如何使得“行”的实现！欲行，勤为首。而“今日事今日毕”则是勤的最好的诠释。切忌拖延症，切忌懒散的习惯，切忌忽略时间的作用。鲁迅先生当年上学之时，曾在桌上刻下一个“早”字，目的在于提醒自己珍惜时间。

立志，并不是简单的树立目标而已。立志，还应当包含为着志向而奋斗的过程。有了志向，才有在青春的年纪说着“我的青春我做主”的资本，才能像毛主席那样在年少的时候矗立橘子洲头，望大江东去，留下“数风流人物，还看今朝”的豪言壮语。少年中国说，不仅在鼓励青年为国为民，更是在引导着新一代“三观”的确立。青春何必迷茫，我们应是风华正茂，我们应该壮志满怀。

据研究表明，在中国有将近半数的大学生对就业方向并不明确，浑浑噩噩度过自己的大学生活，高等教育下的我们应该是这个样子吗？青春的宝贵，在于它的一次性。我们不应该在百般抱怨中得到一无所得的结果。我们总是习惯事后悔恨，却不能在当时竭尽全力。绝大多数大学生就读专业并不是自己的理想专业，但是现实是，有的人安于现状，有的人甚至破罐破摔，只有极少人能够成功地转到自己理想的专业。所以有时并不是没有机会，如果我们把青春交给命运，我们就真的失去了成功的资本。

也许我们羡慕别人的风光无限，所有事情都轻易可得，但我们经常忽视他人背后的努力，忽视那一张精确到小时的时间规划表。我们当然不用复制别人的生活，但一张规划表，就显示出在生活中，我们是否是主动者。苦读三年，高考一战，如果这些换来的只是我们屈服命运的借口，那我们真的输掉了自己。

除了懂得规划自己在大学中如何学习和生活，更重要的还是毕业后何去何从的问题。有人选择毕业后直接就业，那么此时就应该考虑清楚什么样的工作单位才适合。有人选择考研，延长自己的就业时间。这需要我们真正有足够的毅力，能够对自己确定的目标坚定不移。也有少数人选择自主创业，不得不说这是一种勇敢，但有时也要量力而行。但不管哪一种选择，都是自己对青春的准确把握。那些浪费青春的人，注定不能把握未来。从现在开始，不要沉醉在过去，也不要等待明天。青春就是生命，青春就是财富，青春就是用来奋斗。拥有青春的人未必能把握未来，因为只有珍惜青春的人，才能够把握未来。只有珍惜青春的人，才能够在未来驰骋风云；只有珍惜青春的人，才能够造就未来的辉煌！

我们憧憬着美好的未来，困难重重但充满希望。每个人都盼望未来能够取得成功，但是要知道未来大楼的筑成，是以青春为基础的。把握青春，把握当下。只要我们忍得住孤寂、耐得住沉默、看得开黯然，青春可以愈发美丽。我的青春我做主！

（2017级历史教育本科班李明月、董家升撰写）

专题十四　师生共上“国是讲坛”

聚焦国际国内热点，准确解读党和国家的大政方针，坚持正确的政治导向，引领大学生提升政治敏锐性，坚定共产主义理想信念，在思想上和行动上与党中央保持一致，是“形势与政策”课的历史使命。师生共上“国是讲坛”，既是“形势与政策”课实践教学的一种新探索，也是我们实施实践教学的重要载体。

一、教学目标

(一)知识目标

开设“国是讲坛”，是齐鲁师范学院思想政治理论课教学改革的一项重要举措，其目的是为身处中国历史性转变中的大学生正确认识世界和中国发展大势，明确自身的历史使命和应有的责任担当给予热情关切和理性指导。实现传承知识、培养能力、涵养品性、助长发展四位一体的教学目标。

开设“国是讲坛”的知识目标，主要是作为日常开设的思想政治理论课的一种拓展和提升，对或由课时安排所限而未能在课堂教学中深探的思想政治理论问题，或因时间变化而新发生的重大政治和现实问题，以及学生成长发展中遇到的疑难问题等作出的及时回应和解答，集学术性、趣味性和实用性于一体。“国是讲坛”专题式教学，超越思想政治理论课每门具体课程独立内容的局限，契合大学教育教学的历史担当，坚持思想政治理论课教学的政治导向、思想保证、育人开发的基本功能。

(二)情感目标

开设“国是讲坛”的指导思想，是坚持以人为本，贴近实际、贴近生活、贴近学生，努力提高思想政治教育的针对性、实效性和吸引力、感染力，其宗旨是“评点指陈谈国论是传道授业解惑，格物致知诚正修身齐家精忠报国”。也就是说，通过“国是讲坛”开设的一个个专题讲座或专题研讨，在开阔学生知识视野的同时，使学生通过系列贴近现实的鲜活实例及其自身的参与，认清自己从哪里来到哪里去的历史方位，激发其对社会、对国家、对世界的认知和情感，增强其投身于中国特色社会主义建设的积极性和创造性。

(三)能力目标

开设"国是讲坛"的根本目的，是为满足学生成长发展的需求和期待，提升学生观察问题、分析问题、解决问题的能力。能力的培育是广泛的认知、活生生的实践、真实的交往三者融合而成的，它在课堂内，也在课堂外；在"知"的过程，也在"行"的过程。"国是讲坛"通过若干专题讲座，引领学生认清国内外形势，正确理解党的路线、方针和政策，坚定在中国共产党领导下走中国特色社会主义道路的决心和信心；同时又通过课堂上的讨论、沟通，达成政治共识、思想一致、行为统一，达成"知行合一"。

二、教学内容

(一)聚焦学生的需求

"国是讲坛"的教学内容设计凸显政治导向、价值导向功能，主要以学生普遍关心或心存疑惑的国内外时政热点为教学内容设计的切入点，以"形势与政策"课教学要点为核心，整合"思想道德修养与法律基础""毛泽东思想和中国特色社会主义理论体系概论""马克思主义基本原理概论""中国近现代史纲要"四门公共政治理论课的内容，组成若干专题。具体做法是：每学期开学之初对学生发放"热点问题面对面"调查问卷，通过问卷调查分析汇总，再根据教育部每学期关于"形势与政策"课的教学要点，确定若干专题。

例如："经典、德性与文化竞争力"专题的设计，就是源自于学生的需求，开学之初在学生中进行了调查问卷，涉及对中华优秀传统文化了解状况、是否感兴趣、如何将优秀传统文化融入课堂等。调查显示，2%的学生读不懂古文，选择能读懂一些的占到68%，选择能读懂很多的占到26%，选择阅读很顺畅的占到4%。学生的古文基础比较薄弱，一定程度上影响了他们对经典的学习，所以在教学中根据学生基础，循序渐进地选择难度适宜的古文经典，适当补充古文的学习或者降低直接征引用古文的数量，或者口头引证时提供板书或PPT，以促进学生学习经典。关于是否喜欢读文言文的书，选择不喜欢的占到32%，选择拿不准的占到20%，选择有点喜欢的占到44%，选择非常喜欢的占到4%。35%的同学选择了读经典是因为感觉身心受益，18%的同学选择了是因为老师推荐，16%选择了是因为喜欢，31%选择了随便读读。由此可见，教师的态度和学生的兴趣，以及让学生受益是影响学生阅读经典的主要动力，其中学生能从中受益是最重要的，甚至老师推荐、学习兴趣最终也落实到这一点上。也就是说，虽然学生古文水平比较薄弱，但是仍具有学习的意愿，应该鼓励学生、帮助学生克服学习障碍，并让学生能够感受到学习经典带来的进步，这样会增强学生信心使他们更愿意课后进行经典学习。

(二)聚焦国际国内热点

贯穿“国是讲坛”专题讲座内容设计的主线有两个关切：一是纵向上体现中国社会发展的历史逻辑，即中国选择中国特色社会主义道路并取得成就的原因以及今天还存在的困难和矛盾的根源及解决方法是什么？二是横向上中国同世界的关系，即中国经过40年改革开放，与世界的关系发生了哪些变化？中国在世界上的地位和作用是怎样的？

在这纵横交叉中，正确认识“中国特色和国际比较”问题。在这两个“正确认识”的基础上，引导学生把承担“时代责任和历史使命”转化为内在的自觉意识，把远大抱负落实到实际行动中。为此，相继设计了“为什么说中国共产党是伟大光荣正确的党”“为什么说只有社会主义才能救中国”“为什么说中国梦是联通世界的梦”“什么是马克思主义”“马克思主义到底给了我们什么”“当代世界与中国的民主问题”“中国特色大国外交”“君子之道”“维和行动”“欧洲裂变”“中东危机”“中国外交新布局”“‘G20’杭州峰会：全球治理新模式”“‘一带一路’高峰论坛：中国方案联通世界”“全球化4.0时代中国的选择”等专题，在透析世界变化、中国作为的同时，引导学生在正确认识世界变化多端的基础上，分析其原因，掌握其发展动向和趋向，充分认识中国的作为和担当，在提升学生分析问题、解决问题能力的同时，培养其责任担当和历史使命感。

(三)关注政治导向

坚持正确的政治导向，是思想政治理论课的本质所在，也是我们开设“国是讲坛”的宗旨。也就是说，“国是讲坛”每个专题的选择和讲授，从选题到备课以及到讲授，必须结合党的最新方针政策的颁布和国际国内发生的重大政治事件，及时准确地把信息和知识传授给学生，用正确的价值引领和政治导向培养学生的政治敏锐性和政治素养。

例如：为迎接党的十九大的召开，“国是讲坛”专门开设了“从中国共产党历次党代会看中国共产党的伟大之处”专题；十九大召开后又专门开设了“解读党的十九大报告”专题，组织学生开展各种形式的演讲比赛和宣讲报告，指导学生成立"传习会",及时将党的十九大精神、习近平新时代中国特色社会主义思想"进课堂、进头脑",并在全校掀起了学习和贯彻落实党的十九大精神的高潮。再如:为纪念马克思200周年诞辰,之前专门带领学生参观考察了广饶"共产党宣言"纪念馆,2018年5月5日又专门开设了"马克思主义到底给了我们什么"的专题讲座,引导学生在学习习近平在纪念马克思200周年诞辰大会上的重要讲话精神的同时,从马克思主义的"两大发现"——唯物史观和剩余价值学说中,启发学生坚定政治信仰,学会用唯物主义历史观和发展的眼光看待问题的方法。

更重要是的通过师生同上"国是讲坛",共同聚焦国际国内热点,正确解读党和国家的大政方针,针砭时弊,引领正确的政治导向,把学生的注意力和兴奋点吸引到关注知识前沿、关心时政、学以致用上来,从而营造"家事国事天下事,事事关心"的氛围。引导学生在关注、关心、思考和分辨中,提升分析问题和解决问题的能力。

三、教学实施

(一)师生集体备课

"国是讲坛"两周一期,每期由两人合作讲授,或一人主讲,一人辅讲;或用访谈形式,一问一答(师生共同登台访谈);或采用双人相声形式,共同演讲。无论采用哪种教学形式,课前都要进行集体备课。从专题名称的确定到教学内容的选择以及教学设施(包括多媒体设备和录像设备等,每期都采取现场实录)、教学道具和教学方法的使用,都要做大量的准备工作,精心推敲,认真梳理,以确保教学高质量。

(二)主讲与辅讲互相配合

教学方法是架设于教学内容和教学目的之间的桥梁,是实现教学主体与客体之间双向交流的渠道。方法得当,事半功倍。"国是讲坛"采用灵活多样的教学方法:一方面根据专题内容的不同采用不同的教学方法;另一方面每个专题讲授的不同环节采用不同教学方法。其总的特点是"凸显个性—综合呈现",坚持"以学生为主体,以教师为主导",注重根据学生的实际情况和教学内容的目标要求,交替采用探究式、讨论式、启发式、案例式、问题式、对话式、体验式等方法,强化"知行合一",因材施教,因时施教,因人施教,充分体现"教学有法,教无定法,贵在得法"。

(三)精准传道授业解惑

习近平总书记在全国高校思想政治工作会议上发表的重要讲话指出，做好高校思想政治工作，要因事而化、因时而进、因势而新。要用好课堂教学这个主渠道，其他各门课都要守好一段渠、种好责任田，使各类课程与思想政治理论课同向同行，形成协同效应。“国是讲坛”的教学内容恰是对思想政治理论课不同课程内容的高度提炼与整合，并融合了理论教学与实践教学的功能优势。

传道授业解惑，是教师教书育人的基本职责。而“国是讲坛”的讲座不同于一般意义上的传道授业解惑的关键在于“精准”二字。所谓“精准”，在这里主要体现为传道授业是基于“解惑”基础上的，而这里的“惑”又是从学生的调查中所得，从师生同台争鸣而来。这就打破了传统意义上教科书式(重点、难点)的“传道授业解惑”，而是针对学生的学习生活，或成长中的困惑、疑惑而做的系统解答。寓传道授业贯穿于解惑之中，寓教书育人融化于和风细雨或激情奔放之中，使之更具有针对性和时效性，从而达到由师生争鸣转向师生共鸣之效果。

四、教学评价

(一)来自学生的评价

“国是讲坛”自开设以来，深得学生欢迎。之所以收到如此效果，除去教学方法新颖灵活外，契合时代发展和学生成长对马克思主义理论和思想政治教育的需求和期待而构建的教学内容更具有实质意义。特别是我们学生作为主体参与者，与老师同台演讲，或用问答式、或一主一辅讲授，灵活多样的教学方式，丰富多彩的教学内容，富有哲理的思想理论，紧扣学生所关切的社会热点问题，在解读的过程中不偏不离的马克思主义立场、观点和方法，使学生在春风化雨中得以滋润，得以启发，得以升华，极大地增强了教学内容的吸引力和感染力。98%的学生通过这样的教学，其思想上受到了震撼，感情上发生了变化，责任感和使命感普遍增强。

(二)来自同行的评价

“国是讲坛”的教学内容恰是对思想政治理论课不同课程内容的高度提炼与整合，并融合了理论教学与实践教学的功能优势。较好地体现了“明示知识”与“默会知识”的有机结合，通过师生互动、生生联动的合作、探究，实现课堂教学与实践教学无缝链接，充分体现了教师主导与学生的主体性。

党和国家的路线、方针和政策是属于教师课堂讲授的"明示知识"和"已知知识",社会生活里无处不在的经济、政治、社会现实与变化,则属于"默会知识",这些会在每个学生日常生活与思想世界中留下烙印,当这些"默会知识"与教师讲授课题中的"明示知识"产生碰撞的时候,通过"迁移学习",学生会对其形成倍加深刻、透彻的理解和认知。所以,"国是讲坛"式的教学,使系统性的知识通过多样化的教学方式更有趣味性和实效性,同时还以其长期性和持续性的教学过程,使学生能做到温故知新,举一反三,收到较好的教育效果。

(三)教师自我评价

马克思主义认为,实践是主观见之于客观的活动,是以认识为基础的改造客观世界的有目的的活动。思想政治理论课的理论教学和实践教学也同样内在地体现着这一辩证关系。在这里需要强调的是,实践教学的内涵不仅包括社会实践,也包括校内实践或课堂实践教学。从教学内容来看,实践教学关键"不是教学场所是否'在社会',而是教学内容是否'在社会',实践教学不应被理解为'社会实践(活动)中的教学活动',而应被理解为'教学内容中的社会实践问题'的教学"[①]。从学生参与来看,"实践的本质就是实践主体的亲身参与,凡是学生作为主体积极主动、亲身参与的教学活动,都可以称之为实践教学。把握和判定思想政治理论课实践教学的标准,主要不是看教学场所是否'在社会',而是教学内容、教学方式、途径是否具有'实践性'"[②]。

"国是讲坛"既注重引导学生的参与,充分发挥学生的主体作用,又充分展现学生的实践体验。其中开设的"经典、德性与文化竞争力"和"长征闻所又见的故事"专题等,就是由教师与学生共同主讲,特别是后者更是由"重走长征路——从古田到瑞金"的学生,通过讲授他们所理解的长征精神把自己的亲身体验和感悟奉献给同学,以此引起的共鸣更具说服力和感召力。

五、来自学生的报告

(一)经典的涅槃重生

当今时代,由纸质读物发展为电子读物的现代化阅读推动了速食文化的流行,于是有了一类书叫畅销书籍,速食到甚至于分类都不清晰了,而经典往往被

① 钱广荣:《高校思想政治理论课的实践教学探讨》,《思想理论教育》2007 年第 2 期。
② 郭华鸿:《高校思想政治理论课实践教学的内涵及其体系的构建》,《高教论坛》2010 年第 8 期。

尘封。这对于中国博大精深的优秀传统文化而言，未尝不是一场灭顶之灾。同样的汉字，不同的组合，却不再具备那撼动民族、震慑世界的力量。经典是应当重新被重视的，应当在遭遇时代冲击洗礼后的涅槃重生。

近年来，愈来愈多的人看到经典的作用，国学经典又一次在高校教育中盛行起来，可还不具备它涅槃重生的条件，有太多不懂装懂的人并未深入了解，仅是一点皮毛便夸夸其谈，不过这也正反映出国学经典是庞杂的也是金光灿灿的。2016年11月10日下午14时，在学术报告厅，崔勇老师以《经典：德性与文化竞争力》为题讲述了传统文化与文化竞争力之间的关系，从中我们嗅到了经典的魅力。

经典之所以能成为经典，正是因为它书页虽薄记载的却是入木三分的道理，可谓是字字珠玑。它影响了一代又一代的人，拥有着超越时空界限的重要作用。纵使相隔千年万年，今时今日此景此刻再读，仍有其在当代时局下独特的意义。经典的范围很广，它既包括先秦诸子百家的文章，也包括唐诗宋词四大名著，还包括西方世界一些好的舶来品。一般经典之作都有一个相同的特点：它们讲述着天理、人伦，在表达作者意图的同时也教化着人们。它反映了普遍的自然规律、社会章程，强调了人自我素质的提高，追求着人与人、人与社会、人与自然的和谐发展。所以，对于年少无知的我而言，对于诗词望文生义的理解，同样能带给我以美感。

经典在文化上的价值，表现于熏陶一种正当人格的养成，同时经典具有调理人心、救治商业文明所带来的种种弊端的作用。我们所提倡的经典，首先是中国传统文化的经典著作。从整个人类的文化史来看，中国传统文化所注重的是人与人的关系，孔子讲“天道远，人道迩”，这里的人道即社会伦理，这是个体的人实现其自身价值的社会基础，假使一个人完全独立于社会之外，那么他的所有价值都将无从说起。中国的经典塑造了中国人的德性。中华上下五千年的文化源远流长。莫说要参透，仅仅通读就实属不易。此乃中华儿女之根，不可废弃。国学经典于人的深远作用，从我国孔子学院在世界各个角落遍地开花便可窥一斑。

中华民族传统文化是我国文化软实力的首要资源和重要基础。“一时强弱在于力，千古胜负在于理。”正是因为有了文化软实力，从出使西域，到丝绸之路，再到郑和下西洋，中国在历史上从未输出武力。西方学者早就指出，如果世界上有骄傲到不肯打仗的，那么这个民族就是中华民族。中国历史也曾出现外族入侵和分裂的时候，但中华文化从未出现断层，文化认同始终是维护统一的坚固国防。文化是一个民族在全球化进程中的名片，是一个民族的灵魂和血脉，是一个表示人类本质和社会文明的概念。《周易·贲卦》云：“观乎天文，以察时变；观乎人文，以化成天下。”[①]意即用人文教化百姓、治理天下。文化的内涵非常丰富，是构成民族国家竞争力的核心要素。在现如今各国文化软实力竞争越来越明显的局势下，我们在学习吸收西方优秀经典文化的同时，更要弘扬中华优秀传统文化，坚定立场，有效抵制西方文化的有意渗透，提高文化自信。

重读经典，除了儒家的传统经书和众所周知的“四书五经”之外，还应包括先秦诸子的著作，如《庄子》《墨子》《韩非子》，以及历代的诗词歌赋和四大名著等等，这些经典著作都是使人能够从纷纭扰攘的商业社会中抽身而出的良师益友，让自己能够浸润于文化的氛围之中，感受到人的理性思维的愉悦，感悟深刻的人生价值，而不致被现实的商业气息所同化。

重读经典，一方面是个体通过文化进行群体认同的过程，另一方面也是文化借助于个体得以实现、延续甚至进一步深化其自身的契机。对本民族文化的深刻认同，是一个人能够与商业社会保持一定距离而不致完全陷入其中的基本保证。一种文化如果要绵延不绝地存在下去，少不了一代一代人的用心继承与精心发扬，因此重读经典不仅是个体提升精神状态的需要，也是个体进行民族认同的责任所在。

重读经典，我们才能在理性上反省自己，找回自己，确立个体存在的文化意义而不是功能性意义，从而使生活趋于理性。荷兰文化史家赫伊津哈说过，文化的最终目的必须是形而上的，否则将不成其为文化。个体的存在，最终必定要在文化上找到他自己的位置，当形而上的文化成为一个人生活的主导时，我们可以认为这样的生活才是理性的生活，是真正的“人的生活”。重读经典的目的便是在于“收其放心”，回归理性，去商业化，这是“为善去恶”还原自我的过程，个体在文化上便寻求到了精神的归宿。

经典的能量是巨大的。重读经典的时候，你能时时感受到，原来理性的力量是如此的强大，它渗透在字里行间，浸润着读者的心灵，纵是作品诞生在上百上千年前甚至更久，依然具有震撼人心的力量。同时，也不得不感叹，历史竟是如此的相似，不分年代，不分国界，许许多多的情感、行为、错误、经验竟然是一样的，在经典的世界里，人们能在几个世纪前找到自己的知音，也能在历史的无限循环中看到一些亘古不变的东西。

近几年来，重读经典的呼声越来越高，但是真正的重读，不过还是语文课本上改动的课文，并没有形成实际的风气。朱自清先生早在1942年就曾指出，经典训练的价值不在实用，而在文化。任何时代，任何国家，国民对于其本国的经典都应抱有这么一种态度，这也是一个人加强自身文化修养的起码标准。所

① 黄寿祺、张善文译注：《周易译注·贲卦》卷3，上海古籍出版社2016年版，第236页。

以，当代中国人，不管是领导干部，还是农工商学兵，当然更包括现在的 90 后一代，都应该重读经典。

倡导经典，同时就是在倡导道德、法律和虔诚，就是在倡导和谐社会。重拾那些被我们遗忘的经典，让心灵穿越千年的障碍与前贤沟通，从书中找到属于我们当代的瑰宝，让我们的步伐与时代同步，与经典偕行。

（2014 级思想政治教育本科班马聪、吴飘飘撰写）

（二）维护世界和平，你我共同的责任

2016 年 11 月 12 日下午，“国是讲坛”第八讲的主题是“维和行动”，主讲是中国驻利比亚维和防暴队队长张广保警官。一句句铿锵有力的话语，一张张触目惊心的图片，带给我们的不仅仅是听觉和视觉上的冲击，更是我们对于世界和平的思考。

报告开始，张广保警官给我们播放了一段非洲民众的生活状况，当我看到维和部队焚烧垃圾时，当地民众纷纷跑来捡垃圾时的场景最为震惊。我们深切感受到在当今社会，原来还有那么一群人，在世界的那个角落过着那样贫困的生活，他们的温饱没有着落，他们最基本的住房、医疗、卫生都保证不了。一种同情和怜悯之情油然而生。特别是听到张广保警官说他们资助的那个利比里亚小女孩的家庭情况时，我们更觉得应当倍加珍惜现在的幸福生活。幸福生活来之不易，中国人今天的幸福生活是靠我们的革命老前辈用鲜血换来的。生在红旗下、长在新时代的我们要珍惜今天的幸福生活，更要为维护世界和平贡献一份自己的力量。

非洲一直以来是全球冲突最为集中的大陆。截至 2015 年 5 月，联合国维和任务有 9 个集中在非洲，超过 80％的维和部队被部署在刚果、苏丹达尔富尔、南苏丹和马里。而中国作为联合国安理会常任理事国之一，一直大力参与联合国在非洲的维和行动，中国致力于劝和促谈，促进国际合作，维护地区安全与稳定，为非洲的和平安全事业做着实实在在的贡献。

1990 年，中国首次向联合国停战监督组织派出 5 名军事观察员；1992 年，正式组建维和部队，赴柬埔寨执行维和任务；2003 年年底向利比里亚派出维和官兵。中国不仅是联合国安理会常任理事国中派出维和力量最多的国家，而且在 2016 年度还缴纳了联合国维和款 8.44 亿美元。中国军队实现了派遣维和人员从无到有，兵力规模从小到大，部队类型从单一到多样的历史性跨越。支撑这一历史性跨越的是中国国际地位的日益提升，承担的国际责任越来越大，为维护世界和平所做贡献越来越多。

张广保警官深情地说：我们中国取得联合国的合法席位是靠非洲兄弟们抬着我们进去的，现在，我们的非洲兄弟深处战火困扰中，我们不应该袖手旁观，中国人维和非洲是理所应当的，不管是现在还是将来，不管是非洲还是世界其他地区，中国作为世界大国，我们有责任维护他们的安全，作为联合国五大常任理事国之一，我们有义务积极维护世界和平与安全。中国军队刚刚到利比里亚的时候，面临着许多挫折，困难重重，但他们遇乱不慌，创造了属于自己的“中国模式”。时时处处都不为艰难所阻，信念不移，行动始终如一，无所畏惧地实现既定目标。奋斗在一线的官兵们，每天都是临危受命。对于维和非洲，我们牢记党和国家的嘱托，面对埃博拉疫情肆虐，治安局势恶化，生活艰难异常艰苦等严峻考验，医疗卫生条件低下的情况，肩负国家赋予的责任与使命，想尽一切办法，克服困难，完成任务。他强调，通过我们中国人的努力，会维护利比里亚的和平稳定，促进中利友好交往，扩大中国在联合国的影响，保护中国海外利益。

……

和平，简简单单的两个字，说起来容易，但真的要去实现是多么艰难！

维和部队为推进国家整体外交工作贡献了宝贵力量，他们是中华民族的优秀儿女，外交战线上的优秀集体，党和人民的忠诚卫士！维和非洲任重道远，我们应该向所有维和非洲的中国人送上我们真诚的敬意：你们是我们的骄傲，是国家的骄傲！为了促进中非更好的合作，彼此双方应坚持真诚友好、平等对待、互惠互利、共同发展的原则，加强彼此间的信任与交流，增强安全风险防范意识。在全球化的大背景下维和非洲，中国在非洲可以做得更好，为全世界的和平贡献一份属于中国人的力量。

巴金先生曾说过：人类的希望像是一颗永恒的星，乌云掩不住它的光芒。特别是在今天，和平不是一个理想，一个梦，它是世人的愿望。身处于和平生活状态的我们，有责任也有义务去维护世界和平，让和平不再是一句空话，让和平的阳光撒向整个世界！维护世界和平，是你我共同的责任！

（2016级思想政治教育本科班杜荣、耿秋明、李超贤撰写）

（三）破除民主的误解

2017年3月7日，“国是讲坛”第十二讲在图书馆报告厅开讲，主题是“当代世界与中国的民主问题”，主讲人是中国社会科学院马克思主义研究院邓纯东院长。

每次讲座都会给我们带来不一样的收获，这次讲座更是给我们打开了一扇通往世界的窗口，对当今世界各地的“民主”有了全新的认识。过去我们对“民主”一词内涵与外延的理解都感觉非常神秘，正因如此，造成了一些对“民主”遥不可及的偏见。今天了听了邓院长的报告，使我们的思维豁然开朗，特别是邓院长把复杂难懂的问题归纳成简单易懂的教学艺术，使我们明白了认识问题的方法意义。

回顾邓院长的讲座，他将纷繁复杂的世界民主作了五个方面的分析：

第一，关于当代资本主义国家民主制度的价值观念问题。邓院长指出，当代资本主义国家的民主观念与我们的民主观念形成背景完全不同，比如制度的起源，像美国的民主制度是由于反对英国殖民主义而形成的资本主义制度，西班牙、葡萄牙等国则是明显的殖民掠夺形成的资本主义制度。因此西方国家的资本主义制度并不是一样的。

第二，关于民主是社会主义建设的重要任务问题。这一点是毋庸置疑的，从 1949 年中华人民共和国成立开始，民主一直是我们党和政府所提倡的，更是民众所希望的。所以在 1954 年第一部宪法中就确立了中华人民共和国是一个人民当家作主的国家，以宪法的形式给予人民当家作主的法律保障。民主不仅是一种国家形态，更是一种制度。改革开放后以来，党的十二大提出建设有中国特色社会主义，之后从“三位一体”“四位一体”，到现在完备的“五位一体”的总体布局，都在尽力推进民主制度建设。

第三，除社会主义国家、欧美等资本主义国家外，像非洲、拉丁美洲等国家也把民主当作最高的价值准则，认为民主能帮助其摆脱贫困，但实际上则是更多的混乱。

第四，20 世纪 90 年代以来，发达国家在世界范围内推行的所谓民主“第三波”浪潮，不仅没有使落后国家实现民主，反而带来了灾难性后果。而近来西方国家民主选举中发生的系列“黑天鹅”事件，无不标志着其民主已陷入误区。

第五，改革开放以来，国内外敌对势力打着“民主”的旗号，试图对中国进行西化分化。西方的文化渗透不仅对青少年进行思想意识的污染，更对党内人士进行渗透，让很多的人对西方的政治制度产生崇拜，认为西方的资本主义制度才是最完美的。这就使一些人误认为中国只是在进行经济改革，却没有将政治改革跟上。而事实并非如此。习近平总书记明确指出，我们经济体制改革的成功必然也是我们政治体制的成功，是我们政治制度的合理化、科学化。

听完邓纯东院长的演讲，我们对民主这一概念的内涵有了更加深刻的认识，最核心的是看问题的方法有了提升，学会辩证地看问题，对民主的认识也是如此。自从民主的概念在古希腊的土地上诞生并传向世界以来，这一支撑制度的观念性事物便在逐渐发生融合、变异和更新。在邓院长的讲授中我们认识到，现实生活中经常听到诸如美国、英国这样的西方国家常谈及民主，并依此行事。现在看来，特别是在第二次世界大战之后,西方国家追求的"民主"更多的是形式上的民主,主要体现在选举制、议会制和政党政治方面。这种形式上的民主,看似美好,也很热闹,但实质上是为少数人服务的民主,并且在很大程度上成为以美国为首的西方资本主义国家推行强权的"民主"依据。实际上,民主的内涵是丰富多样的,并不是抽象的;民主观念也不应该是固定不变的,而是不断发展变化的。对于改革开放推动下高速发展的中国,西方国家总是打着"民主"的旗号向我们展开一轮又一轮的攻势,我们不得不有所警惕和必要的未雨绸缪。

但由于现实生活中有些人受各种错误思潮的影响,对民主的认识和理解往往存在一些误区。有的甚至狭隘地认为,民主只存在于领导阶层,所有事情皆由他们直接决定,非领导层的国民没有任何民主权利;更有甚者,认为"文化大革命"时期才是真正的"民主"时期。显然,这些认识是错误的。破除这些对民主的误解,最直接也是最有效的方式就是促进民众认真参与民主行为,小到小区基础的民主管理,大到人大代表的民主选举,当民众认真参与其中时,就会感到民主的威力。同时,在普法教育活动中,也应该增加民主教育与有关民主的活动,改变人们对民主的错误印象,真正实现党的领导、人民当家作主和依法治国的有机统一。

(2016级思想政治教育本科班程晓萌、康璟珂、李昌硕撰写)

(四)最是书香能致远

"国是讲坛"第十七讲如期而至,我校原图书馆馆长马振凯研究馆员为我们带来了一场精彩的报告——"读书与人生价值的实现",让我们对于读书有了更深刻的认识。

为什么读书?我们或许读过很多书,但是对于这个问题或许并没有认认真真地静下心来思考过。马振凯研究馆员结合我国革命战争年代国立中学发展情况以及改革开放新时期杰出人物的事迹,重点论述了人生价值与读书的紧密联系。

文字的发明是人类发展史上的一件大事,文字成为人类文化的主要载体。在整个人类的发展史中,知识一直都扮演着最重要的角色,任何一个时代的人都不会忽视学习知识的重要性。人只有勤奋学习,再去实践,才能获取知识,才能改变人生的命运。我们学过的课文《和时间赛跑》中主人公,常常和时间赛跑,争分夺秒,学到了大量的知识,长大后终于成了一名作家。活到老、学到老、改造到老,生命不息、学习不止、终身学习,这个要求并不过分。现在,我们学习的条件这么优越,书本中有新知识,网络上有新信息,电视里有新内容,报纸上有新文章,只要用心,知识随处都有,学到手都是本事,知识就像马良手中的神笔，可以创造神奇；掌握了知识，如同得到了传说中的点金棍，可以点石成金。

人们通过读书能够掌握一定的知识和专项技能，进而才能更好地胜任一份岗位工作，才能更好地做到为国家和人民服务、为实现中华民族伟大复兴做出贡献。人生价值的实现和我们的国家、社会时代紧密相连。哈佛大学的杜维明教授曾说过：“我提倡批判性的思维，但不是一种情绪性的批判思维，而是一种建设性的批判思维，也就是说怀着对国家、对人民的高度的责任感。”责任心应来自于对于国家深深的了解和深深的热爱，只有这样才能够用心读书、用心思考、用心讲话、用心写文章。所以，我们读书也应该带着责任感去读，对自己负责、对家庭负责、对社会负责，用批判性的眼光、建设性的思维，提高自己辨别是非的能力，把所有有用的东西进行概括、提炼、总结，形成我们做人做事的原则，来指导我们的工作和生活。有了这种责任感，无论做什么，就有了明确的方向，就会把事情做得更好。

关于读书的方法，马振凯研究馆员主要讲到，读书一定要读经典，要去阅读千百年来在人民中间代代流传、已被历史证明是最有价值的好书，并要处理好博与专、泛读与精读的关系。培根说：“知识就是力量。”多读书，读好书，因为历史使人聪明，诗歌使人机智，数学使人精密，哲理使人深刻，道德使人正经，逻辑与修辞使人能言善辩。读书的作用不仅在于获得知识，还在于提升人的精神境界。多读书，增加一点书卷气，保持心静如水、人淡如菊的心境。书是获取知识的渠道、提高人素质的有效途径，也是涵养静气的摇篮。读书妙处无穷，书香熏染人生。正如莎士比亚所说：“生活里没有书籍，就好像没有阳光；智慧里没有书籍，就好像鸟儿没有翅膀。”读书可以滋润心灵，开启心智，由琐碎杂乱的现实提升到一个较为超然的境界，一切日常引为大事的焦虑、烦忧、气恼、悲愁，以及一切把你牵扯在内的扰攘纷争，瞬间云消雾散。读书可以增长知识、去除无知，提高素养、除去愚昧，充实生活、丰富精神，滋润心灵、减少空虚，淡定从容、明辨是非。读书能使人时时闪烁着生命的光辉，让人欣赏到不同的生命风景，从而使自己灵魂欢畅，精神饱满而丰盈。有人说得好：“一个人的知识越多，越感到自己的无知。”也有人用圆表示过自己的知识，圆越大，与外边的接触就会越多。你会感觉到，书越读就越觉得读得少，越读就越觉得有读不尽的书。书是我们的良师益友，读书得多了，我们也就自然而然地腹有诗书气自华。

（2015级思想政治教育本科班范紫盼、李亚宏撰写）

（五）诚心做人，精心做事

2018年5月10日，在“国是讲坛”第二十四讲有幸聆听了韩延明教授关于

"君子之道"的报告。报告开始，韩延明教授以自己对"君子之道"的理解切入主题。他说：我在读《论语》时发现："君子"这个词在《论语》中出现了一百多次。"君子"是孔夫子心目中理想的人格标准。孔子曰："君子务本，本立而道生"，君子专心致力于根本的事务，根本建立了，治国做人的原则也就有了。《曾国藩家训》中也强调："凡人一身，只有'迁善改过'四字可靠；凡人一家，只有'修德读书'四字可靠"①。这就是教导我们要踏踏实实去做事，用心认真做人。君子之道的本质内涵就是倡导诚心做人与精心做事。

习近平总书记在韩国首尔大学的演讲中也强调"君子之道"是中华民族的文化基因，是中华优秀的传统文化精髓。中华民族历来主张君子义以为质，强调不义而富且强，于我如浮云。对志士仁人来说，"不义而富"是一种耻辱，不值得羡慕与向往，宁愿一无所有，"如浮云"。孔子曰："君子怀德，小人怀土；君子怀刑，小人怀惠"②；"君子之德风，小人之德草"③；"君子成人之美，不成人之恶，小人反是"④；"君子周而不比，小人比而不周"⑤；"君子和而不同，小人同而不和"⑥；"君子坦荡荡，小人长戚戚"⑦；"君子泰而不骄，小人骄而不泰"⑧。这些名言深刻地阐述了小人和君子的本质区别，教育我们要做君子不做小人。"君子之道"，是中华民族千锤百炼的文化基因，是炎黄子孙的深沉追求和独特精神彰显，也是培育和涵养社会主义核心价值观的传统文化资源。

韩教授还结合自己的学习和工作经历，为我们深刻地讲述了为人处世的四大基本要素：尚德、勤学、锐思、合作。强调尚德是立身之本、勤学是立业之根、锐思是立新之源、合作是立世之基。他说"人"，就是一撇一捺，不能多也不能少，多一点少一点那都不是"人"。做一个大写的人并不简单，我们要做堂堂正正的人，明明白白的人，干干净净的人，老老实实的人。人生没有如果，只有结果和后果，我们不能纯粹地陷入幻想当中。我们要有积极的人生态度，年轻时要看远，中年时要看宽，晚年时要看淡，要有一个长远的目标，在生活实践中不断取得生活经验，不断得到积累，做好今天，规划好明天。

韩教授告诉我们：人生既是一个圆点，又是一条射线，更是一方平面。我们

---

① 黄西华：《曾国藩家训·修身》，中国妇女出版社2009年版，第29页。
② 杨伯峻：《论语译注·里仁》，中华书局2016年版，第37页。
③ 杨伯峻：《论语译注·颜渊》，中华书局2016年版，第127页。
④ 杨伯峻：《论语译注·颜渊》，中华书局2016年版，第127页。
⑤ 杨伯峻：《论语译注·为政》，中华书局2016年版，第17页。
⑥ 杨伯峻：《论语译注·子路》，中华书局2016年版，第140页。
⑦ 杨伯峻：《论语译注·述而》，中华书局2016年版，第76页。
⑧ 杨伯峻：《论语译注·子路》，中华书局2016年版，第141页。

人生的目的，首先是让生命成为自己，然后是让生命成就他人。为他人、为社会、为国家做贡献。简单的是人生的长度，活了多大岁数，这样的人生是平淡无奇的；复杂的是人生的厚度，活得幸福指数，这样的人生才是我们追求的精彩人生。我们还要学会感悟，悟人生、悟真理。教之本在于渡，学之本在于悟；要播撒阳光到别人心里，先得自己心里有阳光。人的一生就是：昨天、今天和明天。我们要总结昨天，把握今天，并对明天做好准备，充满希望。精神力量对人生尤为重要，革命领袖毛泽东就说过，人是要有一点精神的。人的精神、信仰，体现了一个人的世界观、人生观、价值观和人的追求与梦想。拥有梦想，活着才有意义！君子之道重视责任和担当。责任是信念的基础、事业的杠杆、能力的支点、成功的前提。一个人就像一粒种子，天生就有发芽的欲望和希望。作为一个人，一要“胸怀大志”，二要“腹有良谋”，就是要志向远大、干事创业，有强烈的责任心和使命感。人生四个关键词是：理想、胸怀、激情、幸福。“努力到无能为力，拼搏到感动自己！”韩教授还引用“才不胜古人，不足以为才；学不胜古人，不足以为学”的诗文，强调了学习的必要性，并为大家指出了科学的学习方法，那就是“学与习相结合、学与辑相结合、学与问相结合、学与网相结合、学与行相结合”。他还强调环境、心态、品德、精神、谦逊、感恩对于我们当代大学生成人成才的必要性。

听了韩教授的报告，心情久久难以平静，“一定要做大写的人”的声音一直在耳旁回响，似乎在叮咛我们：人可以不伟大，但一定要诚信、要认真、要勤奋、要有责任心……使我们深刻地认识到：一株弱小的幼苗或不起眼的小树，之所以能够成为一棵令人敬畏、让人膜拜的参天大树，需要具备几个条件：一是时间。绝对没有一棵大树是树苗种下去，马上就变成大树，一定是岁月刻画着年轮，一圈圈往外长！每当遇到挫折和困难，让我们看看大树，今日的枝繁叶茂绝非仅是今日所为。我们所期待的成功也不是一朝一夕的事情！二是不动。没有一棵大树，第一年种在这里，第二年种在那里，而可以成为一棵大树，一定是千百年来，经风霜，历风雨，屹立不动！每一次的狂风霜雪都会使大树更加坚定，无所畏惧。大树不会因为每次经历坏天气就想到去找避风的庭园，大树知道只要走过这遭就会再一次得到成长！恰恰是经得起狂风霜雪考验的树木才会成为大树，正是无数次的经风霜、历雨露最终成就大树！三是根基。千百万条根，粗根、细根、微根，深入地底，忙碌而不停地吸收营养、成长自己。只有不断地从大地母亲的怀抱中吸收养分，使自己的根基壮大，牢固才能经得起岁月和时间的考验，才能成长自己！四是向上长。绝对没有一棵大树只向旁边长；一定是先长主干再长细枝，互有空间，绝不结结；越向上长，空间越大，越能成为一棵大树！只有向上长，才能使树干和每个细枝拥有更大的空间，才能拥有更多阳光的爱抚！五是向着阳光。面向阳光生长，就是大树的希望所在，大树心中的目标就是一定要积极地寻找阳光！

人可以不伟大，可以不富有，但人不可以没有责任心。任何时候我们都不可以放弃肩上的责任，因为扛着它就是扛着我们的信念、扛着我们的成功、扛着我们的人格。责任，它代表了一个人的品质；责任，使人变得稳重；责任，使人知道自己的义务；责任，使你拥有了那些对你真正关心、帮助和爱护你的人。责任感是人的基本道德规范，在责任感的基础上才能架构整个道德体系的各种元素，没有责任感也就没有道德。当今我们建设的法治社会，更应该是一个道德社会。一个人如果没有良好的道德品质，注定会被世人唾弃。

现在，我们的角色是一位大学生。作为学生，学习就是我们的本职工作，所谓教育改变人生，知识改变命运。诸葛亮说过：才许学也，非学无以广才，非志无以成学。毛泽东也曾说：才不胜今人，不足以为才，学不胜古人，不足以为学。法国杰出的工人运动活动家拉法格在《回忆马克思》中也写道：广泛的基础知识、深厚的专业知识是见解深刻的基石，是思虑周密的源泉，是人生成功的关键。所有这些都在告诫我们：不经风雨难见彩虹，没有人可以随随便便成功。作为新时代的大学生，我们一定认真践行君子之道，诚心做人，精心做事。

（2016级思想政治教育本科班李超贤、王家琪撰写）

专题十五　高举旗帜，砥砺前行

中国共产党第十九次全国代表大会，是在我国全面建成小康社会决胜阶段、中国特色社会主义进入新时代的关键时期召开的一次重要的大会。大会通过的文件等系列成果奠定了在决胜全面建成小康社会实现中国梦时期乃至更长远时期中国特色社会主义发展的纲领性、策略性和政治的、组织的基础，对中国特色社会主义前途命运具有里程碑式的意义和影响。为了推进党的十九大精神和习近平新时代中国特色社会主义思想进课堂、进头脑、见行动，我们专门设置了“高举旗帜，砥砺前行”实践教学专题，通过带领学生对十九大精神的“学、听、说、行”，以期达到学以致用、知行合一之目的。

一、教学目标

(一)知识目标

中国共产党第十九次全国代表大会，分析了国际国内形势的发展变化，回顾和总结了过去五年的工作和历史性变革，作出了中国特色社会主义进入了新时代、我国社会主要矛盾已经转化为人民日益增长的美好生活需要和不平衡不充分的发展之间的矛盾等重大政治论断，深刻阐述了新时代中国共产党的历史使命，提出了新时代坚持和发展中国特色社会主义的基本方略，确定了决胜全面建成小康社会、开启全面建设社会主义现代化国家新征程的目标，对新时代推进中国特色社会主义伟大事业和党的建设新的伟大工程作出了全面部署。

“高举旗帜，砥砺前行”实践教学专题的知识目标，就是通过带领学生观看中国共产党第十九次全国代表大会开幕式，聆听习近平总书记的报告以及会议期间的一系列答记者问，了解新时代我国社会主要矛盾发生转化的内容及特点，领会和掌握习近平新时代中国特色社会主义思想内涵特点，明确新时代中国共产党的历史使命和坚持与发展中国特色社会主义的总任务。

(二)情感目标

党的十九大与以往党的代表大会的不同之处在于:在大会召开之前的一段时间内习近平总书记前所未有地密集地在一系列重大国际场合阐述了中国的世界主张并产生了重大的影响;党的十九大报告以极为宏大的历史视野和世界眼光站在一个伟大历史新时代的起点上阐述了人类发展的前途命运及其归宿,第一次站在中国特色社会主义进入新时代的历史起点上深刻透彻地回答和解决了共产党人最高追求、最高理想和最终目标的人民性、民族性和世界性的有机统一问题。大会确立的"不忘初心,牢记使命"的主题,以及关于"共产主义远大理想和中国特色社会主义共同理想是中国共产党人的精神支柱和政治灵魂","中国共产党一经成立,就把实现共产主义作为党的最高理想和最终目标,义无反顾肩负起实现中华民族伟大复兴的历史使命","经过长期努力,中国特色社会主义进入了新时代,这是我国发展新的历史方位"等重大论断和重大宣言,内涵极为丰富、涉及的历史时间跨度非常之大,涵盖中国改革开放近 40 年的历史、中华人民共和国近 70 年的历史、中国共产党近 100 年的历史、科学社会主义 500 多年的历史、中华文明 5000 多年的历史。甚至涉及更为久远和漫长的有史以来整个人类社会发展的历史,是漫长人类发展历史社会形态演进和向前推动的必然结果和趋势。

"高举旗帜,砥砺前行"实践教学专题的情感目标,就是引导学生通过学习党的十九大精神和习近平新时代中国特色社会主义思想,从中华文明 5000 多年的历史长河中、从社会主义 500 年的发展进程中,去认识中华人民共和国近 70 年的历史、中国共产党近 100 年的历史、中国改革开放近 40 年的历史以及近 5 年来的成就,从而激发学生的民族自尊心、自信心和自豪感,提升学生的爱国热情和干事创业的激情,坚定"四个自信",以饱满的热情和激情投入到学习和各项工作之中。

(三)能力目标

党的十九大高度评价和全面回顾总结了在习近平总书记的带领下中国特色社会主义发展在历史性变革中、在与世界日益紧密的相互联系和互动以及相互促进中所取得的不平凡业绩和宝贵经验的基础上,鲜明响亮地提出中国共产党始终把为人类做出新的更大的贡献作为自己的使命,在世界上高高举起了中国特色社会主义的伟大旗帜,并且宣告中国特色社会主义与世界上其他社会制度将实现求同存异、相互深度影响、辩证统一大发展。

"高举旗帜,砥砺前行"实践教学专题的能力目标,就是通过引导学生对十九大精神的学习以及宣讲，通过知识竞赛、演讲比赛、参观考察等活动的开展，经风雨，见世面，从而激发大学生投身于“进行伟大斗争，建设伟大工程，推进伟大事业，实现伟大梦想”的积极性和自觉性，为夺取新时代中国特色社会主义伟大胜利、推动构建人类命运共同体储备智慧和力量，练就担当起应对社会发展的能力和责任。

二、教学内容

（一）了解新时代中国共产党的历史使命

思想政治理论课的课堂教学既是十九大精神的宣传舞台，也是践行平台。为了使学生对十九大精神有一个全面系统的了解，由任课教师围绕着“不忘初心，牢记使命，高举中国特色社会主义伟大旗帜，决胜全面建成小康社会，夺取新时代中国特色社会主义伟大胜利，为实现中华民族伟大复兴的中国梦不懈奋斗”的十九大主题，对十九大报告的主要内容及其新时代中国共产党的历史使命作了阐述。

十九大报告专门有一个部分阐述“新时代中国共产党人的历史使命”。习近平指出：实现中华民族伟大复兴是近代以来中华民族最伟大的梦想。中国共产党一经成立，就把实现共产主义作为党的最高理想和最终目标，义无反顾肩负起实现中华民族伟大复兴的历史使命，团结带领人民进行了艰苦卓绝的斗争，谱写了气吞山河的壮丽史诗。

回顾历史，中国在近代以前曾经在世界上有很高的地位，但是鸦片战争以来，中国人民沦落到受人欺负的境地。从那时起，中国人就有一个伟大的梦想，那就是：实现国家独立、民族解放、人民幸福。为了实现这一梦想，第一步，中国共产党领导中国人民经过 28 年的浴血奋战，推翻了压在中国人民头上的三座大山，即帝国主义、封建主义和官僚资本主义的统治，建立了中华人民共和国。新中国的成立，正如毛泽东同志所说，标志着中国人从此站立起来。第二步，在中国共产党人看来，要实现伟大梦想，必须建立一个先进的制度。于是，通过社会主义改造，建立起社会主义的基本制度。社会主义制度的建立实现了人类历史上最深刻的变革，为后来的发展、进步奠定了制度基础。第三步，党深刻地认识到，要想实现中华民族伟大复兴必须实行改革开放。1978 年以来，改革僵化的体制，对外开放，学习外国先进经验。改革开放让中国比过去发展得更快、更好，前所未有地接近中华民族伟大复兴的中国梦。新时代，中国共产党人的使命毫无疑问是建设社会主义现代化强国，实现中华民族伟大复兴的中国梦。

习近平总书记强调，为了实现伟大梦想，必须进行伟大斗争。伟大斗争表现在很多方面。比如，改革是伟大斗争，反腐败也是伟大斗争。过去已经进行或者正在进行着很多伟大的斗争，今后还会有很多伟大的斗争。实现伟大梦想必须建设伟大工程，这个伟大工程就是党的建设的伟大工程。中国共产党是中国人民的领导核心，中国特色社会主义事业的领导核心。只有党坚强有力，才可能领导人民实现伟大复兴的中国梦，所以这个伟大工程也很重要。实现伟大梦想必须推进伟大事业，这个伟大事业就是中国特色社会主义的事业。伟大斗争，伟大工程，伟大事业，伟大梦想“四个伟大”相互贯通、相互作用，构成一个整体和系统。伟大斗争是基本手段，代表着积极进取的精神状态；伟大工程是政治保障，源自于作为核心的领导力量；伟大事业是宏阔平台，搭建起干事创业的有效载体；伟大梦想是追求目标，牵引着凝心聚力的前进方向。其中，起决定性作用的是党的建设新的伟大工程。伟大工程建设得好不好、坚固不坚固，直接关系到我们党有没有胆识和策略去进行伟大斗争，有没有担当和能力去推进伟大事业，有没有韧性和途径去实现伟大梦想。我们必须把伟大工程建设好，才能紧紧围绕实现伟大梦想去进行伟大斗争、推进伟大事业。

习近平指出：“行百里者半九十。中华民族伟大复兴，绝不是轻轻松松、敲锣打鼓就能实现的。全党必须准备付出更为艰巨、更为艰苦的努力。”[①]使命呼唤担当，使命引领未来。我们要不负人民重托、无愧历史选择，在新时代中国特色社会主义的伟大实践中，以党的坚强领导和顽强奋斗，激励全体中华儿女不断奋进，凝聚起同心共筑中国梦的磅礴力量！

（二）掌握习近平新时代中国特色社会主义思想内涵

习近平新时代中国特色社会主义思想，是中国共产党在新的历史时期最大的理论成果，是一个由总目标、总任务、总体布局、战略布局、发展方向、发展方式、发展动力、战略步骤、外部条件、政治保证等内容构成的博大精深的理论体系。

习近平新时代中国特色社会主义思想内涵具体包括“八个明确”，即：“明确坚持和发展中国特色社会主义，总任务是实现社会主义现代化和中华民族伟大复兴，在全面建成小康社会的基础上，分两步走在本世纪中叶建成富强民主文明和谐美丽的社会主义现代化强国；明确新时代我国社会主要矛盾是人民日益增长的美好生活需要和不平衡不充分的发展之间的矛盾，必须坚持以人民为中

① 习近平：《决胜全面建成小康社会 夺取新时代中国特色社会主义伟大胜利——在中国共产党第十九次全国代表大会上的报告》，人民出版社2017年版，第15页。

心的发展思想，不断促进人的全面发展、全体人民共同富裕；明确中国特色社会主义事业总体布局是‘五位一体’、战略布局是‘四个全面’，强调坚定道路自信、理论自信、制度自信、文化自信；明确全面深化改革总目标是完善和发展中国特色社会主义制度、推进国家治理体系和治理能力现代化；明确全面推进依法治国总目标是建设中国特色社会主义法治体系、建设社会主义法治国家；明确党在新时代的强军目标是建设一支听党指挥、能打胜仗、作风优良的人民军队，把人民军队建设成为世界一流军队；明确中国特色大国外交要推动构建新型国际关系，推动构建人类命运共同体；明确中国特色社会主义最本质的特征是中国共产党领导，中国特色社会主义制度的最大优势是中国共产党领导，党是最高政治领导力量，提出新时代党的建设总要求，突出政治建设在党的建设中的重要地位。”①

习近平新时代中国特色社会主义思想，是对马克思列宁主义、毛泽东思想、邓小平理论、“三个代表”重要思想、科学发展观的继承和发展，是马克思主义中国化最新成果，是党和人民实践经验和集体智慧的结晶，是中国特色社会主义理论体系的重要组成部分，是全党全国人民为实现中华民族伟大复兴而奋斗的行动指南。

(三)明确新时代坚持和发展中国特色社会主义的基本方略

党的十九大深刻阐明了习近平新时代中国特色社会主义思想，并且阐述了作为习近平新时代中国特色社会主义思想精神实质和丰富内涵的“十四个坚持”，构成新时代坚持和发展中国特色社会主义的基本方略。

一是坚持党对一切工作的领导。党政军民学，东西南北中，党是领导一切的。必须增强政治意识、大局意识、核心意识、看齐意识，自觉维护党中央权威和集中统一领导，自觉在思想上政治上行动上同党中央保持高度一致，完善坚持党的领导的体制机制，坚持稳中求进工作总基调，统筹推进“五位一体”总体布局，协调推进“四个全面”战略布局，提高党把方向、谋大局、定政策、促改革的能力和定力，确保党始终总揽全局、协调各方。

二是坚持以人民为中心。人民是历史的创造者，是决定党和国家前途命运的根本力量。必须坚持人民主体地位，坚持立党为公、执政为民，践行全心全意为人民服务的根本宗旨，把党的群众路线贯彻到治国理政全部活动之中，把人民对美好生活的向往作为奋斗目标，依靠人民创造历史伟业。

---

① 习近平：《决胜全面建成小康社会 夺取新时代中国特色社会主义伟大胜利——在中国共产党第十九次全国代表大会上的报告》，人民出版社2017年版，第19～20页。

三坚持全面深化改革。只有社会主义才能救中国,只有改革开放才能发展中国、发展社会主义、发展马克思主义。必须坚持和完善中国特色社会主义制度,不断推进国家治理体系和治理能力现代化,坚决破除一切不合时宜的思想观念和体制机制弊端,突破利益固化的藩篱,吸收人类文明有益成果,构建系统完备、科学规范、运行有效的制度体系,充分发挥我国社会主义制度优越性。

四是坚持新发展理念。发展是解决我国一切问题的基础和关键,发展必须是科学发展,必须坚定不移贯彻创新、协调、绿色、开放、共享的发展理念。必须坚持和完善我国社会主义基本经济制度和分配制度,毫不动摇巩固和发展公有制经济,毫不动摇鼓励、支持、引导非公有制经济发展,使市场在资源配置中起决定性作用,更好发挥政府作用,推动新型工业化、信息化、城镇化、农业现代化同步发展,主动参与和推动经济全球化进程,发展更高层次的开放型经济,不断壮大我国经济实力和综合国力。

五是坚持人民当家作主。坚持党的领导、人民当家作主、依法治国有机统一是社会主义政治发展的必然要求。必须坚持中国特色社会主义政治发展道路,坚持和完善人民代表大会制度、中国共产党领导的多党合作和政治协商制度、民族区域自治制度、基层群众自治制度,巩固和发展最广泛的爱国统一战线,发展社会主义协商民主,健全民主制度,丰富民主形式,拓宽民主渠道,保证人民当家作主落实到国家政治生活和社会生活之中。

六是坚持全面依法治国。全面依法治国是中国特色社会主义的本质要求和重要保障。必须把党的领导贯彻落实到依法治国全过程和各方面,坚定不移走中国特色社会主义法治道路,完善以宪法为核心的中国特色社会主义法律体系,建设中国特色社会主义法治体系,建设社会主义法治国家,发展中国特色社会主义法治理论,坚持依法治国、依法执政、依法行政共同推进,坚持法治国家、法治政府、法治社会一体建设,坚持依法治国和以德治国相结合,依法治国和依规治党有机统一,深化司法体制改革,提高全民族法治素养和道德素质。

七是坚持社会主义核心价值体系。文化自信是一个国家、一个民族发展中更基本、更深沉、更持久的力量。必须坚持马克思主义,牢固树立共产主义远大理想和中国特色社会主义共同理想,培育和践行社会主义核心价值观,不断增强意识形态领域主导权和话语权,推动中华优秀传统文化创造性转化、创新性发展,继承革命文化,发展社会主义先进文化,不忘本来、吸收外来、面向未来,更好构筑中国精神、中国价值、中国力量,为人民提供精神指引。

八是坚持在发展中保障和改善民生。增进民生福祉是发展的根本目的。必须多谋民生之利、多解民生之忧,在发展中补齐民生短板、促进社会公平正义,在幼有所育、学有所教、劳有所得、病有所医、老有所养、住有所居、弱有所扶上不断取得新进展，深入开展脱贫攻坚，保证全体人民在共建共享发展中有更多获得感，不断促进人的全面发展、全体人民共同富裕。建设平安中国，加强和创新社会治理，维护社会和谐稳定，确保国家长治久安、人民安居乐业。

九是坚持人与自然和谐共生。建设生态文明是中华民族永续发展的千年大计。必须树立和践行绿水青山就是金山银山的理念，坚持节约资源和保护环境的基本国策，像对待生命一样对待生态环境，统筹山水林田湖草系统治理，实行最严格的生态环境保护制度，形成绿色发展方式和生活方式，坚定走生产发展、生活富裕、生态良好的文明发展道路，建设美丽中国，为人民创造良好生产生活环境，为全球生态安全做出贡献。

十是坚持总体国家安全观。统筹发展和安全，增强忧患意识，做到居安思危，是我们党治国理政的一个重大原则。必须坚持国家利益至上，以人民安全为宗旨，以政治安全为根本，统筹外部安全和内部安全、国土安全和国民安全、传统安全和非传统安全、自身安全和共同安全，完善国家安全制度体系，加强国家安全能力建设，坚决维护国家主权、安全、发展利益。

十一是坚持党对人民军队的绝对领导。建设一支听党指挥、能打胜仗、作风优良的人民军队，是实现"两个一百年"奋斗目标、实现中华民族伟大复兴的战略支撑。必须全面贯彻党领导人民军队的一系列根本原则和制度，确立新时代党的强军思想在国防和军队建设中的指导地位，坚持政治建军、改革强军、科技兴军、依法治军，更加注重聚焦实战，更加注重创新驱动，更加注重体系建设，更加注重集约高效，更加注重军民融合，实现党在新时代的强军目标。

十二是坚持"一国两制"和推进祖国统一。保持香港、澳门长期繁荣稳定，实现祖国完全统一，是实现中华民族伟大复兴的必然要求。必须把维护中央对香港、澳门特别行政区全面管治权和保障特别行政区高度自治权有机结合起来，确保"一国两制"方针不会变、不动摇，确保"一国两制"实践不变形、不走样。必须坚持一个中国原则，坚持"九二共识"，推动两岸关系和平发展，深化两岸经济合作和文化往来，推动两岸同胞共同反对一切分裂国家的活动，共同为实现中华民族伟大复兴而奋斗。

十三是坚持推动构建人类命运共同体。中国人民的梦想同各国人民的梦想息息相通，实现中国梦离不开和平的国际环境和稳定的国际秩序。必须统筹国内国际两个大局，始终不渝走和平发展道路、奉行互利共赢的开放战略，坚持正确义利观，树立共同、综合、合作、可持续的新安全观，谋求开放创新、包容互惠的发展前景，促进和而不同、兼收并蓄的文明交流，构筑尊崇自然、绿色发展的生态体系，始终做世界和平的建设者、全球发展的贡献者、国际秩序的维护者。

十四是坚持全面从严治党。勇于自我革命,从严管党治党,是我们党最鲜明的品格。必须以党章为根本遵循,把党的政治建设摆在首位,思想建党和制度治党同向发力,统筹推进党的各项建设,抓住"关键少数",坚持"三严三实",坚持民主集中制,严肃党内政治生活,严明党的纪律,强化党内监督,发展积极健康的党内政治文化,全面净化党内政治生态,坚决纠正各种不正之风,以零容忍态度惩治腐败,不断增强党自我净化、自我完善、自我革新、自我提高的能力,始终保持党同人民群众的血肉联系。

习近平新时代中国特色社会主义思想是党的指导思想和行动指南,习近平新时代中国特色社会主义基本方略是党的行动纲领。

三、教学实施

(一)师生观看:中国共产党第十九次全国代表大会开幕式

举世瞩目的中国共产党第十九次全国代表大会于2017年10月18日上午在北京人民大会堂开幕。组织学生在第一时间观看十九大开幕式,是"高举旗帜砥砺前行"实践教学专题活动的首要环节。

2017年10月18日上午9时,中国共产党第十九次全国代表大会正式拉开帷幕。大会由国务院总理李克强主持。全场起立,高唱《中华人民共和国国歌》。随后,全体同志为毛泽东、周恩来、刘少奇、朱德、邓小平、陈云等已故老一辈无产阶级革命家和革命先烈默哀。李克强宣布,党的十九大应出席代表2280人,特邀代表74人,共2354人,实到2338人。他对列席大会的党外朋友和有关方面负责同志表示热烈欢迎。

习近平代表第十八届中央委员会向大会作了题为《决胜全面建成小康社会 夺取新时代中国特色社会主义伟大胜利》的报告。习近平指出,中国共产党第十九次全国代表大会,是在全面建成小康社会决胜阶段、中国特色社会主义进入新时代的关键时期召开的一次十分重要的大会。大会的主题是:不忘初心,牢记使命,高举中国特色社会主义伟大旗帜,决胜全面建成小康社会,夺取新时代中国特色社会主义伟大胜利,为实现中华民族伟大复兴的中国梦不懈奋斗。

习近平代表第十八届中央委员会向大会作的报告共分十三个部分:一是过去五年的工作和历史性变革;二是新时代中国共产党的历史使命;三是新时代中国特色社会主义思想和基本方略;四是决胜全面建成小康社会,开启全面建设社会主义现代化国家新征程;五是贯彻新发展理念,建设现代化经济体系;六是健全人民当家作主制度体系，发展社会主义民主政治；七是坚定文化自信，推动社会主义文化繁荣兴盛；八是提高保障和改善民生水平，加强和创新社会治理；九是加快生态文明体制改革，建设美丽中国；十是坚持走中国特色强军之路，全面推进国防和军队现代化；十一是坚持"一国两制"，推进祖国统一；十二是坚持和平发展道路，推动构建人类命运共同体；十三是坚定不移全面从严治党，不断提高党的执政能力和领导水平。

习近平报告过程中，全场一次次响起热烈的掌声。3000 多名中外记者采访报道了开幕式盛况。

师生共同观看十九大开幕式，不仅可以在第一时间聆听到习近平代表第十八届中央委员会向大会作的报告内容，更会有一种现场感和仪式感，实现润物于无声的教育。雄伟庄严的人民大会堂里洋溢着热烈的气氛；主席台上方悬挂着"中国共产党第十九次全国代表大会"的会标，后幕正中是镰刀和锤头组成的党徽，十面鲜艳的红旗分列两侧；二楼和三楼眺台上分别悬挂着"不忘初心，牢记使命，高举中国特色社会主义伟大旗帜，决胜全面建成小康社会，夺取新时代中国特色社会主义伟大胜利，为实现中华民族伟大复兴的中国梦不懈奋斗！""伟大、光荣、正确的中国共产党万岁！"的大型横幅；雄壮嘹亮的《中华人民共和国国歌》在人民大会堂响起；习近平铿锵有力的报告……一幕幕画面，一声声响亮的话语，无不震撼着每个人的心灵，同学们的民族自豪感和民族自信心油然而生，为实现中华民族伟大复兴的中国梦激情澎湃。

习近平总书记醍醐灌顶的报告，深深感染着电视屏幕前的每个人，大家都在聚精会神地看着听着……开幕式结束后，教室里一片沸腾，兴奋的学生们开始讨论如何开展学习，如何把十九大精神内化于心、外化于行，规划着下一步的学习与活动。

(二)组织社团：指导学生成立"传习会"

组织学生学习研究理论的积极分子成立习近平新时代中国特色社会主义思想传习会（以下简称"传习会"），是"高举旗帜砥砺前行"实践教学专题的重要实施载体。为了引领全校学生深入学习和领会党的十九大精神和习近平新时代中国特色社会主义思想，2017 年 11 月 9 日，在任课老师指导下，以思想政治教育专业学生学理论积极分子为主体，在全校范围内成立了"传习会"社团组织，在全校范围内开展了宣传十九大精神和习近平新时代中国特色社会主义思想的宣讲活动。

"传习会"成立后，在专业老师指导下，在认真研读十九大报告的基础上，根据十九大报告的内容列了若干宣讲专题，分成 3 人一组，每个小组选择一个专题分头准备，制作演讲课件，然后利用课余时间在全校范围内深入各个班级进行宣讲。宣讲突出"政治性"，注重在"新时代"背景下学懂与弄通十九大精神。"传习会"成员每周召开一次协调会，相互交流宣讲心得，包括经验和遇到的难点，由指导教师及时协助解决。

动情的讲述、感人的内容、真诚的互动、面对面的宣讲，"传习会"活动热烈地开展起来。这不仅在全校学生中掀起了一个学习贯彻十九大精神的热潮，而且还在社会上引起了积极反响，很多兄弟院校还专门邀请"传习会"成员到外校学生中进行宣讲。宣讲活动促使十九大精神在学生中的共鸣，极大地提高了全校学生学习理论的积极性和主动性，也锻炼了"传习会"成员的演讲能力和组织管理能力，同时还使他们在宣讲中认识到了自己在知识、技能等各方面的不足之处，从而更加有针对性的补习和提升。

"传习会"成员们用他们的实际行动把报国之志化为报国之行，绽放了自己华美的青春，并且将继续将"传习会"活动传承下去，发扬光大。

（三）辩论比赛：青春践行十九大精神

举行"青春践行十九大精神"辩论比赛，既是我们"高举旗帜，砥砺前行"实践教学专题开展的一项重要活动，也是为参加学校驻地——章丘大学城组织的"章丘杯"辩论赛的重要准备。

辩论赛由各个班级自由组织团队，辩论内容由专业教师提前出好题目。赛题由"客观选择题"和"辩论"两部分组成。在"选择题"的每组赛题中，均有十九大报告内容入题，包括："五年来，党内政治生态明显好转，党的创造力、凝聚力、战斗力显著增强"；"坚持房子是用来住的、不是用来炒的定位"；"积极促进'一带一路'国际合作，努力实现政策沟通、设施联通、贸易畅通、资金融通、民心相通"；"为把我国建设成为富强民主文明和谐美丽的社会主义现代化强国而奋斗"等内容。

经过一周时间的准备，辩论赛开始。每场辩论由两组学生分别作为正反方打擂台，围绕五大辩题展开了精彩论战："大学教育更应该注重科学精神，还是人文精神？""在中华民族伟大复兴中，发展硬实力更重要，还是发展软实力更重要？""当今中国，国民教育应当更强调民族自信教育，还是民族危机教育？""当今中国缩小贫富差距更应该注重机会平等，还是注重结果平等？""当代大学生使命高于责任，还是责任高于使命？"观台上一位位辩手，自信从容、妙语连珠，围绕各辩题先陈述观点，继而针锋相对，展开精彩舌战，充分展示了学生们对这些议题多角度的认知和思考。

常言道："台上一分钟，台下十年功。"参赛学生为了赛出好成绩，比出特色和精彩，台下做了大量准备，指导教师在知识的把握、演讲的逻辑、辩论的技巧等方面都给予了耐心指导。在全校辩论赛的基础上，选拔组成学校代表队，在章丘区文明办、共青团章丘区委、章丘大学园区管理服务中心、章丘区新闻中心、章丘广播电视台联合举办的以“青春践行十九大，融思汇智谋发展”为主题的“章丘杯”辩论赛中，我校代表队以良好的精神风貌、全面的知识储备和精湛的辩论艺术，一举折桂。马克思主义学院张越同学获得“最佳辩手”荣誉称号，马克思主义学院崔勇副教授、辅导员王雅文老师获得“优秀指导教师”荣誉称号。

辩论赛活动的开展，一方面展现了学生朝气蓬勃、积极向上的精神风貌，营造了认真学习和践行十九大精神的氛围，树立了良好的学风；另一方面也培养了学生的创新精神和实践能力，进一步推进了能力范式的人才培养，促进学生素质的全面提升。

（四）参观考察：《共产党宣言》纪念馆

为深入学习贯彻落实党的十九大精神，不忘初心，牢记使命，2017 年 11 月 11 日，由任课教师带领两个班学生到广饶县刘集村《共产党宣言》纪念馆进行了为期一天的实践教学。

《共产党宣言》纪念馆外观设计是一本打开的《共产党宣言》，形象直观，极具感染力。纪念馆共分三层，一、二层展厅分红色幽灵、雄狮渐醒、鲁北风起、峥嵘岁月、碧血丹心、红色珍藏六部分，通过大量图片、文献资料和历史实物来展现《共产党宣言》首版中译本问世、传播、指导中国革命及当地人民在《共产党宣言》指引下不屈不挠进行革命斗争的历程；三楼设有党性教育报告厅。纪念馆另有 380 米长的地道，地道中再现了中国革命艰苦卓绝的斗争历程。

来到纪念馆，在讲解员的引领下，我们按照顺序依次展览了“红色幽灵”——《共产党宣言》诞生的背景与主要内容；“雄狮渐醒”——《共产党宣言》在中国传播的大背景以及中国共产党的诞生；“鲁北风起”——《共产党宣言》如何传入刘集以及广饶人民是如何紧跟时代步伐开展如火如荼的革命活动；“峥嵘岁月”——在《共产党宣言》精神的感召下刘集支部是如何依靠劳苦大众开展一系列革命活动以及《共产党宣言》在刘集支部的传承；“碧血丹心”——详细展现了广饶大地的革命英雄人物风采；“红色珍藏”——再现了当年马克思、恩格斯在布鲁塞尔白天鹅咖啡馆撰写《共产党宣言》的场景，展出了 20 世纪 20 年代在上海出版的第一版《共产党宣言》和外文版《共产党宣言》，生动展现了《共产党宣言》在世界上尤其是在中国的深远影响。地道观光——包括“地道复原”和“光辉历程”两部分，“地道复原”部分用雕塑的形式展现了刘集支部的党员们在地道里开展的一系列革命活动;"光辉历程"部分以视频资料和图文展板两种形式再现了中国共产党建党90多年来的光辉历程和中共一大至十八大的重要会议精神,讴歌共产党人为了国家独立、民族自强、经济发展,坚定执着、自强不息的英雄气概。

参观结束后,同学们既感动又兴奋,经过一次实地考察,不仅开阔了学生们的知识视野,收获了更多的人生感悟,而且也使他们似乎一下子长大了很多,个个跃跃欲试,有了一种要走向社会、为祖国的繁荣富强建功立业的冲动和向往!带队教师借机给学生布置了讨论题和撰写实践报告的要求,返校一周后进行课堂讨论,二周后上交实践教学报告。之后的课堂讨论和实践报告成果丰硕,同学们纷纷阐述了自己的体会和收获(具体内容见"来自学生的报告"相关内容),为本专题教学画上了圆满句号。

四、教学评价

(一)学生评价

学生A:"高举旗帜,砥砺前行"实践教学专题活动的开展与其他专题不同的特点在于从始至终,同学们都处于一种兴奋和激动状态,无论是观看视频还是参观考察、各种辩论赛、十九大精神宣讲、讨论,人人参与,个个发光,使我们在参与中增长了见识,发现了自己的不足,在快乐中学习,在磨炼中成长,收获将终生受益。

学生B:通过"高举旗帜,砥砺前行"实践教学专题的学习和各项活动的开展,特别是走出校门前往广饶刘集村《共产党宣言》纪念馆的参观考察,真切感受到了革命岁月、战争年代英雄先烈们的无畏精神,深深体会到了"星星之火,可以燎原"的威力,接受了一次难忘的红色文化的熏陶。我们将所见所闻一一放入行囊珍藏,把所感所想所思所悟纷纷记录分享。岁月悠悠,如烟过往,初心不改,使命担当。我们将秉承马克思主义信仰和中国特色社会主义信念,为新时代中国特色社会主义事业贡献青春和力量。

学生C:"高举旗帜,砥砺前行"实践教学专题活动实施过程中,开展的辩论赛、演讲赛和"传习会"开展的多场宣讲,我们不仅掌握了知识,开阔了眼界,锻炼了口才和逻辑思维、形象思维、发散思维,加深了对习近平新时代中国特色社会主义思想的理解和认识,而且通过这些活动,我们还学会了合作,学会了分享,收获了友谊,使我们更加团结,更加坚定立场,对我们的成长成才有着深远影响。

(二)同行评价

认真贯彻落实党的十九大精神和习近平新时代中国特色社会主义思想“进教材、进课堂、进头脑”“三进”工作，是高校思想政治理论课、特别是“形势与政策”课的一项重要教学任务。但怎样才能做好“三进”工作，却是需要精心探索，认真负责地去策划去实施。

“高举旗帜，砥砺前行”实践教学专题，从内容设置到系列教学活动的开展，都非常好地实现了教学目标，取得了丰硕成果。最突出的是通过引领学生全方位、多层面的参与到实践教学活动之中，实实在在地体现了以学生为主体，以教师为主导的新型教学方式改革，使学生和教师都得到了充分发展，走在了全国同类课程教学实践的前列，值得推广。

(三)教师自我评价

“形势与政策”课作为高校思想政治理论课的重要组成部分，是对大学生进行形势政策教育的主渠道和主阵地，及时准确地将党的方针政策和国际国内重大政治经济热点问题传授给学生，使之全面了解系统掌握，是本课程的首要任务。中国共产党第十九次代表大会的召开以及十九大精神和习近平新时代中国特色社会主义思想的学习与贯彻落实，无疑是“形势与政策”课的重要教学内容。

“高举旗帜，砥砺前行”实践教学专题，通过师生共同观看十九大开幕式，指导学生成立“传习会”、开展践行十九精神辩论赛、带领学生参观《共产党宣言》纪念馆等系列活动，使学生在全面参与的过程中，系统深入地把十九大精神和习近平新时代中国特色社会主义思想内化于心，外化于行，收到了良好的效果，大大提升了教学效果，是比较成功的实践教学案例。

当然，这些活动一路搞下来，基本上持续了半个学期，多是在课余时间完成，学生和老师都付出了很多宝贵时间。以后类似的活动还需要与其他课程以及师生的其他方面的学习和工作协调好，以保证在不影响其他工作正常开展的情况下进行。

五、来自学生的报告

(一)新时代，我们一起出发

2017 年 10 月 18 日，习近平总书记在中国共产党第十九次全国代表大会报告中明确提出了中国发展的新的历史定位：中国特色社会主义已经进入了新时代。这个时代,是在新征程新起点上继续夺取中国特色社会主义伟大胜利的时代;是决胜全面小康,进而实现社会主义现代化强国目标的时代;是团结各族人民实现共同富裕的时代;是带领亿万中华儿女扬帆起航再出发,同心共筑中国梦的时代;是辉煌走向舞台中央,昂然屹立于世界强国之林的时代。新中国经历了从站起来到富起来近70年的发展,中华大地发生了翻天覆地的变化,国际影响力日益提升,为中国走向强起来的新时代奠定了坚实基础,也为我们青年大学生的发展提供了更加广阔的平台。新时代,让我们携手并肩一起出发!

1.志存高远,脚踏实地

习近平总书记曾寄语青年人:"立志是一切开始的前提,青年要立志做大事,不要立志做大官。"①青年大学生首先要坚定理想信念,志存高远。处在人生黄金阶段的青年人要坚定信念,以科学价值观为准绳,树立远大并切合实际的理想,将学识转化为能力,做到理论与实践相结合,理想与时代相结合,并在理想实现过程中不断研究时代和社会变化,不断提升、充实自己,真正与时代同行。投身中国特色社会主义伟大实践,用青春和汗水去谱写人生壮美篇章。

空谈误国,实干兴邦。国家是这样,我们也是这样。理想的实现不是一蹴而就。中国梦的实现是一个阶段又一个阶段的铺垫与延续,青年大学生向新时代进发也需要一步一个脚印,脚踏实地。青年大学生应该从身边的点滴小事做起,不断地从生活和学习中锻炼和造就自己的本领,既不能眼高手低,更不能缩手缩脚,要踏实肯干、奋勇向前。认真学习和掌握知识与实践能力,积极投身社会实践活动,不断充实自己,多方面学习,积极探索,不断创新,使自己成为国家发展建设需要的综合型的人才。

2.只争朝夕,为建设社会主义现代化强国储备力量

建设社会主义现代化强国不再是未来时,更多的是现在时。"一万年太久,只争朝夕。"②作为朝气蓬勃的青年更要以时不我待的激情去助梦"两个一百年",以中国梦为旗帜,勇于担当,敢于作为,锐意进取,厚积薄发,争做站位新时代、践行新思想、书写新华章的新时代青年。

第一,我们要加强理论武装,提高思想认识高度。要以习近平新时代中国特色社会主义思想为指导,深刻理解学习运用,不断思索融会贯通,做到真学真懂、真信真用,内化于心、外化于行,以新的伟大思想凝聚起实现伟大梦想的磅礴力量。第二,我们要学好本专业知识,提高专业素养。大学的学习具有自主性、专业性等特点,在讲授各学科基础知识外,多注重某一专业理论知识的传授

---

① 《习近平:青年要立志做大事,不要立志做大官》,新华网,2017年5月4日。

② 《毛泽东诗词集》,中央文献出版社2003年版,第115页。

和技能的培养，注重为国家发展培养专业知识精良的人才，这也就要求我们要在大学期间努力学好学科知识，扎实掌握专业理论，创造性地应用于实践，提高专业技能，为以后自身发展、服务社会夯实基础。就思想政治教育专业而言，要在学习马克思主义的基础上，用辩证唯物主义、历史唯物主义去解析时政，培养政治头脑，用政治思维去科学看待事物的变化与发展。第三，我们要注重合作。历史经验告诉我们：只有团结合作才能碰撞出新的思想火花，实现真正的发展。面对社会竞争愈演愈烈的现实，我们更要用合作、共享、共赢来代替“零和”思维，要树立大局意识、集体意识，正确处理好个人利益与集体利益的关系、当前利益与未来利益的关系，以人类命运共同体意识为指导，双赢多赢实现合作共赢。

这个新时代是全方位的、开创性的、深层次的、根本性的、历史性的，是千年来中华民族梦想实现的。新时代的中国更加接近世界舞台的中央，也比以往任何时期更加接近实现中华民族伟大复兴的梦想。我们生长在这个伟大的时代，就要成就一番伟大的事业，在实现中国梦的征途中放飞梦想，拥抱未来，不负青春的使命，不负时代的选择，勇于追梦，努力圆梦，未来必定可期。

（2015 级思想政治教育本科班万萌，
2016 级思想政治教育本科班陈宏银、张鸾撰写）

（二）青春践行十九大，融思汇智谋发展——参加“章丘杯”辩论赛有感

2017 年 11 月 15 日，“章丘杯”辩论赛正式落下帷幕，我们摘得了比赛桂冠。作为辩手，回顾这一个多月的历练，真是百感交集，太多的艰辛，太多的惊喜，让我们始料不及。有人说，语言的边界是思维，思维的边界是阅历。很幸运，我们有了辩论的阅历。辩论赛就是这样一个充满魅力的比赛，从中你会发现自己的上限在哪儿，而你的不足又在哪儿，取长补短或者把长处放大，就是你在辩论场上最应该做到的基本发挥。回想过往，相比摘得最终的辩论桂冠，其中的感悟更值得回味。

1. 科学破题是辩论赛取胜的关键

在这次辩论赛中，我们抽到的决赛辩题是“实现绿色发展主要依靠政府规约”。开篇立意、定义先行。破题的第一步就是将辩题逐字逐句划出重点。两个重点名词是：“绿色发展”与“政府规约”；两个动词是“实现”与“依靠”；一个程度副词是“主要”。结合本次辩论赛的主题“青春践行十九大，融思汇智谋发展”，指导老师让我们首先查阅了十九大报告中与“绿色发展”“政府规约”相符合的原文，然后是认真思考实现绿色发展的途径除了政府规约外还有什么？政

府规约起主要作用的依据是有哪些？实现绿色发展的实质是怎样的？弄清这三个问题，辩题中的论点才会抽丝剥茧地呈现在我们眼前。最后，结合十九大报告，为政府规约、绿色发展下一个逻辑完整、思路清晰的定义。

十九大报告全面阐述了绿色发展的时代背景、现状、理念、建设重点和目标等，所以从中我们找出了政府在"绿色发展"中起到哪些重要作用。实现绿色发展，需要政府规约在其中扮演四种角色，即：绿色发展战略的规划者、绿色发展的引领者、绿色发展的监管者、绿色生活方式的示范者。这个辩题是一个比较类的辩题，我们要从中找到一个评判标准，以此作为判断社会自觉和政府规约谁发挥了更大的作用。对此，我们从绿色经济、绿色政治、绿色文化、绿色环境、绿色社会五个方面入手，逐一说明政府规约在这五个方面怎样发挥了比社会自觉更大的作用。这样，一场辩论赛的赛前准备就完成了一大半，接下来就是各位辩手的准备时间。

2.辩手配合默契是取胜的保障

辩论赛是一个环环相扣，每个辩手都发挥作用的唇枪舌剑的赛场。为了辩论取得成功需要每一个辩手都各司其职，有机配合。在每一场辩论赛中，从一辩到四辩，每个人都有着不同的角色和任务。赛前准备期间，大家要将自己搜集整理的材料转化成自己的观点和论据，将材料中对我方不利的东西剔除或者是寻求能够反驳的方法。然后从众多论点中筛选出最明显有利的内容作为此次辩论的主打话题。这个时候一辩和四辩就要开始根据论点写稿子，二辩和三辩要针对论点整合材料，转述成问题攻击对方，以证明我方观点。

一辩最重要的工作就是开篇立论，对我方观点进行高度概括和阐述。这一环节是观众和评委对整个辩论团队的第一印象，所以开篇立论必须要做到精准简练。开篇立论虽然只有短短的三分钟，在这三分钟内，首先要做的就是对辩题中涵盖的所有概念作出明确定义。例如："绿色发展"，是辩论双方都要进行解释的内容，正方首先会对绿色发展下一个定义，我们反方应解释的更全面一些，才能在辩论开始给评委和观众留下良好的第一印象。在对概念做出解释后，我方会给出一个评判标准，为我们接下来的辩论打下基础和基本的思路。接下来就要亮出我方的三个论点，既不能太简短也不能过于冗长。同时一辩手还要有大方的气场和抑扬顿挫的声音，在气势上掌握赛场主动权。要做到这一点，需要场下大量的练习，反复修改切磋。如果说开篇立论可以在赛前进行准备，那攻辩小结则需要临场发挥，这就需要辩手必须要反应敏捷，知识丰厚，更需要善于抓住对方在辩论环节中的漏洞，攻其不备。

二辩的重要职责是盘问对方。在盘问环节中，要设置一个如同树状图般的抛问结构，由第一个问题开始，通过对方不同的回答在接下来设置不同的问题，使得对方在不知不觉中落入层层陷阱。当然，辩论具有不确定性，对方的回答可能会与我们的预期不同，这时候就需要临场发挥，及时根据对方的答案进行抛问，将主动权重新拉回我方。需要注意的是，有些问题并非用“是”或“否”就能说清楚的，对这样的问题，就要小心防范可能会有的陷阱。在自由辩论环节中，考验的是双方成员之间的配合默契程度和反应速度，在双方激烈迅速地辩论中，如果出现重起重坐或者没有人回答问题的情况，就会影响整个团队的形象。辩论赛的每个环节都不是单个辩手的任务，当对方在发言时，除了保持微笑，那就是倾听对方的立场，从对方所讲述的内容中找出漏洞和可以反驳的观点，并及时记录，在之后的辩论中进行反问，这样不仅可以充实我方的观点，更能表现团队的迅速反应能力。

如果说辩论是一个正反双方有来有回的战场，那么二辩、三辩就是其中最锋利的矛。三辩主要负责辩论中的对辩以及自由辩论环节的主力，就是将我方的立场与论点转化为一个个犀利的问题，灵活运用我方论点与对方论点中的矛盾来赢得胜利。对辩是一场思维与想象的博弈，更需要一环扣一环地连环问让对方措手不及。准备对辩问题的第一步是确定这一问题的中心词。例如：实现“绿色发展”的两个主体词，即我方主张的“政府规约”与对方主张的“社会自觉”，针对这同一问题的两个主体词，运用矛盾对立统一原理，我方提出了一个尖锐的问题：社会自觉如何对实现“绿色发展”中的社会不自觉行为发力呢？在真正赛场上这一问题取得了显著的效果，也成为评委点评中的亮点问题。除了问题的选择，还要把握好时间。对辩双方互相拥有一分三十秒的时间，如何高效合理分配时间，原则上是争取我方多答，对方少问，问题多了回答难免有差错，但对方也有打断我方回答的权利。这里就有一个小技巧——运用逻辑语句，如果在半句中被打断，就会给评委、观众留下不好的印象。在自由辩论环节，是场上八个人的较量，也是团队四个人合作力量的体现。怎样避免重复？怎样继续队友的针对性问题问下去？怎样将落入对方圈套里的队友救出来？怎样达到默契度百分之百？这些都是我们在场下一次又一次地模辩，讨论辩题论点中磨合出来的最佳状态，默契度对于辩论这一团队合作有着良好的促进作用，如果场上四个人各持自己论点，那么一个团队就会显得无力。在老师的指导下，我们早已将自己的辩题与论点紧密结合在了一起，辩手之间密切配合，拧成一股绳，披荆斩棘、乘风破浪，打出了一场完美的收官之战。

辩论赛是一场“没有硝烟的战场”。如果说前面所有环节都是你追我赶，步步为营的唇枪舌剑，那么四辩手的作用就是最后的一锤定音。每次辩论赛主席在介绍总结陈词前都会说：“下面是辩论赛的最后环节——总结陈词阶段，看辩论双方的四辩是力挽狂澜还是一锤定音。”从中就可以看出四辩在辩论赛中的地位。四辩手最精彩的展示就是最后的总结陈词，那时全场寂静，所有人的关注点都在辩手3分30秒的陈词上，此时无疑是"台上一分钟，台下十年功"淋漓尽致的展示。四辩手的陈词虽然可以提前准备，但要取得"克敌制胜"的效果关键还是取决于临场发挥的恰如其分。这往往需要根据对方的论点和辩论中存在的漏洞，作为总结陈词的切入点或攻击点。总结陈词，内容的选择和提炼是一个方面，情感上的传递也很重要。辩手的语气和感情是感染全场最好的武器。指导老师多次教导我们："稿子是讲出来的，不是背出来的"；"语言是生动的，不是僵硬的"；"肢体语言是灵动的，不是夸张的"；"语音是悦耳的，充满感情的，不是死板的，更不是强词夺理的"……老师的谆谆教导我们记住了，我们领会了，我们成功了！

3.苦练基本功是辩论赛获胜的根基

大多数人看到的辩论赛只是台上那一个多小时的展示，但作为辩手的我们深知苦练基本功的重要和指导老师辛勤付出的奠基意义。可以说，台上博古通今、引经据典的背后是台下翻阅过无数资料的结果；台上精彩绝妙的回答和唇枪舌剑的辩论，是台下不知要经过多少次模辩才有的展现。

回顾我们参加的各场比赛，除了比赛时的紧张刺激，获胜之后的开心喜悦，更让我们印象深刻的是那些探讨思考辩题、撰写辩论稿和反复演练的过程，指导老师陪伴我们一起为辩论出谋划策，时而轻松欢乐，时而严肃紧张。每次结束讨论之后回宿舍的路上，都能感觉到对辩题有了更深的理解，每一个辩题都有了新的意义。每模拟一次辩论都让我们对于其中的每一话题或事件有着更全新的认识和更深刻的领会。

让我们难以忘怀的是每每我们遇到困难时，指导老师的鼓励、安慰和恰如其分的点拨，使我们会茅塞顿开、信心倍增起来。记得在决赛前夕又是期末复习考试之际，各种压力之下，我们团队四个人的心境都发生了些许变化，对辩题的讨论一筹莫展，一次又一次的模拟都不在状态，情绪非常低落。而在这时，我们与对方辩手的盘问总是回答不到位，信心不足，甚至开始自我否定。此时，崔勇老师作为我们的指导，他温润而缓和的思想工作像一股涓涓细流打开了我们内心世界的大门，及时解决了我们的困惑，给予了我们极大的鼓励。特别是当我们抗不住压力哭鼻子的时候，他非常和缓地给我们说："辩论队是一个整体，需要各有特点，犹如我们喝咖啡，不能光放咖啡，还要有糖、有水；每位辩手都是不一样的，你有你的优点，她有她的长处，手有余粮，没什么慌的。"正是这句"手有余粮，没什么慌的"给予了我们极大的鼓舞，让我们重拾信心。很大程度上讲，在这场辩论赛中我们最大的收获并不是拿了冠军，而是在老师的帮助下我们增强了自信。指导老师不仅教给了我们辩论的智慧和技巧，而且给予了我们温暖和鼓励；教会我们在面对成功时要戒骄戒躁，面对失败时不要气馁。使我们深刻地认识到，辩论本身没有绝对的输赢，辩论的意义也不在于赢过几场比赛，拿过几次奖杯，而是我们在辩论中学会了思考，学会了表达自己的观点，学会了合作，学会了成长！

本次辩论赛的目的就在于让大学生真正掌握十九大精神，提升思想认识高度，用青春践行。一路走来，每场辩论都带给我们从理论与实践上不同的感受，让我们了解、学习到了很多技巧与基本功，与对手对辩中发现自己的问题，在学习和感悟中不断提升自我。为了使自己的辩论更精彩，我们不断地查阅资料、分析案例、找出特例、归为辩题，针对论点、针砭时弊、总结归纳、归于实践，上升理论，使每一场比赛的能力都在提升。一场场辩论下来，我们对十九大报告的内容和精神也有了更加深刻的认识和感悟，在实践中的践行会更加自觉。

（2016 级思想政治教育本科班高玉菡、孙冬梅、杨濮源、张越撰写）

（三）“传习会”伴我学理论长智慧

为了引领全校学生深入学习和领会党的十九大精神和习近平新时代中国特色社会主义思想，2017 年 11 月 9 日，在老师指导下，由我们思想政治教育专业学生积极分子组织成立了习近平新时代中国特色社会主义思想传习会（以下简称“传习会”）。传习会作为学生层面上学习和宣传党的十九大精神和习近平新时代中国特色社会主义思想的社团组织，在校内外进行宣传演讲，得到了学校和社会的好评，产生了良好的示范作用。作为“传习会”的一员，我在积极宣讲过程中，在加强自身学习不断深化的同时，也提升了自己的理论水平和政治素养，学习能力极大提升，收益良多。

传习会的理论宣讲主要分为两大板块：一是重点解读十九大报告精神；二是重点学习习近平新时代中国特色社会主义思想。在“传习会”理论宣讲的准备过程中，成员们根据十九大报告的原文内容，从十九大召开的历史背景与现实背景出发，重点解读经济、政治、文化、党建、民生、生态、强军、祖国统一、世界和平等领域的发展成就以及发展的战略方向，展示党的十八大以来的建设成就，这就需要查阅材料查找事实数据，并且要时刻关注党和国家最新出台的方针政策，确保宣讲内容的科学、准确和时效；组织成员还根据习近平新时代中国特色社会主义思想的“八个明确”“十四条基本方略”设计了十五个专题，包括新思想的理论战略前瞻、党总揽全局协调各方、人民创造历史伟业、全面深化改革任重道远、新发展理念坚定贯彻、人民当家作主落到实处、全面依法治国与治理能力现代化、社会主义核心价值观凝心聚力、保障和改善民生实际进展、人与自然和谐共生长续发展、总体国家安全全面统筹、党领导建设世界一流军队、“一国两制”推动祖国统一、构建人类命运共同体、全面从严治党鲜明底色，并结合毛泽东思想、邓小平理论、“三个代表”重要思想、科学发展观等不同时期党和国家的指导思想，深入解读习近平新时代中国特色社会主义思想的内涵及重大意义。

“传习会”活动的准备过程，不仅需要组织成员掌握大量的新的政治理论，还需要联系已学理论，把两者联系起来，总结出“变与不变”的发展规律；同时，把专业课程中学到的政治理论与我国的实际发展结合起来，理论联系实际，在了解实际发展的过程中加深对新理论的理解。“传习会”不仅仅帮助组织成员学习理论知识，更帮助其他大学生学习理论知识。学生与学生面对面讲解和老师与学生面对面讲解有着不同效果，前者互动性和理解性更强。学生讲解通过“学生语言”传达给听讲的学生，能够形成学习的共鸣，增强理论学习的趣味性和穿透力，有助于形成理论学习的氛围。

“传习会”从组织建立到不断发展壮大，是每一名“传习会”成员努力的结果。而在不断地学习和准备宣讲的过程中，我们也收获了学习与成长的智慧。“传习会”从十九大报告全文到十九大精神与习近平新时代中国特色社会主义思想的两个宣讲系列，每一名成员都在不断的筛选和甄别收集到的信息，不断查阅新的文档资料，从中抽丝剥茧找出符合自己宣讲内容的信息。在这一过程中，我们增长了信息筛选的智慧和抽象理解的能力。面对日常学习中令人“头疼”的学科论文和实践论文写作，我们能够凭借在“传习会”成长的智慧快速地搜集信息、整合材料，把碎片化的知识经过自己的理解和吸收后，转化成自己的思考，并且形成条理清晰、逻辑明确的系统思想；“传习会”从一开始的理论宣讲发展到借助互联网媒体进行即时交流学习，校内外影响力不断扩大，这其中离不开每一名成员在宣讲过程中的精彩表现和借助互联网进行通讯与QQ微信群宣传交流。在这一过程中，我们收获了更多的学习与处事智慧：

一是“我说我想”能力的提升。宣讲成员借助提前制作好的宣讲课件，以既严谨简单又生动活泼的语言表达出自己所要讲解的内容，锻炼了自己的口语表达能力和语言思维能力，明显增强了师范类学生的教学技能。同时在宣讲过程中，需要构建已有理论知识和新的理论知识相互联系的桥梁，需要从一到多、从点到面的分析和总结，需要从多个角度整体把握讲解内容，这就提高了我们的理论联想能力、系统思维能力和整体把握能力。

二是临场发挥的智慧。在宣讲过程中，宣讲成员要面临各种各样的问题，突如其来的提问、不断变化的讲堂情绪等问题，这就需要宣讲员在具备扎实的理论知识的同时，还能够针对突发情况快速作出反应，解决问题。例如：在数学学院宣讲时，有同学对“两个一百年”奋斗目标的历史由来存有困惑，希望宣讲员能够现场讲解。我们宣讲员能够快速做出反应，并联系我们学过的《中国特色社会主义理论体系概论》的内容，加上自己的理解为提出问题的同学进行答惑，获得了认可。从而在实践中增长了临场发挥的智慧与能力。我们在参加学校组织的各项活动中凭借临阵不乱和灵活多变的表现取得了优异成绩。

三是现场表现技能的提高。通过一次又一次的宣讲，在不知不觉中增强了自信心和责任心，能够在宣讲过程中收放自如，不怯场、不自卑，大胆表现，展现风采。在“传习会”的宣讲过程中，宣讲成员可以通过实际的课堂讲解模式或者演讲模式接触不同情境下的不同问题，能够增强处事能力和智慧。在每一场的宣讲中，地点不同，听讲的人员的数量和学情也不同。例如：在化学与化工学院宣讲时，学院领导高度重视，申请了学术报告厅来开展这一宣讲活动，组织了300名左右不同年级的学生来听讲。从教室到报告厅，宣讲员需要克服心理压力，凭借多次宣讲的经验，从容走上报告厅的讲台，侃侃而谈，以出色的现场表现和精彩的宣讲获得了赞誉。

“传习会”从一个班级组织发展到院系组织再发展到校级组织，从同学之间相互交流学习思想到“先进帮助后进”，“传习会”的成员角色发生了转变。“传习会”的成员从学习者到讲解者，需要先一步深入理解所讲的政治理论，成员之间交流共同学习看法，并且实时地感悟宣讲过程中碰撞出来的思想火花，在这一过程中，我们进一步增长了快速思考的能力和批判思维的能力。每一次宣讲准备都是思想不断汲取丰富营养的过程，每一场宣讲都是思想与思想的碰撞。还在十九大胜利召开的过程中，我们就已经开始着手准备“传习会”的宣讲。时间紧、任务重，加班加点准备宣讲。请教老师、请教同学，不到半个月的时间我们就在不断的头脑风暴中找到了自己的宣讲内容的切入点并制作宣讲课件。后来我们在总结时，多数宣讲成员都感到通过“传习会”的活动，我们的“批判性思维能力得到了很大提升”。对现实生活和学习过程中遇到的各种问题能够分得清主次、有自己的思考判断。

“传习会”创新了学生之间交流的方式，以学生为主体，通过学生的视角去理解和学习政治理论，能够极大地促进学生自主学习政治理论的热情，并能够以积极的心态去感悟政治理论的发展变化，增强自身的政治智慧和学习智慧。当然，随着“传习会”工作的不断深入，我们也深感自身能力的不足和知识的欠缺，通过总结我们十几场的宣讲活动，我们发现在讲解习近平新时代中国特色社会主义思想时缺乏深入的思考和周密的推理，有些照搬照抄、自讲自话的情况，对习近平总书记系列讲话精神还缺乏融会贯通；在讲解十九大精神方面，对于个别较难理解的知识领域如经济领域缺乏深刻的分析，不能充分运用数据说话，宣讲的感染力和吸引力还不够高。并且在整个宣讲过程中，在某些领域局限于单一的视角，不能做到由点到面的综合性整合，往往"东一榔头，西一锤子"，使宣讲的整体水平得不到升华。通过不断的理论宣讲，才真正体会到了"台上一分钟，台下十年功"的道理，要让自己的宣讲得到大家的认可和认同，还必须要加强自身学习，坚持理论与实际相结合，做到融会贯通，举一反三。同时还要做到知行合一，坚持以理服人和以身作则的统一。

总之，党的十九大精神的学习和贯彻落实在不断深人，"传习会"的学习氛围也在不断凝聚。作为宣讲成员，我们必将在不断学习政治理论，不断收获政治智慧和学习智慧的过程中成长成熟。

（2016 级思想政治教育本科班陈宏银撰写）

（四）不忘初心，砥砺前行——参观广饶刘集《共产党宣言》纪念馆有感

2017 年 11 月 11 日，在任课老师的带领下，我们前往广饶县刘集村《共产党宣言》纪念馆进行了为期一天的实践教学活动。实践活动的时间虽然短暂，但广饶刘集感人至深的红色文化、催人奋进的革命历史却给我们留下了深刻的印象，并且深受感染。

红色文化是指在长期的革命战争时代，中国共产党领导人民群众共同创造的、葆有先进性的革命历史文化，后将其加以整理和开发所形成的文化。[①] 广饶县刘集村不仅是全国最早农村党支部的诞生地，而且还有中文首译本《共产党宣言》的传奇故事，这里有着丰富的红色文化资源，其独特的文化价值集中展现了一代又一代刘集人以中文首译本《共产党宣言》为指导，不忘初心，用信仰、意志、鲜血和生命，谱写了为革命事业奋斗的壮丽篇章。当代大学生接受这里的红色文化熏陶，有益于加强自身思想道德修养，形成正确的世界观、人生观、价值观，有助于提升大学生群体的精神风貌，有利于坚定跟党走的理想信念。

广饶刘集拥有丰富的红色文化资源，《共产党宣言》纪念馆真实再现了我国首版中文译本《共产党宣言》在刘集村传播、应用和保存的艰辛历程，讴歌了早期革命党人的丰功伟绩。在这里，有碧血丹心的英雄人物，有流芳百世的英勇事迹，有饱经岁月的革命文物，有万古长青的革命精神。徜徉其间，如临其境、如在眼前的一系列革命斗争场景，使我们见识到共产党人初心的力量，震撼了我们的心灵，启迪着我们的智慧，接受着红色文化的洗礼。

刘集人民在革命战争年代，运用地道妥善保护革命力量、发展壮大革命队

---

① 参见杨朝辉：《红色文化在新型工业化城市体系中的重要意义和发展对策——以东营市为例》，《中国石油大学胜利学院报》2016 年 12 月 15 日。

伍、有效消灭敌人，为刘集的解放做出了重要贡献。在刘集《共产党宣言》纪念馆的地下，有一条全长 300 米的地道，作为重要的红色文化资源，不仅真实再现了刘集往昔的峥嵘岁月，而且再现了中国共产党建党 96 周年来的光辉历程和中共一大至十八大的重要会议精神，讴歌了共产党人为了国家独立、民族自强、经济发展，坚定执着、自强不息的英雄气概。在这里，我们无不感受着“不忘初心，方得始终”的沉重分量；无不为“碧血丹心跟党走，光辉照耀天地明”的红色文化动容。

面对广饶刘集感人至深的红色文化，我们真正地感受到“代表先进阶级的正确思想，一旦被群众掌握，就会变成改造社会、改造世界的物质力量”①。《共产党宣言》一经传到刘集，就犹如一盏晦暝长夜里亮起的明灯，为黑暗笼罩下的人们照亮了前行的道路。从此，这本中文首译版《共产党宣言》就同广饶刘集的革命风雨相联系，历经战火岁月，浸透着烈士鲜血，谱写了一曲曲荡气回肠的革命乐章；我们真正地感受到中国共产党的初心和使命就是为中国人民谋幸福，为中华民族谋复兴。透过广饶刘集这个时代的缩影，一本《共产党宣言》在中国农村扎根、发芽、开花，历经风雨结出累累硕果。我们能够看到中国共产党自成立以来，就秉持一颗初心，我们可以感受到这一初心和使命是何等的伟大，我们党正是因为有着这样的初心和使命，才能够团结带领人民在艰苦卓绝的斗争中取得胜利，谱写气吞山河的壮丽史诗。广饶刘集藏本《共产党宣言》是唯一在中国农民中流传、使用和保存的一本珍贵的革命历史文物，其中红色文化的独特之处就在于她是在贫苦农民当中传播并发挥实实在在的理论指导作用，激励着一代又一代共产党人不忘初心，为了人民的幸福和民族的复兴，勇往直前，敢于胜利。红色文化是一面永不褪色的旗帜，建设社会主义核心价值体系，凝聚社会共识，离不开红色文化；建设社会主义精神文明，全面提高公民道德素质，离不开红色文化；提高文化软实力，建设社会主义文化强国同样离不开红色文化。

通过对广饶刘集《共产党宣言》纪念馆的参观学习，使我们认识到广饶刘集红色文化的研究与开发，不仅有利于推进当地旅游业的发展和新农村精神文明建设，而且有利于教育广大党员干部群众深刻认识到中国革命的胜利来之不易，要不忘初心，发扬光大党的优良传统和作风，进一步增强对党的信任，增强对社会主义的信心，坚定永远跟党走的信念。红色文化是广大人民群众在党的领导下经过伟大实践创造的，因此决不能束之高阁，还必须回到广大人民群众中去。为此，广饶刘集的红色文化不仅应当加大宣传力度，处理好开发与保护的关系，让越来越多的人了解她，而且更应当注重创新性发展，通过多种创新，

① 《毛泽东文集》第 8 卷，人民出版社 1999 年版，第 320 页。

使之更好地代表人民群众的意愿和要求，体现现实性和时代性，强化文化的吸引力、感召力和说服力，使之走近大众、贴近大众，丰富人民群众的精神文化生活，满足人民群众的精神追求。

历史是凝固的现实，现实则是流动的历史。唯有铭记历史，以史为镜，才能鉴往知来，不忘初心，服务于当前这个伟大的时代。透过广饶刘集的光荣史、斗争史和苦难史，我们更为深刻地体会到今天的幸福生活有多么的来之不易，这背后正是无数革命先烈付出抛头颅、洒热血的代价换来的。先烈们无愧于自己所处的那个时代，无愧于有着五千年文明的祖国。他们面对国破山碎，遍地狼烟，但他们从没有放弃希望，而是积极探索救亡图存的道路，在党的领导下，谱写了一曲曲壮丽的爱国诗篇。

作为当代的大学生，身处和平幸福的生活中，我们更应该学会"用宽肩膀担当，靠真本领成事"，学会用革命先烈的感人事迹激励自己，在新的人生征程中，迎难而上，拼搏进取，靠我们的努力和奋斗，为祖国的繁荣富强做出自己的贡献。历史已经证明，中国人民唯有坚持中国共产党的正确领导，坚持马克思主义指导思想，拼搏进取，不懈奋斗，不断创造和发展先进文化，才能使中华民族走向伟大复兴，实现每一个人的"中国梦"。作为当代的大学生，我们更有责任继承和发扬红色文化，为谱写新的先进文化做贡献。青年是国家未来的主人翁，实现中华民族伟大复兴的历史接力棒，终将靠一代代青年接力完成。

青年唯有争当实现中华民族伟大复兴的坚定者、奋进者、搏击者，我们这个民族才有希望；而不可做犹豫者、懈怠者、畏难者。否则，今天是父母的寄生虫，明天就可能是国家的亡国奴，历史的悲剧又将重演。当今中央电视台开设的《新中国》节目，之所以震撼人心，无不是它通过跨越时空的对话，传递了"信仰、信念、信守"的内核。广饶刘集村的《共产党宣言》纪念馆，以实体的形式展现了刘集人民对"信仰、信念、信守"的坚持和传承。我们作为新时代的大学生，将以参观学习为契机，秉承前人对"信仰、信念、信守"的执着精神，踏着前人的脚印，砥砺前行。

（2015级思想政治教育本科班杨路、宋汝双撰写）

（五）不忘先辈夙愿，不负青春韶华——广饶刘集人民血火保《共产党宣言》之启示

总有一种感情，让你潸然泪下；总有一种精神，让你奋勇向前；总有一个人，让你感慨万千。在广饶县刘集村《共产党宣言》纪念馆为期一天的实践教学活动则深深启发了我们，特别是刘良才、刘考文、刘世厚，以及刘集村每一位村民血火保《共产党宣言》的精神深深感动了我们，心情久久不能平静。他们那种志

存高远的执着精神，英勇顽强的牺牲精神，艰苦奋斗的创业精神，血可以流、泪可以洒、家园可以重建、但头不能低下、《共产党宣言》不能丢下、党的恩情不能放下、碧血丹心跟党走的崇高理想和坚定信念无不鞭策着我们！

来到广饶刘集《共产党宣言》纪念馆，仿佛时光倒流，回到了那个战火纷飞的岁月：广饶刘集，靠近胶济铁路，交通比较便利，使得这里的人们容易知晓外面的事情。先进青年刘雨辉、刘子久来到省会济南求学，寻觅救国之路。在济南，他们结识了王尽美、王翔千、张葆臣等一批先进的共产党员，并最终也成为他们当中光荣的一员。1925 年春节，在轰轰烈烈的国民大革命期间，刘子久受组织派遣，借回乡探亲之际，秘密发展了自己的堂兄刘良才入党，之后刘良才又发展了村里的刘英才、刘洪才、刘春山，就这样建立起全国最早的农村党支部——中共刘集支部，刘良才任书记。很快，刘集党支部的活动蓬勃开展起来，创办农民夜校、建立农民协会和童子团，农民们热情高涨，踊跃参加。1926 年春节，刘雨辉回乡探亲之际，见家乡革命开展情况欣喜不已，并把自己保存的那本《共产党宣言》译本交给党支部书记刘良才。刘良才在村里用农民通俗易懂的语言阐明马克思主义的真理，连续举办了三个冬春的夜校，入校者达三四十人。此外，刘集党支部还组织成立了刘集农民协会，长工会、短工会、互济会、青年团和少先队等革命团体相继成立。刘集支部也成为广饶县建立早、活动多而且影响大的一个农村党支部。1931 年 2 月，刘良才成为反动政府重点搜捕的对象，只得被迫到潍县任中心县委书记。临行前那天夜里，刘良才将《共产党宣言》郑重交给接替他职务的刘考文，并告诉他："这本书比我们的命都重要。"1932 年 8 月，受李立三错误路线影响，广饶邻县博兴发生了农民武装暴动，刘考文带领刘集支部前往支援，敌众我寡之下，暴动很快失败。此时的刘考文预感到自己被捕的可能，把这本珍贵的《共产党宣言》转交给支部党员刘世厚。不久，刘考文被捕，光荣牺牲。刘良才也被叛徒出卖，以散播《共产党宣言》的罪名，宣判处死。1938 年 1 月，日本侵略者的铁骑踏入广饶大地，在敌众我寡、力量悬殊之下，刘集村民用自己的生命做武器，强忍内心的悲恸，保存《共产党宣言》完好无损，为刘集村也为我们党我们国家留下了一笔宝贵的财富。

"砍头不要紧，只要主义真。"[①]刘良才这样做了，刘考文这样做了，刘集老百姓都这样做了。在《共产党宣言》思想的指引下，在党组织的领导下，刘集人民以必胜的决心推翻三座大山的压迫，迎来了新中国的诞生，使得血火保《共产党宣言》的精神愈加闪耀，这是何等的执着！非有志存高远之心，怎会如此决绝。试想：在那个血雨腥风的年代，老百姓掩护一名伤员，掩护一名干部，很可能就

---

① 夏明翰：《就义诗》，《中国共产党人精神读本》，红旗出版社 2001 年版，第 30 页。

是全家被杀。然而,刘集百姓敢于把自己的身家性命投身到革命中,在《共产党宣言》思想的武装下,在刘集党支部的领导下,刘集村已然形成了一种革命的氛围,党的组织渗透到每家每户,深入到每个人的心中,成为一座坚不可摧的战斗堡垒。

"前进心不灰,革命强中强。"①作为鲁北平原上的一个小村庄,广饶刘集不仅建立起全国农村最早的党支部,革命的火种在这里播下,开始于农民夜校。"觅汉增资""吃坡""砸木器行""军屯伏击战""淮海大支前"……一帧帧,一幕幕,上演的是广饶刘集人艰苦奋斗的创业精神。纵然是前路艰难牺牲多,但心中存有对新中国的向往,跟着共产党矢志不渝。最朴实敦厚的一群人,最后一口粮是军粮,最后一尺布是军衣,最后一个儿是当兵,所以才有"一门三烈士""兄弟两铁汉"的动人事迹。正是有着这样英勇顽强的革命斗志和艰苦奋斗的创业精神,使得光荣的刘集人把胜利的红旗插上了潍县的城头。

一晃近 70 年过去了,先烈的热血也已化作广饶大地上绽放着的花朵,芬芳美丽。纸质的《共产党宣言》或许会褪色,但灵魂深处的《共产党宣言》将永葆青春活力。广饶刘集血火保《共产党宣言》的精神启示我们:唯有坚定理想信念,坚持党的正确领导,将个人命运与祖国命运相结合,才能取得一个又一个胜利,收获一份又一份幸福。正如马克思所说:"理论一经掌握群众,也会变成物质力量。"②因此,当代大学生要有志存高远的执着精神,加强理想信念教育。尽管我国仍处于并将长期处于社会主义初级阶段,但必须充分认识到社会主义制度的优越性正在逐步彰显。最为直观的感受,是社会主义的蛋糕越做越大,人民的收入越来越多。扶贫攻坚战的打响,精准扶贫的实施,正使得越来越多的家庭和地区摆脱贫困的帽子;全面从严治党,反腐败斗争一刻不停歇,正使得社会风气越来越好,人民干劲越来越大;青山绿水就是金山银山的生态文明建设,正使得天越来越蓝,空气越来越清新,呼吸越来越顺畅,出行越来越舒适……全面建成小康社会的目标正在逐步靠近。我国发展仍处于重要战略机遇期,前景十分光明,挑战也十分严峻,越是如此,作为当代的大学生,越应该保有志存高远的执着精神,坚定理想信念,坚持党的正确领导,将个人命运与祖国命运相结合,为实现中华民族伟大复兴的中国梦做出自己的贡献。

广饶刘集血火保《共产党宣言》的精神,是革命先辈用鲜血铸就的。这一精神启示我们:天下虽安,忘战必危!我们今天之所以能够享有这样舒适安逸的生活,都是先辈用宝贵的生命换来的。因此,我们决不能以享乐为先,吃苦在

① 《陈毅诗词选集》,人民文学出版社 1977 年版,第 13～16 页。
② 《马克思恩格斯选集》第 1 卷,人民出版社 1995 年版,第 9 页。

后。尽管身处和平年代，流血牺牲离我们很遥远，但我们更应该学习这种精神。在当代，英勇顽强的牺牲精神对我们一般人来说，也就是我为人人的奉献精神。作为当代的大学生，要落实到生活当中的点滴小事中去。比如："牺牲"一些玩乐的时间，多学习一些有用的知识；热心公益事业，参加志愿者活动；力所能及的帮助需要帮助的人；等等。

广饶刘集血火保《共产党宣言》精神，是刘集人艰苦奋斗的真实写照。这一精神说明：幸福都是奋斗出来的！我们今天能够享有如此丰富的物质文明，都是无数先辈流血流汗奋斗出来的。尽管我们当前还处在大学校园，有老师、同学的关怀，但也很快就要走向社会，适应全新的环境。因此，能否具有艰苦奋斗的精神，对我们的人生影响深远。作为当代大学生，要培养起艰苦奋斗的品质。具体来说，就要做到自立、自强，勇敢面对前进道路上的困难。正如习近平总书记所说："每一代人都有每一代人的长征路。"[①]广饶刘集血火保《共产党宣言》的精神，是中国共产党和中国人民初心的体现。一代又一代中华儿女唯有继承和发扬这种精神，才能在中国特色社会主义前进的道路上披荆斩棘，开创新的征程。不忘先辈夙愿，不负青春韶华，让我们秉承先辈精神，砥砺前行吧！

在参观回来的路上，同学们边走边讨论了起来，每个人都有抑制不住的兴奋和感慨，说出了自己的感悟：

杨路：知之匪艰，行之惟艰：知易行难。行走在广饶刘集《共产党宣言》纪念馆里，沐浴着红色文化洗礼，瞻仰先辈革命足迹，为刘集人血火保《宣言》精神所震撼，深受教育。在今后的学习和生活中，将不忘初心，砥砺前行，知行合一，把这一精神发扬光大。

宛洁：正是因为这些伟大的共产党人，才使《共产党宣言》得以保存，感谢刘集的烈士们为我们留下了如此宝贵的精神财富，这对当代中国的共产主义精神研究具有重要意义。

王记兵：刘集党员血火保《共产党宣言》的光辉事迹，正是中华民族以爱国主义为核心的民族精神的生动体现。除此之外，它还体现了共产党人对真理与信仰的热爱和追求。作为大学生的我们应当弘扬这种民族精神，坚持真理与正义，坚定共产主义理想和信念。

陆璐：在今后的人生历程中，我会不断地告诫自己要"坚定信念，与时俱进，实事求是"；我要努力继承和发扬革命先烈的伟大精神——志存高远、甘于奉献、艰苦奋斗，不断追求更加有意义的人生。不忘初心，为实现中华民族伟大复兴的中国梦贡献自己的智慧和力量。

---

① 习近平：《每一代人都要走好自己的长征路》，央广网，2016 年 10 月 21 日。

王鑫平：坚定的理想信念是共产党人经受住各种考验的精神支柱。理想信念决定了"我们从哪里来、到哪里去"。共产党人的牺牲精神最集中、最突出、最震撼人心的是"真信仰"。有了真信仰，就会有正确的世界观、人生观、价值观，就会把"人活着是为了什么"这个根本问题想通想透。

王海棠："这本书务必保管好，她比我们的生命都重要啊。"这是党员刘考文对刘世厚说的一句话，也是我印象最深刻的一句话。刘集人民舍命保《共产党宣言》的大无畏精神是他们对共产主义理想的践行。而我们在实现理想的道路上要坚定信念，披荆斩棘，不忘初心，砥砺前行！

宋汝双：我们要将这种精神代代相传，这是一份信念、一份中华民族生生不息的信念。忘记历史的国家是悲哀的，忘记历史的民族是悲哀的。我们要做的，就是铭记历史，将这种牺牲精神发扬光大。

潘瑞祺：由山巅坠石，必坠至山麓；在进行的中途，无左右进退的自由。唯有对信仰真选择、真认同、真践行，才能在有限的生命长度中不断拓展人生价值的宽度和厚度，用信仰之石筑就事业的长城。

唐丽娜：通过学习刘集党员为护《共产党宣言》奋不顾身、舍生忘死的精神，我们懂得了许多，收获了许多。在感叹他们伟大的同时，我们最重要的是应该学会发扬这种精神。天下兴亡，匹夫有责；振兴中华，青年当先！

马妍：优良的传统和经验，不是放在匣子里的祖传方子，用白纸黑字写好了就不怕失传，如果不去继承、不去发扬、不去坚持，迟早是会消失的。作为大学生，不应该仅仅停留在理论层面，更为重要的是践行。

同学们感慨万千，万千感慨，汇成一句话：不忘先辈夙愿，不负青春韶华——继承先辈的意志，在新时代的中国奋力拼搏！

（2015级思想政治教育本科班王海棠、陆璐撰写）

主要参考文献

一、经典著作与文献

1.《马克思恩格斯选集》第1～4卷,人民出版社1995年版。

2.《毛泽东选集》第1～4卷,人民出版社1991年版。

3.《毛泽东诗词集》,中央文献出版社2003年版。

4.《邓小平文选》第3卷,人民出版社1993年版。

5.《习近平谈治国理政》第1卷,外文出版社2018年版。

6.《习近平谈治国理政》第2卷,外文出版社2017年版。

7.《三中全会以来重要文献选编》(上、下),人民出版社1982年版。

8.《十二大以来重要文献选编》(上、中、下),人民出版社1986、1987、1988年版。

9.《十三大以来重要文献选编》(上、中、下),人民出版社1991、1993年版。

10.《十五大以来重要文献选编》(上、中、下),人民出版社2003年版。

11.《十六大以来重要文献选编》(上、中、下),中央文献出版社2005、2006、2008年版。

12.《中共中央关于全面深化改革若干重大问题的决定》,人民出版社2013年版。

13.中共中央宣传部:《习近平总书记系列重要讲话读本》,学习出版社、人民出版社2014年版。

14.中共中央文献研究室编:《习近平关于实现中华民族伟大复兴的中国梦论述摘编》,中央文献出版社2013年版。

15.中共中央文献研究室编:《习近平关于全面深化改革论述摘编》,中央文献出版社2014年版。

16.中共中央宣传部理论局编:《深度解读中国梦——马克思主义理论研究和建设工程深化中国梦研究成果汇编》,学习出版社2014年版。

17.中共中央文献研究室编:《习近平关于协调推进"四个全面"战略布局论

述摘编》,中央文献出版社 2015 年版。

18. 中共中央中宣部:《习近平总书记系列重要讲话读本》,学习出版社、人民出版社 2016 年版。

19. 习近平:《决胜全面建成小康社会　夺取新时代中国特色社会主义伟大胜利——在中国共产党第十九次全国代表大会上的报告》,人民出版社 2017 年版。

20. 中共中央宣传部:《习近平新时代中国特色社会主义思想三十讲》,学习出版社 2018 年版。

二、中文著作

1. 陈学明:《全球视野中的中国道路》,重庆出版社 2014 年版。

2. 肖巍:《社会主义中国在开拓中前进》,重庆出版社 2014 年版。

3. 黄仁伟、张幼文、金芳等:《以开放促改革——全球化新趋势与对外开放新阶段》,上海社会科学院出版社 2014 年版。

4. 俞可平:《全球化与政治发展》,社会科学文献出版社 2003 年版。

5. 魏明德:《全球化与中国》,商务印书馆 2002 年版。

6. 刘明福:《中国梦——后美国时代的大国思维与战略定位》,中国友谊出版公司 2010 年版。

7. 张维为:《中国震撼——一个"文明型国家的崛起"》,上海人民出版社 2011 年版。

8. 刘明福:《中国梦——中国的目标、道路及自信力》,中国友谊出版公司 2013 年版。

9. 胡国成主编:《透视美国》,中国社会科学出版社 2002 年版。

10. 刘小彪:《"唱衰"中国的背后:从"威胁论"到"崩溃论"》,中国社会科学出版社 2002 年版。

11. 李黑虎、潘新军:《经济全球化对中国的挑战》,社会科学文献出版社 2001 年版。

12. 王蒙:《青春万岁》,人民文学出版社 1979 年版。

13. 夏明翰:《中国共产党人精神读本》,红旗出版社 2001 年版。

14. 中国国际经济关系学会编:《经济全球化大潮与中国对策》,时事出版社 2002 年版。

15. 韩庆祥:《发展与代价》,人民出版社 2002 年版。

16. 吴兴南、林善炜:《全球化与未来中国》,中国社会科学出版社 2002 年版。

17. 刘德斌:《国际关系史》,高等教育出版社 2003 年版。

18. 彭有祥:《全球化与中华民族伟大复兴》,云南美术出版社 2003 年版。

19. 洪向华主编:《复兴之路:中国崛起的 30 个历史关键》,青岛出版社 2007 年版。

20. 纳麒:《走向复兴的探索:中国特色社会主义道路的理论框架》,中国社会科学出版社 2009 年版。

21. 罗浩波主编:《当代中国文明发展理路:科学发展观与中国特色社会主义文明构建》,武汉大学出版社 2011 年版。

22. 殷学仁等主编:《中华传统美德警句名言》,中共中央党校出版社 2012 年版。

23. 李慎明主编:《中国共产党与中华民族伟大复兴》,社会科学文献出版社 2012 年版。

24. 宋继和、张正玉:《毛泽东周恩来与台湾问题》,团结出版社 2012 年月版。

25. 胡鞍钢:《中国道路与中国梦想》,浙江人民出版社 2013 年版。

26. 王福军:《中国梦与中国道路:中国特色社会主义为什么灵》,中国文史出版社 2013 年版。

27. 罗文东、陈建波:《中国特色社会主义道路——走向中华民族伟大振兴的崭新道路》,中共中央党校出版社 2013 年版。

28. 洪向华主编:《民族复兴中国梦》,红旗出版社 2013 年版。

29. 潘孟主编:《筑梦中国》,新华出版社 2013 年版。

30.《中国梦:中国的奋斗与复兴》编辑组编:《中国梦:中国的奋斗与复兴》,人民日报出版社 2013 年版。

31. 刘戈、舒泰峰、王文、雷思海:《十问中国梦——给梦想多一点时间》,北京大学出版社 2013 年版。

32. 编写组:《中国梦与中国道路》,中央文献出版社 2013 年版。

33. 赫曦滢:《中国梦》,吉林出版集团有限责任公司 2013 年版。

34. 公茂虹编著:《解读中国梦——一个古老民族的百年梦想》,广西人民出版社 2013 年版。

35. 石国亮等:《解读"中国梦"》,人民日报出版社 2013 年版。

36. 公茂虹编著:《读懂中国梦》,人民出版社 2013 年版。

37. 洪向华主编:《中国梦:历史、比较和现实》,学习出版社 2014 年版。

38. 李宇遐:《中华民族与中国梦》,科学出版社 2014 年版。

39. 王历荣:《中国和平发展的国家海洋战略研究》,人民出版社 2014 年版。

40. 王一平主编:《强国梦想与民族复兴:实现中华民族伟大复兴中国梦》,国防大学出版社 2014 年版。

41. 杨梅枝、徐树森、李国骏主编:《实现中国梦的关键抉择》,西北工业大学出版社 2014 年版。

42. 陈建波:《实现中国梦的必由之路——中国特色社会主义道路》,红旗出版社 2014 年版。

43. 玛雅:《道路自信:中国为什么能》,北京联合出版公司 2014 年版。

44.《余光中诗精编》,长江文艺出版社 2014 年版。

45. 郭大烈:《中华民族复兴的中国梦与理论自信》,云南民族出版社 2014 年版。

46. 袁秉达:《中国梦与中国特色社会主义》,上海人民出版社 2014 年版。

47. 张百新:《"一带一路"简明知识读本》,新华出版社 2015 年版。

48. 刘仰:《中国自信:民族复兴大思维》,北京联合出版公司 2015 年版。

49. 马拥军:《马克思主义与中国梦——从"天下大同"到"全球一体"的科学发展历程》,天津人民出版社 2015 年版。

50. 周菲主编:《社会主义核心价值观与中国梦》,人民出版社 2015 年版。

51. 熊光清:《大国气质——中国强盛的战略选择》,中国发展出版社 2016 年版。

52. 张传玺:《中国梦》,现代教育出版社 2016 年版。

53. 肖振生:《数说"一带一路"》,商务印书馆 2016 年版。

54. 陈先达:《文化自信与中华民族伟大复兴》,人民出版社 2017 年版。

55. 李江源:《中国有力量——中华民族伟大复兴的大国气场》,江西人民出版社 2017 年版。

三、外译著作

1.[英]安东尼·吉登斯著,周红云译:《失控的世界》,江西人民出版社 2001 年版。

2.[加]艾伦·伍德著,尚庆飞译:《新社会主义》,江苏人民出版社 2002 年版。

3.[美]斯塔夫里阿诺斯著,吴象婴、梁赤民、董书慧、王昶译:《全球通史》,上海社会科学院出版社 2002 年版。

4.[美]詹姆斯·奥康纳著,唐正东、臧佩洪译:《自然的理由:生态学马克思主义研究》,南京大学出版社 2003 年版。

5.[美]弗朗西斯·福山著,黄胜强、许铭原译:《历史的终结及最后之人》,

中国社会科学出版社 2003 年版。

6.[英]戴维·赫尔德、安东尼·麦克格鲁著，曹荣湘、龙虎译：《治理全球化：权力、权威与全球治理》，社会科学文献出版社 2004 年版。

7.[印]卡瓦基特·辛格著，吴敏、刘寅龙译：《不纯洁的全球化》，中央编译出版社 2005 年版。

8.[美]泰勒·考恩著，王志毅译：《创造性破坏：全球化与文化多样性》，上海人民出版社 2007 年版。

9.[美]塞缪尔·亨廷顿著，王冠华译：《变化社会中的政治秩序》，上海人民出版社 2008 年版。

10.[美]约翰·奈比斯特、[德]多丽丝·奈比斯特著，魏平译：《中国大趋势》，中华工商联合出版社 2009 年版。

11.[英]马丁·雅克著，张莉、刘曲译：《当中国统治世界：中国的崛起和西方世界的衰落》，中信出版社 2010 年版。

12.[美]塞缪尔·亨廷顿著，周琪译：《文明的冲突与世界秩序的重建》（修订版），新华出版社 2010 年版。

13.[美]艾伦著，孙雪、李敏译：《中国梦》，上海文汇出版社 2011 年版。

14.[美]丹尼·罗德里克著，廖丽华译：《全球化的悖论》，中国人民大学出版社 2011 年版。

15.[美]阿尔君·阿帕杜莱著，刘冉译：《消散的现代性：全球化的文化维度》，上海三联书店 2012 年版。

16.[日]佐佐木卫著，李升译：《全球化中的社会变迁：日本社会学者看现代中国》，科学出版社 2012 年版。

17.[丹麦]李形主编，林宏宇等译：《中国崛起与资本主义世界秩序》，世界知识出版社 2012 年版。

18.[英]罗纳德·哈里·科斯、王宁著，徐尧、李哲民译：《变革中国——市场经济的中国之路》，中信出版社 2013 年版。

19.[澳]戴维·金利著，孙世彦译：《全球化走向文明：人权和全球经济》，中国政法大学出版社 2013 年版。

20.[英]罗纳德·哈里·科斯、王宁著，徐尧、李哲民译：《变革中国——市场经济的中国之路》，中信出版社 2013 年版。

21.[英]齐格蒙特·鲍曼著，郭国良、徐建华译：《全球化：人类的后果》，商务印书馆 2013 年版。

22.[美]斯蒂格利茨著，朱丹、李有根译：《让全球化造福全球》，中国人民大学出版社 2013 年版。

23.[埃及]萨米尔·阿明著,丁开杰译:《全球化时代的资本主义——对当代社会的管理》,中国人民大学出版社2013年版。

24.[德]彼德·斯洛特戴克著,常晅译:《资本的内部:全球化的哲学理论》,社会科学文献出版社2014年版。

25.[德]乔尔根·舒尔茨,维尔弗雷德·A·赫尔曼、汉斯-弗兰克·塞勒编,鞠海龙、吴艳译:《亚洲海洋战略》,人民出版社2014年版。

26.[美]托马斯·弗里德曼著,何帆、肖莹莹、郝正非译:《世界是平的——21世纪简史》,湖南科技出版社2018年版。

27.[美]彼得·J.卡赞斯坦主编,魏玲、韩志立、吴晓萍译:《中国化与中国崛起:超越东西方的文明进程》,上海人民出版社2018年版。

28.[英]安德鲁·赫里尔著,林曦译:《全球秩序与全球治理》,中国人民大学出版社2018年版。

29.[美]詹姆斯·M.伯兰德著,王震译:《解读恐怖主义:恐怖组织、恐怖策略及其应对》(第三版),上海社会科学院出版社2019年版。